《文史哲》与中国人文学术编年

1951~2021

郭震旦 编撰

《文史哲》与共和国人文学术七十年书系／主编 王学典

山东大学出版社

图书在版编目(CIP)数据

《文史哲》与中国人文学术编年.1951～2021/郭震旦编撰.
—济南:山东大学出版社,2021.7
(《文史哲》与共和国人文学术七十年书系/王学典主编)
ISBN 978-7-5607-6983-7

Ⅰ.①文… Ⅱ.①郭… Ⅲ.①文史哲-中国-1951-2021-文集 Ⅳ.①C53

中国版本图书馆 CIP 数据核字(2021)第 061396 号

责任编辑:武迎新
封面设计:午 云

出版发行:山东大学出版社
社　　址:山东省济南市山大南路 20 号
邮　　编:250100
发行热线:市场部(0531)88363008
经　　销:新华书店
印　　刷:山东新华印务有限公司
规　　格:720 毫米×1000 毫米　1/16
　　　　　31.75 印张　510 千字
版　　次:2021 年 7 月第 1 版
印　　次:2021 年 7 月第 1 次印刷
定　　价:160.00 元

前　言

纪伯伦曾经写道:“假如一棵树来写自传,那也会像一个民族的历史。”对于一家历经70年岁月洗礼的学术期刊来说,它的传记也会同样扣人心弦。作为中华人民共和国成立后创办最早、影响最大的高校文科学报和人文社会科学杂志,创刊70年来,《文史哲》秉承“百家争鸣”的办刊方针,以“昌明传统学术,锻铸人文新知,植根汉语世界,融入全球文明”为宗旨,在波澜壮阔的当代中国学术画卷中绘就了浓墨重彩的篇章。70年间,在这家杂志上,既有观念的冒险,又有思想的低徊;既有新知的突破,又有传统的坚守;既有广场上的鼎沸,又有空谷里的足音。余英时曾嘉许《文史哲》杂志“一展卷数十年人文思潮之起伏尽收眼底”,这是对《文史哲》70年发展历程最贴切的写照。

学术期刊对学术发展扮演着极其重要的角色。好的刊物不仅是学术的载体,更能引领学术发展的方向。享有盛誉的《经济与社会史年鉴》不仅被公认为世界史学的重要阵地,围绕着它还形成了一个开启学术新时代的年鉴学派。这是学术期刊带动学术发展的最佳例证。70年来,伴随着国情的巨变,中国学术的时代课题屡屡阶段性发生大幅度转移,而在这一过程中,《文史哲》一直当仁不让地站在前排。无论是新中国成立初从民国学术向共和国学术的范式更新,还是20世纪80年代开始绵延至今的传统文化复兴运动,抑或是21世纪以来中国学术“走出去”的热潮,在这些开风气之先的学术主流的转换过程中,《文史哲》都是当之无愧的领军刊物。70年间,在《文史哲》上所展开的此起彼伏的论战和争鸣,堪称了解当代中国学术旨趣及思想气候变化的最佳指南。

在诸多学术史书写形式中,“编年”或许是最朴素的一种。一方面,它能以较大容量保存学术发展的原生态;另一方面,它又能以清晰的时间轴来从整体上反映学术发展的草蛇灰线。它更像一座知识的博物馆,琳琅满目地陈列着那些灵光闪现的思想和智慧。意象派大诗人埃兹拉·庞德有一首脍炙人口的短诗《在地铁站》,其中写道:“人群中这些面孔幽灵一般显现,湿漉漉的黑色枝条上的许多花瓣。”这部《编年》中的许多硕学鸿儒,就是当代学术史枝条上的“许多花瓣”,不过他们的面孔绝对不会像“幽灵一般显现”,而是被永久地印刻在学术发展史上。假如这部《编年》能似树木的年轮,真实地记录下《文史哲》70年间所经历的风风雨雨、起起落落以及它所有的光荣和梦想,就算完成了自己的任务。

目　录

引子

1949 年 10 月 1 日，中华人民共和国成立。马克思列宁主义毛泽东思想成为主流意识形态，人文社会科学的研究风气为之一变。

1950 年 6 月 6 日，毛泽东在中共第七届中央委员会第三次全体会议上发表《不要四面出击》讲话。毛泽东说：“对知识分子，要办各种训练班，办军政大学、革命大学，要使用他们，同时对他们进行教育和改造。要让他们学社会发展史、历史唯物论等几门课程。”其后，大批知识分子开始接受马列主义，接受新思想教育。12 月29 日，《人民日报》重新发表毛泽东的《实践论》，学术界迅速掀起宣传学习的热潮。

1951 年

5 月 20 日，《人民日报》发表毛泽东撰写的社论《应当重视电影〈武训传〉的讨论》，在全国开展了声势浩大的批判《武训传》运动。这是中华人民共和国成立后第一次大规模的政治批判运动，开以政治批判解决学术争论之先例，形成了此后一系列思想与政治批判的模式。这次大批判的后果是在思想文化界确立了革命意识形态，把改良主义打倒在地。

9 月，知识分子思想改造运动在全国展开。

10 月 12 日，《毛泽东选集》第一卷出版，在全国掀起了学习毛泽东著作的热潮，毛泽东思想的权威地位开始确立。《毛泽东选集》第二卷、第三卷和第四卷，也相继于 1952 年 4 月、1953 年 4 月、1960 年 4 月出版发行。

11 月 30 日，中共中央发出《关于在学校中进行思想改造和组织清理工作的指示》，在教育界、文艺界和整个知识界发动思想改造运动。

3 月，山东大学和华东大学合并，成立新的山东大学，中共早期职业革命家、著名的马克思主义理论家、革命活动家和教育家华岗任校长兼党委书记。

山东大学创建于 1901 年，是继京师大学堂之后我国第二所国立大学，为我国现代大学教育的重要发祥地之一。早在 20 世纪三四十年代，坐落在青岛的山东大学就迎来了第一次辉煌，学校奉行“兼容并包”“科学民主”的办学方针，一时间人才荟萃，名流云集。杨振声、闻一多、黄敬思、黄际遇、任之恭、傅鹰、沈从文、梁实秋、闻在宥、游国恩、曾省、汤腾汉、老舍、洪深、张煦、丁山、王淦昌、童第周、曾呈奎、王统照、陆侃如、冯沅君、黄孝纾、赵纪彬、杨向奎、萧涤非、丁西林、杨肇、王普、郭贻诚、王恒守、李先正、刘遵宪、朱树屏、严效复、杨宗翰、郑成坤、李士伟、沈福彭等著名学者都曾在这里执掌教鞭，可谓群星璀璨，秀冠群伦。1949 年 6 月 2 日，青岛解放，王哲、罗竹风、高剑秋率领军管小组进校，对学校进行接管整顿，山东大学从此进入新的时期。

1945 年，中共华中局决定，在华中党校基础上，创办华中建设大学。1945 年 8 月，山东抗日人民政府在解放区临沂创办了山东大学（为了区别国立山东大学，称“临沂山东大学”）。1948 年夏，中共华东局决定，以原临沂山东大学渤海地区的部分留守人员为基础，并集中原来的一些教师，会同华中建设大学的部分干部教师，在潍县组建成立华东大学。济南解放后，华东大学于 11 月迁入济南。1950 年冬奉命迁青岛。华中建设大学、临沂山东大学和华东大学都是中国共产党在战争年代建立的短期训练班式的政治大学，在战火纷飞的年代，为中国革命培养了近 1 万名干部。

1951 年 3 月，山东大学和华东大学合校，仍称山东大学。华岗任校长兼校党委书记，童第周、陆侃如为副校长。设文、理、工、农、医 5 个学院，分中国文学、历史学、外国文学、数学、物理学、化学、动物学、植物学、地质矿物学、水产学、土木工程学、机械工程学、电机工程学、农艺学、园艺学、病虫害学、政治学、艺术学 18 个系。

华岗，1903 年 10 月 12 日出生于浙江省龙游县（今属衢州）。1924 年加入中国社会主义青年团，任青年团宁波地委宣传部部长。1925 年 6 月，任青年团南京地委书记。同年 8 月加入中国共产党，从事职业革命活动，历任青年团上海沪西区委书记、浙江省委书记、江苏省委书记和顺直（河北）省委书记。1928 年 5 月，赴莫斯科出席中国共产党第六次代表大会和中国共产主义青年团第五次代表大会，同时参加共产国际第六次代表大会和少共国际第五次代表大会。回国后任青年团中央宣传部部长、团中央机关刊物《列宁青年》主编、中共湖北省委宣传部部长、党中央华北巡视员。1943 年初，任中共中央南方局宣传部部长。1945 年 8 月，任国共谈判中共代表团顾问。1946 年 5 月，任中共上海工作委员会书记。1947 年 3 月，国共和谈彻底破裂后，随中共代表团一起撤到延安。1949 年 9 月，华岗应召到北京出席全国政协会议，因病滞留青岛，被安排以山东大学教授身份讲授“社会发展史”。1950 年 4 月，华岗被任命为山东大学校长兼党委书记。

合校后的山东大学迅速呈现出一派生机勃勃的新气象。华岗既是革命家又是理论家的独特禀赋也很快体现在山东大学的办学风貌上。紧紧跟随新生政权的前进步伐，建设社会主义的新型大学成为山大人的共同追求。为了提高全校师生的政治思想觉悟，华岗利用政治大课的形式，向全体师生宣讲马列主义、毛泽东思想的基本原理。通过学习马列主义，用唯物史观和科学方法来从事学术研究成为整个山大人的共识。同时，新生的山东大学还把重点放在了锻造自己的学术风格和学术特色上面。早在合校之初，具有战略眼光的华岗校长就已经开始考虑山东大学的学科设置和布局。据《山东大学校史》记载：1952 年 11 月，华岗会同童第周、陆侃如两位副校长提出，要把山东大学办成有自己重点、有自己个性的学校，要打造自己的特色。他们一致认为中文、历史两系师资阵容齐整，水平较高，教学和科研都已打开局面，并取得了重大成绩，可以作为学校发展的重中之重。半年后，高教部指示各直属高校，研究并确定本校的重点学科与发展方向，山东大学遂将中文、历史等专业上报。从此，“文史见长”成为山东大学的学术名片而享誉海内外学界。

这一时期的华岗还把重点放在大力延聘学界名流上，除中华人民共和国成立前原山东大学学术队伍的老班底完整保留外，童书业、郑鹤生、吴大琨、赵俪生、吕荧、陈同燮、许思园、乔裕昌、张维华、高亨、黄云眉、黄嘉德、王祖农、方宗熙、文圣常、束星北、陈机、莫叶、唐世风等一大批各自领域中的一时之选也纷纷迈入山东大学的校园，其中多数是饮誉文史两界之翘楚。

新山东大学成立后，迅速由旧大学向社会主义新型大学转变，学习马列主义、毛泽东思想一时成为风尚。据时任山东大学军代表的罗竹风回忆：“遵照中央指示，新解放区的高等院校开设两门政治课：一是社会发展史；二是新民主主义论。两门政治课都是全校性的大课，华岗讲社会发展史，我讲新民主主义论。此外，还学习毛泽东同志新发表的《论人民民主专政》。除政治学习外，还结合土地改革、抗美援朝、镇压反革命三项政治运动，山大人的思想觉悟迅速提高，很快地就和党的方针政策‘合拍’了。这是不难设想的，在国民党暴政熬煎下，一旦解放，便释放出无穷无尽的活力，大家变成了社

会的主人，理所当然地要充分发挥主人翁的作用了。”（罗竹风：《回顾以往，激励未来》，《文史哲》1986 年第 5 期）

新山东大学容纳了民国时期几乎所有有影响的学统和学派，具有雄厚的古典学术研究力量。同时又以与华东大学的合并为中介很快地接受了新观念、新思潮。彻底扔弃旧包袱的社会主义新学术思想和济济一堂的杰出文史人才，为《文史哲》的创办准备了优良的条件。

5 月 1 日，《文史哲》杂志创刊。

《文史哲》杂志是中华人民共和国成立后创办最早、影响最大的高校文科学报和人文社会科学杂志。创刊伊始，《文史哲》就以“百家争鸣”为办刊原则，勇于引领学术风尚，在波澜壮阔的当代中国学术画卷中绘就了最为浓墨重彩的篇章。作为 20 世纪后半期至 21 世纪前 20 年文史哲领域各种学术思潮的领导者和参与者，《文史哲》杂志见证了当代中国学术的风风雨雨和起起落落，更以其卓然不群的学术水准成为当代中国学术界最具影响力的领军刊物。《文史哲》杂志的历程，最能折射出当代中国学术发展的轨迹。

新成立的《文史哲》杂志是同人杂志，由华岗任社长，杨向奎任主编，文、史两系著名学者如陆侃如、冯沅君、高亨、萧涤非、杨向奎、童书业、王仲荦、张维华、黄云眉、郑鹤声、赵俪生等构成了最初的编辑班底。“那时，数以十计的文科骨干教师，都是《文史哲》的热心发起者、组织者、撰稿者。他们写稿不取稿酬，有的甚至拿出自己的薪金，为刊物代付校外作者的稿酬，还无偿地承担刊物的审稿、改稿、校对、发行等一系列工作。靠着文科广大教师热爱刊物的一颗心，《文史哲》才得以顺利地降生和茁壮地生长起来。”（萧涤非：《总结经验，继续前进》，《文史哲》1986 年第 5 期）

《文史哲》自打创刊，就把“扶植小人物”当成自己的学术使命，大力发掘和推举学术新秀。社长华岗规定，《文史哲》每期要尽可能推出一个新作者，每期至少要有一篇与现实相关的文章。在《文史哲》的识拔和鼓励之下，一批青年学者脱颖而出，从《文史哲》走上了学术研究的道路。李希凡、蓝翎、李泽厚、汝信、庞朴、张传玺、葛懋春、汤志钧等著名学者的成长足迹均在《文史哲》的历程上留下了深深的印痕。他们或在《文史哲》上发表了处女作，或在《文史哲》上发表了成名作，成为当代中国学术的中坚力量，构成了当代中国学术中具有特殊标记——由《文史哲》推出——的一个学术群体。改革开放以后，《文史哲》杂志继续恪守“扶植新人”的办刊方针，又培植了大量学术新秀，把包括山东大学大量青年教师在内的一大批学术新秀推到了不同学科的前沿地带。《文史哲》杂志以善于扶植学术新人、识拔“小人物”而闻名于学界。

“延揽大学者”也是《文史哲》从创刊就形成的优良传统。《文史哲》甫一创刊，就展露出大刊气象，一大批著名学者，像王亚南、吕振羽、顾颉刚、周谷城、杨宽、罗尔纲、黄药眠、陈登原、陈直、杨超、陈子展、齐思和、严北溟、周汝昌、程千帆、日知（林志纯）、阴法鲁、任继愈、季羡林、何兹全、傅振伦、谭丕模、孙作云等先生都慷慨赐稿，把自己的得意之作，首选在《文史哲》发表。70 年来，这一传统一直为《文史哲》所执守，成为《文史哲》质量的保证。1998 年，季羡林先生曾不无感慨地说：“全国有关人文社会科学的杂志为数极多，但真正享有盛誉者颇不多见，山大《文史哲》系其中之一，在上面发表一篇文章，顿有一登龙门之感。”

20 世纪 50 年代的山东大学“以不守旧、趋时而著名”，这一特征也鲜明地体现在《文史哲》杂志上。《文史哲》创刊后，发表了大量阐述马克思主义经典作家理论和以唯物史观为指导研究具体历史问题的文章，并在一系列重要历史问题上展开争鸣，在国内外产生了广泛影响。“1951 年初秋，华岗同志作为山东大学上任不久的校长，他应华东局和华东军政委员会邀请，曾到上海‘述职’。陈毅元帅在一次宴请会上，曾盛赞《文史哲》开风气之先，各高等院校都应当仿效。他还语重心长地说：一个综合性大学就是要做到教学与科研并重，并随时将成果公之于众，而校刊、学报正是传播的最好工具。”（罗竹风：《回顾以往，激励未来》，《文史哲》1986 年第 5 期）正是因为受到中央高层的关注，当时的《文史哲》引起了日本学术界的注意。郭沫若赴日考察时，应日本方面的要求，曾专门携带 50 本《文史哲》进行交流。1955 年 12 月，高教部来函要求山东大学赠送《文史哲》给苏联科学院图书馆，以代表国家进行书刊交换。1956 年 2 月，高教部同意山东大学与英国伦敦大学东方与非洲学院交换《文史哲》。同年，高教部又来函要求山东大学以图书馆的名义向日本名古屋大学文学部古川道雄等学者赠送《文史哲》，并同意山东大学以《文史哲》与越南的《文史地》及日本《中国年鉴》等进行学术交流。在当时文化领域相对隔绝的时代，《文史哲》充当了国际汉学界了解中国文化的一扇窗户，为中国文化步出国门、让世界了解新生的共和国在文化事业的发展作出了突出的贡献。

《文史哲》对繁荣中华人民共和国成立初期的学术起到了巨大作用。《文史哲》创刊之时，正值新生的共和国百废待举之际，一大批民国时期的杂志纷纷停刊，在新形势下应运而生的学术杂志只有 1949 年创刊的《新建设》《学习》以及 1951 年 1 月创刊的《新史学通讯》等少数几家。在学术界有着广泛影响的《历史研究》要迟至 1954 年才创刊，《学术月刊》是更后面的 1957 年创刊，著名的《北京大学学报》是 1955 年创刊，《文史哲》创刊时学术杂志可谓寥寥无几。而新意识形态在学术领域的流布与贯彻、新研究方向的开辟、新学术成果的交流、中华人民共和国学术人才的培养都亟须高水平的学术杂志作为支撑，对民国旧学术的改造，更使刊行新学术杂志成为当务之急。所以，《文史哲》甫一问世，就超越山东大学的围墙，迅速聚拢了全国学术界的力量，成为中华人民共和国成立后全国范围内的一个学术中心，从而一举奠定了《文史哲》在现代中国学术杂志的领先地位。“它在当时是与北京的《新建设》、上海的《学术月刊》鼎足而三的。”（罗竹风：《回顾以往，激励未来》）这一点从《文史哲》不断攀升的发行量上也可以得到充分体现。创办时期，邮局不给发行，编辑部只得依靠朋友和同行推销。1953 年后，销路大增。1954 年时，印数已达 1.3 万册。1955 年，这一数字又激增至 2.7 万册。到 1973 年，竟演出《文史哲》发行史上空前绝后的一幕：邮局征订数飙升至 70 多万册（但因纸张供应不足，仅限量发行 24 万册）。“文革”结束后，发行量长期稳定在 3 万至 4 万册。迄今，《文史哲》发行量仍居全国同类社科期刊之首。

引领重大学术论争是 70 年来《文史哲》最重要的学术品格。自 20 世纪 50 年代以来，《文史哲》就以“预”学术潮流为使命，不断发掘新的选题，展开大规模的争鸣，并因此而蜚声于海内外。在她迄今 70 年的生命里程中，50 年代发起史学领域的“五朵金花”大讨论以及“红楼梦研究”的大讨论，80 年代发起“文化热”大讨论，90 年代发起“儒学是否宗教”的大讨论，近几年发起的“疑古与释古”大讨论、“中国古代社会形态问题”大讨论，无不声势浩大，风起云涌，谱就了70年来中国学术史上的华彩乐章。尤其需要特别指出的是，构成中华人民共和国成立后17年史学发展主体的“五朵金花”讨论（中国古史分期问题讨论、中国历代土地制度问题讨论、封建社会农民战争问题讨论、资本主义萌芽问题讨论、汉民族形成问题讨论）至少有“三朵”（古史分期、农民起义、资本主义萌芽讨论）是由《文史哲》播下种子并盛开在《文史哲》杂志上的，这在中国人文社会科学期刊中可谓笑傲天下，独领风骚。著名学者蔡尚思曾评价道：“《文史哲》致力于百家争鸣、百花齐放，因而繁荣学术，功不可没！”山东大学之所以形成“文史见长”的学术传统，也是与《文史哲》的创办密不可分的。

《文史哲》素被学界称为“高等学校文科学报之王”，现今已发行至30多个国家和地区，海外发行量一直高居国内学报界之榜首，2008年海外订户高达545家，世界著名大学图书馆大都有订阅、收藏《文史哲》，哈佛大学更将《文史哲》与《历史研究》《考古》《文物》列为所认可的四家中国大陆学术期刊。2010年，教育部副部长李卫红在高校哲学社会科学第三批名刊工程座谈会讲话中将《文史哲》作为高校学报国际化的典型予以嘉许。由原国家新闻出版署署长于友先、副署长梁衡主编的《新中国期刊五十年》赞扬《文史哲》是“求实求真的学术名刊”。于友先在《百刊风采：全国百种重点社科期刊巡礼》（人民出版社2000年版）一书的序言中还对《文史哲》的贡献给予高度评价，说：“可以理解一本《考古》或《中国社会科学》《文史哲》等对一个学术文化工作者的重要意义。”

《文史哲》侧重于中国古典学术研究，古典性和高端性是其所着力打造的特色；坚持“百花齐放，百家争鸣”是其一贯的办刊风格，尊奉“昌明传统学术，锻铸人文新知，植根汉语世界，融入全球文明”则是其始终不渝的办刊宗旨。《文史哲》的最终目标，是传承本土人文研究的学统，进一步深入世界汉学学术圈，跻身世界汉学名刊之林。

杨向奎在创刊号上发表了《学习“实践论”——一个史学工作者的体会》，文章对考证与理论指导之间的关系进行了探讨，指出了胡适考据学的局限性，并提出要在历史研究中掌握辩证唯物论的武器，站稳阶级立场。这一要求反映了中华人民共和国成立初期史学研究正在从民国考据学向唯物史观史学的转变。作为《文史哲》首任主编，杨向奎大部分学术生涯都与《文史哲》紧密相连，共在《文史哲》上发表了 51 篇学术论文。

创刊号上还刊登了华岗的《鲁迅思想的逻辑发展》和孙昌熙的《鲁迅与高尔基》两篇文章，开中华人民共和国鲁迅研究之先河。后又在 1951 年第 2～4 期和 1952 年第 1 期的《文史哲》上连续刊发了华岗的《鲁迅论中国历史》《鲁迅论科学》《鲁迅论文艺》《鲁迅论妇女问题》等文章，刘泮溪、孙昌熙、韩长经等也在《文史哲》发表了大量的鲁迅研究论文，使《文史哲》成为中华人民共和国成立后鲁迅研究的一个重要阵地。

这一期的杂志上还刊载了郑鹤声的《天王洪秀全状貌考》。该文系作者应南京博物院之约，对洪秀全的面部特征作了详尽的考证，特别是对他长没长胡子进行了追考。1958 年"史学革命"期间，该文受到批判，被当成烦琐考证的代表。

7 月 1 日，童书业在《文史哲》第 2 期发表《中国封建制的开端及其特征》，提出了中国封建社会开始于西周的观点，拉开了新中国成立后旷日持久、影响深远的中国古史分期讨论的大幕。

童文发表后，杨向奎、杨宽、吴大琨、王亚南、王仲荦等著名学者纷纷在《文史哲》上发表论文参与讨论，就中国封建社会到底出现于西周还是春秋战国之交或者是魏晋以后展开长时间的争鸣，并就此引发了全国性的学术讨论。早在中华人民共和国成立前，古史分期问题已经引起了学术界的广泛争论，分别在 20 世纪 30 年代和 40 年代形成了两次讨论高潮。童书业的文章，拉开了古史分期讨论第三阶段的大幕。这一阶段的讨论，所涉及的问题数量之多，方面之广，争鸣之激烈，都是前两个阶段所不能比拟的。由于中国社会形态问题的讨论关系到中国发展规律的认知，更关系到如何用马克思主义历史理论来解释中国历史发展的实际，所以吸引了几乎整个历史学界的力量来参与讨论。可谓诸说蜂起、百家争鸣。郭沫若、吕振羽、范文澜、翦伯赞、侯外庐、白寿彝、尚钺、日知、何兹全、李亚农、唐兰、黄子通、夏甄陶、金景芳、周谷城、郑昌淦、梁作干等著名学者都是这场论战中的风云人物。而其中来自山东大学的杨向奎、吴大琨、赵俪生、童书业、王仲荦等以《文史哲》为阵地，成为这场讨论中实力最为整齐雄厚、贡献最为卓越的方面军。无论是西周封建说、战国封建说，还是魏晋封建说，《文史哲》都贡献了这场讨论中最具有代表性的文章，并成为20世纪五六十年代刊载古史分期讨论文章最多的杂志。古史分期讨论是《文史哲》创刊后引发的首场全国性的学术大讨论，正是凭借此次讨论，新生的《文史哲》迅速获得了全国学人的广泛赞誉和认同。

黄云眉在这期杂志上发表了《考证在史学上的地位》，针对学术界“矫枉过正”、一边倒地把考证学推到唯物史观对立面的做法，力排众议，反对对考证方法的过分贬低和排斥，认为考证在中华人民共和国成立后仍然需要，尤其在编纂新史的资料问题上更显出它的重要性。并呼吁在批判继承传统考证学遗产的基础上，再来一次更新的考证高潮。

该期杂志还刊登了顾颉刚《穆天子传及其著作时代》。该文是中华人民共和国成立后关于《穆天子传》研究的第一篇文章，打破了《穆天子传》研究的沉闷局面，提出《穆天子传》成书于战国说，并考证了穆王西征的路线。

9月1日，赵俪生在《文史哲》第3期发表《武训当时鲁西北人民的大起义》。这是《文史哲》刊发的第一篇农民战争史研究的论文，随后《文史哲》又刊发了大量农战史研究论文，成为20世纪五六十年代中国农民战争史讨论中一个令人瞩目的中心。

作为中华人民共和国成立后中国农民战争史学科的拓荒者，仅在20世纪50年代中前期，赵俪生就先后在《文史哲》连续发表了《北宋末的方腊起义——“中国农民战争史”之一节》《明初的唐赛儿起义——“中国农民战争史”之一节》《北魏末的人民大起义——“中国农民战争史”之一节》《论有关隋末农民大起义的几个问题》《明正德间几次农民起义的经过和特征》《南宋金元之际山东、淮海地区中的红袄忠义军——“中国农民战争史”之一节》《记卢兼三同志关于“红袄军”遗址的来信》《李自成地方政权所遭地主武装的破坏——“明末农民大起义”专题研究之一》《试略论清代农民起义中神秘主义的加重》《论明末大农民军对货币财富的积累——“明末农民大起义”

分题研究之二》《靖康、建炎间各种民间武装势力性质的分析》《通过五代十国到宋初的历史过程认识唐末农民大起义之更深远的社会意义》《武训当时鲁西北人民的大起义》等 13 篇研究农民起义的论文，被学术界公认对农民战争史研究有筚路蓝缕之功，代表了“20 世纪 50 年代初期高校农民战争史研究的最高水平”（臧知非：《生存与抗争的诠释——中国农民战争史研究》，河南大学出版社 2010 年版）。秦晖在《教泽与启迪：怀念先师赵俪生教授》中说：“这一时期赵先生形成的中国农民战争史研究范式，直到上世纪 80 年代仍主导该领域。”除赵俪生外，山东大学的高昭一、王仲荦、卢振华、华山等人也纷纷在《文史哲》杂志发表了农民战争史研究论文，成为中国农民战争史研究领域的重要学者。1951 ～ 1965 年，《文史哲》共发表 60 余篇研究农民战争史的论文，引发了全国的关注与响应。农民战争史研究中一些重要问题的争鸣，诸如农民政权性质问题、皇权主义问题、农民战争与宗教的关系问题、农民战争与统一战争的关系问题等，都是从《文史哲》杂志发起并在全国引起激烈争论的。

杨向奎在该期《文史哲》上发表了《从周礼推论中国古代社会发展的不平衡性》。该文认为，中国古代分期问题之所以难以解决，关键是对中国古代社会发展的不平衡认识不足，犯了以部分代全体、以后来的发展情况说明古代的错误。在战国以前，就黄河流域上下游各国的社会结构来说，如果能对于史料加以严格甄选的话，会发现那并不是整齐一致的向前发展。根据西周某一地区的铜器文字而概括地说明当时所有地区的社会性质，或者是对于某一种材料的时代还弄不清楚，而用以判断某一时期社会发展的特色，这是违背马列主义的方法的。西周以后中国的疆域扩大，包含的部族增多，彼此的历史条件不同，地理环境不同，在社会的发展上也不一致，而史学工作者说到中国古代社会的时候，往往不考虑这些问题，而笼统地说，西周是什么社会，春秋是什么社会，实际上是挂一漏万，以片面代全体。为了矫正这种错误，杨向奎认为，应当做这些工作：其一，必须注意史料的地域性，比如齐国的史料只能说明齐国的社会性质，而不能概括地说明春秋或战国时一般国家的社会情况；其二，必须明了史料的来源及成书时的条件；其三，必须弄清楚史料的时代，最好能找出它的绝对年代。

该期杂志还刊登了冯沅君《季布骂阵词文补校》。第 4 期杂志上刊登了黄云眉、郑静远与冯文进行商榷的文字，冯沅君对二人的辩难作了答辩。

11月1日，李希凡在《文史哲》第4期上发表了《典型人物的创造》一文，这是《文史哲》最早登载的一篇在校学生的论文，也是李希凡公开发表的第一篇学术论文。《文史哲》善于“扶植小人物”的传统由此发端。

发表该文时，李希凡是山东大学中文系二年级学生。该文原为文艺学课程的一篇作业，由授课老师、文艺理论家吕荧推荐发表。

童书业在该期杂志上发表了《论“亚细亚生产方法”》，提出“马克思所说作为生产方法之一的‘亚细亚生产方法’，就是原始共产社会”。由于“亚细亚生产方式”具有重大的理论价值和实践意义，关系到如何认识人类社会的发展规律，如何正确完整地理解马克思主义的历史科学理论，因而童文一出，争议鹊起，就此拉开了波及整个社会科学界的亚细亚生产方式大讨论的序幕，并在20世纪50年代和八九十年代形成了两个讨论高潮。

亚细亚生产方式讨论意义重大，绵延数十年。虽然诸说并陈，未能定于一尊，却极大地促进了中国古史研究具体问题的解决，帮助学界加深了对中国社会的认识，因而在学术史上具有重要的意义。除童书业坚持的亚细亚生产方式为“原始社会说”外，还有古代东方奴隶社会说、东方型封建社会说、特殊经济形态说、特大混合形态说、独立生产方式说、经济形式说等。田昌五、日知、学盛、王亚南、侯外庐、吴泽、林甘泉、庞卓恒、杨向奎、王敦书、吴大琨、雷海宗、赵俪生等在几十年间发表了大量论文，这一问题也成为马克思主义史学的一个中心话题。

1952 年

1 月，中共中央相继发出《关于立即限期发动群众开展“三反”斗争的指示》《关于在城市中限期展开大规模的坚决彻底的“五反”斗争的指示》，在全国开展了大规模的“三反”“五反”运动。

6 月中旬至 9 月下旬，教育部对全国高等院校进行了院系调整工作。调整的总方针是：以培养工业建设人才和师资为重点，发展专门院校与专科学校，整顿和加强综合性大学，逐步创办函授学校和夜大学，并在机构上为大量吸收工农成分学生入高等学校准备条件。

1 月 1 日，杨宽在《文史哲》第 1 期发表《战国时代社会性质的讨论》，从多个方面对战国的社会性质进行了考辨。

作者认为：战国奴隶不从事主要生产；战国时代的剥削者为地主，从事主要生产而被剥削的为农民；战国的“变法”表示封建社会的量的变化；战国的奖励“耕战”政策是奖励农民尽力生产和当兵杀敌。作者由此认为，战国社会绝非奴隶制，而是地主制封建社会。

杨向奎在该期杂志上发表了《学习“毛泽东思想”与自我改造》。文章认为，上层知识分子，尤其是大学教授们，因为出身及经常接近反动的阶级，所以思想多是非马克思列宁主义的。必须广泛深入开展毛泽东思想的学习，否则思想会落后于现实而开倒车。

3月1日，日知在《文史哲》第2期发表《与童书业先生论亚细亚生产方法问题》，提出有关亚细亚生产方式的“古代东方奴隶社会说”，引发学术界热烈讨论。

作者主要针对童书业《论“亚细亚生产方法”》一文进行商榷。依据苏联学术界的有关见解，作者认为：“确认亚细亚生产方式之为奴隶制的生产方式，这已是十多年来苏联史学界一致的结论了。所谓亚细亚生产方式的奴隶制，也就是古代东方的奴隶制”，它“在历史发展中与古典的奴隶制前后相承”。“亚细亚的或东方的财产形态是以集体所有与公社成员的劳动力为基础”，这表明“古代东方是奴隶制的原始阶段或低级阶段”。彼时学术界以苏联学术为圭臬，此说遂占据亚细亚生产方式讨论的主流。

童书业在同期杂志上也发表了《答日知先生论亚细亚生产方法问题》一文，为自己的观点进行辩护。

这一期的杂志上还刊登了童书业的《“古史辨派”的阶级本质》及杨向奎的《“古史辨派”的学术思想批判》，二人对顾颉刚展开批判。童文表达了与“古史辨派”一刀两断的决绝立场。文章说：所谓“疑古派史学”是美国实验主义传到中国后的产物，它的首创者是“五四”时代资产阶级的代言人胡适。顾颉刚所说的一系列不反对人们运用唯物史观的话，“其实都只是抗拒唯物史观的一种手段”；反对唯物史观的“方法不必一致；或者尽情诋毁，或者托词抗拒，或者截取变质；而这三种方法我们这批人之中就都用过的”。童文认为，疑古派史学的真实企图，最初是右面抵抗封建阶级，而左面抵抗无产阶级，到后来，“这派的史学家多数与封建阶级妥协，只坚决抗拒无产阶级了”。“古史辨派”的作品，“在考据学上说，也没有什么价值”。“我的结论是：当前的思想改造运动，是要肃清封建思想和改造资产阶级意识，疑古派的史学思想是资产阶级阶级斗争的工具，正是应改造的对象之一，同志们赶快起来改造自己罢！”杨文对顾颉刚展开了更为猛烈的批判，认为顾颉刚“是一个彻头彻尾的唯心论者……这一派的治学方法，彻头彻尾是唯心论的”。“层累地造成的古史说，有没有学术上的价值呢？肯定地，没有。层累地造成的古史说根本不能成立。……这一‘发现’，没有说明任何问题，没有解决任何问题。”文末强调说：“顾颉刚教授生在半封建半殖民地的中国，接受了开明地主阶级的改良主义思想，又接受了买办资产阶级的实验主义方法，造成了他的疑古学说，因而没有解决任何古史问题，反而造成了混乱。”

华岗的《清算教育工作者中的资产阶级思想》也刊登在这一期杂志上。文章认为，资产阶级思想在教育阵地上的表现之一就是在表面上标榜“为学术而学术”和“纯技术主义”，而在实际上则利用各种方式和方法，对人民散播资产阶级的反动政治观点，借以毒害人民和维持资产阶级的剥削地位。有不少的教育工作者，特别是被资产阶级思想意识所侵蚀过的大学教育工作者，还在有意地或者盲目地提倡什么“纯科学”和“纯学术”，而事实上正是这些提倡“纯科学”和“纯学术”的教育工作者，却在科学讲授中替资产阶级散播反动政治观点。最欢喜高唱“超阶级”“超政治”“纯科学”和“纯学术”的论调，实际上都是透顶的虚伪，或者简直是透顶的荒唐。

5 月 1 日，陆侃如在《文史哲》第 3 期发表《纪念五四，批判胡适》。

文章说，三十多年来，在文化教育界散播资产阶级反动思想最厉害而至今还保存一定程度的坏影响的，就是那个冒充五四运动“领袖”的胡适。在“三反”“五反”运动中间纪念“五四”，批判胡适是完全必要的工作。

吴富恒发表了《文艺学教学改进意见》，提出文艺学应以马克思列宁主义和毛泽东思想的文艺理论和政策为内容，密切结合中国革命斗争、文艺运动（创作、研究、活动等）、学生的思想水平等实际情况，建立正确的工人阶级文艺思想和理论体系，并以它为武器，批判一切资产阶级、小资产阶级的文艺观点和理论，改造资产阶级、小资产阶级出身的文艺青年的思想。

杨向奎在本期发表了《康有为思想批判》。文章采取“二分法”对康有为进行了评价：一方面，认为康有为是开明地主阶级，要求维新变法，要在封建统治集团中取得政治权力，因为没有广大群众作他的斗争基础，最后失败了，然而在当时是有进步意义的；另一方面，当封建皇权已经消灭、封建秩序日渐崩溃的时候，他却在惋惜这夕阳西下的封建社会了，他要挽救这封建僵尸，要在僵尸中富强起来，所以距离他所处的时代越来越远了。文章认为，康有为的《大同书》好像是一种“乌托邦”的理论，实际上，他所谓

“据乱世”实际是封建社会，所谓“升平世”是君主立宪的资本主义社会，而“太平世”则如瑞士等国的民主共和的资本主义社会。康有为站在开明地主的立场，以教主的姿态，好像否定了一切阶级社会，实际上是为资本主义社会开辟道路。其后，作者又在《文史哲》上发表了大量的中国思想史研究论文，成为中国思想史研究的一代宗师。这些论文包括《五行说的起源及其演变》（《中国哲学史纲》中之一章）、《曹雪芹的思想》《论西汉新儒家的产生》《中国奴隶制萌芽时期的天道观》《孟子的思想》《法家与韩非》《孔子的思想及其学派》《庄子的思想》《荀子的思想》《墨子的思想与墨者集团》《唐宋时代的经学思想——〈经典释文〉、〈十三经正义〉等书所表现的思想体系》《论葛洪》《论张载》《唯物主义思想家王夫之》《王阳明哲学的历史地位》《谈谈〈墨经〉的研究》《说“理”》等。

7月1日，为配合思想改造运动，《文史哲》第4期发表了一组“思想改造”文章，标志着这一时期学术思想开始大转向。

童书业在《学习“矛盾论”，认识思想改造的真义》中说，一般从旧社会来的史学工作者，有人没有自觉的史观、自觉的政治思想，因为旧中国的史学是考据的史学，典型的考据家往往是专钻故纸堆，“没有”（其实是有的）任何思想的人，他们为考据而考据，自以为绝对客观，绝对科学，看不起史观，看不起思想，更看不起政治，他们认为史学如沾染上了政治色彩，有可能变成“宣传的工具”，而失去“学术上的价值”。典型的考据家往往拒绝接受马列主义的理论，拒绝接受史学为政治服务的观点，在中华人民共和国成立后依旧关起门来，自以为是地抱住考据包袱不放。在表面上，他们也许会说几句马列主义的理论，讲课时插上几个马列主义的名词，事实上还是满脑子“考据至上”“史料至上”。像这样典型的考据家是一个类型——旧史学工作者中的主要类型。此外，还有一个重要的类型，就是自高自大的类型，这一类型中的代表者往往是抱着显著唯心论思想的人。他们往往是所谓“学术上的成就比较高”的人，他们不像前一类型中的人那样循规蹈矩，他们有自己的一套，绝不接受别人的意见，他们之中的多数，也抗拒新思想、新理论，或者曲解新思想、新理论，自以为是，完全不接触思想实际，对于别人的批评，不是面红耳赤地争辩，就是一笑置之。另外，还有少数人是所谓“无所谓者”，他们觉得自己并没有“考据包袱”或“学术包袱”，这样说也好，那样说也好，反正跟着大家走，总不会错。随波逐流，毫无主见，是这类人的特征。这类人的思想改造，表面上看来似乎比较容易，其实其困难并不亚于上面两类型的人。总结起来，旧史学工作者，不论属于哪一类型，其共同的特征，就是极严重地脱离实际，脱离群众。

赵俪生在《学习“矛盾论”，联系史学工作的一点体会》中说，在史学界中，还有一个最突出地表现了片面性的地方，即关于理论与史料的关系、马列主义原理与文献学的关系。由于过去在封建统治下、在资本主义国家输入思想的影响下，大多数的中国史学工作者都曾或多或少地沉溺于考据，受到过不同系统的考据学的锻炼和麻醉。因而当马列主义思想传来，特别是在中华人民共和国成立以后，马列主义已不是“地下”的先进思想，而是被公认为“置诸四海而皆准”的真理之时，有不少人对于马列主义与考据学的关系，即它们的矛盾与可能联系、可能结合的契机，依然认识不清楚。于是，在这里又容易发生片面性。一些人认为，既然历史总不能脱离具体的史料，那么不管旧日的考据学家、文献学家曾为什么人忠实地服务过，他们的“辛勤业绩”就应该“原封不动”地拿去与马列主义相结合。持这样主张的人们的著作中，也的确表现了除以个别马列主义词句来偶作点缀以示对新事物的敷衍外，其实还是旧日考据学的老一套东西。这显然是一种顽固的倾向。另外一些人认为，既然过去的主要经过整理的史料是为封建统治者忠实服务的考据家所遗留，那么这些史料便应该全部抛弃。而且持这样认识的史学工作者们的著作中，也的确有过空洞地、粗枝大叶地传布社会发展理论的表现。这显然是一种教条主义倾向。而这两种不同倾向之所以存在，其原因就在于这些人没有掌握马列主义与考据学中间的矛盾，及这一矛盾的主要点之所在。马列主义的方法是唯物辩证法，而旧考据的方法则是形而上学，这二者是完全敌对的，没法调和的。一方面要彻底认识旧考据学形而上学方法的错误，把这种方法和它的影响从根本上拔除抛弃；另一方面又应当以历史唯物主义的方法去把旧考据学留下的“遗产”（即材料）加以检查、鉴别和分析，还原或补充其被斫丧的部分，矫正其被歪曲的部分，然后把这些材料连同我们重新发现、重新发掘的材料，一同组织起来，拿去说明历史的发展，拿去充当推广历史唯物主义与爱国主义的丰富资源。只有这样，才既不至于再度蹈袭考据学的形而上学方法的旧辙，又不至于流于忽视史料而堕入空洞教条主义史学的道路。

9月1日，杨向奎在《文史哲》第5期发表《关于西周的社会性质问题》，对郭沫若、刘大年的古史分期观点提出批评。

文章提出，根据斯大林指示的原则，结合毛主席的“矛盾论”的精神，解决西周社会性质的问题，首先应当解决物质资料生产者的地位变化问题，究竟谁是剥削者、谁是被剥削者的问题。这剥削者与被剥削者之间曾经有不断的阶级斗争，也就是说有不断的矛盾发生过。要找出什么是当时的主要矛盾，什么是次要的矛盾，然后把因矛盾而发生的阶级斗争和作为历史过程之基础的生产方式结合起来。这样西周的社会性质问题也许可以解决了。作者认为，“《周礼》中的社会绝不是奴隶社会，而是封建社会”。

11月1日，萧涤非在《文史哲》第6期发表《学习人民语言的诗人——杜甫》。这是《文史哲》刊登的第一篇杜甫研究论文，其后，杜甫研究一直是《文史哲》关注的重点之一，使《文史哲》成为刊发杜甫研究成果的一个主要园地。

文章从体裁、手法和词汇三方面说明了杜甫学习人民的语言的实际情况，认为这三方面的总和造成了杜甫诗的一个特质，便是生动性与素朴性。

本期还发表了华岗的《学习斯大林论语言学著作的意义》、吴大琨的《向毛主席的近代中国社会阶级结构理论学习》、王亚南的《政治经济学和一般科学的关系》、韩长经的《学习鲁迅先生的反帝精神》等文章。

1953年

1月，中共中央决定成立马克思、恩格斯、列宁、斯大林著作编译局，开始有计划地、系统地翻译出版马恩列斯的全部著作。

3月5日，斯大林逝世，中国展开大规模悼念活动。

6月15日，毛泽东在中央政治局扩大会议上提出党在过渡时期的总路线和总任务。

《文史哲》从本年第2期开始，改由山大学报委员会领导编辑出版，成为山东大学学报之一，不再是同人刊物。文史哲杂志社宣告“于二月一日结束”，编委会也进行了改组。

1月1日，《文史哲》第1期发表杨向奎的《中国历史分期问题》和吴大琨的《论前资本主义地租的三种基本形态》，两文分别提出亚细亚生产方式的“特殊经济形态说”和“过渡形态说”。

杨文不同意把亚细亚生产方式简单地看作是古代东方的奴隶制度，认为亚细亚生产方式并不是独立的经济形态，而是一种生产方式或制度，它实际上是指残留在奴隶社会或封建社会里的原始公社制度。

吴文认为马克思在提出奴隶制与农奴制以外，还提出了一种存在于亚洲和埃及的“代表共同体的个人”的特殊的土地所有形态。从时间上说，它处于原始公社末期向阶级社会的过渡时期。刘毓璜在《试论农村公社的过渡性质与中国农村公社的发展》中对吴文提出质疑。后吴大琨放弃己说，改信“古代东方奴隶社会说”。

童书业在本期发表了《从古代巴比伦社会形态认识古代“东方社会”的

特性》，将中国古代社会分成几个阶段：殷和西周大体相当于埃及的旧王国时代，希腊、罗马的“王政时代”，都是奴隶制和国家开始形成，部族领袖窃取政权，开始统治人民的时代；春秋大体相当于埃及的中王国时代早期，希腊、罗马的贵族政治时代，都是奴隶制和国家进一步发展，地方政权争雄，贵族势力跋扈，平民起来与他们斗争的时代；战国大体相当于埃及的中王国时代晚期，希腊、罗马的“民主政治”时代，都是国家开始凝固，地方政权逐渐集中，贵族势力逐渐衰败，奴隶制更进一步发展，新兴奴隶主逐渐抬头的时代；秦汉大体相当于埃及的帝国时代、希腊的马其顿时代、“希腊化”时代、罗马的帝国时代，都是大帝国形成、专制主义发展、奴隶社会全盛（相对的），并由极盛转衰落以至崩溃的时代。

从本期开始，连续三期连载了日知翻译的马克思的《前资本主义生产形态》。因《马克思恩格斯选集》尚未出版发行，该文的翻译对于学术界学习经典作家原著，用以指导学术研究产生了重要影响。“译后记”说，翻译该文的动机主要是配合古代世界史教学工作的需要，因为在苏联教育部颁布的有关古代史的教学大纲或审定的大学教本（如《古代东方史》《古代希腊史》《古代罗马史》等），都把马克思这份草稿列入最主要的经典参考书中。有关古代东方的专著或论文，尤其常常引用这篇草稿中的指示。而在国内，除侯外庐所著的《中国古代社会史》曾引译这篇经典著作的几段外，其他古代史有关的作品中还很少（或没有）引用到。

本期杂志还发表了王承祒的《周代社会史试论》。

3月1日，王仲荦在《文史哲》第2期上发表《从茶叶经济发展历史看中国封建社会的一个特征》，从茶叶经济发展这一特殊角度来论证中国在鸦片战争前为什么不会出现资本主义社会，中国的封建社会为什么延续得比较久。

文章认为，中国封建社会的一个显著特征是高利贷资本、商业资本与封建经济政治体制的强固结合，由于这种结合，更加强了封建阶级对于茶农与制茶手工工人的残酷剥削，阻碍了手工业向工场工业的发展，阻碍了中国资本主义的生长，后来更由帝国主义的侵略，而保持了封建统治。

杨向奎在本期发表了《读“马克思、恩格斯论中国”兼论中国封建社会的历史分期问题》。作者提出：“社会历史分期，应当以物质资料直接生产者的地位变迁为主要因素”，并将封建社会分为四个阶段：封建社会前期，西周到西汉（公元前 10 世纪到公元元年）；封建社会的成熟期，东汉到晚唐（1 世纪到 9 世纪）；封建社会后期，宋到鸦片战争（10 世纪到 19 世纪中期）；半封建半殖民地时期，鸦片战争到中华人民共和国成立（1840～1949 年）。作者认为，从宋朝到清中叶中国封建社会发展之所以迟滞，主要源于手工业与农业的顽固结合、中国农村封建统治与商人资本存在的结合、外族不断地入侵、封建垄断经济。

吴大琨的《论地租与中国历史分期及封建社会的长期阻滞性问题》也发表在这一期杂志上。该文在《论前资本主义地租的三种基本形态》基础上对东方式地租的蓄积过程及其影响进行了进一步论证。文章从广义政治经济学的角度，提出了“中国封建社会的长期阻滞性，与中国的地租性质及其为统治阶级所分割蓄积的方式有关”。根据东方式地租的蓄积方式看，可以得出一条法则来：那就是在前资本主义社会中的“东方社会”能否昌盛实有待于地租的征收数量（不超过侵犯再生产的限度）及其在使用上完成社会经济职能部分的数量的多寡而决定。但因在征收地租与使用地租的过程中，地权的集中与使用的分散是成相反的方向发展的，同时国家征收地租增多的数量与其在经济职能上的有效使用部分也是成相反的方向发展的（即社会租赋愈苛重时，由于官僚机构的庞大冗余、贪污腐败，真正花在社会经济职能上的数量就反而愈少），所以一个东方王朝的由“昌盛”到“衰落”，几乎是成了有一定的法则可循的事情。东方地租的蓄积法则，不受人们的意志所左右，坚决地、无情地在整个中国的封建制阶段都贯彻了它的作用。它具体地代表了“东方社会”的特征，使“王朝不绝变更”，但“社会却毫无变化，社会经济基本要素的结构，不因政治风云的袭来，受丝毫影响”。这也是中国封建社会不仅长期受阻滞而且不断更换朝代的基本理由。

5 月 1 日，厦门大学校长、著名经济学家王亚南在《文史哲》第 3 期发表长篇论文《由封建的领主经济和地主经济引论到中国社会发展史上的诸问

题》。该文是中华人民共和国成立初期中国经济史研究的代表性论文，发表后引起学术界的普遍关注。

该文近4万字，从中国地主经济封建制度，引论到中国社会发展史上具有重要意义的一些问题，如中国集权官僚政治问题、天道观念的政治思想问题、民族产生问题、中国封建社会长期停滞问题、亚细亚生产方式问题等，并且较广泛地说明了中国社会发展过程中社会经济、政治、文化的内在有机联系。1954年第2期、第7期的《文史哲》分别刊发了这篇文章的中、下部分。

为了“哀悼中国人民最敬爱的朋友与伟大导师斯大林同志，深入学习斯大林学说”，本期杂志发表了华岗、吴大琨、赵俪生、葛懋春、陈云章的论文，分别是《沿着斯大林所指示的道路前进》《学习斯大林在资本主义利润率法则上的贡献》《斯大林与民族问题》《学习斯大林关于基础和上层建筑理论的笔记》《学习斯大林论由社会主义向共产主义逐渐过渡的条件和途径》。

陆侃如在本期杂志发表了《我们为什么纪念屈原?》，指出屈原的伟大之处，同时也指出了屈原的局限性，认为“毛泽东时代的新中国的文艺工作者，必须用马克思列宁主义与毛泽东思想武装自己，必须掌握社会主义现实主义的创作方法，不但要能够继承历史上的光荣传统，而且要能够发扬光大，超越前人”。

7月1日，高昭一在《文史哲》第4期发表《试论中国农民战争的特点》，提出了此后农战史讨论中涉及的几乎所有理论问题。

该文认为，中国农民战争具有四个特点：其一，中国的农民起义和农民战争，其基本群众虽然都是农民，但由于革命的对象往往是反对暴政，即所谓“官逼民反”，因此在革命农民的影响下，所发动起来的群众，就不只包括手工业工人，而且包括了城市贫民，甚至小作坊主、知识分子和中小地主等等，这就形成了以农民阶级为首的中下层社会人民的联合战线。其二，从起义的敌对方面来观察，统治阶级之不可消解的内部矛盾，是中国农民起义的一个经常性的有利条件。其三，宗教与秘密结社供给了中国农民起义的组织条件。其四，由于中国历史上经常有异族的入侵，中国的许多次农民战争便不可避免地要与种族斗争相结合，而每一次的结合又给农民战争带来更加复杂与更加深化的内容。

本期刊登了两篇华岗在全校“辩证唯物论与历史唯物论”学习报告会上的报告纲要。一篇是《辩证唯物论——马克思列宁主义政党的宇宙观》，另一篇是《哲学上的两大阵营——唯物论和唯心论》。其后，《文史哲》分 8 期刊登了华岗在“辩证唯物论与历史唯物论”系列学习报告会上的讲稿。

9 月 1 日，为纪念鲁迅先生 72 周年诞辰，《文史哲》第 5 期特刊发韩长经的《鲁迅的现实主义的发展道路》及刘泮溪的《鲁迅杂文的政治意义和艺术价值》，以资纪念。

为庆祝朝鲜停战协定签字，本期特刊发孙思白《力争朝鲜停战协定全部实施　以和平协商方法解决国际问题》一文，以志庆祝。

11 月 1 日，杨向奎在《文史哲》第 6 期发表《试论后汉北魏之际中国封建社会的特征》。

文章提出，中国封建社会的发展是迟缓的，所以转化的时代也特别长，因此前后阶段间的界线也不够明确。战国以来的地主阶级已经抬头，不过领主的势力并没有完全被肃清，秦与西汉还是领主与地主交哄的时代。王莽末年的农民起义，摧毁了领主阶级，社会向前发展了，中国才走上成熟的封建社会。这时期的历史主要是地主阶级如何压迫农民，迫使农民离开自己占有的土地，变成流民，起而暴动，推翻统治者的历史发展过程。在这个发展过程中，一般地主和当政者中间也有矛盾有斗争，他们要掠夺土地，掠夺人民，在掠夺中彼此自相火并。当然在火并中也随时可以妥协，尤其是当面临农民暴动的时候，他们就联合起来镇压。然而结果总是农民起义摧毁了封建统治者，使社会向前发展一步。中国“中古”的农民起义特别频繁，因而阻碍中国社会发展的因素也遭逢到不断的清洗。但西晋以后的异族入侵，阻碍了这种正常的发展，他们在中国的封建社会内，加重了原始社会的色彩。不过对于异族本身的发展来说，是起着推动作用的；对于中国的成熟社会来说，则延迟了它的发展。延迟了社会的发展，并不是阻止了社会的发展，更不是倒转了社会的发展，社会仍然在慢慢地发展着。通过不断的阶级斗争，鲜卑的残余原始制度消除了，北魏转入了成熟的封建社会，政府、豪族与寺院在掠夺土地与人民，寺院中的上层也是封建统治者之一环，哲学思想变成宗教的附属物。

黄药眠在本期发表了《论文学中的人民性》，指出：在讨论文学中的人民性的时候，阶级的分析是十分必要的，换句话说，即对于作家所处的时代和他所参与的社会矛盾诸关系的分析还是十分重要的。但同时还必须注意到，作为物质生产者的劳动人民，从长远的历史发展来看，他们拥有巨大的潜力。只要作家肯注视现实，他就不能不在一定程度内感受到人民的要求和希望，或多或少地反映出他们的观点和情绪——尽管是通过了作家自己的折光。

本期还发表了孙昌熙撰写的《鲁迅小说的特色》，文章认为鲁迅的小说是旧中国的一面镜子，其高度的艺术性决定于其高度的思想性。

1954 年

9 月 1 日，李希凡、蓝翎在《文史哲》第 9 期发表了《关于〈红楼梦简论〉及其他》，在全国引发了一场《红楼梦》研究的大讨论、大争鸣。

10 月 16 日，毛泽东给中共中央政治局及其他有关人员发出《关于〈红楼梦〉研究问题的信》，号召开展“反对在古典文学领域毒害青年三十余年的胡适派资产阶级唯心论的斗争”，通过“《红楼梦》研究”大讨论，在政治、哲学、文学、历史、教育等领域展开了对胡适思想声势浩大的批判。

12 月 2 日，中国科学院、中国作协举行联席会议批判胡适思想，决定成立“胡适思想批判讨论工作委员会”。

从本年开始，《文史哲》杂志由双月刊改为月刊。

1 月 1 日，陆侃如在《文史哲》第 1 期发表《什么是中国文学史的主流》，提出社会主义现实主义是五四运动以来的文学的主流。

文章认为，“五四”是中国近代史上一个伟大的转折点，它以前是在资产阶级领导下的革命，属于旧民主主义的范畴；而它以后却是在无产阶级领导下的革命，属于新民主主义的范畴。五四运动爆发于伟大的十月社会主义革命胜利之后 18 个月，是当时无产阶级世界革命的一部分，所以能够彻底地、不妥协地进行反帝、反封建的斗争。参加这运动的虽然包含共产主义的知识分子、革命的小资产阶级知识分子和资产阶级知识分子三部分人，但是不久资产阶级知识分子中间的大部分就与敌人妥协了，所以盟长的资格不得不落在共产主义知识分子身上。“五四”以后，这个新生的力量在共产党领导下日益壮大，才有30年后中华人民共和国诞生的成果。新民主主义社会虽然还不是社会主义社会，但是它是属于社会主义社会的范畴的。

文章进而推论到，由于“五四”以来的文学主流的明确，同时也明确了“五四”以前的文学主流：自原始的口头创作以来，几千年文学史的主流不可能不是现实主义。

杨向奎在这一期发表了《学习毛泽东思想中的历史学说》。文章认为，有关中国历史若干关键性的问题，在史学工作者间还没有一致的意见，比如中国历史分期问题、中国封建社会发展的迟缓问题、阶级社会形成以后氏族制度的残余存在问题等。为了求得这些问题的结论，学习毛泽东思想，学习毛泽东思想中的历史学说，能得到解决问题的观点和方法。因为没有遵守毛主席关于政权性质是社会性质主要标志的指示，所以当划分历史阶段时没有一个共同标准，有人单纯地以生产工具作为划分历史阶段的主要标志，某些器具出现就应当是什么社会了。有人单纯地以某一阶级的出现作为主要标志，有着奴隶的记载，这一定是奴隶社会了，也没有考察这是残余的形态还是发展着的形态。或者是单纯地从数量上来考虑问题，不从本质出发，盲目地估计秦或者是还有多少奴隶存在，于是肯定地说，这还是奴隶社会。那么有着大批农民阶级存在的社会，应当定性为什么社会呢？明确了某一个社会的政权性质，也就会发现当时的主要矛盾是什么，主要矛盾面在哪一方，尖锐的阶级斗争是什么。能够掌握这些问题，就容易解决社会性质问题了。以上指出的那些不正确的方法，主要毛病是机械地看问题，因而陷入主观片面。而最容易陷入机械论的方法，是综合年代学的错误使用。作者认为，通过综合年代学的叙述，可以把全人类的历史有机地联系起来，也正如赵俪生教授所指出的，这样可以把国别史提高到世界史的范畴来考虑。这种方法的使用还有一个重要意义，即通过这种叙述了解各种社会的发展是不平衡的，当某些国家已经进入封建社会时期，某些国家还处在奴隶社会或者氏族社会，不能画一条线说，“公历纪元前不可能有封建社会”。为什么？因为这是一种历史年代的机械论。其实综合年代学只能表示社会发展的不平衡，而不是表示社会发展的平衡。

殷焕先在这一期发表了《语法体系与语法教学》。文章认为，语法界存在许多语法体系、许多语法术语杂然并存的“混乱局面”，给语法教学工作平添出好多困难，为了克服这一亟须解决的问题，作者提出应该选用一种语法体系做自己教学上的标准，做师生间共同遵守的纲领，并自始至终严守这种体系，同时还要兼采众说，取详补略，以充实教学内容，提高教学质量。此后，作者在《文史哲》上发表了大量语言学论文。

从本期开始连载韩长经写的《鲁迅与农民问题》。

高昭一在本期发表了《秦汉三次农民大起义的比较》。

2 月 1 日，刘祚昌在《文史哲》第 2 期发表《资产阶级革命前夕的英国农村的剖析》。

作者认为，英国资产阶级革命之具有保守性质，英国革命之早日发生，中等贵族出身的克伦威尔之领导了资产阶级革命——这些都决定于革命前的英国农村经济发展的特殊情况及特殊的阶级关系。文章从 15 世纪以来的英国农业革命、农业革命影响下的农村阶级关系的变化以及资产阶级革命前夕的农民运动三个方面剖析了英国资产阶级革命的原因。

本期“编者的话”说：党和国家在过渡时期的总路线总任务是照耀我们各项工作的灯塔，本刊今后的编辑方针是遵照总路线总任务，从理论上阐释社会主义工业化及对农业、手工业和对私营工商业实行社会主义改造的必要和意义，更有系统地批判各种各色的资本主义思想，加强马克思列宁主义毛泽东思想的学习，密切结合教学工作，开展文学、历史、哲学等方面的学术研究，为祖国建成社会主义社会而努力服务。

本期杂志还刊登了王肇新的《国家总路线和大学教育》和蒋捷夫的《国家总路线的根据和意义》。

3 月 1 日，杨宽在《文史哲》第 3 期发表《论春秋战国间社会的变革》。

文章从生产的发展、商品经济的发展、社会经济制度的转变以及秦国的变革过程论述了“战国封建说”。文章认为，战国时期促使生产力发展的主要因素，便是铁器使用的发明，而且与农业生产有密切关系的水利事业也已有了发展。秦蜀守李冰在四川成都平原的水利设施，更是有利于生产的大规模建设。把战国的生产情况和春秋作一比较，很显见的，这是跨了一大步。生产这样的突飞猛进，必然会引起社会经济的发展，从而引起一系列的社会变革及其上层建筑的相应的改变。随着生产的发展、社会分工的扩大，在春秋战国时期商品经济的比重，也就一天天地增多，这种商品经济的基础是建立在手工业经济和卷入交换之中的农民经济上的。这时所出现的商人垄断市场的情况，城市繁华的情况，铸造货币流通的情况，高利贷横行的情况，都是战国以前不曾有过的。春秋时货币简直找不到踪迹，列国君臣送礼、贿赂和赎罪，大抵为服饰、珠宝、丝帛、粮食、家畜和奴婢，而无黄金货币，与战国时代动辄用黄金千斤千镒决然不同。春秋以前的土地占有形态，是从天子、诸侯、卿、大夫到士，一层层分封下来的，最高的所有权是属于天子（即王）的，诸侯、卿、大夫等只有使用权，是不能够随便转让的。而战国时由于生产力的提高，荒地的开垦一代比一代多了，越出原有封疆开垦出来的土地一天天多了，于是新的土地私有权就产生了。由于商品经济的发展，货币的广泛流通，高利贷的横行，使土地也和其他生产资料一样，可以作为商品买卖了。另外，从秦国整个变革过程看来，春秋战国时期社会的变革也是由领主封建制转变为地主封建制。

为纪念“苏联人民和全世界进步人类的英明领袖与和平旗手、我们中国人民最敬爱的朋友与伟大导师斯大林同志逝世一周年”，本期杂志发表了章世鸿的《论可能性和现实性及可能性向现实转变的途径》，对斯大林《苏联社会主义经济问题》一书进行阐述。

陈湛若在本期发表了《义和团的前史》，对于义和团的起源进行了详细的考证。

刘泮溪的《鲁迅所创造的民族形式》认为，鲁迅创造了不拟古、不欧化、更不是概念化公式化的作品，既发扬了民族文化艺术的优良传统，又吸收了世界文化的进步成分，更成功地反映了特定阶段的社会现实与民族特性，并使这些成分互相联系起来，构成有机的统一。

4月1日，李希凡在《文史哲》第4期发表《略谈〈水浒〉评价问题——读张政烺先生的〈宋江考〉》，以初出茅庐的勇气对著名历史学家张政烺的《宋江考》一文进行了批评。

李文认为，张氏无论对于作为文学作品的《水浒》还是作为小说人物的宋江，都缺乏正确的认识和评价。李希凡认为，不能用考证的方法来评价小说，不能用历史人物宋江来衡量《水浒》中的宋江。评价一部古典文学作品，绝不可以从点滴摘录中下断然的结论，而应该从这部作品的精神实质来看。《水浒》成为封建统治者几百年来最感到头痛的作品，原因在于它是一部彻头彻尾的反抗封建统治者的作品，它依靠深刻的人民性，才博得了现实主义的高度成就。作为一个马列主义的历史学家，探讨民族英雄真实历史的工作，是完全必要的，但如果想以某些历史事实的考据，否定与歪曲人民和伟大作家借理想的文学形象所进行的斗争，这种对待历史遗产的态度，则是不可取的。李氏此文因与许多学术名家如郭沫若、翦伯赞等的学术观点相左而引人注目。编辑部特别在“编者的话”中说：“这种讨论的精神是应当提倡的，正如斯大林同志所说，‘谁都承认，如果没有不同意见的争论，没有自由的批评，任何科学都是不可能发展，不可能进步的’。”

为纪念莎士比亚诞生 390 周年，本期杂志发表了张健的《莎士比亚和他的四大悲剧》，分析了莎士比亚时代的背景及其四大悲剧的内容与意义。这一期刊发了吕荧撰写的《人民诗人普希金》，对普希金及其作品进行了深入的分析。

这一期还发表了王仲荦的重要论文《春秋战国之际的村公社与休耕制度》，对先秦史研究主要理论工具之一“农村公社”进行了深入研究。该文被誉为“第一次以马克思主义者的观点探讨了中国历史上长期存在的村公社制度的性质和作用”。吴大琨在《回忆〈文史哲〉初期的王仲荦教授》（《文史哲》1986 年第 5 期）一文中说：“在当时王仲荦教授所发表的许多文章中，我认为发表在 1954 年 4 月号《文史哲》上的《春秋战国之际的村公社与休耕制度》一文，是极为重要的，因为他第一次以马克思主义者的观点探讨了中国历史上长期存在的村公社制度的性质和作用。仲荦教授在文章中说：‘许多世纪中，村公社的继续存在，成为古代专制国家停滞性的坚强基础。所有村公社的社员，只能成为土地的使用者——他的占有，也是经由劳动实践过程为前提之下发生的——而不是土地的所有者。……公社社员既不是公社土地的所有者，那么，他本身就会变成公社的财产，也就会变成专制君主变相的奴隶。他们把农业和家庭手工业结合了起来，完成着自给自足的生产，他们要经常地向他们的统治者贡献力役，也贡献物品。这些公社成员们，在身份上虽是‘自由’的，在经济生产上也是独立的，但这并不等于说这些公社成员们所受的剥削和压迫就比较奴隶或以后的隶农们来得轻，在某些情况下，他们所遭受的压迫和剥削，也许还重得特别厉害。在这种特殊生产形态里，自由人生产还是占重要的地位，奴隶的劳动不能尽量代替自由人的劳动，这样，不但阻碍了奴隶形态的发展，也阻碍了以后农奴形态的充分发展。’我认为仲荦教授这段话是十分精辟的，他所说的‘特殊生产形态’，实际上，就是马克思所说的‘亚细亚生产方式’。所以，我认为，王仲荦教授应该说是中国历史学界第一个以他独立的研究证明了马克思的‘亚细亚生产方式’的理论适合于研究中国历史的学者。他的这一贡献，在学术上的意义是很大的。”

同期发表的郑鹤声《试论孙中山思想的发展道路》一文分析了孙中山的思想转变。

5月1日，罗尔纲在《文史哲》第5期发表《与叶菲莫夫教授谈太平天国问题》，提出了国内史学界未曾有人提过的太平天国年代问题。

文章认为，记载太平天国革命运动的年代，不应该以天京失陷以后与建都天京时的政权同不同为衡量，而应该以天京失陷以后与建都天京以前的情况作比较。应该以天京失陷后，太平天国的军队是否还继续行使太平天国的纪元，打着太平天国的旗帜，为着同一的政治目的而奋斗为断。

童书业在本期发表了《批判胡适的“实验主义”学术思想》，对胡适从“实验主义”出发的“考据”历史学进行了批判，认为胡适的“考据”文字只是“实验主义”思想方法的几个实例，他企图通过这些实例，把“实验主义”种到青年的头脑中去，变成抵抗马克思列宁主义的“防身的本领”。胡适的“考据”论文引导人脱离现实，专钻牛角尖，以减少知识分子对于政治所起的“危险”作用。这类“考据”因为他的方法错误也往往得不出正确的结论。

为纪念马克思诞生136周年，本期发表了马克思《论土地国有化》一作的译文。

为纪念吴敬梓逝世200周年，陆侃如发表了《略论吴敬梓和他的〈儒林外史〉》，指出《儒林外史》代表着中国古典文学的现实主义的高度成就，是一部思想性与艺术性相结合的不朽杰作。

黄绮的《双音节词次序的颠倒及其意义的侧重》，对词汇的构成方式进行了研究。

6月1日，《文史哲》第6期推出两篇论述农民起义的文章。

这两篇文章分别是赵俪生、高昭一的《论有关隋末农民大起义的几个问题》及卢南乔的《元末红巾起义及其进军高丽的历史意义》。前者重点讨论了“引发起义的客观必然性问题”“在起义主要发动地区中所包含着的必然性问题”“起义中哪几个是最重要的历史人物问题”以及“农民战争与统一战争的关系问题”，后者则详细地叙述了元末红巾起义的历史背景及其发展情况。

为纪念高尔基逝世28周年，本期杂志刊登了徐维垣的《社会主义现实主义文学的奠基者——高尔基》。

7月1日，《文史哲》第7期开始连载陆侃如、冯沅君撰写的《中国文学史稿》，迄1955年第12期止，长达18期，被称为“学术期刊史上的一个创举”。

论者认为，“这是解放后用新观点、新方法完成的第一部系统的文学史”，“山东大学文学史研究的重镇地位由此确立”。连载结束后，山东大学召开了“《中国文学史稿》讨论会”，高亨、刘泮溪、赵省之、朱德才在“《中国文学史稿》讨论会”上的发言刊登在《文史哲》1956年第9、10期上。

8月1日，杨宽在《文史哲》第8期发表《论春秋战国间阶级斗争对于历史的推动作用》，提出在秦统一中国的过程中，阶级斗争起着主要的推动作用。

文章从阶级斗争和地租形态的转变、阶级斗争和中央集权封建国家的形成、阶级斗争和封建兼并战争等方面对春秋战国期间阶级斗争对于历史的推动作用进行了考察，认为秦统一中国，主观上是为了满足地主阶级的利益的，在客观上是符合了农民阶级的消灭封建兼并战争的要求的，因而使得秦国得以完成统一全中国的重大历史任务。

本期还发表了刘泮溪的《鲁迅的诗歌和书信》。

9月1日，李希凡、蓝翎在《文史哲》第9期发表《关于〈红楼梦简论〉及其他》，在全国引发了一场《红楼梦》研究的大讨论、大争鸣。

1954年3月，“红学”权威俞平伯在《新建设》杂志上发表了《红楼梦简论》，刚刚从山东大学中文系毕业的李希凡、蓝翎合写了《关于〈红楼梦简论〉及其他》，对俞平伯的《红楼梦》研究进行了尖锐批判。这是学术新军对学术权威的挑战，因而文章的发表遇到困难。稿件几经周折后投寄给《文史哲》，得到以扶植新人为理念的《文史哲》编辑部乃至校长华岗的大力支持。该文试图以马克思主义为指导，批评俞平伯“未能从现实主义的原则去探讨《红楼梦》鲜明的反封建的倾向，而迷惑于作品的个别章节和作者对某些问题的态度，所以只能得出模棱两可的结论”。他们认为俞平伯在思想上“离开了现实主义的批评原则，离开了明确的阶级观点”，“是以反现实主义的唯心论的观点分析和批评《红楼梦》”；在人物形象分析上，“是对现实主义文学形象的曲解”；在艺术手法的把握上，其“所理解的《红楼梦》的艺术方法，也就是记录事实的自然主义写生的方法”；在研究方法上，“继承和发展了旧红学家们形式主义的考证方法，把考证方法运用到艺术形象的分析上来了”，“用它代替了文艺批评的原则，其结果，就是在反现实主义和形式主义的泥潭中愈陷愈深”。文章发表后，引起长期阅读《文史哲》杂志的毛泽东的赞赏，并对该文详加批注。在江青、胡乔木、邓拓、林默涵等主管宣传工作的高层领导的指示下，《文艺报》于当年第18期转载了该文。1954年10月16日，毛泽东在致中共中央政治局和其他有关同志的信中指出：“这是三十多年以来向所谓红楼梦研究权威作家的错误观点的第一次认真的开火。作者是两个青年团员，他们起初写信给《文艺报》，请问可不可以批评俞平伯，被置之不理。他们不得已写信给他们的母校——山东大学的老师，获得了支持，并在该校刊物《文史哲》上登出了他们的文章驳《红楼梦简论》。问题又回到北京，有人要求将此文在《人民日报》上转载，以期引起争论，展开批评，又被某些人以种种理由（主要是'小人物的文章'，'党报不是自由辩论的场所'）给以反对，不能实现……被允许在《文艺报》转载此文。……看样子，这个反对在古典文学领域毒害青年三十余年的胡适派资产阶级唯心论的斗争，也许可以开展起来了。事情是两个'小人物'做起来的，而'大人物'往往不注意，并往往加以阻拦，他们同资产阶级作家在唯心论方面讲统一战线，甘心作资产阶级的俘虏……这是值得我们注意的。"（《人民日报》1967 年5 月 27 日）10 月 23 日，《人民日报》发表了钟洛的《应该重视对〈红楼梦〉研究中的错误观点的批判》，称赞李希凡、蓝翎二人的文章"是三十多年来向古典文学研究工作中胡适派的资产阶级立场、观点、方法进行反击的第一枪，可贵的第一枪"。10 月24 日，中国作家协会古典文学部召开关于《红楼梦》研究问题的座谈会，提出在《红楼梦》和古典文学研究方面与资产阶级唯心论划清界限，进而运用马克思主义的观点和方法对《红楼梦》的思想性和艺术性作出较全面的分析和评价。此后，在全国掀起了轰轰烈烈的"《红楼梦》研究"大讨论。"《红楼梦》研究"成为整个文化学术界的中心话题。除了大量刊登批判文章外，从 1954 年 10 月 24 日起，全国各地还陆续召开了各种层次的《红楼梦》研究问题座谈会、报告会。据有人不完全统计，这类座谈会至少开了 110 多次。

1949～1959 年全国历年发表红学论文数量列表

年份	1949	1950	1951	1952	1953	1954	1955	1956	1957	1958	1959
论文数	7	33	21	5	10	284	188	29	36	11	14

（资料来源：淮茗：《青史凭谁定是非——从学术史的角度考察 1954 年的批判俞平伯运动》，载《二十一世纪》网络版，2003 年 4 月号）

虽然这场学术争论后来逐渐演化成蔓延全国的对胡适的政治批判运动，但仍然对学术史产生了深远的影响。《关于〈红楼梦简论〉及其他》在《文史哲》杂志的发表，被认为是中华人民共和国成立后运用马克思主义观点来研究《红楼梦》的新的开端，使《红楼梦》研究继 20 世纪 20 年代胡适、俞平伯为代表的考证派建立“新红学”之后，实现了“红学”史上的第二次飞跃。正如李希凡在接受采访时所言：“通过这件事，在那么大的范围，有那么多的人说《红楼梦》、评《红楼梦》，的确拓宽了《红楼梦》研究的视野，推动了红学在新的历史阶段下的发展。”（《说不尽的毛泽东——百位名人学者访谈录》，辽宁人民出版社 1995 年版）学术界普遍认为，《关于〈红楼梦简论〉及其他》对红学的贡献，不能因为后来政治的介入导致了一场错误的批判运动而加以否定。

席卷全国的《红楼梦》讨论对扩大山东大学文史研究的影响起了重要作用。徐显明在一篇文章中写道：“山东大学的古典文学研究在全国名声大噪，看来主要是受惠于《文史哲》杂志所发起的《红楼梦》讨论。如同《文史哲》在山东大学创办并非偶然原因所致一样，李希凡、蓝翎的《关于〈红楼梦简论〉及其他》在其他地方得不到支持而最后不得不刊发在《文史哲》上，也并非杂志主持者们的一时心血来潮。中国古典文学的研究、讲授与训练，历来是山东大学的强项，对明清几部小说的探讨与评论，自然也在其中。所以，由山东大学的两个毕业生来写这篇批评文章，当然与他们在校读书期间所受到的训练有关。‘知出乎争’，这个儒家的遗训一直是《文史哲》杂志的办刊理念。杂志自创刊号始，几乎期期都坚持与倡导学术讨论。李、蓝批评俞平伯先生的文章能在这里找到发表的园地，固然与所谓‘清算资产阶级学术’这个当时的特定语境有关，更与《文史哲》的办刊理念有关。即使时过境迁，再回头重读李、蓝的文章，除了那个时代所铸成的痕迹以外，我们仍然必须承认，它是两个青年学生受时代的感召用新的研究观念和新的研究方法所写的一篇探索之作，如果说有什么特殊之处的话，那也不过是指名道姓与一个权威商榷，而这个权威背后是胡适。假如不是毛泽东主席插手此事，此文本身恐怕早就淹没在当时众多此类文章堆里去了。旧中国的学术界既然可以把《红楼梦》解读成满汉冲突，也可以解读成宫帷秘事，还可以解读成‘自叙传’，为什么就不容许中华人民共和国的学术界把《红楼梦》解读成一首‘封建社会’的挽歌呢？把《红楼梦》还原为社会史事实，至少可以说开辟了一条研究明清小说的社会学途径，于今以学术尺度衡量之，仍无可厚非。总之，《文史哲》因发表李、蓝的文章得到毛泽东主席的表彰，只能说是不期之誉，而对两个‘小人物’的肯定和对《文史哲》的赞赏，又大大提高了山东大学的古典文学史研究的专业地位。”（《〈文史哲〉与山东大学文科建

设——〈文史哲〉创刊50周年献辞》，载《文史哲》2001年第3期）

学者韩毓海在《“人心似水，民动为烟”——1954，〈红楼梦〉讨论再回首》一文中也对这场“《红楼梦》研究”大辩论对打破“由胡适考据派的垄断造成的《红楼梦》研究长期徘徊不前的局面”所起的建设性作用给予积极评价：“李、蓝两个小人物的文章，则开启了从文学角度研究《红楼梦》的未来方向，终于将《红楼梦》从‘考据史’纳入了‘文学史’”，“这标志着中华人民共和国文化建设前无古人的巨大成就”。韩毓海认为，“重大的学术和理论问题上，如果没有健康的、有深度的、与现实相关的学术批评、讨论和争论，那么学术和文化不但无法发展，而且只能停滞不前，甚至会陷入另外一种灾难。对于重大理论课题进行讨论和争论，是科学和学术发展唯一的创新机制和纠错机制。离开了对于重大理论问题的健康、深入的讨论和争论，所谓学术秩序、文化秩序、学术规范乃至‘知识界’、‘文化界’这样的学术共同体，甚至也会沦为‘把头统治’的利益共同体或者‘门派’（庸俗的人身依附关系）——1954年之前胡适统治的中国学术界的确就是如此。”

韩毓海还对“两个小人物”之所以能出自山大且最终将文章发表在《文史哲》杂志作了分析。韩文认为，1954年的大讨论中，与俞平伯这位“大人物”对举的两位“小人物”李希凡和蓝翎，在写作引发大讨论的《关于〈红楼梦简论〉及其他》时，还是犀利、淳朴、气盛的山东大学高年级大学生，只不过“萝卜虽小却长对了地垄”，20世纪50年代的山东大学在与华东大学合校后，人才荟萃，其文科之学术水平并不输于俞先生任教的北京大学（其能包纳新学问、新思想或许还在其上）。山东大学的两任校长成仿吾和华岗，前者是20世纪30年代“革命文学”的倡导者，后者作为文艺理论家，与左翼文学理论的旗手胡风关系极为密切，都算是左翼文化界的理论领军人物。何况名师出高徒，给李、蓝这班同学上古典文学课讲解《红楼梦》的教授，即是当年与俞平伯同时驰名“五四”文坛的女作家冯沅君（老舍、沈从文、丁西林、高亨、高兰、陆侃如均曾任教于山东大学中文系）。至于蓝翎和李希凡所以能够一鸣惊人，以“小人物”之身而将“大人物”批得“体无完肤”，特别其正义在胸、真理在握的姿态之获得，当然也并非是因为背后有毛泽东撑腰（这是他们写文章时根本没有想也不敢、不会去想的），首先是因为山东大学偏离北京这样的“文化中心”，他们得以置身于一套与“胡适派”完全不同的文化秩序中，而这个新的文化秩序，滥觞于五四新文化运动之分化，挣扎于20世纪30年代的革命文学论争、中国社会性质论战，在1942年的黄土高原浮出历史地表，最终在20世纪50年代获得了巨大感召力。蓝、李二人正是在这一新的文化秩序的成熟期“学成文武艺”的，处在山东大学这样一个新文化的“特区”，可以不拜、起码是少拜胡适这个大把头，既是“小人物”，也就更没有什么“文化负担”，自然是直抒胸臆，敢想敢干，说穿了，他们当年本不过是喊出皇帝在裸体游行这一真理的两个小男孩，属于童言无忌、一锤敲破的煞风景之举。如今想来，作为观看“胡适之先生”长期裸体游行的后排观众，他们的文章是在当时非常边缘的山东大学学报《文史哲》上刊载的，如果不是毛泽东有博览群书、手不释卷的习惯，两个“小人物”的文章肯定会被淹没在汗牛充栋的古文纸堆中。

胡绳主编的《中国共产党的七十年》也从正反两个方面对这场“《红楼梦》研究”大讨论作了评价：“1954年，毛泽东从支持两位青年关于《红楼梦》研究问题的批评文章开始，又领导发动了一场对胡适派资产阶级唯心主义的广泛批判。胡适是五四运动以后思想文化领域资产阶级代表人物中影响最大的一位。这次批判提出的问题，不仅是如何评价和研究《红楼梦》这部中国古典文学名著，而且是要从哲学、文学、史学、社会政治思想各个方面，对五四运动以后最有影响的一派资产阶级学术思想，进行一番清理和批评。党发动这两次批判（另一次指批判《武训传》——引者），提出的问题是重大的，进行这样的工作是必要的。结合实际的事例，开展批评和讨论，来学习如何掌握和运用马克思主义，是知识分子自我教育和自我改造的一种方法。这两次批判，对学习和宣传历史唯物主义和辩证唯物主义起了好的作用，有其积极的方面。但是，思想问题和学术问题是属于精神世界的很复杂的问题，采取批判运动的办法来解决，容易流于简单和片面，学术上的不同意见难以展开争论。这两次批判已经有把学术文化问题当作政治斗争并加以尖锐化的倾向，因而有其消极的方面。”

10 月 1 日，张传玺在《文史哲》第 10 期发表《项羽论评》，与南开大学杨翼骧就项羽评价展开商榷。该文是中华人民共和国成立后最早对“项羽评价”进行讨论的论文之一，也是作者的成名作。

文章认为，杨翼骧所持项羽代表着农民阶级的利益而起义，和同一时期的刘邦、反元时的朱元璋同为中国封建社会史上农民起义的领袖的看法应当研究。在作者看来，固然项羽在反秦斗争中曾起过积极的、巨大的进步作用，可是他仍然是站在旧贵族的立场上的。他之所以在反秦斗争中起进步作用，在秦亡之后又分封天下，起反动作用，不是由于他一开始是农民立场，后来又转向了旧贵族的立场，而是由于客观社会条件制约的结果。这是旧贵族的思想在两种不同的历史条件下的两种不同的表现。

张维华在本期发表了《满族未统治中国前的社会形态》，试图说明清朝早期社会发展的历史，进而找出清朝种族统治及其对当时中国社会所起的阻滞作用的历史渊源。

黄嘉德在本期发表了《世界文学在苏联》，说明在十月革命后苏联人民对于世界优秀文学的爱好。他们热爱世界文学的伟大作品，认为它们是全人类文化遗产的一部分。在此前后，一直到 20 世纪 80 年代，作者在《文史哲》上共发表了 30 多篇研究世界文学的文章，成为国内研究世界文学的知名学者。

本期还发表了孙昌熙的《鲁迅整理中国文学遗产的成绩》和黄云眉的《柳宗元文学的评价》。

11 月 1 日，郦禄遒在《文史哲》第 11 期发表《太平天国的供给制度》。

文章认为，太平天国的供给制度是功效很大而且相当成功的：第一，发扬了平等主义的革命精神；第二，对于贫苦的工农分子收到极大的团结作用；第三，增加财政的收入；第四，减轻财政的支出。这个制度的思想根源是小农经济社会农民在政治上经济上要求平等的思想，也即农业社会主义的平均思想。

韩长经在这一期发表了《鲁迅与文艺统一战线及文艺批评》。文章写道：中国近代史告诉我们，统一战线是中国新民主主义革命的三大法宝之一，它是削弱敌人势力、团结人民大众、增强革命力量的最好方式。因此，作为革命运动一翼的文艺阵地，当然也需要有它的统一战线。作为新文化方向的鲁迅先生，从“五四”开始，他能在每一个历史时期的文艺战线上，成为文艺统一战线的主将。他对统一战线的许多宝贵的意见，直到今天还绽放着灿烂的光辉。

12月1日，谭丕模在《文史哲》第12期发表《李白诗歌中的现实主义的精神》，认为李白诗歌中的一部分集中表现抨击暴君、热爱人民、热爱祖国这三个主题，现实主义的成分是很重的。

这一期杂志还发表了吕荧的《苏联文学的奠基者——高尔基》。文章指出，高尔基的一生，是战斗的一生，他的全部作品表现出一个伟大的革命战士的形象，他终生不屈不挠地为人类的自由幸福、为社会主义革命和共产主义的理想而战斗，最终献出了他的生命。高尔基的作品，丰富而深广，一如生活的海洋；他的全部作品，表现了十月革命之前的革命者、工人阶级、贫困的农民、失业的流浪者以及资产阶级、知识分子、小市民、反革命分子等形形色色的人物和他们的生活、思想、情感，反映出沙皇专制政府和资产阶级必然灭亡和社会主义革命必然胜利的历史动向，构成一部伟大的新现实主义的社会史诗。高尔基继承了古典现实主义作家的艺术遗产，并且发展了它，创造了新的成就。高尔基是苏联的第一位作家，远在十月革命之前，就以文学作品为社会主义革命而斗争，并且在他的作品里贯彻了“从现实的革命发展中真实地、历史地、具体地描写现实，并且用社会主义思想、精神从思想上去改造教育劳动人民”的原则；这一原则是苏联文学、社会主义现实主义文学的基本方法。因此说高尔基是苏联文学的奠基者、社会主义现实主义文学的创始人。

1955 年

1 月 20 日，中共中央宣传部向中共中央提出了关于开展批判胡风思想的报告，认为“胡风的文艺思想，是彻头彻尾资产阶级唯心论，是反党反人民的文艺思想”，中共中央批准了这个报告，并在全国开展了“对胡风的政治讨伐”。

3 月 1 日，中共中央发出《关于宣传唯物主义思想批判资产阶级唯心主义思想的指示》。提出，在各个学术和文化领域中对资产阶级唯心主义思想的代表人物进行批判，是在学术界、党内外知识分子中宣传唯物主义、推动科学文化进步的有效方法。全国报刊发表了一大批批判文章。

5 月 13 日、24 日，6 月 10 日，《人民日报》分三批刊登了“关于胡风反革命集团的材料”，对胡风的思想批判演变成了政治上、组织上的“肃清胡风反革命集团”运动，从而铸成了一桩错案。

8 月 25 日，山东大学校长华岗被以“反革命”罪名逮捕，校内人事关系大变。受此影响，杨向奎卸任《文史哲》主编，调往北京工作。主编一职由历史系蒋捷夫接任。

1 月 10 日，吴大琨在《文史哲》第 1 期发表《略论〈红楼梦〉的时代背景》，在资本主义萌芽讨论中引起争鸣。

1954 年 10 月 10 日，李希凡、蓝翎在《光明日报》发表《评〈红楼梦研究〉》，认为贾宝玉“是当时将要转换着的社会中即将出现的新人的萌芽……曲折地揭露了那个时代尚未成熟的新的社会力量变革封建制度的历史要求”。

该文的发表给资本主义萌芽讨论提供了契机，《文史哲》迅速发动对这一问题的讨论，发表了大量有关这一问题的论文，促成了这朵“金花”的开放。

吴文首先辩析了《红楼梦》里所反映的封建社会究竟是什么性质，究竟是什么阶段的封建社会。他不赞成何其芳所谓“濒临崩溃瓦解的前夕的封建社会”的观点，也不赞成李希凡、蓝翎所谓“《红楼梦》是中国三千年来的封建社会走向崩溃时期的历史性的纪录与总结”的看法，认为这些说法都太笼统或是太夸张，并没有抓住《红楼梦》里所真正反映了的时代特点。作者认为，《红楼梦》里所反映的社会，就是18世纪中叶的清朝统治者，确已发展到了它的统治力量强大的最高峰，从此就向衰落的途径发展了，但显然还不能就算是已到了“崩溃瓦解的前夕”。作者强调，乾隆朝之所以由盛趋衰，是由于中国封建社会的固有发展规律在发生作用，而并不是由于当时的社会里产生了什么“资本主义的萌芽”，甚至发生了什么“资本主义的原始蓄积过程”。

张维华也在这一期杂志上发表了《〈红楼梦〉写作的历史背景》，发表对资本主义萌芽问题的看法。张文认为自晚明到清前期这段历史，中国社会内部确实起了很大的变化。由于资本主义因素的出现和发展，虽然是很迟缓的，却是逐渐地瓦解着早已发展到成熟阶段的封建主义，使之必然地由衰落而走向死亡。这是该段历史发展的规律，亦即社会发展的主要动变。

为配合《红楼梦》研究批判运动，本期杂志刊登了“《红楼梦》研究讨论专辑”，吴大琨和张维华的文章就在其中。除此之外，专辑还包括陆侃如的《胡适反动思想给予古典文学研究的毒害》、梁希彦的《我们应该怎样对待文化遗产》、冯沅君的《俞平伯先生在研究方法上的错误》、高兰的《批判俞平伯主观主义的考证方法》、华岗的《怎样在古典文学研究领域清除资产阶级反动思想》、吴富恒的《论现实主义与自然主义的区别》、许文雨的《从历史的真实和艺术的真实的区别来看过去研究〈红楼梦〉路线的错误》、关德栋的《关于艺术的所谓真实感和细节描写》、刘泮溪的《和反马克思主义的文艺理论思想展开彻底的斗争》、童书业的《论考据方法在研究古典文学上的作用和限度》等。1954年11月7日、13日、20日、26日及12月18日，山东大学共组织了5次关于《红楼梦》研究的讨论座谈会，座谈会发言陆续刊登在《文史哲》杂志上。这些论文主要“批判资产阶级唯心论研究古典文学的态度和方法，对《红楼梦》一书的社会意义及文艺价值进行了探讨”。

该期杂志还组织了中国古史分期问题的讨论，发表了童书业的《中国古史分期问题的讨论》和杨向奎的《“中国古史分期问题的讨论”商榷》。1954 年 11 月 12 日及 27 日，山东大学历史系中国史教研组两次举行有关中国古史分期问题的讨论会。童文即是在山东大学古史分期讨论会上的发言。该文提出从夏代起（至少从殷代起）到春秋末是原始奴隶制的时期，从战国起到汉末是发展奴隶制的时期，魏晋时代才正式转入封建社会，并从中国古代分封制和宗法制的性质以及战国秦汉时代的古典经济形态两个方面进行了论述。杨向奎对童书业的观点提出不同看法，认为童文没有从中国历史实际出发，有许多漏洞和矛盾。这不仅是方法论的问题，也是史料的运用问题。

受当时正在展开的意识形态斗争的影响，从本期开始，《文史哲》把大力展开学术上的论争作为编辑重点。

2 月 1 日，李泽厚在《文史哲》第 2 期发表《论康有为的〈大同书〉》，对康有为研究产生重要影响，并在发表后引起了争论。

该文是李泽厚正式发表的第一篇学术论文，作者时年仅 25 岁。文章力排众说，对康有为的《大同书》给予很高的评价，认为《大同书》的内容和特色是通过乌托邦的方式比较集中和没有掩盖地论述了康有为前期反封建的资产阶级进步思想。这一观点成为康有为研究中具有代表性的观点。文章发表后引起国内外学术界的普遍关注，使作者年纪轻轻便一举成名。其后，李泽厚又在 1956 年第 5 期《文史哲》发表了《论康有为的“托古改制”思想》，继续发表自己对康有为研究的看法。此后，一直到 20 世纪七八十年代，李氏均有论作在《文史哲》发表。作为 20 世纪 80 年代中国思想文化界的风云人物，李泽厚正是从《文史哲》走向学术界，并逐步成长为最具影响力的学者。

2005 年，整整 50 年后，年已 75 岁、名满天下的李泽厚在接受《中国新闻周刊》记者采访时，仍然对发表在《文史哲》上的这篇文章难以忘怀。当记者问道“你年纪轻轻就名于当世，那时像你这样的年轻学者很少见吧?”时，李泽厚回答：“我最早发表文章是 1955 年 2 月，那时 25 岁。题目叫《论康有为的〈大同书〉》，发表在 1955 年 2 月号《文史哲》上。在那篇文章里面，我对康有为的《大同书》给了非常高的评价。那时一些外国朋友来信，以为我是教授了，其实我还是实习研究员。1980 年我到日本去，别人以为我已经 80 岁了，因为估计在《文史哲》等处发表文章应是四五十岁。”（刘彦、丁晨馨:《李泽厚：智与美的历程》）

同年，李泽厚在接受《新京报》记者采访时，再次提到发表在《文史哲》上的这篇文章。李泽厚说：“你刚才说我在美学大讨论中一举成名，其实在那以前我就已经很有名了，当时发表文章不像现在这么容易，美学大讨论之前我发表了几篇文章，第一篇是在 1955 年 2 月份发表的，内容是关于康有为的《大同书》，跟美学无关。一些老教授看了我的文章，都很吃惊，不知道这个人是从哪儿冒出来的。我现在看我 50 年前的文章，还感觉很欣慰，因为不管是内容，还是论断，都是对的。我觉得学问上的事情，最重要的是经得起时间的考验，一本书，一篇文章，轰动一时不算什么，如果过了 20 年、50 年还有人看，还有人买，那才是值得高兴的事。”李泽厚还在谈话中对《文史哲》杂志在 20 世纪 50 年代中国学术界的地位作出评价，认为“当时国内能够发表学术文章的杂志只有《文史哲》和《新建设》，报纸则只有《人民日报》和《光明日报》”。（陈远：《李泽厚：穿越美与不美》，载《新京报》编《追寻 80 年代》，中信出版社 2006 年版）

杨宽在这一期杂志上发表了《试论中国古代冶铁技术的发明和发展》，对中国古代用铁时代作了重新估定，认为西周时代已发明了冶铁术，借以证明西周已经是封建社会，是中华人民共和国成立后最早从冶铁技术的发明和发展的角度来探讨中国古史分期的文章。同期杂志还刊登了童书业《从中国开始用铁的时代问题评胡适派的史学方法》，认为单纯使用胡适式考据的方法，无法回答中国古代社会性质这样宏观的问题。

3 月 1 日，《文史哲》第 3 期刊发了《〈中国历史纲要〉讨论专辑》。

1954 年 7 月，著名历史学家尚钺主编的《中国历史纲要》由人民出版社出版。该书“是新中国成立后第一部用马克思列宁主义、毛泽东思想为指导而写作的完整的中国通史”，为中华人民共和国成立初期摒弃旧体系、旧观念，采用全新的观念解释中国历史提供了一个范例。该书引人注目之处在于首次明确提出“魏晋封建说”，并认为明朝万历年间中国出现了资本主义生产关系萌芽，使商品货币经济有了一定发展。对中国古代史分期和资本主义萌芽的论述，使该书自成体系，成为一家之言。由于该书文字简练、结构严谨，阐述中国历史发展线索晓畅、清晰，出版后受到广大干部、历史教学界的欢迎，引起史学界以及国外同行的注意，很快有日、俄、波兰等几种译本在国外出版。

山东大学历史系中国古代及中世纪史教研组于 1955 年 1 月 26 日召开了《中国历史纲要》座谈会。张维华、韩连琪、童书业、罗祖基、卢南乔、王仲荦、吴大琨、赵俪生等发表了对尚钺主编的《中国历史纲要》一书的意见。发言记录就发表在这一期杂志上。韩连琪作先秦史阶段的重点发言，卢南乔作秦汉史阶段的重点发言，王仲荦作魏晋南北朝隋唐史的重点发言，童书业作宋辽金史的重点发言，张维华作明清史的重点发言，赵俪生作有关农民战争的重点发言，吴大琨作有关资本主义萌芽和资本主义因素的重点发言。座谈内容集中在古史分期和资本主义萌芽与因素两大方面。

4 月 1 日，《文史哲》第 4 期开始连载萧涤非长篇论文《杜甫研究》，共连载 4 期。“山大杜诗研究的地位一举奠定。”

论文被认为是运用马克思主义文艺理论研究古代文学、重新全面研究杜甫其人其诗的开创性力作及典型范例，对杜甫的时代、生活、思想、影响及作品，多有创造性发明，其对杜诗的人民性的阐述尤为独到，是当时国内杜甫研究中最具代表性的观点，对杜诗研究产生了广泛而深远的影响，在杜诗研究中享有盛誉，被推为中华人民共和国成立后杜甫研究界的经典作品，代表着“研究杜甫及其诗歌的最高成就”。

本期杂志还刊登了方衡的《论胡风文艺思想的唯心论的实质》，这是《文史哲》刊发的第一篇批判胡风的论文，其后，《文史哲》又刊登了大量批判胡风的文章。

5 月 1 日，《文史哲》第 5 期集中刊登五篇论文，对胡适进行批判。

这些论文包括郑鹤声的《胡适四十年来反动政治思想的批判》，葛懋春、庞朴的《批判胡适的庸俗进化论》，童书业的《批判胡适的实验主义“史学”方法》，高亨的《批判胡适的考据方法》，赵俪生的《批判胡适反动的考据方法和校勘方法》。

本年第6期《文史哲》又刊登了孙思白等人的《清算胡适的反动政治思想》，以及路遥的《批判胡适派资产阶级唯心论历史观》，继续对胡适进行批判。

6月1日，贾斯荣在《文史哲》第6期发表《关于〈论曹植〉》，对郭沫若的历史人物研究提出批评。

文章认为，郭沫若的历史人物研究在方法上表现着主观偏向，对历史人物研究的态度也不够正确。从事历史人物研究工作专凭自己的“癖”、专凭自己的好恶，一定会歪曲历史事实，歪曲历史人物形象。郭沫若《历史人物》一书中有几篇文章都有着这个缺点，尤其是《论曹植》一篇表现得更加严重。作者提出，马克思主义者对于历史人物的研究方法，必须是根据历史的具体情况，摒弃一切主观偏向，用实事求是的态度，从其对历史的作用和影响方面来加以肯定和批判，而绝不能夸大或缩小其任何一点。如果违背了这样原则，而只是凭着自己的好恶，企图脱离或歪曲历史事实来对某一个历史人物加以研究，其研究的结果，也一定是反科学的，不能为广大群众所接受的。

7月1日，《文史哲》第7期集中刊发了4篇批判胡风的论文。

分别是陆侃如的《依法严惩胡风反革命集团》，高兰的《彻底粉碎胡风反党集团的两面派阴谋》，吴大琨的《从胡风的两面派反党集团想起》，孙昌熙、刘泮溪的《把胡风反党集团彻底粉碎》。

8月1日，黄云眉在《文史哲》第8期发表《读陈寅恪先生〈论韩愈〉》，与陈寅恪进行商榷。

1954 年《历史研究》第 2 期刊登了陈寅恪先生的《论韩愈》，对韩愈进行了高度评价，认为韩愈在文化方面有六个方面的功业：一曰建立道统，证明传授之渊源；二曰直指人伦，扫除章句之烦琐；三曰排斥佛老，匡救政俗之弊；四曰呵诋释迦，申明夷夏之大防；五曰改进方文体，广收宣传之效用；六曰奖掖后进，期望学说之流传。

文章发表后引起一些争议，黄文就是与该文进行商榷。黄文认为，陈寅恪在《论韩愈》一文中的一些“新义创见”大部分没有足够的坚实的论据，也没有很好地结合着韩愈的历史的客观条件，及其阶级的局限性，因而过高估计了韩愈个人的作用，过高估计了韩愈在唐代文化史上的贡献。

时希哲在这一期杂志上发表了《与吴大琨同志论划分中国奴隶社会与封建社会底标准问题》，与吴大琨在《历史研究》1954 年第 6 期发表的《与范文澜同志论划分中国奴隶社会与封建社会的标准问题》一文进行商榷。作者不同意吴大琨以生产力为划分不同社会的标准，认为中国由奴隶社会到封建社会，是由于剥削方法的变换，也就是因生产关系的改变而引起生产力的变化。吴大琨在该期杂志上发表《再论划分中国奴隶社会与封建社会的标准问题》，为自己的观点进行了辩护。

8 月 25 日，华岗被以“反革命”罪名逮捕，从此开始遭受非人的折磨。此后，校内人事关系大变，杨向奎受此影响卸任《文史哲》主编。

9 月 1 日，《文史哲》第 9 期刊文对胡适进行猛烈批判。

萧涤非的《批判胡适对杜甫诗的反动观点》：文章严厉批判了胡适杜诗研究中体现出来的超阶级超政治的观点、趣味主义的观点以及形式主义的观点。认为正如翦伯赞先生在一次批判胡适反动的历史观的发言中所说的：胡适阴魂未散，还在作怪，他还企图在新中国借尸还魂，光是消极地痛恨、鄙视是不够的，我们还必须积极地加以痛打，并从我们自己身上彻底地驱除其阴魂。

刁云展、周来祥的《从胡适的“水浒传考证”到何心的“水浒研究”》着重对胡适的研究方法进行了批判。文章认为，考证在研究作品上不占主要成分。它活动的范围只能在版本、情节的真伪材料辨别上起些作用，而绝不能把考证运用到研究作品的内容上去，也不能用它来分析作品的思想性、艺术性、典型人物形象。像何心用“考证”方法来研究作品，势必歪曲了作品的真实面貌，割裂了作品完整的艺术形象，贬掉了作品丰富的社会内容。《水浒传》是中国古典现实主义最伟大的作品之一，是中国农民革命运动典范的史诗。这份宝贵的文学遗产不能用“考证”来分析和研究，而必须用马克思主义的艺术观来对待它，才是真正的研究作品。何心的“水浒研究”失败，就足以说明这一问题。

10 月 12 日，王仲荦在《文史哲》第 10 期发表《北魏初期社会性质与拓跋宏的均田、迁都、改革》，对均田制的起源进行了推考。

该文认为，带有公社性的均田制度，所以能够在北中国树立起来，这是由当时“土广人稀”的实际情况决定的。自西晋末年以来，北中国地区长期遭受蛮族的蹂躏和破坏，北中国的农民不是在战争中大量地被屠杀，便是饥馁死亡，或纷纷弃去自己的田园，逃往江南，或漂流异乡，变为世家豪族大地主庇护下的“部曲”或“佃客”。这样，自然使北中国许多肥沃的土地变成了荒田。因为这些北中国无主的荒地和牧场都掌握在国家的手里，主权是国家的，所以拓跋宏于太和九年在北中国推行均田制时，也必然会先在这种无主的荒田和牧场上建立起农业生产组织来，然后把这种带有公社性的均田制度推行于整个北中国地区的小农农村。作者着重指出，在均田制土地上，农业很快在土地私有制的基础上获得发展，因此，均田制度一开始，封建成分已经占主导地位了，先封建的成分，只是其残存的形态与末日的境地而已。

同期杂志还刊登了华山的《〈水浒传〉和〈宋史〉》。

11 月 1 日，卢南乔在《文史哲》第 11 期发表《论司马迁及其历史编纂学——纪念司马迁诞生二千一百周年》，对司马迁的《史记》作了高度评价。

作者认为，“本纪”“表”“书”“列传”“世家”等“五体”相对于中国传统史学体裁实有创有革，而创制复多于因革，至于抄袭之迹是没有的。其后两千年间，不论官修或私修的史书体制，未有能稍越“史记”藩篱的。

12 月 1 日，殷孟伦在《文史哲》第 12 期发表《略谈司马迁现实主义的写作态度》。

作者认为，在司马迁的创作过程中，他是以三千多年来中国人民的社会活动和现实结合作为孕育他的创作的条件和依据，更由于他广博的知识和亲身实践，丰富了作品中的人民因素，并充分发扬了现实主义精神。于是《史记》就充分代表了时代的要求、人民的愿望，并以最鲜明、最适合的表现形式出现，因而成为人类文化宝藏之一。《史记》所以能够获得举世推崇、永垂不朽的评价，能够屹然矗立在世界文学的前列，其原因即在于此。

本期还发表了陆侃如、冯沅君的《宋诗简论——〈中国文学史稿〉补》。

1956 年

4 月 28 日，毛泽东在中共中央政治局扩大会议上说，艺术问题上的“百花齐放”，学术问题上的“百家争鸣”，应该成为我国发展科学、繁荣文学艺术的方针。

8 月 24 日，毛泽东对音乐工作者发表谈话，阐述了古为今用、洋为中用、推陈出新的方针。

7 月，山东省副省长晁哲甫出任山东大学校长兼党委书记。

1 月 1 日，汝信在《文史哲》第 1 期上发表了自己的第一篇哲学论文《车尔尼雪夫斯基的社会政治观点》。

发表该文时汝信年仅 25 岁，刚刚从朝鲜战场归来，转业到中国科学院干部培养部工作，仅是一个业余的西方哲学和美学爱好者，没有受过严格的学术训练。几十年后，作为当代中国著名的哲学家，作者在《汝信文集》自序中叙述了该文的发表对其成长为一名哲学家所起的重要作用：“抱着试一试的心情，我利用几个星期天写了《车尔尼雪夫斯基的社会政治观点》一文，寄给《文史哲》杂志，因为有同志告诉我这家刊物是最关心支持不知名的青年作者的。这篇幼稚的习作居然承蒙采用，这就大大增强了我研究哲学的信心。”在此鼓舞之下，作者考上了著名哲学家贺麟先生的研究生，并逐渐成长为一名哲学家。该文作为代表作被收入《汝信文集》。

本期发表的主要论文还有侃鹤笙的《批判梁漱溟反共、反人民、反革命的“乡村建设运动”》、卢南乔的《司马迁在祖国文化遗产上的伟大贡献与成就》、路遥的《洪仁玕》等。

2 月 1 日，《文史哲》第 2 期发表了《批判华岗的〈辩证唯物论大纲〉》，开始对华岗进行连篇累牍的政治批判。

本期还集中发表了一组论文，讨论《史记》及司马迁，包括高亨《史记的思想性与艺术性》、殷孟伦《试论司马迁〈史记〉中的语言》以及赵省之《司马迁赋作的评价》。

3 月 1 日，王仲荦在《文史哲》第 3 期发表长篇论文《关于中国奴隶社会的瓦解及封建关系的形成问题》，详细系统地论证了“魏晋封建说”，成为中国古史分期“魏晋封建说”的代表作之一。

该文的发表，标志着作者成为中国古史分期魏晋封建论的主要代表人物之一。全文从古代中国原始奴隶制结构，以及生产力的持续增长与封建主义因素逐渐获得发展等方面来阐述中国奴隶社会的瓦解及封建关系的形成过程。主要观点是：中国封建社会开始于魏晋，从殷商一直到东汉，都是奴隶社会。中国奴隶社会可分为两个段落：从商到春秋是第一个段落，这时期社会上有农村公社和未获得发展的早期奴隶制两种基本结构；从战国到东汉是第二个段落，这时期农村公社已经瓦解，较为发展的奴隶制开始在社会上占统治地位，在比较大的程度上保证了商品生产的可能性。自汉武帝开始，流民大量出现，奴隶制面临总危机，汉末黄巾大起义等，才摧毁奴隶制，引起封建关系急剧发展。到魏晋时期，封建制终于代替奴隶制而上升到主导的地位，中国就进入封建社会了。

《文史哲》第 4、5 期连载。

4 月 1 日，陈湛若在《文史哲》第 4 期发表《略论〈红楼梦〉社会背景——评吴大琨先生的几个论点》，与吴大琨《略论〈红楼梦〉的时代背景》一文展开学术争鸣。

陈文认为，吴大琨否定乾嘉时代存在资本主义萌芽，否认乾嘉时代是中国封建社会濒临崩溃的前夕，强调当时只是清王朝“统治力量的最高点”，亦即“由盛而衰”的转折点，这两种观点都是错误的。文章从各个角度考察了乾嘉时代社会经济的各个重要方面，由此得出在经济较发展地区例如东南沿海各省，在乾嘉时代（或者更早些），社会经济已发生了重大的变化，这些变化都足以说明中国封建社会已面临“山雨欲来风满楼”的崩溃前夕。

吴大琨在本期发表了《关于“略论〈红楼梦〉的社会背景”及其它》，对陈文的批评进行了回应。吴文认为，陈文中所列举的那些材料中，究竟有多少可以真正算作是“资本主义的萌芽”，也还是不明确的。因为陈文并没有充分说明下列的问题：当时的私营工商业者，究竟有多少是纯粹的私营工商业者，还是同时是官僚与地主？当时中国各大城市中的商业与工场手工业是挣脱了官僚与“行会”（还是很重要的一个关键）控制的商业与工场手工业，还是仍在官僚与“行会”控制下的商业与工场手工业？参加在“工场手工业”中的雇佣劳动者，是真正身份完全自由的劳动者，还是仍在身份上有某些不自由的劳动者？就整个当时的清初社会来说，究竟在发展的是为封建社会服务的工商业，还是分解封建社会的工商业？整个当时中国的商业资本与高利贷资本主要是在帮助发展“资本主义生产的萌芽”，还是在妨碍它的发展？这些就都是决定性、关键性的问题。可是这些问题，在陈文中都是没有充分注意论证到的问题。吴文认为，如不就这些问题作一充分的研究，而只单纯地引一些“史料”来证明一下当时社会存在有“资本主义的萌芽”大量发展的情况，这就等于在那里离开了当时中国的具体经济条件而研究中国封建社会末期的商品生产发展问题，是很容易把封建的商品生产与资本主义的商品生产混为一谈，因此夸大了资本主义萌芽的力量的。

5月1日，高亨在《文史哲》第5期发表《诗经引论》，用新方法来研究《诗经》，引起较大反响。

文章对诗经作了概括的论述，打破以往按照风、雅、颂分类来研究诗经的陈规，转而从经济、政治、社会制度、阶级构成和社会矛盾等方面入手，运用辩证唯物主义和历史唯物主义的方法对诗经的一些篇章进行了更深入的研究。王季星在《文史哲》1957年第3期发表《评高亨先生对“陈风”“月出”篇的新解》，对高亨研究诗经的态度和方法提出质疑，高亨发表《谈诗经“月出”篇答王季星先生》坚持己说。

6月1日，杨向奎在《文史哲》第6期发表《古代史研究中的几个问题》，指出古史分期研究的症结。

作者认为，中国古史分期问题的研究之所以迟滞不前，原因在于将中国古代史简单化，很多问题没有得到解决或没被注意到，诸如中国封建制的萌芽与发展、“宗法封建制”的本质与内容、中国古代各地区发展的不平衡等问题，都未能作深入的研究。童书业在本期发表《“古代史研究中的几个问题”的补充》，赞同杨向奎的观点，并对解决中国古史分期需要解决的关键问题作了补充。

同期杂志还刊登了华山、王赓唐的《略论女真族氏族制度的解体和国家的形成》。

7月1日，赵俪生在《文史哲》第7期发表《响应“百家争鸣”的号召》。

文章提出，假如不倡导自由讨论、百家争鸣的风气，并且让那些重重的清规戒律继续束缚着的话，社会主义事业就会受到很大局限。“不破不立”，要立社会主义文化学术之基，就非先破了那些反映保守思想的种种清规戒律不可。但保守思想和清规戒律绝不会自动地撤退，需要去克服，去进行某种形式的斗争。

该期杂志还刊登了韩连琪的《汉代的田租口赋和徭役》。该文运用大量文献资料，对汉代统治政权对农民的几种主要剥削情况进行了考证。蒋维崧、殷焕先的《汉字改革和汉语规范化》想从论证老汉字的根本缺点和拼音文字的根本优点来说明老汉字在实现汉语规范化上的阻碍作用，亦即在祖国社会主义建设上的阻碍作用，以证明老汉字必须改革，说明拼音文字在推广普通话和实现汉语规范化上的积极作用，亦即在祖国社会主义建设上的积极作用，以证明“走世界文字共同的拼音方向”的完全正确。

8月1日，《文史哲》第8期刊登了编辑部文章《开展中国古史分期问题的讨论》，再次倡议学术界开展古史分期问题大讨论。

文章说，有关中国古史分期问题，多少年来没能有一个大家同意的说法，距离结论的时期尚远，有待于我们热烈地展开讨论和研究。这个问题之没有及早解决，绝不是古史学者的有心立异，也不是由于“文人相轻”，而是中国古史问题本身的确存在着复杂问题。在一个很大的国家内，地理环境不完全相同，各民族本身的历史条件也不相同，这样就不可能是平衡地发展，又因为各民族间的关系密切，接触频繁，彼此影响与干扰的机会过多，因而不可避免地使中国在社会发展中丰富多彩。这样，在研究和整理古代史的时候，就不能把问题简单化、公式化，否则就难以得出大家同意的结论。驱使我们把古史问题简单化的原因之一，是我们所根据的史料有问题。中国有关的古史材料是丰富的，因为我们的祖先给我们留下了丰富的遗产，但无论纸上和地下的材料如何丰富，这记载上的历史和真实的社会历史比较起来，谫陋情况又不可同日而语了。如果我们对于到现在还有着的奴隶社会和封建社会地区作一次有系统的调查，会了解实际的奴隶社会与封建社会和我们在书本上的了解有许多距离。首先，书本上的记载实在简单。书本上的简单记载加上我们一些教条主义的倾向，越发把简单的记载简单化了，于是活生生的历史事实变成干巴巴的公式与结论，这样打算解决古史问题，岂不是“缘木求鱼”？我们的教条主义倾向使我们有先入为主的成见，我们的结论往往不是出于实际研究的结果，而是先有一个结论，已经肯定了某一个时期是某一种社会，于是拿教条和史料互相比附，而不是理论与史料的很好结合，这样先有结论而后研究的办法，他的观点虽然明确而突出，但往往不解决问题，因为这不是从实际出发。在史料的考订上，在一些专门问题的研究上，也存在问题，而这些问题全是有关解决中国古史分期问题的基础工作。编辑部希望历史工作者们共同努力，深入地展开讨论，以推进中国古史分期的研究。

作为开端，这一期杂志发表了何兹全的《关于中国古代社会的几个问题》

以及时希哲的《从泛论古代史中的几个理论问题阐明西周的社会性质》两文。何文在前期研究成果的基础上，正式提出“魏晋封建说”。由于这一观点与“古史分期”的主流观点相去甚远，发表时颇费周章。何兹全晚年在接受采访时说：“解放后，西周封建说是中国历史分期的主导学说，史学界的长者——范文澜、吕振羽、翦伯赞都持此说。郭沫若原持秦汉统一封建开始说，后来把封建开始提到春秋战国。毛泽东说，三千年来中国都是封建社会。西周封建说与此最合拍（我不知道是毛泽东受范文澜的影响，还是范文澜受毛泽东的影响）。中国封建社会从春秋战国开始，也还勉强，汉魏（魏晋）封建说，便成了反对毛泽东的歪说。尚钺写文章支持魏晋封建说，便成了群起而攻之的靶子。我当然也不敢说话了。但肚里有话，是憋不住的……20 世纪 50 年代中叶，毛泽东提出‘百花齐放，百家争鸣’，学术界气氛活跃起来。我一高兴就写出了《关于中国古代社会的几个问题》那篇文章，先送《历史研究》。据说，尹达（时任《历史研究》主编）曾拿给郭沫若（时任《历史研究》编辑委员会召集人）看，也不知是郭沫若还是尹达下了一句评语：‘公说公有理，婆说婆有理呗！’后来，（文章未被允许在刊物发表）我拿到山东《文史哲》发表了。”（《古代经济的衍化与中国社会的发展道路——何兹全教授访谈录》，《河北学刊》2008 年第 6 期）

本期还刊登了高亨的《老子的主要思想》，认为老子的政治思想，以保持自然取消人为为最高原则。东周时代，由于铁器的普遍使用，生产力向前发展了一大步，随着生产力的发展，社会制度、社会阶级、社会矛盾以及政治局面都发生了剧烈的变化，正在由领主封建制度向地主封建制度过渡，文化也随着提高而丰富了，自然科学如光学、力学、几何学、机械学都已经萌芽，诸子哲学更逐渐呈现着五光十色的现象。天神创造一切、主宰一切的迷信宇宙观，已经被优秀知识分子所否定，这就是产生老子的宇宙哲学的主要根源。他提出物质性的“道”来解释宇宙的起源和现象，虽然不是建筑在科学基础上，然而这是具有唯物倾向的、具有一定创造性的学说，值得重视。

9 月 1 日，《文史哲》第 9 期刊发读者王乃扬的《读高亨先生〈诗经引论〉》，与著名学者高亨进行商榷。

文章认为，马列主义对待事物的根本原则是“实事求是”。对待古典文学作品，尤其需要从实际出发，不能根据个人主观意图给作品以主观的解释。过去不少经学家对于诗经往往凭他们的主观（严格地说根据他们的阶级利益）说什么“后妃之德”“刺某某”……替《诗经》蒙上一层暗影。我们今天就要以“实事求是”的方法把诗经从这些暗影中解放出来，给以正确的解释；但同时仍应注意从实际出发，不能凭主观意图给以任意夸大或缩小，这样才能产生物质的力量。高先生在某些地方却忽视了这一点，这表现在对某些诗篇的牵强附会上，比如对于《陈风·月出》，高先生理解为“反映领主杀害农民的诗”，说什么“这一篇抒写在月色惨白的杀人场，一位英俊的人民，身被五花大绑，被领主杀死了，尸体被领主焚烧了，这时枝干盘曲的老橡树，在怒吼，在颤摇，作者的心灵，在忧愁，在跳动，在悲痛。这是凄惨壮烈的一幕悲剧”。其实这首诗分明是一首恋爱诗。在形式上是采用民歌中常见的反复讽诵的格式，三章差不多是一个意思。在这里只能看出“一种浑然的怀念情绪”，根本感觉不到是一幕“凄惨壮烈”的悲剧；我们只能意识到一个恋人在皎洁的月光底下怀恋着意中的美人，根本看不到一位“身被五花大绑”的“英勇的人民”被杀死。这不过是牵强附会的一个突出的例子，另外将《卫风·淇奥》说是“阿谀”大领主的作品也是值得研究的。

高亨以给《文史哲》编辑部来信的方式对该文予以回应。

10 月 8 日，高亨在《文史哲》第 10 期发表《周代地租制度考》，从《左传》《国语》《诗经》等考察了周代的地租制度，进而考察了周代的社会性质，认为周代是封建社会。

本期讨论古史分期的还有吴大琨的《怎样从政治经济学的角度上来考察古史分期问题》。该文认为古史分期的关键是从奴隶社会和封建社会的经济特点入手，中国区别于希腊、罗马、西欧中世纪的经济特点，从而对西周封建论进行了反驳。作者提出，从政治经济学角度来研究中国的历史，特别是研究中国的奴隶社会与封建社会，应当着重两个问题：第一个问题是要具体地阐明生产关系一定要适合生产力性质的这一社会发展的经济规律，究竟是怎样体现在中国的奴隶社会与封建社会的形成、发展及其没落的过程中的；第二个问题要研究在中国奴隶社会与封建社会的生产关系中究竟有哪些特点。

本期发表了一组鲁迅研究论文，分别是朱彤的《鲁迅早期的思想和斗争（1902～1909）》、张志岳的《试论鲁迅与中国文学遗产》以及刘泮溪的《鲁迅论文学艺术的几个基本问题》。

11 月 1 日，陈同燮在《文史哲》第 11 期上发表《古代罗马奴隶社会概述》。该文是中华人民共和国成立后最早对古罗马奴隶社会情况进行全面、深入介绍的文章。

文章对罗马奴隶制的形成、奴隶制内部矛盾的发展及其对于罗马社会经济的影响、奴隶制的瓦解以及封建制度的萌芽进行了阐述。

本期还刊登了黄云眉的《韩愈文学的评价》，对韩愈作为中国 8 世纪末 9 世纪初一位杰出的古典散文家的地位进行了重新肯定。作者发表此文，实际上是通过发表不同观点继续与陈寅恪进行商榷。文章认为，韩愈的文学是有卓越的成就的，而他的儒学则仅仅跨在文学的背上腾踔虚誉而已，它的本身谈不到有什么独立的成就。不但没有独立的成就，严格地说，韩愈还不是过去所谓真正的“守道君子”，韩愈的崇尚儒学，是言有余而行不足的。因此，唯有以韩愈的儒学还儒学，以韩愈的文学还文学，然后才能看到韩愈文学真正的精神面貌。肯定韩愈的文学，主要是肯定他的文学在中国古典文学的发展上，即在文体改革及其领导文体改革的运动上，有很大的贡献；而不是肯定他的文学的形式内容，都已进入在当时历史条件下可以认为毫无遗恨的境界。文章主要叙述了韩愈文学产生的主要因素、韩愈文学的成就及其领导古文运动的胜利、韩愈在文学中所反映的思想及其政治与生活等。

孙作云在这一期发表了《小雅大东篇释义》，对《大东篇》进行了考释。作者以为，《诗经·小雅》里的《大东篇》，应该是《诗经》中数一数二的作品。它的思想性、人民性很强，艺术手腕很高，在三百篇中很少有其他诗篇可以和它相抗衡。《诗经》中脍炙人口的名篇，如《邶风·谷风》《卫风·氓》《卫风·硕鼠》《卫风·伐檀》《豳风·七月》《豳风·东山》以及《小雅》中的《正月》《十月》《采薇》《出车》《北山》等篇，从种种方面考察，似乎皆不及这首诗。

吴大琨在这一期发表了《关于〈略论红楼梦的社会背景及其它〉一文的补充》。作者认为，中国封建社会存在特殊性。中国存在有封建的土地国有制，封建帝王不仅是全国最大的地主，同时也是全国最高的地主，他有权控制全国的臣民为他尽一切封建的义务。在封建的土地国有制的基础上，封建国家也不仅对全国的土地、水源有控制，而且还控制了全国的主要工商业，由于中国的封建主义是在土地可以“买卖”的情况下开始成长的，所以土地的可以“买卖”，就长期地成为中国封建经济的一个特点。这一特点阻碍了中国资本主义萌芽的发展。由于中国不存在典型的庄园经济，缺少农奴，因而也不存在所谓“自由城市”。在中国的封建制内，长期地存在着奴隶制的遗留，特别是债务奴隶制的遗留。成为中国封建社会生产的主要基础的是广大的封建农村组织中的小农经营，在这种封建的农村组织中，农业与手工业乃是密切巩固结合的。以上这些特点，足以说明为什么在中国封建社会的内部不能较早地出现“资本主义的萌芽”，或虽出现了“资本主义的萌芽”也不能得到很快发展。

本期还集中刊发一组研究农民起义的论文，包括孙祚民的《试论汉武帝的对外战争》、华山的《金世宗一代的政治和汉族人民起义问题》、罗尔纲的《太平天国真是不准绘人物吗?》、赵俪生的《靖康、建炎间各种民间武装势力性质的分析》。赵文提出“历次农民起义所表现出来的，起义规模的大小，战斗力的强弱，坚持时间的长短，其内部凝聚力的大小，都与其参加农民的身份有关”。

12 月 1 日，《文史哲》第 12 期发表了葛力的《18 世纪法国唯物论者的社会政治观点》以及杨向奎的《〈家庭、私有制和国家的起源〉学习笔记》等论文。

1957 年

2 月 27 日，毛泽东在最高国务会议第十一次（扩大）会议上作《关于正确处理人民内部矛盾的问题》的重要讲话。

4 月 27 日，中共中央发出《关于整风运动的指示》，决定在全党进行一次以正确处理人民内部矛盾为主题，以反对官僚主义、宗派主义和主观主义为内容的整风运动。

6 月 8 日，中共中央发出毛泽东起草的《关于组织力量准备反击右派分子进攻的指示》，“反右斗争”开始。全国共有 55 万多人被划为右派分子，其中知识分子占了绝大多数。

1 月 1 日，汤志钧在《文史哲》第 1 期发表《关于康有为的〈大同书〉》，与李泽厚《论康有为的〈大同书〉》进行辩论。

作者认为《大同书》的思想基本上是反动的，是康氏晚年“麻痹群众”，“反对革命”，“主张保皇复辟的理论基础”，而不是像李文所认为的那样具有早期资产阶级民主、自由的进步思想。李泽厚又在《文史哲》同年第 9 期发表《〈大同书〉的评价问题与写作年代——简答汤志钧先生》，对汤文进行反驳。张玉田也在该期杂志上发表《关于〈大同书〉的写作过程及其内容发展变化的探讨——兼与李泽厚、汤志钧二位先生讨论关于〈大同书〉的估价问题》参与讨论，从而在《文史哲》杂志上进行了一场关于康有为评价的论战。

这一期的《文史哲》还发表了两篇讨论古史分期的论文。童书业的《从“生产关系适合生产力的规律”说到西周春秋的宗法封建制度》，通过对宗法制的考察，论定西周、春秋时代为早熟的宗法封建社会。杨向奎的《关于中国古史问题二三事》认为中国古史分期之所以众说纷纭，原因有关于古史中的一些关键性问题，如关于奴隶占有制的类型、从氏族社会末期向阶级社会的过渡途径、中国古代社会的生产工具等没有搞清。

陆侃如、冯沅君的《关于编写中国文学史的一些问题》也发表在这一期的杂志上。该文谈了作者在《中国文学史稿》中把中国文学史分成周以前、周代、秦至南北朝、隋至元、明清、鸦片战争至五四运动等六个阶段的理由，以及对中国文学史写作体例的考虑，认为按照年代先后来排列是好的，但不必绝对排斥体裁的区分；同时也可以容许有一小部分的著作，采用以分体为主的办法。对于一位作家的各种作品，原则上放在一处讲，必要时也可以分几处。对于重要的文艺理论，可以适当地提一提，但不能作为文学史的主要内容；而对于早期的小说与戏剧，哪怕还在萌芽状态，却是应该重视的。对于作家、作品的评价问题，作者认为应该力避庸俗社会学的毛病，纠正估计过高或过低的偏向。有了正确的评价，就可以适当地处理"重点突出"的问题。但是不能够说，全部文学史上只讲一二十位第一流作家就算了。在论述和举例上，以正确为贵，不要以为字数越多就越好。

这一期的文章还包括孙作云的《说"雅"》。作者认为，西周诗之所以称"雅"，是西周王畿原来是夏人的故地的缘故。西周的诗本来叫作"夏诗"，即夏地之诗；但因为"夏"字与"雅"字古同音，人们常常用"雅"字来代替"夏"字。也许为了与三代的"夏"区别，所以把"夏诗"称为"雅诗"。总之，西周诗之所以称"雅"者，原本于"夏"，以地为名，犹如"十五国风"各以国名作区分一样。

2月1日，华山在《文史哲》第2期发表《从茶叶经济看宋代社会》，提出宋代资本主义萌芽说。

该文对宋代的茶叶生产和茶贸易情况进行了细密的考证，认为由于文字史料的缺乏，虽还不能断言资本主义萌芽已经在宋代发生，但从宋代社会各方面的条件看，这种萌芽的出现有其极大可能性。但它的发展是非常缓慢的，这不仅由于连续几次的落后民族的入侵，在某种程度上打断了它历史的进程，而更重要的是封建国家对若干主要工商业的垄断政策，私人资本的活动范围大为缩小，并受到严密的控制。所以它的发展就显得非常迟缓，要超过西欧国家几倍的时间。

周来祥、徐文斗在这一期发表了《〈长生殿〉的主题思想究竟是什么》，对《长生殿》主要人物形象、主要情节和结构进行了分析。文章对使用阶级观点否定李、杨爱情的“庸俗社会学”观点提出批评，认为《长生殿》的主题思想是歌颂李、杨的真挚爱情，特别是歌颂杨玉环的痴情。其后，《文史哲》又发表多篇文章参加全国性的《长生殿》主题及创作手法讨论。

本期还发表了吴大琨的《读弗·尼·尼基甫洛夫同志〈论不同国家从奴隶占有制向封建制过渡的几个共同的规律性〉一文后的体会——兼评童书业先生的对“生产关系一定要适合生产力性质的规律”的认识》和童书业的《答吴大琨先生》，继续就古史分期问题展开讨论。

3 月 1 日，丁云青在《文史哲》第 3 期发表长篇论文《忠王李秀成自传原稿是曾国藩等所伪造的么》，与年子敏、束世澂等人商榷。

作者不同意年子敏《评罗著忠王李秀成自传原稿笺证》和束世澂《评罗著忠王李秀成自传原稿笺证读后记》等文所持李秀成自传原稿“显然是以曾国藩为首的一小撮反革命分子伪造的”观点，对年文和束文观点进行了逐条商榷。作者认为，鉴定自传原稿有无、真伪，关键在于如何具体而不空洞、全面而不片面、本质而不表面的给忠王李秀成以正确的人物评价，如果不搜集详细的材料，历史地、辩证地去理解分析忠王李秀成，只是强调唯成分论和动机论的反历史主义的论点，甚至孤立地胶着在自传原稿上，采取形式类比的方法，在纯技术上打圈子，打来打去，很难拿出实事求是的令人信服的正确结论，并且可能导致颠倒是非的荒谬结论的。《文史哲》第 4 期又发表郑鹤声的《忠王李秀成自传真伪问题商榷》，对丁文表示支持。

本年 1 月 5 日，山东大学举办古史分期问题讨论会。会中西周派、战国派、魏晋派等各派展开了热烈争论。本期选登了童书业、张维华、罗祖基在讨论会上的发言，同时还刊登了童书业的《与苏联专家乌·安·约瑟夫维奇商榷中国古史分期等问题》。

这一期杂志上还发表了时萌的《关于陈子昂》，认为从陈子昂到李白、杜甫、白居易以至晚唐的杜荀鹤和皮日休，标志着唐代诗歌的现实主义的逻辑发展，而陈子昂是首创其先，启示于后，他提出的现实主义方向源远流长，浸透了整个唐代诗歌以至后代。

4 月 1 日，胡滨在《文史哲》第 4 期发表《梁启超的史学》。

文章认为，在 19 世纪末年和 20 世纪初年，梁启超所传播的资产阶级体系的史学，在反对封建地主阶级体系的史学上，确实起了一定的进步作用。随着社会历史的不断向前发展，随着广大人民群众革命运动的日益高涨，梁启超所鼓吹的资产阶级唯心主义历史观的反动性逐渐暴露出来。到了十月社会主义革命之后，到了五四运动之后，梁启超所“贩卖”的唯心主义历史观，变成了反马克思列宁主义的一股逆流。

匡扶的《苏轼诗简论》也发表在这一期上。文章就苏轼的政治思想，和他诗中的主要思想内容与艺术特征作了初步的探索。认为苏轼的诗是出于杜甫而入于李白，后期又寝馈于陶渊明的，苏轼是应该归在祖国最优秀的浪漫主义作家行列之中的。

5 月 1 日，陆侃如、冯沅君在《文史哲》第 5 期发表《关于中国文学史分期问题的商榷》。文章对中国文学史的分期在争噪一时的文学史分期讨论中独领风骚，广为学界所接受，影响深远。

作者认为，文学史分期应该坚持文学与历史两个标准。这两个标准是互相结合，不应分割的；在应用的时候，应该以文学标准为主，历史标准为辅。文章把中国文学史具体划分为 14 期：第 1 期是公元前 11 世纪以前（上古至殷周之际止），这是中国文学的起源时期；第 2 期从公元前 11 世纪到公元前 6 世纪（西周及春秋），约 500 多年；第 3 期从公元前 5 世纪到公元前 3 世纪（春秋末年及战国），约 300 年；第 4 期从公元前 3 世纪末期到公元后 2 世纪末期

（秦汉），约400 年；第 5 期从 2 世纪末期到 6 世纪末期（建安到隋统一），约 400 年；第 6 期从 6 世纪末期到 8 世纪中后期（隋及初盛唐），约一百七八十年；第 7 期从 8 世纪后期到 10 世纪中期（中晚唐及五代），约一百八九十年；第 8 期从 10 世纪中期到 12 世纪初期（北宋），约一百六七十年；第 9 期从 12 世纪初期到 13 世纪中期（南宋及金），约一百四五十年；第 10 期从 13 世纪中期到 14 世纪中期（元代），约 100 年；第 11 期从 14 世纪中期到 16 世纪中期（明前期），约一百八九十年；第 12 期从 16 世纪中期到 17 世纪中期（明后期），约 100 年；第 13 期从 17 世纪中期到 1840 年（清初至鸦片战争），约 180 年；第 14 期从 1840 年到 1919 年（鸦片战争到五四运动），约 80 年。

杨向奎在这一期的杂志上发表了《孔子的思想及其学派》，给予孔子较高评价。作者认为，孔子是一个博学多能的人，在中国教育史上，他是一个不朽的人物，他扩大了知识的传授对象，使官学变成私学。他是一个主张来者不拒的人，提倡“有教无类”，在他的时代，这是破天荒一人！他也注重实践，他主张“行有余力，则以学文”。儒家后来分裂为许多学派，其中显学当然是思孟和荀卿两家。在孔子之后，当新的学派创立的时候，儒家最主要经典是《大学》《中庸》。《中庸》发挥了唯心主义的宇宙观，而《大学》的作用是在方法论方面。清代乾嘉以后，儒家再没有发展的余地，只剩下文学训诂了，虽然他们弄清了古书原意，然而过去的幽灵，没有什么作用了。

在同期杂志上，杨向奎还发表了《解决中国古史分期问题，要先研究具体问题》的短文，对中国古史分期问题的讨论进行批评，认为有关于社会性质的文章，有一种普遍性的趋向，大家喜欢做大的，无所不包的上下千年的文章，而少有解决具体历史事实的著作。一篇无所不包地从上古讲到中古，从中国讲到外国，什么问题全谈到了，也许什么问题也没有解决。杨文提出要改变这种作风，从分析具体的历史事实下手，对于具体的问题茫然不解，而说已经明确了当时的社会性质，这正如“瞎子断匾”的故事，匾还没有挂起来，瞎子们就开始争论是些什么字了。可以说，离开具体问题的研究而打算解决历史分期问题，永远也不会有结果。童书业则同时发表《略论古史分期讨论中理论结合史料问题》，对杨文进行回应，认为要解决中国古史分期的问题，须从理论和史料、历史事实两方面下手，同时要把这两方面联系起来研究。理论的争辩和史料、历史事实的争辩，在古史分期问题的讨论中，是可以并行不悖的。

6月1日，殷孟伦在《文史哲》第6期发表《略谈“训诂学”这门科学的对象和任务》，对一向较少有人论述的“训诂学”的对象和任务进行了探讨。

作者认为，“训诂学”是以分析语言、解释语言（无论口头的或书面的）作为对象的。语言事实绝不是难以分析解释的东西，而是要在认识语言的基本锻炼上多下功夫。认识语言愈深刻，在分析语言、解释语言的时候，才能深切体会，曲尽其妙。语言的完全性、确切性才能由分析和解释中具体显现出来，进而从认识中而得到掌握和运用，这才是学习“训诂学”的最终目的。“训诂学”在语言学习过程中所起的巨大作用的确是一个极其应该重视的问题。

7月1日，张博泉在《文史哲》第7期发表《关于井田制度问题的探讨》，对井田制提出新解。

作者认为，中国古代公社的土地与灌溉的水利有着不可分割的联系，两者是互相依赖的。古代的“井”和“田”是两个不同含义的东西，不能混淆。“井”就是古代灌溉的组织，“田”是公社的土地，这种用水来灌溉着的公社土地，就构成了古代历史所记载的井田，井田的实质就在这里。井田不是别的，即马克思、恩格斯所指示的东方的公社土地制度和与此密切相关的灌溉事业的结合，井田就是此制度的一种最为完整的形式。

李希凡在这一期发表了《水浒的现实主义——论水浒之一》，《文史哲》第8期连载。

8月1日，孙作云在《文史哲》第8期发表《说“诗经、大小雅”同为西周末年诗》。

作者认为“大小雅”统统是西周末年（或后期）的诗，其中以周宣王朝的诗为主，而上及厉世，下至幽王。总括起来说，“大小雅”是西周后期七八十年间的诗，与西周初期七八十年间的“周颂”正遥遥相对。这一看法与学术界普遍认为的“大雅”中多西周初年诗、“小雅”是西周末年诗的观点明显不同。

本期还发表了刘开扬的《论初唐四杰及其诗》以及徐文斗的《关汉卿剧作中的妇女形象》。

9 月 1 日，戚其章在《文史哲》第 9 期发表了《从生产力的变化上看中国古代社会的发展》。

文章从生产工具和农耕制度证明西周社会生产力的发展已经达到封建主义早期的水平，周代封建关系的发生与发展，归根到底还是由于生产力的变化与发展，而绝不能归结为某种外烁的原因。

蒋捷夫在这期杂志上发表了《概论唯物辩证法的范畴》，《文史哲》第 10 期连载。

9 月，《文史哲》杂志与中华书局合作出版的“文史哲丛刊”第一辑《中国古代哲学论丛》出版。

该论丛分门别类地将《文史哲》上刊登的重要论文辑录在一起，共出了 4 辑。此后，又陆续出版了《中国古史分期问题论丛》（第二辑，1957 年 11 月）、《司马迁与史记》（第三辑，1957 年 9 月）和《汉语论丛》（第四辑，1958 年 8 月）。其中《中国古史分期问题论丛》辑录了 14 篇关于古史分期讨论的文章，涵括了古史分期问题上各派不同的意见，出版后行销甚广，影响较大。

10 月 1 日，顾颉刚在《文史哲》第 10 期发表了《息壤考》。

该文是应童书业之邀为《文史哲》而作。文章对于鲧、禹以息壤治水的早期神话作了新的考辨，并对鲧、禹治水故事的演变作了进一步的论述。

李鸿哲在该期杂志上发表了《“奴隶社会”是否社会发展必经阶段?》，对社会发展五阶段说提出公开挑战。作者指出，中国历史上有过奴隶制时代之说，首先提出来的似是郭沫若先生。但“奴隶社会”是否人类历史发展必经阶段，尚有商榷之余地。首先，“奴隶社会”说于经典著作中并无根据，马克思的著作中根本找不到这个原始共产社会—奴隶社会—封建社会—资本主义社会—共产主义社会这样的五阶段划分的文字。相反，在马克思的著作中，却找到了不少与五阶段说不同的意见。因此，认为人类社会必须先经过奴隶社会，然后才能进入封建社会的五阶段说，并非马克思的学说。其次，奴隶社会说在理论上存在多方面困难，检查奴隶社会说理论的本身，可以发现它含有很多矛盾与破绽，不能自圆其说。奴隶社会说在理论上至少有以下窒碍难通之处：该说与历史唯物主义的基本原则存有矛盾，且在奴隶社会形成和维持的必要条件方面，理论上存有很大的困难。奴隶社会说的历史发展顺序是谬误的、不合历史事实的。再次，奴隶社会说不符合历史事实，大略考察一下古代各国历史，就可发现真正有成为支配生产方式的奴隶制存在的只有地中海沿岸的少数国家，这些极少数国家发展的情况，应把它当作例外，而不能认为是一般的情形。因此，人类社会都经过一个奴隶社会的阶段，并不是历史发展的规律。作者断言，奴隶社会说在理论上站不住脚，不符合历史事实，违背历史唯物主义；多年来为人所信从，实在是一种教条主义的偏向。但这一种教条不是从马克思的经典著作中得来的，它是由郭沫若等提倡起来的。由于这一种教条的存在，苏联和我国史学家们曾花费很多力气在古代各国历史上找寻奴隶。假若奴隶社会说本身根本不能成立，那么这些工作和争论岂非徒劳无功。

该文发表后，有读者来信揭发作者是苏北师范专科学校一名“右派分子”。为此《文史哲》杂志在 11 月号刊登“编者的话”，指斥该文是借着学术讨论的幌子，对马克思主义的一般社会发展规律进行恶意的攻击，具有阴险的政治企图，并在 12 月号杂志上发表文章对其进行了“无情的批判”。

本期杂志还刊登了何祚榕的《驳斥陆侃如关于取消学校党委负责制的谬论》，自此《文史哲》杂志开始对已被划为“右派”的陆侃如进行连续批判。

11 月 1 日，童书业在《文史哲》第 11 期发表《批判雷海宗的〈世界史分期与上古中古史中的一些问题〉》，对雷海宗进行批判。

文章说：雷海宗在《历史教学》上所发表的《世界史分期与上古中古史中的一些问题》，是一篇利用资产阶级“经济史观”来反对马列主义历史科学的极端反动的文章。他的“世界史分期”法，就是资产阶级的。资产阶级反对马克思、列宁主义的五种生产方式的科学理论，他们否认有奴隶社会，反对用生产方式来划分历史阶段，而把某些经济现象或政治、文化现象来作划分历史阶段的标准。在雷海宗这篇文章中，看不见人们生产劳动的重要性，看不见生产劳动的实践对于生产力提高的作用，看不见整个生产力的作用，更看不见生产关系和阶级斗争的重要作用：这是典型的资产阶级“经济史观”的表现。

本期杂志还刊登了李学勤的《论殷代亲族制度》及徐连城的《春秋初年“盟”的探讨》。

12 月 1 日，胡珠生在《文史哲》第 12 期发表《论汉金非铜及其减退原因》。

该文用缜密的考辨推导出汉金减退的决定性原因在于王莽府库 70 万斤黄金之散失而不是其他。

本期杂志还发表了吴志达的《王安石诗初探》及秦文兮的《论水浒研究中引起争论的几个问题》等文章。

1958年

3月10日，应郭沫若邀请，陈伯达在国务院科学规划委员会第五次会议上作“厚今薄古，边干边学”的报告，学术界开始“厚今薄古”的运动，史学界开始“史学革命”。

5月5～23日，中国共产党第八次全国代表大会第二次会议在北京举行。大会正式通过了中共中央根据毛泽东的倡议而提出的“鼓足干劲、力争上游、多快好省地建设社会主义”的总路线及其基本点。会后，全国迅速掀起“大跃进”高潮。

7月，山东大学归由山东省领导，同年10月奉命由青岛迁往济南。

8月，国务院任命成仿吾为山东大学校长兼党委书记。

11月，《文史哲》编辑部随学校由青岛迁至济南洪家楼。

1月3日，刘敦愿在《文史哲》第1期发表《龙山文化若干问题质疑》。

文章对龙山文化是否是新石器晚期的文化、龙山文化时期的社会经济生活状况、龙山文化分期等问题提出了自己的看法。

躬庵的《欧阳修及其词》、周来祥的《关于〈长恨歌〉的主题思想及其争论》、童书业的《西周春秋时代的手工业与商业》等文章也刊登在这一期杂志上。

2月3日，随着反右派斗争的扩大化，《文史哲》第2期发表3篇批判论文，加大对“右派”的批判力度。

这三篇文章是周来祥的《批判陆侃如反动的学术思想》、秦文兮的《批判冯雪峰聂绀弩二人在水浒研究中的修正主义论点》、徐绪典的《驳斥荣孟源的资产阶级反动史学纲领》。

本期杂志还发表了戎笙的《关于奴隶与农奴最根本的区别的意见》、童书业的《战国秦汉时代的手工业与商业》、华山的《元代赋役制度考略》等文章。

3月3日，《文史哲》第3期继续集中批判陆侃如。

本期发表了韩连琪的《批判陆侃如〈关于文学史分期问题的商榷〉中的谬论》和朱作云、张祺的《批判陆侃如〈论古典作家的宇宙观和创作方法的矛盾〉一文的谬论》。

赵贞信在这期杂志上发表了《欧阳修对“经学”上的贡献》，认为欧阳修在经学上以独立无惧的精神开创了打破前人陈说，发挥自己独得的见解的风气，在当时是一大解放，一大进步，也是一大斗争，而对后代也实有不小的影响，应该提起注意和给他适当的评价。

谢忠梁在这期杂志上发表了《两汉的食封制度》。

4月3日，《文史哲》第4期刊发批判冯雪峰的文章，分别是周来祥的《胡风的同路人——批判冯雪峰修正主义的文艺思想》和韩长经的《批判冯雪峰的关于鲁迅与俄罗斯苏维埃文学的谬论》。

5月3日，杨向奎在《文史哲》第5期发表《唐宋时代的经学思想——〈经典释文〉、〈十三经正义〉等书所表现的思想体系》。

文章认为，唐宋前后约400年的经学思想，可以孔颖达和邢昺两人为代表，孔颖达在总结前人研究的成果上，有了他自己的思想体系，是一个徘徊于唯心论与心物二元论之间的思想家。他适当地消化了南北经学家的不同见解。在政治思想上他更强烈地反映了统治阶级的要求，认为阶级社会的秩序是天道使然，人力不能反抗，但他反对地主阶级对于农民的过度剥削，因为这会损害王室的赋税来源，劳动人民才是国家的支柱，地主阶级对于国家是不承担义务的，只能和国家争土地争人民。贾公彦、杨士勋等人虽然在学风上和孔颖达相近，全是折中南北两派的经学，但有混同而没有消化，结果泾是泾渭是渭，并没有构成自己的洪流。孔颖达之后，在经学思想上发挥作用则推宋人邢昺。理学家在邢昺的工作中吸取了他们认为有用的成果，虽然理学家们在否认这些，后人是看得清楚的。理学家的兴起有其坚固的基础，但思想上渊源也不能加以忽视。中国经学的发展是曲折的，虽然这始终是封建社会的上层建筑，但两千年来，封建社会本身在变化着，上层建筑也自然随着变化，有时它作为统治阶级的统治思想，而以显学的姿态出现，有时却为别的学派所压抑，不得发挥作用。理学家起来后，是经学思想上的一个大的发展，从此在儒家的经学上有汉宋之分，而唐宋经学实在是汉宋之学的中间桥梁。

蒋维崧在这一期发表《简化汉字建立汉字字形的规范》，认为只有简化汉字才能力求汉字字形规范化，简体字比繁体字好学、好记，简体字造成错别字的机会少，可以跟手写体一致，群众乐于使用，所以采用简体字来作正字标准是完全应该的。这样办了之后，汉字才能逐渐走向规范化。

6月3日，为贯彻“厚今薄古”的要求，《文史哲》第6期开始进行整改，加强编辑力量，明确编辑方针，改订稿约。

本期“稿约”中说：为了革新面貌，提高思想性，使本刊符合时代的要求，成为社会主义文化战线上有力的战斗员；为了在这伟大的时代中与全国人民一同跃进，本刊确定以“厚今薄古，理论联系实际，百花齐放、百家争鸣”——三者为今后编辑方针，特别欢迎下列稿件：1. 结合当前政治运动，结合当前经济、文化战线上各项工作，研究待决问题，总结已有经验的文章；2. 学习、研究马列主义经典著作（包括马、恩、列、斯著作，毛主席著作和其他经典著作），通俗地宣传马列主义哲学和正确地阐明党和政府各项政策的文章；3. 深入批判资产阶级的思想的文章；4. 分析批评现代文艺作品和讨论文艺理论问题的文章；5. 有助于推广普通话、介绍拼音文字，推进文字改革的文章；6. 研究现代史、近代史中存在的问题的文章；7. 以马列主义观点分析、探讨古代各类社会现象中关键性问题和批判地接受哲学、文学、史学各项遗产的文章；8. 讨论当代学术界争论未决的较重大问题和提出有启发性的新问题以便展开讨论的文章；9. 介绍苏联及其他兄弟国家在生产、思想、学术各方面斗争经验的文章；10. 帮助解决中学教师、中级干部及大学学生在工作和学习中所遇共同性的具体问题的文章；11. 评介中外新出版书籍和报刊中重要论文的文章。

7 月 3 日，《文史哲》第 7 期集中刊发一组批判厚古薄今的文章。

这些文章包括《从山东大学历史系围攻“厚古薄今”所暴露的问题再驳“教授治校”》《山东大学中文系必须彻底扭转厚古薄今的倾向》《山大中文系语言教学中的厚古薄今、脱离实际》《山大中文系文学史教学中的“崇古非今”》《彻底清除“厚古薄今”的思想影响》《从厚古薄今到厚今薄古是史学界的革命》《必须彻底粉碎世界史教学中的资产阶级反动观点》等。

8 月 3 日，蒋捷夫、朱作云在《文史哲》第 8 期发表《厚古薄今是历史教学与研究中的资本主义道路》。

该文以山东大学历史系为例，认为“厚古薄今”主要表现为重视史料，鄙弃理论，把掌握史料的多少，作为衡量一个人懂不懂历史的标准，作为考核教师学术水平高低和学生成绩好坏的唯一尺度；烦琐考证，故作高深，引导别人钻牛角尖，脱离现实，脱离政治，脱离社会主义建设，使历史科学丧失科学性、战斗性，不为工人阶级、劳动人民的斗争服务，而为没落衰亡的阶级服务；重古史，轻现代；崇拜“英雄”，轻视群众；脱离政治，不务实际。

该期杂志还发表了《评童书业的学术观点和方法》《对“关于中国奴隶

社会的瓦解及封建关系的形成问题”一文中若干论点、论据的初步批判》，对童书业和王仲荦展开批判。

9月3日，崔谦等在《文史哲》第9期发表《略评“曹操”》，对王仲荦进行批判。

10月3日，童书业在《文史哲》第10期发表《初步检查我的资产阶级学术思想》，进行自我批判。

文章检讨自己的学术观点和方法根源在反动的阶级意识和中华人民共和国成立前的反动政治思想上长期的封建的资产阶级的教育和研究，使其“厚古薄今”，对近代、现代史丝毫不发生兴趣，只会大搞考据，写堆砌史料的论著。由于其过去是胡适派的支派古史辨派的成员，所以他的“考据癖”也是很严重的。而重视史料和考据，轻视理论，是资产阶级史学观点的突出表现。作者表示要改造自己的封建地主阶级和资产阶级的立场和思想，真正接受马列主义，服从党的领导，在党的领导下好好为人民服务，认真地、严肃地从事教学和研究工作，做个新人。

11月3日，冯沅君在《文史哲》第11期发表《“中国史诗”初步批判——批判陆侃如并批判自己》。

文章说，在1957年的鸣放中，陆侃如暴露了他的反党反人民反社会主义的丑恶面目，堕落为“右派”分子。在政治上是反动的人，他的学术思想不可能不是反动的。我和这样一个具有反动学术思想的人长期生活在一起，又一再共同著述，我自己的学术思想也不可能没有极其严重的错误。因此，尽管我和他在政治上不走在同一道路上，但在学术上是同样应受批判的。为了改造自己，也为了对资产阶级的反动学术思想做好消毒工作，我决定写一系列的文章批判陆侃如，并自我批判。文章认为，“诗史”所体现的学术思想是资产阶级的反动的学术思想，胡适的影响尤为深刻。

12 月 3 日，《文史哲》第 12 期刊登大量批判文章。

本期刊载的文章主要有：刘泮溪、孙昌熙、韩长经的《批判“鲁迅研究”中的资产阶级学术思想——“鲁迅研究”初步自我批判》，徐人忠的《怎样正确评价唐明皇与杨贵妃的“爱情”——批判周来祥、徐文斗两先生的“〈长生殿〉的主题思想究竟是什么?”的修正主义观点》，王新野、宋锡民的《批判赵俪生在农民战争问题上的谬论之一——对农民和农民起义的歪曲和诬蔑》，王兴亚的《资产阶级右派分子赵俪生“研究”中国农民战争史的反动本质》，赵华富的《揭穿右派分子费孝通在〈兄弟民族在贵州〉一书中破坏民族团结的政治阴谋》，童书业的《近来美术史研究中存在着哪些资产阶级观点》等。

1959 年

1 月，《文史哲》杂志停刊。

1961 年

9 月 15 日，中共中央批准试行《教育部直属高等学校暂行工作条例（草案）》（简称《高教 60 条》）。这个条例规定了高等学校的方针、任务和有关政策。指出，高等学校的基本任务是贯彻党的教育方针，培养为社会主义建设所需要的各种专门人才。条例规定：高等学校必须以教学为主，努力提高教学质量，对参加社会活动和生产劳动应作适当的安排，但不宜过多；在教学中，必须发挥教师的主导作用；科学研究工作，必须坚持“双百”方针；高等学校实行党委领导下的以校长为首的校务委员会负责制等。

本年，山东大学复归教育部领导。

8 月 1 日，停刊两年的《文史哲》杂志复刊，由月刊改为双月刊，编辑部工作由刘健飞负责。刘健飞调回山东大学历史系后，由孙衷文接任，直至 1966 年停刊。

“复刊词”写道：复刊后的《文史哲》是由山东大学、山东师范学院、曲阜师范学院、山东省委党校、山东历史研究所、山东哲学研究所、山东省社联、山东省文联等单位共同举办的文学、史学和哲学等方面的综合性学术刊物。它的主要任务和编辑方针是：（一）宣传、介绍、研究和探讨马克思列宁主义、毛泽东著作，特别是关于文学、历史、哲学等方面的理论；要求以马克思列宁主义、毛泽东著作为武器，进行文学、史学和哲学等方面的研究，并批判这些方面的资产阶级学术思想。（二）坚决贯彻党在学术研究工作中的“百花齐放，百家争鸣”的方针，鼓励在学术研究中独立思考、自由争论的精神，活跃学术空气，推动学术理论工作的进一步开展，以达到繁荣社会主义科学文化和为无产阶级政治服务的目的。（三）本刊稿件力求贯彻理论与实际联系、观点与材料统一的原则，既反对堆砌资料、缺乏思想性的倾向，也反对空谈原则、不结合实际的倾向。特别注意研究现实，研究中国；批判地接受祖国遗产，评介世界先进的科学文化研究成果。

这一期的杂志发表了萧涤非的《关于王维的山水诗》和冯沅君的《古典戏剧中浪漫主义初探》，并发表了赵纪彬长篇论文《墨子对孔门逻辑思想的批判继承和发展》（第2期连载）。

此次复刊至1966年“文革”前再次停刊，总计出版28期。这28期中发表的关于“文学遗产的继承”“《文心雕龙》的研究”“孔子的研究”“中国古代商业手工业的研究”“中国古代哲学家和哲学思想”等专论，都是具有开拓性且不乏创见的研究。

10月1日，《文史哲》第2期出版。为了迎接次年在济南召开的首次全国性的孔子讨论会，《文史哲》从本期起陆续刊发孔子研究专论，引起学术界普遍关注。

本期发表的童书业《论孔子政治思想的进步面》一文对孔子作了较高评价，认为孔子在理论外表上虽明白主张恢复西周的旧制度，但他的政治实践和某些政治主张发展下去，会走上新路。孔子的革新倾向固然不见得完全自觉，而有些地方似乎是自觉的，他的主张确带有“托古改制”的成分。

高亨在这一期杂志发表了《上古乐曲的探索》，对葛天氏、黄帝、颛顼、帝喾、帝尧、帝舜及夏、殷两代的著名乐曲进行了考索，首次对我国上古音乐进行了挖掘。

12月1日，《文史哲》第3期刊登了一组讨论孔子的论文，均对孔子作了较高评价。

车载的《孔子论仁》认为：一方面把仁看作是精深博大的道理，另一面又把它看作是平易近人的道理，在孔子的思想体系里，这两方面的见解是统一的。“克己复礼为仁”，反映着封建剥削阶级统治者的政治要求，是孔子谈“仁”思想体系的核心。钟肇鹏的《略论孔子思想的阶级性》不同意孔子的思想代表奴隶主阶级，认为孔子是新兴的地主阶级的代言人。李景春的《孔子对中国古代文化的整理、传授和发展》则对孔子对古代典籍整理方面的贡献做了梳理。

1962 年

1月11日至2月7日，中共中央在北京召开扩大的中央工作会议（又称“七千人大会”）。

4月30日，中共中央批转《关于当前文学艺术工作若干问题的意见（草案）》（简称《文艺八条》），主要内容包括：贯彻执行“百花齐放，百家争鸣”的方针；正确地开展文艺批评；批判地继承民族遗产和吸收外国文化；改进领导作风；加强文艺界的团结等。

9月24日，中共八届十中全会召开，毛泽东提出“千万不要忘记阶级斗争”，此后学风为之一变，学术批判蜂起。

2月1日，严薇青在《文史哲》第1期发表《关于〈老残游记〉的作者刘鹗》。

文章认为，既然肯定刘鹗在政治思想上是一个改良主义者，在介绍和评价刘鹗的时候，就不能只谈他反动的一面，或是过多地谈他反动的一面，而完全不谈或是很少谈到他的进步的一面。

这一期还发表了陆侃如、牟世金的《〈文心雕龙·序志〉译注——〈文心雕龙〉译注之一》。其后，《文史哲》发表了大量研究《文心雕龙》的论文，成为国内《文心雕龙》研究学术交流的一个重镇。

高亨的《〈天问〉琐记》、樊树志的《论元末农民战争的性质——元末农民战争探讨之一》、李毅夫的《孔子的时代、阶级和政治思想的进步性》也发表在这一期杂志上。

4 月 1 日，任继愈在《文史哲》第 2 期发表《墨子生卒年简考》。

文章考证墨子的生卒年大约是公元前 480 至前 420 年，活了 60 岁左右。

为纪念毛泽东《在延安文艺座谈会上的讲话》发表 20 周年，本期《文史哲》还特约了一组笔谈，包括田仲济、冯沅君、严薇青、孙昌熙等人的文章。

这一期杂志还发表了王汝弼的《论李清照》、阴法鲁的《汉乐府与清商乐》等论文。

6 月 1 日，齐思和在《文史哲》第 3 期发表《欧洲历史学的发展过程》。

该文是本年 3 月 6 日作者在山东大学作的学术报告稿。作者认为，欧洲的史学史，可以划分为四个阶段：希腊、罗马时期，即奴隶制时期；中世纪时期，即封建主义时期；近代时期，即资本主义时期；现代时期。并对欧洲历史学传统和中国历史学传统加以比较，分析了欧洲历史学传统的独特之处。

李茂肃在这一期发表了《蒲松龄对志怪、传奇小说艺术传统的继承和发展》。此后，《文史哲》又着意发表此方面论文，使蒲松龄研究成为《文史哲》的一大特色。

8 月 1 日，《文史哲》第 4 期刊登两篇研究道家的文章，分别是高亨《试谈庄子的齐物》以及施昌东、潘富恩的《论老子“道”的学说》。

同时还发表了钟肇鹏的《从周代的奴隶法谈到孔子思想的阶级性》。

10 月 1 日，《文史哲》第 5 期一次刊发了 11 篇研究孔子的论文。

这组论文包括高赞非的《孔子思想的核心——仁》、林琳的《关于孔子思想的几个问题——与杨荣国先生商榷》、李景春的《孔子与〈六经〉的关系》、王仲荦的《对孔子评价的一点意见》、安作璋的《略谈孔子与季氏》、王先进的《孔子是新兴地主阶级的代表》、庞朴的《也得注意点训诂工作》、卢南乔的《〈论语〉中的仁和人》、者山的《希望古汉语学家起来参加孔子问题的讨论》、朱活的《孔子是我国古代的伟大教育家》、李天佑的《试谈孔子的军旅之学》等。

本年 11 月 6 日，山东省历史学会、历史研究所主办的孔子学术讨论会在济南召开，这是中华人民共和国成立后第一次全国性的孔子研究会议，吕振羽、冯友兰、周予同、于省吾、赵纪彬、杨荣国、吴泽、蔡尚思、束世澂、唐兰、刘节、李青田、赵一民、金景芳、关锋、林聿时、高亨、高赞非等著名学者参加了这次会议。会前会后，《文史哲》都选登了这次会议的论文。学界认为，1958～1965 年，是中华人民共和国成立以来孔子研究的第二个时期。这个时期，共发表了 240 多篇论文。在山东济南召开的这次有来自 16 个省市 160 多名专家学者参加的全国孔子学术讨论会，代表着这一阶段研究孔子的高潮。《文史哲》杂志所刊登的孔子研究论文数量，占了这一时期此类论文总数相当大的比例，是这次学术讨论名副其实的一个中心。许多有代表性的观点，都出自《文史哲》杂志。

这一期发表的陶冶我《对“人的自我异化”的理解》一文，是中华人民共和国成立后较早发表的研究马克思异化理论的论文。该文在对马克思提出的“人自我异化”概念进行正本清源的基础上提出，劳动的异化导致人的非人化：人和劳动产品脱了节，和劳动本身脱了节，人的劳动同自由独创精神脱了节，同人的本质力量、同肉体和精神的自由运用脱了节，体力劳动和脑力劳动脱了节，人同人相互间也脱了节。人失去了现实，也失去了自己。把“人的自我异化”归结为从“人”异化为“非人”，是后来国内学界异化问题争论的有代表性的观点。

12 月 1 日，高亨、董治安在《文史哲》第 6 期发表《孔子与〈周易〉》。

文章认为孔子与《周易》有着密切的关系，他对于《周易》学的传授，对于《周易》由一部筮书进入哲学著作的领域这一重大的发展，是有不少功劳的。

卢南乔在这一期发表了《论孔子与教育》，认为孔子创立私学是对“官师合一”的旧教育制度的一个革新，扩大施教范围是对“贵游子弟”在学的旧阶级教育的一个冲击，孔子所提出的“学而优则仕”与“庶人工商遂”促进了阶级关系的调整，而“有教无类”又促进了“民族”关系的融合。

1963 年

2 月 11～28 日，中共中央在北京召开工作会议，毛泽东在会上提出“阶级斗争，一抓就灵”。

3 月 29 日，中共中央批转文化部党组《关于停演“鬼戏”的请示报告》。报告提出全国各地，不论城乡，一律停止演出“鬼戏”。5 月 6 日、7 日，《文汇报》发表《“有鬼无害”论》，点名批判了孟超的剧本《李慧娘》和繁星（即廖沫沙）的《有鬼无害论》。从此，开始在报刊上对文艺学术界代表人物进行过火的批判。

12 月 12 日，毛泽东在中央宣传部的一个内部刊物上对文艺界写了一个批语，说：文艺界“问题不少，人数很多，社会主义改造在许多部门中，至今收效甚微。许多部门至今还是‘死人’统治着”。又说：“许多共产党人热心提倡封建主义和资本主义的艺术，却不热心提倡社会主义的艺术，岂非咄咄怪事。”（《人民日报》1967 年5 月28 日）随后，根据这个批语，中华全国文学艺术界联合会及其所属各协会开始整风。

2 月 1 日，吕振羽在《文史哲》第 1 期发表《孔子学术讨论中的几个问题》。

该文是作者在山东孔子学术讨论会上的发言摘要，主要讨论了关于孔子思想的阶级性问题、关于孔子的世界观问题、关于孔子思想中有无辩证法或其思想中辩证法所占比重的问题、关于孔子的政治思想和其对历史的作用问题、关于研究孔子思想中史论结合的一些问题、关于孔子研究成果的批判继承问题等。作者认为，对于孔子这样一位对我国中世纪起过伟大作用的人物，应该批判地吸收其积极的因素。

关锋、林聿时也在本期发表了《关于孔子思想讨论中的阶级分析的几个问题》。文章认为，孔子评价中有三种值得注意的倾向：一是把孔子现代化，甚至把孔子的思想说得和马克思主义差不多；二是超时代、超阶级的抽象分析；三是认为继承孔子思想遗产的方针，应该是“整理、充实和提高”的方针。这三种倾向的实质是一个，即：离开了马克思主义的阶级分析和历史主义。

袁世硕在这一期杂志上发表了长篇论文《〈红楼梦〉在中国现实主义文学发展中的地位——纪念曹雪芹逝世 200 周年》，文章认为，《红楼梦》是一部在中国文学史上占有杰出地位的文学巨著。它不仅极为深广地反映了中国封建社会末期的社会生活，揭露了封建的经济、政治、宗法制度，乃至整个上层建筑的腐朽、不合理，在它以后近 200 年来的社会生活中产生了深巨的影响，直到今天也还有着不容忽视的思想意义，而且有着高度的艺术成就，达到了中国古代小说艺术发展的最高峰，在中国文学发展中有着突出的划时代的意义。

本期还发表了一组“学习党的八届十中全会公报笔谈”，包括周南的《略谈哲学社会科学研究中的一个问题》、门宏的《努力学习马克思列宁主义的立场、观点和方法》、冯沅君的《认清阶级关系　加强自我改造》、孙思白的《谈历史科学研究中的几个问题》等。

4 月 1 日，郭延礼在《文史哲》第 2 期发表《中国近代文学史的分期问题——兼与几部〈中国文学史〉的编者商榷》，在学界引起了较大反响。

作者认为，制定中国近代文学史分期的标准，必须认真地研究和考察中国近代历史的发展变化、经济基础的变革以及阶级斗争的表现形式，同时还应当考虑到文学发展的具体进程。文章不同意陆侃如、冯沅君以及北京大学、复旦大学等校研究人员对中国近代文学史的划分，主张把中国近代文学史分成如下三期：第 1 期，1840～1873 年；第 2 期，1873～1905 年；第 3 期，1905～1919 年。

华山、王赓唐在这一期杂志上发表了《论顾炎武思想》，认为应该继承他的爱国主义思想，他的坚贞不屈的民族气节以及他的言行一致、以身作则的崇高品质。学习他密切结合实际，学术为现实政治服务的精神，学习他对错误思想的严肃认真的批判精神和不妥协态度以及他刻苦钻研、重视实地考察、实事求是的治学精神和他的“多学而识以求一贯”的治学方法。

6月1日，狄其骢在《文史哲》第3期发表《对文学典型的思考——兼与蔡仪同志商榷》。

针对蔡仪“典型的普遍性不等于阶级性”的观点，作者认为，典型之所以是典型的第一个原因，应该从文学的意识形态性质中去寻找。典型形象是现实形象的反映，在生活中，典型人物是与社会与阶级处在活生生的关系和联系中的。他的典型性正存在于这种关系和联系中；正在于他的生活与斗争、思想与行动的表现，揭示了社会的阶级的本质的某些方面，含有某种社会意义。作家要描写现实中的典型，就必须在这种关系和联系中对他作深刻的本质认识，对他们作更高更理想的概括。如果只是记录他的事迹，抓住他有几多阶级特征的表现，那么显然，不但不能使现实典型在作品中更高更集中更理想，而且连他原有的典型条件也受到损伤。

8月1日，杜荇在《文史哲》第4期发表《新发现的二十四卷抄本〈聊斋志异〉初校后记》，引发后世一桩学术公案。

文章对新在蒲松龄故居邻近发现的24卷抄本《聊斋志异》进行了考证，认为此本最大特点是能够保留原著者的思想锋芒，在文字上忠于原貌，未曾删削其中触犯时忌的篇章。二十四卷本的发现对考察《聊斋志异》的版本及文字校勘均有重要价值。此文后来引发一桩学术公案。2009年，徐庆全在《康生、齐燕铭关于〈聊斋志异〉版本信跋》一文中考证此文作者“杜荇”似为康生笔名。2020年12月8日，南开大学文学院教授宁稼雨在“古代小说网”微信公众号发表《“杜荇”：你是康生，还是任笃行？——与徐庆全先生商榷》，提出杜荇应是对《聊斋志异》版本进行过几十年研究的著名学者任笃行先生。宁文证据确凿，可为定谳。

本期《文史哲》发表了一组“关于学术研究中方法论问题的讨论”，包括鲁春龙（葛懋春、庞朴）的《必须反对把古人思想现代化》、石书的《谈古典文艺理论研究中的一种倾向》、王仲荦的《谈隋末农民战争研究中的阶级分析方法》、郑欣的《坚持在历史研究中运用阶级分析的方法》。其后连续几期组织了这一讨论。

鲁春龙认为，把古人思想现代化的做法，是思想史研究中的唯心主义观点和超阶级超时代研究方法的一种表现，必须反对。以思想史研究中比较活跃的孔子研究为例，这种把古人思想现代化的做法，是有相当代表性的倾向。把孔子思想现代化，一般表现为两种形式：一是把孔子思想说成无产阶级思想，一是把孔子思想说成资产阶级思想。这两种形式都是历史研究中的唯心主义；而前一种形式尤其突出，尤其具有危害性。它的危害不仅在于它们利用一门具体科学来具体地宣传唯心主义，更在于，它总是利用马克思主义词句来实际上曲解马克思主义，从而也歪曲历史真相。把古人思想“现代化”的做法是古来的“托古改制”传统的真传，这应该算作是把古人思想现代化的一个本质特征。这种把古人思想说成无产阶级思想的做法，全不是古为今用，而是根本取消古为今用。“古为今用”这个方针，被他们拿去当作把古人现代化的旗号了。把古人思想现代化的主要的理论错误，正在于没有正确理解马克思主义的阶级观点和历史主义的不可分割的具体内容，而用所谓的“阶级观点”来排斥马克思主义的历史主义，或者反过来，用所谓的“历史主义”来排斥马克思主义的阶级观点。

10 月 1 日，胡滨在《文史哲》第 5 期发表了《张之洞与洋务运动》。

文章通过张之洞所办的几个主要企业，说明有关“洋务运动”的一些问题，认为张之洞经营近代工业的历史说明：“洋务运动”不但没有促进民族资本主义的发展，反而成为民族资本主义发展的严重障碍。

改革开放后，作者放弃此说，对“洋务运动”在中国近代化中的作用给予高度评价。

12 月 1 日，师宁在《文史哲》第 6 期发表《有关中国史学史研究的一些问题》。

文章说，运用马克思主义的立场、观点和方法来研究或编写中国史学史的工作，不但不能和过去旧的中国史学史的研究成绩截然脱离，而且必须对于过去旧的中国史学史加以重新估价，尤其要对于梁启超的资产阶级史学加以批判的总结。为进一步推动中国史学史的研究，作者建议开展中国史学史有关基本理论问题的研究和讨论，在编写中国史学史教科书的过程中逐步加强专题研究，加强开展中国史学史资料的编辑出版工作。

1964 年

6 月 27 日，毛泽东在《中央宣传部关于全国文联所属各协会整风情况的报告》的批语中指出：文艺界各协会和它们所掌握的刊物的大多数，15 年来，基本上不执行党的政策，“最近几年，竟然跌到了修正主义的边缘”。（李君如：《毛泽东与当代中国》，福建人民出版社 1992 年版，第 265 页）在这种不切实际的估计下，文化部和中华全国文学艺术界联合会及所属各协会再次进行整风。随后，即对一些文艺作品、学术观点和文艺界学术界的一些代表人物进行了错误的、过火的政治批判。7 月初，根据毛泽东的意见，中央决定成立以彭真为组长的“文化革命”五人小组。

7 月 17 日，《人民日报》发表文章，点名批判杨献珍的“合二而一”论。

2 月 1 日，《文史哲》第 1 期转载毛泽东初次发表的 10 首诗词，并发表了一组“笔谈学习毛主席诗词 10 首”诗文。

参加笔谈的包括萧涤非、蒋维崧、高亨、黄云眉、殷孟伦、徐文斗、孟广来、孙思白、高兰等著名教授。

在这组诗文中，高亨所作《水调歌头》影响巨大。词曰：“掌上千秋史，胸中百万兵。眼底六洲风雨，笔下有雷声。唤醒蛰龙飞起，扫灭魔焰魅火，挥剑斩长鲸。春满人间世，日照大旗红。抒慷慨，写鏖战，记长征。天障云锦，织出革命之豪情。细检诗坛李杜，词苑苏辛佳什，未有此奇雄，携卷登山唱，流韵壮东风。”高亨将这首词连同一张恭贺春禧的短函寄呈毛泽东，不久便收到毛泽东的回信。毛泽东亲笔题写的“山东大学”校名便出自这封信的信封上。

这一期杂志还发表了青年学者鲁春龙（葛懋春、庞朴）对北京大学著名教授冯友兰的批评文章《评冯友兰“普遍性形式”理论的一个新说法》，批判冯友兰的“抽象分析法”。文章从逻辑方面指出了冯友兰文章的漏洞。冯友兰在《哲学研究》1963年第6期上发表的文章认为：在任何历史时期，只要有阶级的统治，这个统治阶级就要把自己的特殊利益说成是各阶级的普遍利益，把“‘普遍的东西’说成是统治的东西”。也就是说，只有到共产主义社会没有阶级统治的时候，这种情况才会消失。当然在那个时候也就不会再有唯心史观了。在无产阶级统治的时候，它也是认为它的利益跟全人类的普遍利益是一致的。但这种一致是真实的。无产阶级必须解放全人类，才能解放它自己。因此，无产阶级的统治的最后目的，是要消灭阶级的统治，消灭阶级。在没有阶级的社会中，一个阶级的特殊利益和全社会普遍利益的对立就完全消失了。这是无产阶级统治和剥削阶级统治的根本不同之处。鲁春龙认为，从这一段话又一次看到了冯的“抽象分析法”的危害。冯从马克思的某一句话里，体会到了“思想的普遍性形式”是和“阶级的统治”有关的，但不去推敲一下，是一种什么样性质的“阶级的统治”。有两种不同性质的“阶级的统治”，一种是剥削者少数对被剥削者多数施行的统治，一种是被剥削者多数对剥削者少数施行的统治；前者是奴隶主、封建主或资产阶级的专政，后者是无产阶级专政。就其都是“阶级的统治”来说，“无产阶级专政实质上和其他任何阶级的专政毫无区别，因为无产阶级国家是用来镇压资产阶级的机器。但是这里有一个本质上的差别。这个差别就在于以前所有的阶级国家是少数剥削者对多数被剥削者的专政，而无产阶级专政则是多数被剥削者对少数剥削者的专政”。正是这样一个“本质上的差别”，这样一个研究“阶级的统治”时应该时刻铭记的“本质上的差别”，冯把它抹杀了。而这个“本质上的差别”，在研究“思想的普遍性形式”和“阶级的统治”的关系时，也是具有头等重要意义的。鲁春龙认为，冯把这个“阶级统治”当成一般范畴，不注意它的具体内容，从而说无产阶级统治也制造普遍性形式幻想。并根据这一点推论出在共产主义社会“就不会再有唯心史观了”的结论，实在很难认为是符合马克思恩格斯原意的。

这一期的《文史哲》还刊登了师宁的《简论为什么要研究中国史学史》。

认为历史科学和其他科学一样，具有继承性的特点。两千多年来长期积累下来的史学遗产，是整个民族文化遗产宝库中最为丰富的一个重要组成部分，同时也是我们今天发展马克思主义历史科学的一个重要条件。中国史学史的研究，不但有助于我们批判地继承中国过去的史学遗产，更好地发展今天的历史科学，而且还可以进一步充实和发展马克思主义历史科学的理论和方法。两千多年来，中国无论在史学理论方面，还是在历史编纂学方面，都有自己灿烂的成绩和创造性的发展；其中很多东西，对我们今天的历史研究工作，仍然有它们有用的科学价值。通晓中国史学本身的发展的历史，对于每一个历史科学工作者来说，应是一种必要的理论素养。而对于高等学校历史专业的学生以及刚开始从事历史科学工作的青年干部来说，除了马克思主义理论和方法的学习外，中国史学史的学习，应该作为他们基础理论训练的重要内容之一。中国史学史的研究，对于中国文化史的研究，以至中国通史的研究和编写，也有着重要的迫切的意义。

孔令仁也在这期杂志发表了《关于中国资本原始积累的几个问题——兼与孙江、纪新两位同志商榷》，文章就研究中国资本原始积累时要不要研究资本家最初货币的积累、中国资本关系的建立是否属于马克思所说的由农奴直接转化的类型、鸦片战争以前中国是否已经进行了资本原始积累、怎样理解暴力等几个问题发表了自己的看法。

4月1日，徐恭时在《文史哲》第2期发表《蒲松龄著作新探》，对散佚难考的蒲松龄著作进行了初步整理。

这一期杂志还刊登了汤志钧的《辛亥革命前章炳麟学术思想评价》，指出戊戌变法前后，特别是辛亥革命前，章炳麟的学术思想为其政治目的服务，有其进步意义。他对敌斗争的英勇，攻战文章的犀利，在当时曾起重大影响。但即使在这个时候，由于他的封建意识，由于他的因循古谊，由于他的依恋于作为封建政府“法定”的儒家经籍，也就阻碍了他今后的进展。

6月1日，《文史哲》第3期开始开展“关于历史遗产批判继承问题的讨论”。

“编者按”说：用马列主义的历史唯物主义观点和阶级分析的方法去研究历史遗产，对历史遗产进行科学的分析和批判的总结，以服务于创造和发展社会主义的新文化，是思想战线上的一个重要课题。要研究历史遗产，必须认真学习马列主义关于历史遗产批判继承的学说。拒绝和轻视这种学习，就不可能有正确的方向。本期参加讨论的文章有：鲁春龙《试论文化遗产的批判继承原则》，薛祥生《批判〈红楼梦〉研究中的资产阶级思想影响——评〈红楼梦八十回校本〉序言》，陆侃如、吕美生《如何批判继承文学理论遗产》。

鲁春龙认为，无产阶级的“批判继承”原则，虽包括有前人处理文化遗产的经验的总结在内，但和前人对待遗产的态度有着本质的不同。第一，无产阶级以自己的政治利益和需要及马克思主义观点为批判的依据，批判地继承前人思想中有益于人民的东西，为历史上彻底革命的无产阶级服务；前人则各以他们的阶级的世界观和政治利益为批判的依据，继承那些可以为剥削阶级或小资产阶级、农民等非无产阶级服务的遗产。这是一个根本的不同。第二，前人不能科学地处理文化遗产，而无产阶级对待前人遗产，就能够既有高度革命性的态度，又有高度科学性的态度；既做得到彻底地批判，又做得到真正地继承。第三，前人虽也曾对文化遗产采取批判地继承的办法，革命阶级的思想家虽也继承着遗产中的某些精华，但他们根本不曾自觉到文化发展规律，他们都是不自觉地做着历史的工具，所以他们或者以为自己是“述而不作”，或者以为自己是“前无古人”，即或者以为自己只是简单重复前人思想，或者以为自己与前人思想全无瓜葛；这种主观上的不自觉状态，大大影响了他们把文化推向前进的深度与速度。无产阶级对遗产的“批判继承”是自觉的，文化发展的客观规律，已经成为推陈出新、古为今用的主观方法。正因为无产阶级和前人在对待文化遗产的“批判继承”上有这样一些实质的不同，因而就能比古人更接近历史真实，能使已往文化中的真正精华得到发扬，能得出许多在前人因剥削阶级偏见和限制而得不出来的结论，体现出无产阶级是人类优秀文化当然继承者的历史使命，从而使人类文化的发展进入一个空前迅速、繁荣的新时代。

8 月 1 日，《文史哲》第 4 期以绝大部分篇幅刊登争鸣文章。

本期文章主要包括：颜学孔的《对古代作家作品评价的几点认识——并和胡念贻同志商榷》，郭志今的《是民主性的精华，还是封建性的糟粕？——对〈三国演义〉中正统思想评论的评论》，怡然、默然的《用阶级分析的方法研究艺术典型——与蔡仪、应汉光同志商榷》，应汉光的《再谈类型性格是典型共性中的“初级本质”》，李海平的《不能混淆量变和质变的界限——与蒋捷夫同志商榷》，王赓唐的《论吕坤思想——和〈中国思想通史〉的作者商讨》等。

10 月 1 日，《文史哲》第 5 期以绝大部分篇幅刊登批判文章。

本期文章主要有：齐哲文的《矛盾调和论的一个新标本——驳杨献珍同志的同一即等同论》，鲁经文的《红与专是“合二而一”的吗?》，金应熙的《周谷城是怎样袒护秦桧、赞成投降、诋毁主战派的》，景琪的《驳〈李秀成自述〉是“自白书”加“革命文献”的融合论——与苑书义、吕翼祖两同志商榷》，庞朴的《试论农民战争的革命性质——评蔡美彪、孙祚民同志的“两种革命论”》，孟广来、张伯海的《必须揭露资产阶级的人道主义和个人主义的反动实质——评〈早春二月〉中的萧涧秋形象》，邢煦寰的《关于艺术的源泉问题——评周谷城的“情感源泉说”》，文锋的《再谈文学中的典型问题——驳应汉光同志的“性格类型”说》等。

12 月 1 日，《文史哲》第 6 期仍然集中对杨献珍、冯定、孙祚民、严薇青、周谷城等进行批判。

1965 年

11 月 10 日，姚文元在上海《文汇报》发表《评新编历史剧〈海瑞罢官〉》，成为发动“文化大革命”的导火索。

2 月 1 日，《文史哲》第 1 期刊登姚达人、翟华林的《不能把农民战争失败的根本原因归结为“流寇主义”——评孙祚民同志〈中国农民战争和“流寇主义”问题〉一文》。

文章认为，孙祚民把“流寇主义”当作中国农民战争失败的根本原因的论点是错误的。这和孙祚民其他文章的总的倾向有内在联系，即站在剥削阶级立场上丑化农民，歪曲农民战争，否定农民战争的革命性质和历史作用。孙祚民为了丑化农民和诬蔑农民战争，不惜歪曲毛主席的著作，曲解史料，颠倒历史事实，因而使自己陷于严重的混乱之中。这是没落的剥削阶级思想进行挣扎的一幅很好的写照。

本期刊登的大批判文章还有齐哲文的《调和红专矛盾就是坚持只专不红的资产阶级方向》、政文的《坚持阶级观点，还是取消阶级观点？——评冯定同志〈工人阶级的历史任务〉一书的基本观点》、俞沛铭的《周谷城怎样为帝国主义侵略辩护——评〈中国通史〉近代部分》、李永先的《为什么要为汉奸辩护？——读〈关于《老残游记》的作者刘鹗〉》、林迅的《研究中国史学史的根本目的何在？——对〈简论为什么要研究中国史学史〉一文的商榷》、彭彭的《如何评价〈红楼梦〉中的鸳鸯——与王昆仑同志商榷》、牛致功的《怎样认识班固的历史观？——与冉昭德先生商榷》等。

4 月 1 日，颜学孔、牟世金、朱德才、袁世硕在《文史哲》第 2 期发表《关于〈中国文学史〉一书中的批判继承问题——与〈中国文学史〉编者游国恩等同志商榷》。

文章说，从总的倾向上看，本书在评论历代作家作品上，强调发扬优点，赞扬他（它）们的进步意义，而对他（它）们的缺点和局限，则只当作次要的、附加的内容。因而，在肯定成就时，往往谈论得比较详尽、具体、深入，而在指出缺点和局限时，就往往流于简单、笼统、抽象、无力，仿佛是勉强而为之的可有可无的事情。本书对少数被冠以“伟大”头衔的作家，如屈原、司马迁、杜甫诸人，则根本未提及他们有什么局限，只是一味颂扬，完全放弃了批判。这种态度是不应该的。中国文学史上的作家，即或是优秀、杰出者，也毕竟都是封建时代的人物，而且绝大部分是出身于剥削阶级，他们都不可避免地带有这样或那样的历史的和阶级的局限。有些作家，在阶级斗争的浪潮冲击下，间或可能在一定程度上反映一些人民的要求和愿望，但不能从根本上改变他们所属阶级的立场和思想感情对他们的制约。例如屈原，无疑是我国古代的一位伟大的爱国诗人，他的《离骚》《九章》，一方面批判了楚国政治的黑暗腐败，另一方面又表现了他热爱祖国、同情人民、疾恶如仇的崇高品质以及顽强不屈地追求理想的斗争精神；然而，他的理想是有着具体的内容的，是需要进行批判的分析的，他的忠君观念，他对楚王的幻想，他那种由于看不到人民力量而表现的孤独忧伤的情绪，以及他在《招魂》中所表现的那种用宫室、美女招“魂”归来的构思，等等，显然是应该批判的。作者认为，越是对于那些优秀的、杰出的古代作家作品，由于其流传较广、影响较大，因而就越要认真地进行批判；否则就会使读者、学生受其迷惑，把精华和糟粕、蜜糖和毒药一起吞食下去。

本期刊登的批判文章有王守昌的《冯定同志为什么要坚持宣传反动统治阶级有唯物观点?》、刘傅珍等人的《不容歪曲“五四”新文化运动的历史——评孙思白同志的〈陈独秀前期思想的解剖〉一文》、丹流的《不应吹捧陈独秀——评孙思白同志〈陈独秀前期思想的解剖〉》、倪凤翰的《批判周谷城对待中国历史上战争问题的荒谬看法》、高风的《批判周谷城的民族投降主义和活命哲学》、牛致功的《周谷城是怎样在社会历史领域中歪曲唯物辩证法的？——批判〈中国通史〉的导论部分》等。

6月1日，王启在《文史哲》第3期发表《应该全面正确地评价司马迁的思想》。

文章说，就司马迁的《史记》这部史书著作而论，应该充分估价其在整理中国古代历史资料和研究中国古代历史方面的史学价值，以及它在综述我国古代文化成就方面的贡献；同时，也要肯定其政治主张的某些进步因素。但是，如果不指出和批判其哲学思想中相信“天命”，宣扬“天人感应”等神秘唯心思想，社会历史观方面的循环论、宿命论等历史唯心主义，以及站在统治阶级立场宣扬汉王朝君权神授等，那会导致对古代思想家的全面肯定和精华与糟粕不分的错误。

本期批判文章包括孟伟哉的《为谁服务——我们同邵荃麟同志的根本分歧》、李恩普的《对宋江形象分析一点质疑》、徐绪典的《揭露周谷城为帝国主义侵略中国作辩护的实质——评周谷城〈中国通史〉的近代部分》、张传玺的《彻底揭露周谷城的阶级调和论——评周谷城著〈中国通史〉》等。

本期还刊登了蒋民华撰写的《我们的晶体生长研究工作是破除迷信、解放思想的产物》。

8月1日，《文史哲》第4期刊登牛致功的《关于马克思主义的历史主义和历史唯物主义与阶级观点的问题——与宁可同志商榷》。

文章认为，宁可承认阶级观点是历史唯物主义的核心，但不承认阶级观点是马克思主义的历史主义的核心。这正是他把阶级观点和历史主义割裂开来的关键所在，也是他把马克思主义的历史主义和历史唯物主义割裂开来的关键所在。离开历史唯物主义和抛开阶级观点的历史主义，只能是资产阶级的历史主义。由此可见，是否坚持历史唯物主义和阶级观点，是马克思主义的历史主义和资产阶级的历史主义的根本分界线。

10 月 1 日，《文史哲》第 5 期刊登两篇否定司马迁的文章。

这两篇文章分别是王启兴的《如何评价司马迁的道德观》以及唐赞功的《司马迁的〈游侠列传〉有人民性吗?》。前文认为，司马迁所宣扬的是为统治阶级服务的封建伦理道德，他的道德观是封建的。后文认为，游侠不是穷困的受压迫的下层人物，而是地主阶级剥削者和压迫者；他们不是代表人民的利益来反对封建势力，而是维护和发展自己的封建统治；他们不是受到劳动人民的爱护和歌颂，而是受到统治阶级中一些人的爱护和歌颂。显然，游侠是应该被否定的人物。然而，司马迁却为他们作传记，热情地颂扬他们，这哪里是符合劳动人民的利益呢？哪里是反映劳动人民的要求呢？对于司马迁写《游侠列传》又有什么值得大肆宣扬的呢?

李永先的《宋江是农民英雄形象吗?》认为，《水浒》中的宋江形象，原是一个代表中小地主利益的下层官吏，他接近下层，与大地主、大官僚统治集团有利害上的矛盾。宋江被逼上梁山后，由不敢反对土豪劣绅、贪官污吏到敢于和他们作对，当了农民义军首领。但宋江上梁山只是“权借水泊暂时避难”，为了以后接受招安“为朝廷出力”，好得到“高官厚爵”，他的地主阶级思想和立场并未改变。到了革命发展到一定阶段，宋江终于背叛了农民起义，胁迫、引诱、欺骗梁山好汉投降了统治阶级，成了统治阶级的帮凶，与蔡京、高俅、童贯等统治集团合作镇压其他农民义军。宋江根本不是“领导农民起义”的“英雄形象”。

12 月 1 日，《文史哲》第 6 期转载姚文元《评新编历史剧〈海瑞罢官〉》。

1966 年

5 月 16 日，中共中央发出《中国共产党中央委员会通知》，即《“五一六”通知》，“文化大革命”正式开始。《通知》要求“高举无产阶级‘文化革命’的大旗，彻底揭露那批反党反社会主义的所谓‘学术权威’的资产阶级反动立场，彻底批判学术界、教育界、新闻界、文艺界、出版界的资产阶级反动思想，夺取在这些文化领域中的领导权”。从此，中国陷入十年动乱。

2 月 1 日，《文史哲》第 1 期集中对吴晗进行批判。

该期批判文章包括罗仑等人的《必须彻底揭露海瑞这个反动的历史人物》、张可礼等人的《历史剧〈海瑞罢官〉反映的是什么政治方向?》、王水照的《〈海瑞罢官〉——唯心历史观的集中表现》、韩连琪的《海瑞实施退田和修吴淞江的阶级实质》、李同旭的《为什么〈海瑞罢官〉美化地主婆子?》等。

4 月 1 日，《文史哲》第 2 期刊登了大量由工农兵撰写的《靠毛泽东思想，在盐碱涝洼地上闹革命》《下丁家人的革命创业思想》之类的文章。

6 月 1 日，《文史哲》第 3 期集中批判“三家村”。

该期转载了姚文元的《“三家村”——〈燕山夜话〉〈三家村札记〉的反动本质》、戚本禹的《评〈前线〉〈北京日报〉的资产阶级立场》等文章。

本期出版后，因“文革”爆发，《文史哲》停刊。

“文革”开始后，山东大学全校机构随之瘫痪。1967 年后，校内山头林立，学校的一派组织夺权后，把校名改为“鲁迅大学”，直到 1970 年才又恢复了山东大学校名。1970 年夏，山东省革命委员会将山东大学一分为三：政治、中文、外文、历史四系南迁曲阜，与曲阜师范学院合并，改称为山东大学；生物学系迁奉泰安，并入山东农学院；校部机关和数学、物理、电子、化学、光学（新建）五系留在济南，成立山东科学技术大学。1973 年周恩来总理在病中得悉这一情况，立即签署恢复山东大学原建制的指示。1974 年初，山东大学恢复原建制，山东科学技术大学即行撤销。

1967 年

5 月 27 日，《人民日报》刊登毛泽东《关于红楼梦研究问题的信》，首次将此信全文公之于众。

此信阅读对象有 28 人。毛泽东在信封上写有："刘少奇、周恩来、陈云、朱德、邓小平、胡绳、彭真、董老、林老、彭德怀、陆定一、胡乔木、陈伯达、郭沫若、沈雁冰、邓拓、袁水拍、林淡秋、周扬、林枫、凯丰、田家英、林默涵、张际春、丁玲、冯雪峰、习仲勋、何其芳诸同志阅。退毛泽东。"

信的全文如下：

> 驳俞平伯的两篇文章附上，请一阅。这是三十多年以来向所谓红楼梦研究权威作家的错误观点的第一次认真的开火。作者是两个青年团员。他们起初写信给《文艺报》，询问可不可以批评俞平伯，被置之不理。他们不得已写信给他们的母校——山东大学的老师，获得了支持，并在该校刊物《文史哲》上登出了他们的文章驳《红楼梦简论》。问题又回到北京，有人要求将此文在《人民日报》上转载，以期引起争论，展开批评，又被某些人以种种理由（主要是"小人物的文章"，"党报不是自由辩论的场所"）给以反对，不能实现；结果成立妥协，被允许在《文艺报》上转载此文。嗣后，《光明日报》的《文学遗产》栏又发表了这两个青年的驳俞平伯《红楼梦研究》一书的文章。看样子，这个反对在古典文学领域毒害青年三十余年的胡适派资产阶级唯心论的斗争，也许可以开展起来了。事情是两个"小人物"做起来的，而"大人物"往往不注意，并往往加以阻拦，他们同资产阶级作家在唯心论方面讲统一战线，甘心作资产阶级的俘虏，这同影片《清宫秘史》和《武训传》放映时

候的情形几乎是相同的。被人称为爱国主义影片而实际上卖国主义影片的《清宫秘史》，在全国放映之后，至今没有被批判。《武训传》虽然批判了，却至今没有引出教训，又出现了容忍俞平伯唯心论和阻拦“小人物”的很有生气的批判文章的奇怪事情，这是值得我们注意的。

俞平伯这一类资产阶级知识分子，当然是应当对他们采取团结态度的，但应当批判他们的毒害青年的错误思想，不应当对他们投降。

此信揭开了批判俞平伯运动的大幕，从此学术之争被上升到政治斗争。后被收入《毛泽东选集》第五卷。

毛泽东在信中对《文史哲》杂志的褒扬，在“文革”那个特殊的狂热时期，使《文史哲》杂志从学术界走向社会，广为社会大众所知。

1973年

3月10日，中共中央根据毛泽东的批示，决定恢复邓小平党的组织生活和国务院副总理的职务。

8月7日，《人民日报》发表了经毛泽东批准的中山大学教授杨荣国的文章《孔子——顽固地维护奴隶制的思想家》。8月13日，《人民日报》又发表了杨荣国《两汉时代唯物论反对唯心论先验论的斗争》一文。两篇文章的发表，标志着大规模“批林批孔”和“评法批儒”运动开始。

10月，江青等在清华大学、北京大学发动“反击右倾回潮运动”，指令这两个大学成立“大批判组”，编辑林彪与孔孟之道的材料，撰写“批林批孔”文章。

8月，经中共山东省委批准，《文史哲》在曲阜山东大学复刊，改为季刊。由刘光裕担任编辑部副主编，并主持工作。

1966年“文革”开始当年，全国就有接近600家刊物停刊，出版事业呈现万马齐喑局面。1973年4月24日，毛泽东发出《关于恢复一些刊物的指示》：“有些刊物为什么不恢复，像《哲学研究》《历史研究》，还有些学报？不要只是内部，可以公开。无非是两种：一是正确，一是错误。刊物一办，就有斗争，不可怕。”（方厚枢：《出版工作七十年》，商务印书馆2015年版，第303页）随后，山东省革委会责成山东大学筹备《文史哲》复刊。据刘光裕《1973年〈文史哲〉复刊的回忆》（《文史哲》2011年第3期）透露，这次复刊“是中央决定后通知学校的，并不是学校自己决定的”。与《文史哲》

一同复刊并公开发行的学报共有 10 家，皆为直属教育部的综合性大学所办，除山东大学外，还有北京大学、南开大学、复旦大学、南京大学、厦门大学、武汉大学、中山大学、吉林大学、四川大学等高校的学报。曲阜山东大学党委决定由校党委副书记李镇（工农干部）为《文史哲》编委会主任，校革委副主任吴富恒教授为编委会副主任，刘光裕任编辑部副主任，主持复刊工作。

在确立办刊方针上，据刘光裕回忆，《文史哲》采取了在学术研究与政治大批判之间走中间路线，在“积极开展革命大批判，批判修正主义，批判资产阶级世界观，批判学科领域封、资、修的反动世界观”的同时，坚持两个原则，即重申《文史哲》是“山东大学学报之一”，是“综合性学术刊物”；公开倡言“双百”方针。办刊方针中说：“贯彻‘百花齐放，百家争鸣’的方针和‘古为今用，洋为中用’的原则。通过讨论和实践正确解决科学中的是非问题，认真树立无产阶级的新文风，为繁荣社会主义文化努力作出贡献。”（刘光裕：《1973 年〈文史哲〉复刊的回忆》，载《文史哲》2011 年第 3 期）山东省革委会同意了这个办刊方针。在“1973 年复刊的学报中，公开倡言学术刊物与‘双百’方针者，唯我《文史哲》而已”。

1973 年 10 月，《文史哲》复刊号发行，征订数高达令人吃惊的 72 万份，为全国所仅有。但由于纸张供应缺乏，只得限量发行，实际印刷 24 万份。《文史哲》成为“文革”期间由中共中央批准复刊的第一份哲学社会科学刊物，早于 1974 年 12 月 20 日复刊的《历史研究》等杂志。

《文史哲》复刊时正值“批林批孔”高潮，复刊号根据当时的形势，决定以批孔为重点，以《红楼梦》研究为次重点，在山东大学校内与校友之间展开组稿工作。这一期的杂志上共刊登了 7 篇批孔文章，作者有高亨、刘蔚华、董治安、刘炎等。“文学”一栏有《红楼梦》研究两篇长文，一篇是李希凡的《〈红楼梦评论集〉三版序言》，另一篇是袁世硕、李志宏、龚克昌三人合写的《〈红楼梦〉第四回是全书的总纲》（署名袁宏昌）。另外，还有一篇是文字学家蒋维崧所写研究汉字简化的文章。时政文章仅 3 篇，约占十分之一的篇幅。编辑部尽量弱化政治，冒险没有转载刚刚公布的“十大”文件，没有转载“两报一刊”社论，也没有发表工农兵文章。所刊文章中，高亨《孔子是怎样维护奴隶主统治的》一文认为孔子是站在奴隶主立场，维护奴隶社会制度，庇卫奴隶主特殊权利的思想家，他的政治主张是守旧的，落后的，甚至是反动的。把孔子当成封建社会地主阶级创立封建主义的政治、道德、教育各种学说的进步人物，是大错特错的。刘蔚华在《孔丘——儒家唯心主义哲学的鼻祖》提出，孔丘的唯心主义哲学是维护奴隶制度的哲学，也是维护一切剥削制度的哲学基础。从他的“天命论”“先验论与天才论”“中庸之道”的哲学体系中，可以直接引申出加强神权，加强君权，剥削“有理”，压迫“有理”，反对进步，仇视革命的一切结论。集中到一点，就是肯定剥削阶级专政的“合理性”“永恒性”，否定剥削制度灭亡的必然性。这是一切剥削阶级都迫切需要的东西。孔丘的哲学，正是在这种剥削阶级的政治土壤上得到延续和发展的。孔丘死去若干年后是“道”运亨道，官运亨通的。儒家把他奉为鼻祖，统治阶级把他捧为“圣人”“帝王之师”，数不胜数的显赫头衔一齐而来，就是因为从他那里可以找到压迫、奴役人民的精神武器。

复刊后的《文史哲》封面上不再出现“山东大学学报之一”的字样，并开始刊登毛主席语录。

1974 年

1 月 18 日，中共中央下发《关于转发〈林彪与孔孟之道〉（材料之一）的通知》，将批林批孔运动推向高潮。

本年春，孔繁由北京大学调入山东大学工作，任《文史哲》主编。

2 月，庞朴在《文史哲》第 1 期发表《孔府地租剥削内幕》。

文章对孔府利用百万良田榨取地租的具体情况进行了揭露。虽然庞朴当年在政治上受到“文革”冲击，但《文史哲》仍然冒险发表他的文章。多年以后，庞朴在参加《文史哲》创刊 50 周年庆祝活动时回忆此事道：“当时我的政治状况很不好，这个情况《文史哲》当然知道，别的地方也知道，因此我的有些文章在别的地方不能发表，而就是在 1974 年那样的时候，我的一篇学术文章居然在《文史哲》上发表了。过后，吴富恒校长还跟我说：‘你不错，好好写。’当时我非常感动，且不说别的地方能否发表文章，就连我的生存都成问题的时候，《文史哲》居然发表了我的文章。这是我应该感谢的。”

本期还发表了韩连琪、郑欣的《从战国时期的儒法斗争到秦始皇的“焚书坑儒”》以及高敏的《西汉奴隶主复辟与反奴隶主复辟的斗争》。

5 月，高亨在《文史哲》第 2 期同时发表《商君与〈商君书〉略论》《〈商君书·垦令〉注译》《〈商君书·农战〉注译》等三篇文章。

8 月，《文史哲》第 3 期刊登了郑鹤声、郑一钧的《李悝变法》以及郑欣的《曹操的历史功绩》。

10月16日，为纪念毛泽东发出“关于红楼梦研究问题的信”二十周年，《人民日报》发表梁效撰写的文章《批判资产阶级不停——学习〈关于红楼梦研究问题的信〉》。

文章写道：毛主席《关于红楼梦研究问题的信》，不仅为正确研究《红楼梦》指明了方向，指明了这场斗争乃是党内路线斗争的反映，而且为用马克思主义占领意识形态领域，为实现无产阶级在上层建筑其中包括各个文化领域里对资产阶级实行全面的专政，确定了正确的方针。在它的指引下，一场批判胡适派唯心论的革命斗争，在文学、哲学、史学和教育等各个领域全面开展起来了。通过这场斗争，扩大了马克思主义的思想阵地，推动了社会主义改造的深入进行。

11月，殷孟伦在《文史哲》第4期发表《试论唐代碎叶城的地理位置》。

该文对长期以来众说纷纭的唐代碎叶城的地理位置进行了考证，通过对有关碎叶的历史记载和文物的逐一考核，用确凿的证据证明碎叶在中亚，焉耆无碎叶。此论维护了中国领土的完整，证明中亚碎叶自汉唐以来，虽然由于局势的反复变化，管辖上曾有过转移变动，但仍然隶属于我国兄弟民族的版图，仍然是中华民族大家庭的归属问题。作者明确论定了碎叶城得名由来及其地理位置，指出了有关碎叶地理位置的错误说法，并将这些错误说法归结为三个问题，逐一加以驳正。文章特别指出所以发生错误的根本在于对《唐书·地理志》焉耆都督府下“有碎叶城”一句的理解，是一个关键所在。旧来史家多未加注意，以致异说纷纭，莫衷一是，迷误读者不小。作者特别以这一问题作为讨论中心，反复辨析，意图把这些错误的根子挖出来。

1975 年

8 月 14 日，毛泽东在同一位教师谈话中讲道：“《水浒》这部书，好就好在投降。做反面教材，使人民都知道投降派。”江青、姚文元等利用毛泽东的评论，在报刊上掀起一场“评《水浒》运动”。

2 月，萧涤非在《文史哲》第 1 期发表《唐代法家诗人刘禹锡》。

5 月，包遵信在《文史哲》第 2 期发表《道学的形成和它的反动本质——兼论封建社会后期儒法斗争的历史特点》。

8 月，《文史哲》第 3 期转载《红旗》杂志短评《重视对〈水浒〉的评论》，并开设“《水浒》做反面教材，使人民都知道投降派”专栏，开始大量刊登《水浒》评论稿件。

11 月，《文史哲》第 4 期用全部篇幅刊登评论《水浒》的文章。

1976 年

1 月 8 日，周恩来逝世。4 月 5 日，北京发生“四五”运动。4 月 7 日，华国锋任中共中央第一副主席、国务院总理，邓小平被撤销党内外一切职务。

9 月 9 日，毛泽东逝世。

10 月 6 日，华国锋联手汪东兴、叶剑英等将江青、王洪文、张春桥、姚文元“四人帮”一举抓捕，中国社会开始历史大转折。

2 月，萧涤非在《文史哲》发表《敬读毛主席的光辉诗篇》。

5 月，《文史哲》第 2 期大量刊登批判邓小平的文章。

8 月，《文史哲》第 3 期刊登一组有关方腊起义的文章。

这组文章包括《论方腊的农民革命路线》《关于方腊的出身和早期革命活动的探讨》《关于方腊起义的几个问题》等。

此外，还发表了林剑鸣的《〈易〉卦爻辞所反映的阶级斗争》。

11 月，《文史哲》第 4 期开始大量刊登批判“四人帮”的文章。

本期刊登的是济南市委大批判组的《荒唐的谬论　险恶的用心——驳“四人帮”炮制的老干部等于民主派、民主派等于走资派的反动公式》以及山东大学大批判组的《“四人帮”为何那么害怕三项基本原则?》。

1977年

2月7日，《人民日报》、《红旗》杂志、《解放军报》刊登《学好文件抓住纲》，公开提出“凡是毛主席作出的决策，我们都坚决维护，凡是毛主席的指示，我们都始终不渝地遵循”（即“两个凡是”）的方针。

4月15日，《毛泽东选集》第五卷正式出版。

7月16～21日，党的十届三中全会在北京举行，通过了关于恢复邓小平领导职务的决议。

8月12日，中共中央主席华国锋在中共第十一次全国代表大会上宣布，历时10年的“文化大革命”以粉碎“四人帮”为标志宣告结束。

2月，《文史哲》第1期刊登了蔡凤书的《批江青所谓的“母系社会”》以及周立升的《秦末农民革命的历史不容篡改——驳罗思鼎关于秦末农民起义问题的几个反动谬论》等文章，对“四人帮”进行批判。

5月，《文史哲》第2期刊登毛泽东《关于红楼梦研究问题的信（一九五四年十月十六日）》手迹。

8月，《文史哲》第3期刊登董治安的《坚持历史主义，坚持阶级分析——关于评论杜甫的几点认识》和牟世金的《斩断“四人帮”伸进文学史领域的黑手——评梁效〈杜甫的再评论〉》两篇文章，对“文革”期间用“评法批儒”的观点歪曲杜甫的做法进行批判。两篇文章的发表对杜甫研究的拨乱反正起了重要作用。

董文认为，“四人帮”根据“揪现代儒”的需要，把一个虚构的所谓“儒法斗争”的现成公式，硬是套用于评论杜甫，恣意剪裁历史，主观附会杜诗，蓄意制造混乱，大肆鼓吹唯心史观和形而上学。牟文认为，“四人帮”出于其篡党夺权的需要，随心所欲地篡改历史，妄图把各个文化领域都纳入“儒法斗争”的轨道。

11 月，陆侃如在《文史哲》第 4 期发表《与刘大杰论杜甫信》，对刘大杰《中国文学发展史》一书用“儒法斗争”来贯穿中国古代文学史尤其是曲解事实强把杜甫安排为法家的做法进行批驳。

《与刘大杰论杜甫信》全文近 1.4 万字，用丰富而扎实的材料证明了杜甫后期思想中既非如刘大杰所说的“存在着重法轻儒的一面”，也不是“由轻儒而倾向于重法”。

刘大杰是复旦大学著名教授、中国文学史专家。“文革”中，为适应儒法斗争需要，他把文学史改写成儒法斗争史，受到毛泽东高度称赞。因此，陆侃如此文发表后，在学术界引起强烈震动。在“文革”刚刚结束、“两个凡是”大行其道、“批儒尊法”余音未消之际发表此文，无论对作为“摘帽右派”的作者还是《文史哲》杂志来说，都需要具有极大的胆识和勇气，可谓惊世骇俗。

据陆侃如的学生龚克昌回忆：“1977 年夏，陆师把我叫去，交给我一封长信，问我能不能在《文史哲》上发表（我当时是负责《文史哲》文学版的编辑工作）。此信是批评刘大杰先生在其修改本《中国文学发展史》中把杜甫说成法家。陆师把杜诗中提到孔子、儒术、儒生、腐儒、管仲、屈原、秦始皇、贾谊、诸葛亮、唐太宗……诗句逐一进行分析，最后得出结论，杜甫并不是‘轻儒’‘重法’的法家。此信在大半年前寄给刘先生，刘先生没有回信，故他寻求在《文史哲》发表。我以为此信写得很好，用事实说话，征得主编蒋捷夫（蒋实为编委会主任——引者）同意，就安排在《文史哲》1977 年第 4 期上发表。陆师此信完稿于 1976 年 11 月 1 日，他当时是（山东大学）中文系《刘禹锡诗文选注》编写组的‘壮劳力’，此信只能利用业余时间写。从信中所说的他‘对杜集再读一遍’推测，陆师酝酿写此信必在 1976 年夏秋，而那时正是毛泽东病重，‘四人帮’横行之时。当时大家也都意识到，刘大杰改写《中国文学发展史》是有背景的，‘四人帮’中的某些人在起作用。聪明过人的陆师不会想不到，但他却偏要去批逆鳞，可见其胆识之不一般。——顺便说一下，此信发表后，蒋捷夫主编告诉我，告状的人还真不少，说为什么给他这种人发文章。具有讽刺意义的是，几年后，北京、上海等地一些权威人士都说，陆师信是《文史哲》1973 年复刊后最优秀的文章之一。”（龚克昌《我心目中的陆侃如先生》，《文史知识》2003 年第 8 期）

该文实质上是对“文革”期间那种以政治斗争指导古典文学研究做法的彻底否定，对新时期杜诗研究的拨乱反正产生深远的影响。

本期杂志还刊登了萧涤非的《清算“四人帮”破坏毛主席关于批判继承的原则的罪行——评梁效〈杜甫的再评论〉》，对“四人帮”为了适应篡党夺权的需要，硬把所谓“儒法斗争”扩展到文学史领域，唆使他们的御用写作班子搞所谓“文艺史上的儒法斗争”进行了批判。

在《文史哲》上进行的“杜甫研究”讨论，被学界看作是“文革”后杜学复兴的标志。

1978 年

5 月 11 日，《光明日报》发表特约评论员文章《实践是检验真理的唯一标准》，在全国掀起了影响极为深远的真理标准大讨论。

12 月 18～22 日，中共十一届三中全会在北京举行，改革开放成为国策，中国进入新的历史时期。

2 月，吴富恒被任命为山东大学革委会主任，孙汉卿任校党委书记。

8 月，山东大学复归教育部直接领导。

王复三出任《文史哲》副主编，主持工作。

2 月 15 日，蔡凤书在《文史哲》第 1 期发表《关于大汶口文化时期社会性质的初步探讨》。

作者认为，大汶口文化不仅可按考古文化划分为几个时期，而且从社会发展的角度也可以划分为早期、中期、晚期三个阶段。从生产力发展水平上和在埋葬制度中表现的意识形态上看，大汶口早期文化很可能是处在母系氏族社会的发展阶段。大汶口文化的中期发生了巨大的变化，农业生产水平较前有了提高，私有制的萌芽开始发生，婚姻形态、氏族组织的结构也出现了相应的变化。在大汶口文化晚期，父系氏族制完全确立，而在晚期之末，创造大汶口文化的人们已踏进了文明时期的门槛了。

本期还发表了高敏的《论两汉赐爵制度的历史演变》。

4 月 15 日，《文史哲》第 2 期刊登吴富恒、狄其骢的《形象思维散论》，为“文革”期间被扼杀的“形象思维论”正名。

7 月 15 日，随着拨乱反正工作的深入，《文史哲》第 3 期开始主要刊登学术性论文，逐渐摆脱了意识形态话语的束缚。

本期发表的主要论文有李武林的《批判“四人帮”奉行的实用主义哲学》、韩连琪的《汉代的户籍和上计制度》、郑欣的《东晋南朝时期的世族庄园制度》、钟肇鹏的《董仲舒的哲学思想与汉代今文经学》、孔范今的《略论形象思维》等。

8 月 15 日，刘敦愿在《文史哲》第 4 期发表《马王堆西汉帛画中的若干神话问题》，提出马王堆一号出土的西汉帛画乃是一幅魂幡，其形式和用途都是从古代以衣“招魂以复魄”的习俗演化而来。

本期还刊登了韩长经、王长水的《论鲁迅的进化论思想》，林耀华的《试论原始社会史的分期问题》。

10 月 15 日，《文史哲》第 5 期刊登《实践是检验真理的唯一标准》的作者胡福明撰写的《理论不是检验真理的标准》，以及华飞的《从实践的特点谈真理的标准》，展开“真理标准”讨论。

此后，《文史哲》开始大幅度转换办刊方向，由政治斗争的工具复归学术本位，刊登了一批有着广泛影响的学术论文，办刊质量大为提高，逐渐恢复了“文革”前的声誉，对推动“新时期”学术复兴起了重要的作用。

12 月 15 日，《文史哲》第 6 期刊登蔡尚思、李华兴的《学习毛主席有关孔子论述的一些体会》以及周振甫的《孔子论礼》，对孔子评价问题展开正面交锋。

蔡文认为，从革命和反革命的政治斗争看，孔子思想体系属于反动文化，是应该被打倒的东西；从哲学上的两军对战看，孔子思想体系是反面的东西，要在同它作斗争的过程中发展真理；从对待历史遗产看，孔子及其创立的儒家学派留下的一份珍贵的遗产，应该批判地继承，即使对孔子思想中某些有用的东西，也不能照搬照用，而是借用它的语言，注入新的内容。周振甫则大胆为孔子的学说作了辩护。周文认为，孔子思想并不是保守的，孔子论礼包含着积极的思想，具有进步作用。针对孔子代表落后保守的指责，作者问道：在春秋时代已经是保守落后的思想家，在长期的封建社会中何以被推崇为圣人？孔子的思想要是在春秋时代就是保守落后的，那就不可能适应于比春秋时代更进步的封建社会，封建社会里何以不能产生足以代表封建时代的圣人，而要推崇在落后于封建社会的春秋时代的保守落后的孔子做圣人呢？历经“文革”的甚嚣尘上的“批儒”，该文是“文革”后较早公开为孔子翻案的。

本期还刊发了两篇讨论农民起义的文章。漆侠的《读〈李自成〉——论农民的革命民主主义》提出封建社会里的农民是革命民主主义者，引起了较大争议。赵凯球、史学通的《从大顺政权的性质看历史上的农民政权问题》认为，农民政权是农民阶级反封建斗争的必然产物，在农民革命战争的特殊条件下，可以建立短期的农民政权，这种农民政权的性质是革命的，与封建政权有着本质的区别。

1979 年

1 月 18 日，“党的理论工作务虚会”在北京召开。3 月 30 日，邓小平发表讲话，提出必须在思想政治上坚持四项基本原则。

10 月，第四次全国文代会召开，标志着文艺界的拨乱反正。邓小平在《祝词》中摒弃“文艺为政治服务”的提法，指出：“我们要继续坚持毛泽东同志提出的文艺为最广大的人民群众、首先为工农兵服务的方向，坚持百花齐放、推陈出新、洋为中用、古为今用的方针，在艺术创作上提倡不同形式和风格的自由发展，在艺术理论上提倡不同观点和学派的自由讨论。”

12 月，吴富恒改任山东大学校长。

本年，刘光裕担任《文史哲》主编。

经教育部批准，《文史哲》从本年起由限国内发行改为公开发行。

2 月 15 日，田昌五在《文史哲》第 1 期发表《论秦末农民起义的历史作用——兼评让步政策论》。

针对学术界为“让步政策论”的平反，田昌五仍然对“让步政策论”持反对意见。认为大规模农民革命战争所起的作用，和这种战争过后封建统治阶级执行什么政策，是两个不同的命题，不应把农民起义的历史作用归结为封建统治阶级的政策。让步政策论的错误不仅仅在于把大规模农民起义失败后建立的新王朝所执行的某些有利于社会经济发展的政策，毫无根据地说成是对农民阶级的让步政策，更主要的是把农民革命战争作为历史发展的动力归结为让步政策，认为只有通过封建统治阶级的让步政策，农民革命战争才能成为历史发展的动力。说农民革命战争只有通过封建统治的让步政策才能推动历史的发展，实际上是把封建统治阶级的让步政策作为历史发展的动力。马克思主义认为，阶级斗争是历史发展的直接动力，不需要借让步政策而行，变成“斗争+让步=动力”。

孙祚民也在本期杂志发表《关于中国农民战争史研究中几个问题的意见分歧》一文。该文从概念辨析的角度探讨了中国农民战争史研究中出现的意见分歧，对农战史研究中存在较大分歧的自发性与自觉性、反封建性质与自觉地反对封建制度、自发地要求土地与改变封建土地所有制、反对皇帝与皇权主义思想、农民领袖掌权与农民阶级专政等问题进行了讨论。作者指出，之所以在“农民政权”问题上会有这么多人出现错误，最根本的关键问题，是他们离开了历史主义和阶级分析的方法，被某些表象所迷惑，而忽略了政权的阶级实质。少数同志尽管主观上也力图坚持马克思主义的历史主义和阶级观点相结合的原则，但由于对中国农民战争史的研究如何为无产阶级政治服务，理解上有片面性，认为对于作为劳动者阶级的农民及其进行的起义和战争，只能赞美其革命性和历史作用，而不能分析他们历史的和阶级的局限性。这种做法，虽说是出于朴素的阶级感情和善良的愿望，却不能代替马克思主义的科学分析。结果往往事与愿违，不但在实际上离开了“一分为二”的原则，而且难免得出不利于无产阶级政治的结论，片面美化，无限夸张，甚至把古代农民无产阶级化，把古代农民战争现代化，客观上起了“把缺点说成是美德”加以宣扬，甚至“拔高”农民而贬低无产阶级和党的领导的反作用。

4月25日，《文史哲》第2期刊登了一组论文，纪念五四运动60周年。

这组文章包括孙思白、韩凌轩的《“五四”以来反封建文化运动之史的考察》，彭明的《中国现代史上的启蒙运动》，吕明灼的《李大钊在新文化运动初期的宇宙观》，朱玉湘、吕伟俊的《陈独秀在“五四”时期的历史地位》，陈瘦竹的《五四运动和戏剧革命》等。

从本期开始，《文史哲》开始出现英文目录，并开设了《文史哲》创刊以来的首个连续性专栏“现代美国文学研究”。

6 月 25 日，萧涤非在《文史哲》第 3 期发表《关于〈李白与杜甫〉》，对郭沫若的杜甫研究提出了批评。

1971 年，郭沫若的专著《李白与杜甫》出版。为了迎合毛泽东的喜好，作者一改此前对杜甫的高度赞扬，认为李白代表法家，杜甫代表儒家，指斥杜甫“站在地主阶级的立场、统治阶级的立场，而为地主阶级、统治阶级服务”，对杜甫进行了全面的批判，并在书中对萧涤非有关杜甫的学术观点多次点名批评。为此萧涤非承受了很大的学术压力，长期未有文章面世。郭沫若去世后，萧涤非发表此文，为自己的学术观点进行了辩护，对郭书“扬李抑杜”“曲解杜诗”“误解杜诗”以及所谓“腐肉中毒”等四方面的论述进行了商榷，对郭沫若进行反批评。作为中华人民共和国成立后毛泽东亲自树立的文化人典范、“继鲁迅之后革命文化界公认的领袖”，郭沫若在当时的学术界具有至高无上的官方地位。在“文革”余威尚在之时，《文史哲》敢于发表反驳郭沫若的文章，表现了捍卫真理的学术勇气。

本期还组织了“纪念五四运动 60 周年”专辑，发表了孙叔平《我们仍然需要科学与民主》、高兰《重读〈女神〉》等 7 篇论文，其中孙昌熙、史若平的《试论五四新文学运动中胡适的历史作用》为胡适在现代文学史上的地位作了辩护。孙昌熙等认为，长期以来，在中国现代文学史中，胡适的历史作用基本上被否定了，并作为反面教员出现，这是不公正的。胡适在现代文学史上应有的历史地位，是客观存在。该文是“十年动乱”后较早对胡适重新进行客观评价的文章。

8 月 20 日，《文史哲》第 4 期登载一组太平天国研究笔谈。

这组文章包括徐绪典、马大正的《论洪秀全早期革命思想的形成和拜上帝会》，徐如雷的《太平天国的基督教和“汉会”的关系问题》，郭毅生、任恒俊的《关于历史人物的评价与李秀成伪降问题》，朱金甫的《故宫太平天国档案史料浅谈》，对太平天国进行了多方面研究。

10 月 20 日，孔令仁在《文史哲》第 5 期发表《〈子夜〉与一九三〇年前后的中国经济》，受到茅盾本人的称赞。

本期还发表了于首奎的《试论〈淮南子〉的宇宙观》、侯宜杰的《关于西汉前期分封制度的两个问题》等文章。

12 月 20 日，黄盛璋在《文史哲》第 6 期发表《碣石考辨》，对曹操东临碣石之所在进行了考证，认为曹操征乌桓回军所登临的碣石应在今秦皇岛金山嘴附近，既有证据也很合理，从而解决了一个千古之谜。

本期还发表了朱恩彬的《“两结合”能成为独立的创作方法吗?》和蒋茂礼的《略论革命现实主义和革命浪漫主义的辩证结合》，对“两结合”的创作方法进行讨论。朱恩彬认为，社会主义文艺创作方法不是“两结合”，“应该是社会主义现实主义，社会主义浪漫主义”。而蒋茂礼则认为革命现实主义和革命浪漫主义的辩证结合是可能的，主张要“既提倡两结合创作方法，又实行创作方法上的多样性”。

1980 年

7 月 26 日，《人民日报》发表社论，提出“文艺为人民服务，为社会主义服务”的“二为”方向。

9 月 29 日，中共中央批转公安部、最高人民检察院、最高人民法院党组《关于“胡风反革命集团”案件的复查报告》，为“胡风反革命集团”一案平反。

2 月 20 日，李振宏在《文史哲》第 1 期发表《封建时代的农民是“革命民主主义者”吗?》，对漆侠《读〈李自成〉——论农民的革命民主主义》一文提出的“我国封建社会里的农民阶级”是“革命民主主义者”的看法提出商榷。

该文是《文史哲》刊登的又一篇在校大学生撰写的学术论文。

李文认为，这种提法缺乏理论根据，在典型的封建时代是绝不可能产生革命民主主义思想体系的，把封建时代的农民上升到革命民主主义者的高度，是不够妥当的。不能因为拔高对农民的估价，而把民主主义这个只能在特定的历史阶段、在资本主义生产关系的基础上并且适应这种关系发展的要求才产生的一种思想体系，随便搬到别的历史时代去，从而背离了马克思主义关于生产关系决定其余一切社会关系、经济基础决定上层建筑的基本观点。文章发表后，在学术界产生了较大影响。

孔繁在本期发表了《要恢复中国哲学史的科学研究》，提出应当放弃哲学史“为政治服务”和“古为今用”两个口号。“文化大革命”中，林彪、“四人帮”正是利用这两个口号把哲学史变成他们反革命需要的工具的。

张维华也在这一期上发表了《司马迁与〈史记〉》。该文认为，司马迁是中国史学的创始人和奠基人，只有到了司马迁才把历史从经学中分离出来，并使它成了一门比较完整的独立的学问。司马迁在创立新的史学基础上的贡献表现在多个方面：一是司马迁看到了历史是继续的、发展的、演变的，这一历史学上的重大问题；二是司马迁是把历史的范畴从政治上极少数最高的贵族手中展向到社会各阶层，甚或把社会的最下层也包括在内；三是司马迁作《史记》使历史最先成为一部综合性的社会学。

4月20日，李传明在《文史哲》第2期发表《关于哲学史研究对象的几个问题》。

“文革”结束后，为了拨乱反正，哲学界展开了“哲学史研究的对象和目的”讨论。本期发表的李传明的文章，提供了这场讨论中有代表性的观点。作者认为，把某一种矛盾作为一门科学的定义，只能是片面地反映出科学研究对象的矛盾的特殊性。唯物主义和唯心主义的矛盾是哲学史中的根本矛盾，但是把哲学史定义为“唯物主义和唯心主义斗争的历史”，就是以偏概全。哲学史中的矛盾很多，比如，辩证法和形而上学的矛盾，哲学的阶级性和真理性的矛盾，逻辑的和历史的矛盾，哲学和其他社会意识形态的矛盾，哲学发展的历史继承性和创新的矛盾，哲学家的政治立场和世界观、自然观和历史观的矛盾，哲学的形式和内容的矛盾。这些矛盾的解决，当然同对哲学基本问题的解答有一定的联系，同唯物主义和唯心主义的矛盾有一定的关系，但是，任何一种矛盾都未能包括或代替上述种种矛盾。只讲唯物主义和唯心主义斗争的哲学史，是简单化、贫困化的哲学史。关于哲学的党性，作者认为，就是指唯物主义和唯心主义是哲学上两个根本对立的党派。但是，对哲学的党性原则，长期存有错误的理解，即认为哲学史只是唯物主义的发展史，唯心主义在哲学史中没有贡献，只配作批判的对象，唯物主义与唯心主义只有斗争性，没有同一性，不许讲它们的相互渗透、相互转化，唯物主义与唯心主义的对立，等同于政治斗争，唯物主义一定是进步阶级的世界观，唯心主义一定是反动阶级的世界观。这些观点不是哲学的党性原则，不是实事求是的辩证的观点，而是一种“左”的教条主义，应该尽早扫除干净。

孙达人的《明初户口升降考实》、傅玉璋的《关于张献忠降明问题》以及王兴亚的《牛金星降清说质疑》等文章也发表在这一期杂志上。

6 月 20 日，《文史哲》第 3 期组织了“关于如何评价当代外国文学问题的讨论”。

参加讨论的有李文俊的《依据什么来衡量西方现代文学》、黄嘉德的《应当进行实事求是的分析》、张健的《披沙拣金，深入研究》、王文彬的《怎样看待西方现代派的作品》等。

7 月 5 日，华岗平反昭雪追悼会在济南举行。

“四人帮”倒台之后，公安部、最高人民检察院、最高人民法院重新审理了华岗的案件。1980 年 3 月 28 日，经中共中央批准，为华岗平反昭雪，恢复名誉。

悼词说：华岗同志在山东大学期间，为党的文化教育事业辛勤工作，他创办《文史哲》杂志和《山东大学学报》，支持文科两个学生关于《红楼梦》问题的研究，受到毛泽东同志的赞扬。

8 月 20 日，《文史哲》第 4 期刊登了一组纪念华岗的文章。

该组文章包括楚图南的《记和华岗同志在一起工作的日子》、余修的《深切怀念华岗同志》等。

10 月 20 日，张维华在《文史哲》第 5 期发表《论司马迁的通古今之变究天人之际》。

作者认为，“通古今之变，究天人之际”可以看作是司马迁史学思想的一个方面。这两点可以分着看，也可以合着看。分着看，“通古今之变”，是研究历史发展的过程，“究天人之际”，是研究历史上“天道”和“人道”之间的关系。合着看，是说历史上人世之间之所以发生变化，是受天意的支配和控制，这样就把这两句话算作是一回事了。

12月20日，《文史哲》第6期辟出专版来开展“《聊斋志异》研究”。

该专题研究包括蓝翎的《略谈〈聊斋志异〉在中国小说史上的地位》、赵俪生的《试论〈聊斋志异〉妇女形象中人性的异化》、李厚基的《〈聊斋志异〉刻画人物性格的几点特色》、袁世硕的《蒲松龄与王士祯》以及综述《〈聊斋志异〉研究中的争鸣问题》。在此前后，《文史哲》发表了众多研究《聊斋志异》的论文，奠定了山东大学在全国《聊斋志异》研究中的领先地位。

童书业遗稿《庄子思想研究》也在本期发表。

1981 年

6 月 27 日，中共十一届六中全会通过了《关于建国以来党的若干历史问题的决议》，对中华人民共和国成立以来中共重大历史事件特别是“文化大革命”，对毛泽东的功过是非和毛泽东思想的基本内容与指导意义作出总结和评价。

本年，《文史哲》由双月出刊改为单月出刊，篇幅从每期 80 页增至 104 页，并从此固定了篇幅，不再像过去那样随意增减页码容量。

1 月 20 日，《文史哲》第 1 期开设“义和团运动史研究”专栏。

1980 年 11 月 14 日，义和团运动 80 周年学术讨论会在山东大学举行，国内外学者 200 余人参加。为配合这次会议，该期专栏发表了李侃的《关于研究义和团运动方法的几点意见——在义和团运动史学术讨论会上的发言》，丁名楠的《义和团运动评价中的几个问题》，程歗的《义和团思想述评》，［美］周锡瑞的《论义和拳运动的社会成因》，李德征、丁凤麟的《论义和团时期的围攻使馆事件》等会议论文。这些论文代表了义和团运动研究的最新观点和动向，代表着当时义和团运动研究的最高水平。

为推动学术史研究，从本期始，《文史哲》设置“学者谈治学”专栏，后改为“治学漫谈”，邀请了众多知名学者以亲自撰文或以访谈的形式来传授自己的治学经验。这一专栏一直赓续到 20 世纪 90 年代中后期，成为《文史哲》的名牌栏目，受到学术界普遍关注。十余年间，亲笔撰文漫谈治学心得的有张岱年、孙思白、吴大琨、程千帆、赵俪生、安作璋、陈瘦竹、王仲荦、李学勤、姜亮夫、张岂之、孙昌熙、黄冕堂、徐中玉、李泽厚等，以接受访谈的形式传授为学之道的有吴富恒、杨向奎、钱谷融、蒋孔阳、金开诚、刘纲纪、周来祥、章培恒、鲁枢元、童庆炳等，多达近百人。这些文章，集中体现了当代中国学术发展的风貌，勾勒出当代中国学术发展的基本脉络，为学术史研究积累了丰富的第一手资料。相对于20世纪90年代以来学术史研究的勃兴与繁荣，起步于80年代初的《治学漫谈》栏目堪称当代中国学术史研究的拓荒者。

首期“学者谈治学”专栏刊登了姜亮夫的《根柢之学与博与专的道路——我的治学一得》和张维华的《我对于研究史学的一些看法》两篇文章。张文是最早注意到20世纪80年代初学术界出现“回到乾嘉去”并对其进行批评的文章，对历史研究中推崇史料轻视理论的做法提出批评，认为史学工作者不能不注重史料，但不能说只是在史料上下功夫，就算是完成研究历史的目的了。研究历史的目的是了解人类社会发展的过程，借以探求人类社会未来发展的方向。张文认为，目前中外史学界有一个偏向，好研究小题目，忽视大问题，不求融会贯通地去对待历史知识。这样达到成名成家的目的比较容易，却是达不到研究历史的真正目的。

本期杂志还发表了牟世金的《刘勰思想三论》及龚克昌的《论汉赋》。

3月20日，《文史哲》第2期刊登华岗遗著《美学基础和理想》。

5月20日，《文史哲》第3期刊登一组讨论“文艺与情感”的论文。

论文包括周来祥的《审美情感与艺术本质》、狄其骢的《艺术创作中的情感问题》、张国民的《文艺描写感情浅议》、袁世硕的《文学中的“情”与“理”》等。从创刊始，文艺学、美学问题就一直是《文史哲》关注的重点，华岗、吴富恒、吕荧、周来祥、狄其骢、曾繁仁、陈炎、谭好哲等数辈学人都在《文史哲》上发表了大量的学术论文，为山东大学文艺学美学学科的发展和壮大奠定了基础。

赵俪生的《有关均田制的一些辨析》也发表在这一期杂志上。作者认为，在“均田”的调整或调节下，矛盾重重的中古统治，又为之延缓了300年。

所以说均田制不仅是一个大的田制，而且也是一个稳定的和起着一种稳定作用的制度。据此，说它是一种“昙花一现”的制度的说法，是值得商榷的。另外，说它是“开倒车”的，这话也值得辨析。文章重点对学术界所认为的均田制的二重性表现在公有制与私有制的矛盾这一说法进行了辨析，揭示了均田制的历史真相。

7 月 20 日，张维华在《文史哲》第 4 期发表《释“黄老”之称》，对道教产生的原因提出新见。

作者认为，“黄老”这个名称的出现，是道家思想的发展与道教形成和发展过程中的一个重要问题。老子有其人，有其说，而黄帝则是原本无其人，无其说。黄帝加在老子学派的行列中，是由于在漫长的传说历史过程中，至晚周时期黄帝成了传说中一个显赫的人物，在各个学派托古以自重的空气下，道家行列中某些人也借黄帝之口阐述了一些道家理论，使黄帝不仅是道家行列中人，而且仿佛成了道家学派的创始人。黄帝与老子合一，就产生“黄老”这个名称。战国后期，齐燕滨海之地，出现了一批专谈神仙的方士，他们也托古以自重，说了黄帝成仙的一些假说，这些假说也产生了很大影响，结果就在原有的以老子思想为宗主的学说中，又添加了假托黄帝成仙的方士思想，这样就给道教的形成奠定了基础。

本期还刊登了吴富恒、杨向奎、吴大琨、李希凡、葛懋春等人的回忆文章，纪念《文史哲》创刊 30 周年。同时刊登董治安、倪墨炎、黄侯兴、吴长华、张杰等人的文章，纪念鲁迅 100 周年诞辰。

9 月 20 日，吴承明在《文史哲》第 5 期发表《关于中国资本主义萌芽的几个问题》，对资本主义萌芽研究起到了重要的指导作用。

该文认为资本主义萌芽指的是一种生产关系，而不是一厂一店，因而不能用举例子的方法来论证。它指的是一种社会关系，而不是个别人之间的关系，因而不能孤立地看待。因此，在考察资本主义萌芽时，必须把考察的对象放在一定的历史条件之中，看这个地方、这个行业有没有产生资本主义的土壤和气候。资本主义萌芽是封建社会内部的一种新的生产关系，它具有新生事物的生命力。它一旦产生，除非有不可抗原因，是不会中途夭折的，而是引导向新的生产方式。因此，真正的资本主义萌芽，应具有延续性和导向性。所以考察资本主义萌芽是要探讨它的历史作用。

这一期杂志上还刊登了赵俪生的《亚细亚生产方式及其在中国历史上的遗存——参加八一年四月天津亚细亚生产方式学术讨论会后的思考笔记》及姜洪、江于的《马克思在晚年放弃了“亚细亚”这一概念了吗？——兼论马克思“亚细亚”概念的两重含义及其发展》，参加正在全国热烈进行的亚细亚生产方式讨论。

华山遗稿《戴东原的反理学思想》也发表在这一期杂志上。

中国人民大学新闻学系78级在校大学生尹韵公在本期发表《从荊州争夺战看三国前期的外交斗争》，作者后来成为新闻传播领域的著名学者。文章认为，“鼎立”是三国时代最突出、最重要的外交思想，用现代的外交术语讲，就是保诗均衡。魏吴或魏蜀不能结盟是因为魏国是大国，吴蜀都是小国，小国之间才有相连的命运，小国同大国结盟既难于保持独立自主的地位，又有随时被吞并的危险。而吴蜀之所以能够结盟，完全是为着互相需要和共同利益，对方的存在也是自我存在的不可缺少的条件。一个小国或弱国要单靠自己的力量是难以抵抗大国或强国的，只有命运相连的其他小国或弱国共为唇齿，才能化劣势为一定程度上的优势，保持一种政治格局上的均衡态势。吴蜀两国都正确地认识到：汉室不可复兴，曹操不易卒除已成定局，他们既不能消除曹操势力，也无力阻止曹操势力的增长，唯一的上策就是筑起一道坚强的联盟堤坝，抵挡曹操势力的吞并浪潮，吴蜀两国力图保持这种均衡，而魏国力图打破这种均衡，这种矛盾斗争构成了整个三国时期外交斗争的主要内容。实践证明，一个小国或弱国在有限实力的基础上，只要施展巧妙的外交斗争策略、方法、手段，这就等于增加了自己的物质力量，加强了自己与大国或强国争衡的地位 。

11 月 20 日，蔡尚思在《文史哲》第 6 期发表《顾颉刚先生治学的几个特点》，总结顾颉刚的治学特点，以纪念顾氏逝世一周年。

本期还刊登了高兰的《漫议诗与感情》及杜书瀛的《论艺术的对象》。刘祚昌的《谈学习外国史的几点体会》主要介绍了作者攻治外国史的经验。

1982 年

9 月 1～11 日，中国共产党第十二次全国代表大会在北京举行，提出“建设有中国特色的社会主义”理论。

1 月 20 日，《文史哲》第 1 期开设“《红楼梦》研究”专栏。

1981 年 10 月 5～10 日，由山东大学和中国红楼梦学会联合举办的第二次全国《红楼梦》学术讨论会在济南举行，讨论的主题是《红楼梦》的艺术成就。为配合这次会议，本期《文史哲》特开设“《红楼梦》研究”专栏，刊登了一组大会论文，包括袁世硕的《论〈红楼梦〉的现实主义》、白盾的《〈红楼梦〉的悲剧美与艺术风格美》、杜景华的《王熙凤与〈红楼梦〉的艺术结构》、魏同贤的《简论〈红楼梦〉人物形象的丰富性》等。

这一期还发表了邓广铭的《再论岳飞的〈满江红〉词不是伪作》，为众说纷纭的《满江红》词作者争论提供了最权威的看法。该文通过缜密的考辨证明《满江红》既不像余嘉锡所说，是出自明人伪托的一个赝本，更不像夏承焘所说，是明代首次战胜鞑靼族的主将王越或其幕府文士所作，其唯一不容置疑的真正作者，只能是南宋名将岳飞。1982 年第 3 期《文史哲》又发表了《臧克家、邓广铭关于岳飞〈满江红〉词的通信》。

3 月 20 日，《文史哲》第 2 期刊登赵俪生、葛懋春的文章，为史学界出现的“回到乾嘉去”思潮“纠偏”。

赵俪生的《光考据不行，还需要思辨》认为，自清乾嘉以来，人们对归纳法的崇拜的确有些过分了。演绎法无形中被排斥。统观下来，史学界的思辨能力和理论思维受到了损减。归纳法是好的，谁都在天天使用，但不能把它绝对化。它会拘束人们的思维。必须允许理性在史学中有一席之地。不能让经验在史学园地中唯我独尊。考据对比起宋、明思辨哲学和清初的经世济用之学来，是一种思维能力的堕落，一种理性上的严重衰退。

葛懋春的《论史论结合中的几个问题》指出，笼统地认为历史学应走回头路，回到乾嘉学派去，其结果只能是回到史料即史学的老路，把历史科学研究引入歧途。使历史学变为史料学，抹杀研究历史发展客观规律的任务，实际上必然使史料的考订、搜集、整理失去了正确的工作方向，把史料学引入死胡同。因此，在历史研究中应当提倡马克思列宁主义理论与历史实际相结合，即理论和史料的统一。

本期还刊登了周来祥的《论艺术创造的美学规律》，对艺术创造的独特规律、生活实践与艺术构思、艺术构思和艺术传达等问题进行了论析，认为艺术想象和艺术传达是艺术创造的两个方面、两个因素、两种活动，但不是截然分开的两个阶段。艺术想象、艺术构思中已包含着艺术传达、艺术媒介的因素（作为表象而存在），而在艺术传达时，也不停止艺术想象活动，而是艺术构思的进一步深化、定型化、具体化，既不可把它们混同，也不能把它们机械地分开。只有两者自由地和谐地结合，才能完成艺术创造的使命，才能创造出美的艺术珍品。

5 月 20 日，董楚平在《文史哲》第 3 期发表《〈天朝田亩制度〉性质问题再评价》，引起较大争论。

董楚平认为，“《天朝田亩制度》没有得到过当时农民的拥护”，“太平天国领导人根本没有、也不可能有‘彻底否定封建土地所有制’的思想”。《天朝田亩制度》“是以一种封建制度代替另一种封建制度”，其反动性不在于它的空想性，而在于它“是倒退的，是违背历史发展的进步趋势，违背生产力发展的客观规律，违背人民的利益与愿望”。这些观点被主流观点认为离经叛道，发表以后引起较大争议。

殷孟伦的《训诂学的回顾与前瞻》探讨了训诂学究竟是一门什么性质的学科，以及在其绵长的历史发展过程中对于中国文化所作的贡献，重点对两汉、魏晋南北朝、隋唐、宋元明、清、近代等不同时期训诂学的发展和演变进行了考察。作者认为，训诂并非小事，训诂学对所有学术的关系是非常重大的。训诂学研究，要在批判继承传统训诂学遗产的基础上，对训诂学的理论与方法进行深入的研究，有步骤地整理、正确注释我国的古代文献，对我国历代的训诂著作，有计划地进行一次全面的整理、研究。

7月20日，《文史哲》第4期刊文纪念老舍。

1982年3月30日至4月3日，山东大学在济南召开了老舍学术讨论会，本期刊登了牟国胜的《论老舍创作的大众化道路》、舒乙的《谈老舍著作与北京城》以为纪念。

本期还发表了李希凡的《“神话”和“现实”——〈红楼梦〉艺境探微》和徐鸿修的《农村公社与“亚细亚生产方式”》两篇论文。

9月20日，《文史哲》第5期刊登侯外庐《史林述学——〈侯外庐史学论文选集〉自序》，介绍了作者从事历史研究的原则和方法。

赵俪生研究中国土地制度的重要文章《试论两汉的土地所有制和社会经济结构》也发表在这一期上。作者认为，斤斤计议于两汉社会之究竟是奴隶社会抑或封建社会，假如拿导师马克思原来脑际所出现的“前资本主义生产形态”来衡量五种生产方式论中“奴隶”与“农奴”的差别等等，有其科学的部分，毋庸讳言，也有其局限的部分。所以文章不从五种生产方式中的两种生产方式谈起，而改由自然经济和古典经济这两种形式的经济潮流谈起。作者认为，从战国到两汉，有两种形式的经济潮流在交错着，互有消长：一种是自然经济，其特征是个体农业与个体手工业的结合；一种是古典经济，其特征是个体农业与手工业的一定分离，商业和货币流通的一定昌盛，个体农业与手工业在一定程度上跟商业三者纠缠到一起，使城市对乡村起着一种相当大的影响力。作者指出，两汉的自然经济是分作两头的，前头一段是从属于“亚细亚”形式的一种自然经济，后头一段是逐渐从属于中古（medieval）的一种自然经济，谨慎而细致地区别这两种自然经济的差别并看取其中间的转化，是掌握两汉社会经济问题的要害点之一。文章对两汉三种土地所有制，即国家土地所有制、大土地私有制和小土地私有制进行了扎实的考证，并将两汉主要的社会经济关系描述为：（一）专制主义国家一方面用徭役迫害小农，另一方面又赐民公田和爵命，以表示安抚。（二）“豪家”“权家”迫害小农，使他们破产、自卖为奴婢。（三）专制主义国家与“豪强”间关系又非常紧张，国家打击豪强，豪强挖国家的墙角。

本期还发表了张维华《论西汉初年对于刑律的修正》，以及两篇有关《西游记》的研究论文。

11 月 20 日，刘光裕在《文史哲》第 6 期发表《艺术形象和社会生活——再谈源于生活和高于生活》，在学术界引发争论。

本文从艺术形象与社会生活的关系，探讨了源于生活和高于生活这两种理论的区别，进而说明高于生活理论，在方法和观点方面存在的一些问题。文章认为，“高于”说的立论，主要靠类比法，就是把艺术形象和实际生活相比这种方法。这种类比常常是把文艺反映生活的形式，去和实际生活中的具体事物相比，以此证明的却是，包括艺术内容的、作为内容和形式统一物的艺术形象可以而且应该比生活高。“高于”说的类比，是把想象虚构出来的东西和客观实在的东西，在文艺和生活的根本关系中相提并论，在等量齐观中竞高争长。除此之外，“高于”说认为本质可以离开现象而存在，生活的本质可以不在生活本身之中，这样一来，本质成了凌驾于生活之上的、脱离了生活又不受生活制约的东西，成了客观现象世界之外的绝对物，它不能是物质的东西，只能是精神的东西，不能是客观的东西，只能是主观的东西，它与柏拉图的“理念”、黑格尔的“绝对理念”差几相似。正是认为本质可以离开现象而存在，生活的本质可以不在生活本身之中，这种观点是“高于”说的全部理论，包括它的真实论、典型论等在内，赖以建立的思想基础。可是也正是因为这一点，“高于”说它不可能与哲学中的唯物主义，与艺术中的现实主义相合拍，倒是可以与别的，例如与“四人帮”的唯意志论、唯我论、实用主义等一拍即合。

《文史哲》于 1983 年第 2、4、5 期分别发表刘波的《一个心造的幻影——与刘光裕同志商榷》、朱兰芝的《既源于生活，又高于生活》、刘守安的《文艺能不能比生活“更高”》、顾征南的《为了前进，而不是倒退》、刘波的《是“现实”还是“幻影”？——答刘光裕同志》等文章，就刘文观点展开争鸣。

本期还发表了韩连琪的《殷代的社会生产和奴隶制特征》。

本年毕业的山东大学政治经济系学生李维森（经济学家韦森）在本期发表本科毕业论文《对经济科学的一些基本范畴的初步理解》，这是《文史哲》乐于扶植小人物的又一例证。2014 年，韦森在接受采访时说道：我的本科论文原题是《论经济科学的方法论》，这篇文章后来曾分上、下两期分别发表于 1982 年第 6 期和 1984 年第 3 期《文史哲》上，上篇的题目是《对经济科学的些基本范畴的初步理解》，下篇的题目则是《试谈经济科学范畴的逻辑体系问题》。从这篇毕业论文中，也大致能解读出我当时经济学思考的康德哲学转向：从哲学本体论上把握经济学研究的对象，把经济学的研究对象界定为马克思曾在他的著作中所使用过的“社会生产机体”或“经济机体”概念，从而不是把生产力理解为生产者和生产资料的二因素或加上劳动对象三因素的结合，而是把生产力理解为生产能力（有点相当于现在当代经济学中所说的生产可能性边界），而把生产方式理解为劳动者在劳动过程中的结合方式和运用什么样的劳动资料进行生产的方式，并把生产关系理解为在人们社会生活资料的生产中以物为枢纽的所有相互结合的各种关系的总和。尽管今天我们已经不再使用这些古典政治经济学的范畴来进行社会科学和经济学述说了，但现在想来，这实际上有置否生产力决定生产关系以及生产方式是生产力和生产关系的总和这样的斯大林主义的机械唯物史观的意思。（韦森、辛白：《从马克思、黑格尔、康德到韦伯和维特根斯坦——韦森教授访谈》，《学术月刊》2014 年第 3 期）

1983年

3月13日，在纪念马克思逝世100周年大会上，周扬发表了《关于马克思主义的几个理论问题的探讨》的讲话，其中关于人道主义和异化问题的内容受到批判，成为“清除精神污染运动”的导火索。

10月11～12日，中共十二届二中全会在北京举行，邓小平作了题为《党在组织战线和思想战线上的迫切任务》的讲话，全国开始了抵制和清除反精神污染的运动。《红旗》杂志、《人民日报》《光明日报》《文艺报》等官方媒体纷纷刊登文章，批评资产阶级自由化倾向。

1月20日，《文史哲》第1期开始在杂志封二封三刊登照片新闻和学人简介，开全国学术期刊风气之先。

本期介绍的人物是张维华及其中西交通史研究，并刊登了张维华的《略论中西交通史的研究》。

1982年10月27日至31日，刘勰《文心雕龙》学术讨论会在济南召开，本期《文史哲》发表了一组“《文心雕龙》研究”论文，包括牟世金的《刘勰对古代现实主义理论的贡献》、张可礼的《〈文心雕龙·体性篇〉“八体”辨析》、龚克昌的《刘勰论汉赋》。在此前后，《文史哲》发表了大量研究《文心雕龙》的论文，使《文史哲》成为这一领域举足轻重的刊物。1982年10月30日，《文史哲》编辑部邀请在济南参加《文心雕龙》学术讨论会的部分学者就中国古代文论研究问题进行座谈，王元化、周振甫、徐中玉、王运熙、张文勋、孟繁海、牟世金等人作了发言，座谈纪要《中国古代文论研究和建立民族化的马克思主义文艺理论问题》也发表在本期杂志上。

本期还刊登了几篇重要论文，包括刘泽华的《论慎到的势、法、术思想》、张金光的《秦自商鞅变法后的租赋徭役制度》、吴承明的《我国手工棉纺织业为什么长期停留在家庭手工业阶段?》等。

3月20日，田昌五在《文史哲》第2期发表《两种历史观》，对“以论带史”和“论从史出”两种观点进行批判。

文章说：“论从史出”和“以论带史”在表面上是截然对立的，但两极相通，从方法论上说却是一致的。“以论带史”容易脱离实际，把历史研究概念化。“论从史出”容易就事论事，把历史研究庸俗化。二者的归宿都是历史唯心主义。正确的方法，应该是理论联系实际，在历史唯物主义一般原理指导下，从历史实际出发，实事求是，得出科学的结论。

徐绪典的《教会、教民和民教冲突——山东义和团运动爆发原因初探》、刘蔚华的《韩非的朴素辩证法思想》等论文也发表在这一期杂志上。

本期“学者谈治学”栏目发表了傅衣凌《我是怎样研究中国社会经济史的?》。

5月20日，黄盛璋在《文史哲》第3期发表《论李清照词的风格与艺术成就》，认为用通俗语言写词，最成功的古今以来只有清照一人。

作者指出，清照词的风格，在形式上表现的是语言俚俗浅近，而在内容上则是清新而有深意。这两者互为表里，不能分裂，要是只有俚俗浅近的形式，而缺乏清新有深意的内容，那也就没有什么可贵的了。清照词的好处就是两者兼而有之，而且写得比较成功，因此不能不认为是她的词重要的一个特征。

本期还发表了一组“关于中国近代史基本线索问题”的笔谈。胡滨认为，中国近代史上不存在所谓“三次革命高潮”，将革命高潮作为中国近代史分期的重要标志，也大有商榷的余地，因为它完全忽视了近代中国社会经济的变化，不足以显示出近代中国社会发展的规律。我国出版的一些中国近代史的著作基本上大同小异，陈陈相因，其原因就在于作者们在近代史的基本线索问题上，始终没有摆脱“两个过程”“三次高潮”论的束缚。因此必须克服中国近代史内容陈旧、知识老化的现象，开创近代史研究新局面。孔令仁主张中国近代史基本线索的反帝反封建“双线说”，认为中国近代史上主要有两种反帝反封建的斗争，一种是农民的革命运动，另一种是资产阶级的革新、改良和革命运动，二者都是近代中国历史的主流。戚其章初步提出了“三个阶梯说”，把中国近代史的基本线索划分为三段：第一段鸦片战争—太平天国，第二段洋务运动—中日甲午战争，第三段戊戌变法—义和团运动—辛亥革命。

李希凡在本期发表了《“真”“假”观念与“梦”“幻”世界——〈红楼梦〉艺境探微》，其后又发表了多篇“探微”系列文章。

7 月 20 日，赵俪生在《文史哲》第 4 期发表《试论两宋土地经济中的几个主流现象》。

文章认为，在把具体的经济利益赤裸裸突出出来的普遍风气下，两宋在土地经济方面出现了一些它自己的主流现象。第一个主流现象应该是土地兼并，亦即土地向大土地私有者集中。第二个主流现象是宋朝统治者在田土问题上玩弄着的一个把戏，一方面“广置营田”，另一方面“尽鬻官田”。第三个主流现象，是剥削阶级对被剥削者——换言之，在两宋就是田主对佃户——的看法，跟以前有所不同。假如奴隶主对奴隶的看法，是把奴隶看作俘虏和死囚；假如中古领主对农奴的看法，是把农奴看作牛马或骡驴的话，那么五代两宋的田主对客户的看法，是把佃户看作农业劳动的动力和田主发家致富的本源。

葛懋春在本期发表了《关于加强史学理论研究的建议》，在学界较早呼吁加强史学理论研究。作者提出，史学理论的发展和加强，首先必须开展马克思主义史学史、史学理论发展史的研究，特别要开展对马克思、恩格斯等经典作家的史学原著的研究，以便从中学习马克思、恩格斯是怎样运用唯物史观来研究、分析历史的；同时，还要研究近百年来各国马克思主义史学家是怎样运用马克思主义立场、观点、方法来研究人类社会历史的。对于五四运动以后我国老一辈马克思主义史学家，他们开创马克思主义史学的经验，也应加以总结。其次，发展马克思主义史学理论，还必须加强研究中外史学史，深入研究地主、资产阶级史学，总结中外史学遗产中的积极成果，汲取其中合理成分。

朱德才在同期发表《论苏轼对宋词的开拓与创新》，认为苏词在思想上艺术上虽不无缺陷，但其对宋词的开拓与创新之功却是空前的，影响所及也是深远的。以后，辛弃疾承流接响，而又别开新境，将宋词艺术推向又一新的高峰，固赖时代及个人因素，但推本溯源，实亦得力于苏轼。

9 月 20 日，孙昌熙、孙慎之在《文史哲》第 5 期发表《茅盾早期的比较文学研究》。

本文认为，茅盾的比较文学研究主要目的在于借此探索中国新文学发展的方向，开拓新的道路。而其中心点又在于如何借鉴优秀传统的经验，以创造适应于新的革命时代要求的为中国人民大众的具有民族特色的现实主义文学。这是茅盾比较文学研究的一个突出特点。

该期还发表了殷孟伦的《〈方言〉与汉语方言研究的古典传统》和韩连琪的《夏代是从原始社会解体到奴隶占有制形成的时代》。

11 月 20 日，《文史哲》第 6 期卷首刊登评论《清除精神污染，坚持学术研究的正确方向》，参加全国性的清除精神污染运动。

文中写道：形形色色的精神污染，从其实质来讲，是资产阶级和其他剥削阶级没落腐朽的思想的反映，是与共产主义的思想体系和社会主义制度相对立的。比如有些理论著述把社会主义社会存在的某些弊端和发展过程中的不完善，统统说成是社会主义制度产生的“异化”现象。这种观点，便是抹煞了社会主义制度和资本主义制度的本质区别，实际上是散布对于社会主义、共产主义事业和对于共产党领导的不信任情绪，它不仅可能在人们的思想上造成严重的混乱，而且可能在政治上起离心离德的消极作用。这并非只是一般性的理论问题，而是关系到政治原则的问题。

1984 年

本年，思想文化领域全国性的“文化热”逐渐达到高潮。

6 月，著名化学家邓从豪出任山东大学校长，戈平任山东大学党委副书记（主持党委工作）。

本年，刘光裕卸任。丁冠之由中国社会科学院哲学所调入山大，接任《文史哲》主编，直至 1993 年。

1 月 7 日，《文史哲》第 1 期刊登一组“文化史研究笔谈”，为席卷 20 世纪 80 年代“文化热”之肇端。

这组笔谈包括庞朴的《需要注意文化史的研究》、蔡尚思的《关于文化史研究的几个问题》、胡道静的《加强和推广对物质文化史的研究》、祝明的《中国文化史与世界文化史》。参加笔谈的文章都要求改变中华人民共和国成立后把历史研究等同于经济史、政治史的做法，大力加强文化史研究、加强传统文化的研究。吴修艺《中国文化热》（上海人民出版社 1988 年版）一书指出：“文化讨论在我国真正‘热’起来，是从 1984 年开始的。”庞朴在《文化研究的热潮在回荡》（1986 年 3 月 24 日《理论信息报》）一文中也说：“到了 1983 年尤其是 1984 年，随着体制改革的深入，从总体上研究中外文化已成为迫切的现实需要，于是一个澎湃的文化热便在全国范围内形成。”《文史哲》以敏锐的学术眼光组织的这组笔谈，堪称席卷 20 世纪 80 年代思想文化界的“文化热”的起点。

为“抵制资本主义精神污染”，本期《文史哲》还选登了《成仿吾教育文集》中的两篇文章《关于学风问题》和《延安作风和延安时代的学校生活》。

3月7日，殷孟伦在《文史哲》第2期发表《有关文辞训释的几个问题》。

这一期还发表了张维华、于化民《关于历史上的民族文化交流》，韩连琪的《春秋战国时代政治的变化》等学术论文。

5月7日，《文史哲》第3期刊登郑鹤声、郑一钧的《略论郑和下西洋的船》以及邱克的《谈〈明史〉所载郑和宝船尺寸的可靠性》。

两文对争论颇多的郑和下西洋船队中的宝船究竟有多大进行了探讨，在学术界产生较大影响。

周立升等所作《评〈管子〉书中“静因之道”的认识论》也发表在这一期上。

7月7日，向仍旦在《文史哲》第4期发表《中国古代文化史刍议》。

文章认为：“中国古代文化，源远流长，光辉灿烂，不仅国人引以为自豪，也使国际友人为之惊叹。然而对于中国文化史的研究，在相当长时期内我们未予重视。所以《文史哲》今年第1期刊登一组研究中国文化史的文章，颇能引起人们的注意。”作者认为，延续性与相对稳定性、同一性与多样性、内聚性与拒异性、民主性与封建性的结合，构成中国古代文化的基本特点。

本期还发表了孙昌熙的《论李广田散文的思想和艺术特色》，李兴芝、蒋俊的《关于建党前后马克思主义与无政府主义斗争的几个问题》等论文。

9月7日，《文史哲》第5期刊登周来祥的《建国以来美学研究概观》以及孙祚民的《中国农民战争史研究的回顾与展望》，庆祝中华人民共和国成立35周年。

本期“学者谈治学”栏目刊登了杨向奎的《师门记学》，介绍了顾颉刚研治古史的学术方法。

11 月 7 日，匡亚明在《文史哲》第 6 期发表《论孔子的“三十而立”和开创私学》，对孔子的教育思想作了极高的评价。

文章认为，孔子一生用了四五十年“学而不厌，诲人不倦”的持久努力开创私学的结果，一举打破了贵族垄断文化教育和贵族世袭政治官职的局面，在当时历史条件下，是有不应低估的改革和进步意义的。

1985 年

3月4日，邓小平在会见外宾时提出和平与发展是当代世界的两大问题。

6月10日，孔子研究所在北京成立。周谷城任顾问，孔德懋、冯友兰、侯外庐、董一博任名誉所长，张岱年任所长。

1月7日，《文史哲》第1期刊登许思园遗作《中国诗之特色》。

本文认为中国诗之成就主要在两方面：一为空灵、蕴藉、清逸、淡远之风格意境，以陶、韦、王、孟、晏、欧诸家所造最高；一为人间忧患、族类同情之呼声，于杜少陵诗最为宏大。李太白气概在中国诗坛为独步，后人无从仿效，其才情源自西方，精骛八极，向灵境飞驰，然其风格乃中国传统，殆深有得于鲍、谢。少陵才情、志业不离儒家，然其诗篇浩荡、感激、沉郁、顿挫，在格律上必曾受西域舞乐影响。少陵曾言：张旭草书启发于公孙大娘浑脱剑器舞。郑虔狂草今有大人赋长卷流传，似与张旭出于同一渊源。开元、天宝间西域舞乐之来曾引发中国艺术诗歌创出一格调，其经过或不难探索。

曾繁仁的《试论美育的本质》也发表在这一期上。作者提出，审美力就是借助于形象的一种特殊的情感判断能力，而美育的任务就是旨在培养这种特殊的情感判断能力。它既不同于以培养认识力为任务的智育，也不同于以培养道德意志力为任务的德育，而有其独特的不可代替的本质。

本期还刊登了张维华、孙西的《16世纪耶稣会士在华传教政策的演变》。以往学界关于耶稣会士在华传教活动的论述中，很少有人谈及其传教政策改变的背景和过程，而这种背景和过程对于认识传教士随后的活动又至关重要。

本文作者试图通过剖析 16 世纪耶稣会士在华传教政策演变的过程，力求正确说明这种传教政策演变的实质，以期对于明清之际来华的耶稣会士的传教活动，作出恰如其分的历史评价。

3 月 7 日，葛懋春、项观奇《文史哲》第 2 期发表《浅谈历史科学概论的对象和体系》。

提出历史科学概论以马克思主义的历史科学作为自己的研究对象，它的任务主要是概括地从逻辑上说明历史科学是什么、怎样研究以及如何写作，可以说是“历史科学学”。在体系上，首先，历史科学概论应该说明什么是历史科学，包括历史科学的对象、任务、性质、特征、作用以及对承担这一任务的历史科学工作者的要求等。其次，历史科学概论还要论述历史科学的认识特点、研究方法，主要回答怎样对客观历史进行马克思主义的科学研究。这是历史科学概论的重点。再次，历史科学概论还应解释历史编纂的一般原则，说明如何以恰当的、完美的形式反映历史研究的成果，达到进行历史研究的目的。总之，历史科学概论主要就是概要地说明历史科学是怎样的一门社会科学，应该怎样进行历史科学的研究以及怎样进行历史科学著作的写作。这是国内学界较早对史学概论对象和体系进行论述的论文。

本期“治学漫谈”栏目还刊登了赵俪生的《我对“史学概论”的一些看法》。

狄其骢在本期发表《比较文学特性初探》，认为比较文学的特性，就在它的比较性，正是这种比较性，使比较文学充满活力。对象的比较性，使比较文学面向一个无比多样、无比广阔的客观可比世界，一个取之不尽、用之不竭的对象世界；方法的比较性，使比较文学能适应世界的可比性，自由结构比较性对象，充分发挥比较能动性，从比较中探索文学现象的深层内蕴。比较性对象和比较性方法的渗透合一，形成学科的比较特性，使比较文学具有无穷的活力，在自己的发展过程中，不断突破旧观念和旧方法，开拓出比较文学的新领域、新方向。

5月7日，《文史哲》第3期刊登“魏晋玄学笔谈”，在全国引起较大反响。

1984年11月，中国社会科学院世界宗教研究所、哲学研究所、历史研究所暨北京大学在北京联合召开魏晋玄学讨论会。会上对玄学的研究提出了一些新问题、新见解。为了把这一讨论引向深入，《文史哲》在与会代表的支持下，组织了这次笔谈。笔谈包括的内容大致是：玄学的定义和特征；玄学的形成、发展及分期；玄学的基本范畴及其含义；玄学的理论思维方法及主要玄学家的哲学性质；玄学的阶级性（以及与此有关的对门阀地主的评价问题）、玄学对当时社会政治思想文化的影响等。参加笔谈的有张岱年、任继愈、辛冠洁、王明、孔繁、牟世金、郑欣、许抗生、王葆玹、方立天、余敦康、金春峰、王国轩、周立升、李传明、钟肇鹏、牟钟鉴、陈战国、李申、王晓毅、胡绍军等。《文史哲》第4期连载了这次笔谈。

袁世硕在本期发表《〈金瓶梅〉平议》，对《金瓶梅》作了较高评价，认为《金瓶梅》是以它的新的艺术素质出现于中国小说史上，可以说有开拓之功，标志着中国小说发展到了一个新阶段。

胡新生的《西周春秋时期的国野制与部族国家形态》也发表在这期杂志上。文章认为，西周春秋时代的国野制，是在生产较不发达、原始共同体组织仍然存在的条件下，通过部族间的征服战争而形成的。国野制下基本的统治和奴役关系，表现为国中以周人为主体的统治部族对野鄙地区族外平民的压迫和剥削。与这种社会阶级结构相适应，当时的国家机器也是沿用了部落氏族的形式和外壳，表现为部族国家形态。这是一种早期的原始的国家，是处于一般政治国家之前的序幕。春秋战国之际，由于生产的发展，原始共同体逐步瓦解，个体经济形成，居民的流动杂居及贫富分化日益加剧，于是国野制最后解体。在这一历史过程中，国家也逐渐甩掉了套在它身上的部落氏族的古老框架，转变成独立性更强的、以划分郡县、募辟官僚为主要特征的政治性国家。

7月7日，刘大钧在《文史哲》第4期发表《帛〈易〉初探》。

本期发表的文章还有叶嘉莹的《每依北斗望京华——〈杜甫《秋兴》八

首集说〉再版后记》以及徐鸿修的《商周青铜器铭文概述》等。

9 月 7 日，高清海在《文史哲》第 5 期发表《论现有哲学教科书体系必须改革》。

文章指出，在我国通行的哲学教科书体系，其基本框架是从苏联 20 世纪四五十年代前后形成的体系借鉴来的，存在种种缺陷，已不适于表现马克思主义哲学的理论内容，因此必须进行体系改革。

本期还刊登了丁守和的《瞿秋白对中国革命理论的贡献》以及步近智的《明末东林学派的思想特征》等文章。

11 月 7 日，《文史哲》第 6 期刊文纪念冯沅君 85 周年诞辰。

纪念文章包括冯友兰的《沅君幼年轶事》、张忠纲的《冯沅君先生的古典文学研究——为纪念先生诞辰八十五周年而作》、严蓉仙的《昨日青年的履迹——淦女士和她的〈隔绝〉》。

田居俭在本期发表《史学研究应向“第二条道路”迈进》，呼吁史学研究向社会史转向，向“第二条道路”迈进。这是 20 世纪 80 年代较早呼吁历史研究向社会史转向的文章。作者认为，我国的马克思主义史学，倘以李大钊的《史学要论》问世为起点，史家大体上完成了“从具体上升到抽象”的研究任务，其后应该适时地向着“从抽象上升到具体”的目标继续前进。即掌握了历史发展规律，胸有全局的史家，应当从驾轻就熟的中国通史格局中解脱出来，从当今编纂中国通史所通用的那种政治、经济、文化三足鼎立的框架中解脱出来，更上层楼，高屋建瓴，穷目局部，重新观察丰富多彩的中国历史，致力于形形色色的专史和专题的研究，“使抽象的规定在思维行程中导致具体的再现”。

为奖掖学术新人，本期杂志还摘要选登了傅有德、袁刚、张树铮三人的硕士论文。

1986 年

5 月 5 日，《马克思恩格斯全集》中文版 50 卷全部出齐。这部全集共 3200 万字，收入 2000 多篇著作和 4000 多封书信以及 400 多件文献资料。

9 月 3 日、13 日、29 日、11 月 9 日邓小平四次谈到政治体制改革问题，认为不改革政治体制，就不能保障经济体制改革的成果，不能使经济体制改革继续前进，就会阻碍生产力的发展，阻碍四个现代化的实现。

12 月中下旬，合肥、上海、南京、北京等地部分高校学生上街游行，对学校教学管理和国家政治体制改革等问题提出意见，使这些城市的交通和社会秩序受到不同程度的影响。

1 月，徐豫龙出任山东大学党委书记。

11 月，著名数学家潘承洞担任山东大学校长。

1 月 7 日，《文史哲》第 1 期刊文对亚细亚生产方式进行讨论。

讨论文章包括项观奇的《论马克思心目中的亚细亚生产方式》和李永采、魏茂恒的《关于亚细亚生产方式研究方法的几个问题》等。项文认为弄清马克思心目中的亚细亚生产方式的原意，是解决亚细亚生产方式问题的前提，并大体分解开亚细亚生产方式的原有含义："亚洲的文化民族的古代历史上的氏族制度"，是亚洲的原始社会时期；东方的家庭奴隶制是"亚细亚古代""阶级压迫的主要形式"——虽然并不排除公社，更不排除专制国家。李、魏二人的文章认为亚细亚生产方式问题的讨论之所以分歧严重，究其原因主要是研究方法上存在问题。

周来祥的《美学是研究审美关系的科学——再论美学研究的对象》也发表在这一期上，认为美学是研究审美关系的科学，它以审美关系为中心，把美、审美和艺术统一起来进行研究。

3 月 7 日，牟世金在《文史哲》第 2 期发表《刘勰的“征圣”、“宗经”思想》。

文章认为，从《征圣》《宗经》两篇以至《文心雕龙》全书可知，刘勰的文学思想和儒家经典是较为密切的，他从中吸取了很多有益于文的因素，这是有助于《文心雕龙》在文学理论上的成就的。但刘勰不是以“敷赞圣旨”为目的来对待儒经，且借重或利用某些儒家的文学观点，也非严守师说而是有所改造、有所发展，这是刘勰能取得较大成就的更重要的原因。刘勰未能完全凌驾儒家之上，则是造成其不足之处的原因之一。

5 月 7 日，狄其骢在《文史哲》第 3 期发表《中西诗学比较探源》。

文章认为，“言志”说和“模仿”说，是中西诗学的比较源头，比较基因。因为，这两种艺术观念，不仅是先秦和古希腊诗学的基本观念，反映了当时的历史文化和艺术实践，而且还作为一种民族的艺术素质和精神，渗透到中西艺术和诗学的历史演变中去，形成一种传统、一种标志。

同期还发表了赵俪生的《从宏观角度看鲜卑族在中世纪史上的作用》以及彭兰、张世英的《谈闻一多的新诗及其思想——纪念闻一多先生逝世四十周年》等。

6 月 10～11 日，为纪念《文史哲》创刊 35 周年，《文史哲》编辑部和山东大学青年社会科学工作者协会联合在山东大学举办“中国传统文化思想学术讨论会”。

山东大学、山东师范大学、山东省社科院、齐鲁书社、山东人民出版社、山东文艺出版社等单位的一百多位学者应邀出席了会议，就文化、传统文化、传统思想文化等概念的内涵，中国传统文化的基本特征，中国传统文化的现代命运，研究中国传统文化的方法和态度进行了探讨。

7月7日，周立升在《文史哲》第4期发表《帛〈易〉六十四卦刍议》。

文章认为，帛《易》六十四卦的卦序与今本卦序相较，是有明显的长处的：第一，它有一定的规律可循；第二，它有自己的排列原则；第三，它有自己的衍生关系。这些正是今本卦序所不能及的。如果将帛《易》“六十四卦衍生图”和今本“六十四卦大成图”加以比较，不难发现，今本的卦序是经后人重新编排的。因为它既没有按照所谓“先天八卦”即乾一、兑二、离三、震四、巽五、坎六、艮七、坤八的顺序排列，也没有按照所谓“后天八卦”即乾一、坎二、艮三、震四、巽五、离六、坤七、兑八的顺序排列。有人说帛书六十四卦“乃经人改动”是“为了实用，不求甚解，按照当时通行的八卦次序机械地编造出帛书六十四卦这样一个呆板的形式来”，是不妥当的。也有人说，帛书六十四卦的卦序“只合于巫术之需要，不具有哲学之意义”，恐怕也不恰当。作者认为，今本卦序才真正是经人改动并重新加以编排的，其哲学意义也是后人引申的。

李振宏也在本期发表了《关于史学理论与史学概论的初步意见》。文章提出，史学理论体系包含三个方面的内容：以历史科学为研究对象的理论、以史学各专门领域为对象的理论概括、有关史料的理论和方法。这一意见得到学术界广泛关注和认同，对史学概论课程体系的构建产生了重要影响。

9月7日，刘泽华、张国刚在《文史哲》第5期发表《历史认识论纲》。该文是中华人民共和国成立后最早探讨历史主体认识结构的论文，对历史认识的特点、一般形式与过程、认知结构、基本方法以及关于历史认识的检验与发展等进行了全面论述。

为庆祝《文史哲》创刊35周年，本期刊发了一组纪念论文，回顾了《文史哲》35年来的风雨历程。这组文章包括吴富恒的《回顾与前瞻》、陈之安的《几点希望》、杨向奎的《发现人才，培养人才》、萧涤非的《总结经验，继续前进》、罗竹风的《回顾以往，激励未来》、蔡尚思的《感想和希望》、吴大琨的《回忆〈文史哲〉初期的王仲荦教授》、殷焕先的《祝〈文史哲〉精神发扬光大》等。

本期还发表了两篇重要论文，参与趋于鼎沸的“文化热”讨论。张岱年的《如何正确认识传统文化》认为，中国传统文化具有复杂的内容，正确认识传统文化，就必须对传统文化进行全面的考察，力求避免“以偏概全”的片面性；深刻理解传统文化的核心即传统哲学，领会其中的精湛思想；对于中西文化的异同也有比较全面的理解。张维华的《中国文化发展的方向》认为建设现代文化，首先必须解决两个关键问题，即如何看待中华民族的先民留下来的数千年的文化遗产，如何处理传统文化与现代化的关系；如何看待对外开放和吸收外来文化——当代欧美国家的文化，如何处理外来文化与现代化关系的问题。这应是文化讨论中的焦点所在。中国文化未来发展的方向只有一个，那就是必须建设中华民族的社会主义现代文化。新文化的来源有两个：首先，作为主导的方面，它将吸收容纳几千年来传统文化的精华。文化的发展自有其内在联系，全面否定传统文化，也就等于拦腰砍断中华民族的历史。其次，中国现代文化还将尽其可能地吸收西方的先进科学技术和思想文化成果。民族之间分离隔绝的时代已经结束了，各民族的长期交往，必然会造就一个融合各民族文化精华，不分中外东西的世界文化。正像中华民族的文化融合了国内各民族的文化一样，中华民族的文化最终也会被融合到世界文化之中去，这种趋势是越来越明显了。

本年5月，由山东大学等单位发起的首届全国文艺美学讨论会在泰安召开，王朝闻以及周来祥在会上的发言《关于艺术美学》和《文艺美学的对象与范围》也发表在这一期的杂志上。

韩连琪、牟钟鉴、来新夏、刘海粟、李希凡等也在本期杂志发表了文章。

11 月 7 日，《文史哲》第 6 期开始开设“中国传统文化讨论”专栏，推动“文化热”向纵深发展。

本期刊发了徐经泽、吴忠民的《文化的效用性和再生性》，于化民的《关于文化问题的思索》，陈炎的《中国的儒家、道家与西方的日神、酒神》，高旭东的《鲁迅对中西文化发展模式的比较》等论文。

1987 年

1 月 1 日，《人民日报》发表元旦献词《坚持四项基本原则是搞好改革、开放的根本保证》，指出：要使经济持续稳定地发展，把经济体制改革继续推向前进，搞好改革开放，必须坚持四项基本原则，旗帜鲜明地反对资产阶级自由化思潮。

1 月 16 日，胡耀邦辞去中共中央总书记职务，全国开始展开反资产阶级自由化运动，学术空气发生大的变化。

1 月 24 日，《文史哲》第 1 期刊登一组“魏晋南北朝史研究笔谈”，引起较大反响。

1986 年 9 月，全国魏晋南北朝史学术讨论会在烟台召开，两个议题是“80 年代如何研究魏晋南北朝史”以及“魏晋南北朝的历史地位”。《文史哲》编辑部认为这两个议题抓住了深入研究此段历史的关键，并触及整个历史学科的方法论问题和史学观念的更新与发展问题。为了推进对这些问题的深入探讨，特组织了该组笔谈。笔谈文章包括何兹全的《研究中国历史要重视方法，要突破、创新》、田余庆的《刻苦钻研大胆探索》、黄烈的《研究历史要讲求社会效益》、朱绍侯的《研究魏晋南北朝史要着眼于光明和进步》、洪廷彦的《再谈魏晋南北朝的历史地位》、万绳楠的《研究问题要注意事物之间的联系》、李培栋的《魏晋南北朝史研究的认识价值》、李光霁的《从奴婢农奴化和编户农民私人依附化谈起》、蒋福亚的《略谈魏晋南北朝时期的历史地位》等。

本期还发表了叶嘉莹的《论辛弃疾词的艺术特色》、殷焕先的《关于方言中的破读现象》。

叶嘉莹的《论辛弃疾词的艺术特色》认为，辛词一方面以其英雄豪杰的志意与理念突破了词之内容意境的传统，另一方面更以其英雄豪杰式的艺术手段突破了词之写作艺术的传统。但是，这两个突破并未使辛词流于浅率质直，而是在雄奇豪放的同时，仍保有曲折含蕴之特美。辛词之艺术手段可分为语言与形象两个主要方面：在语言方面，辛词特善用古，亦善用俗，语汇最为丰富，而且句式骈散顿挫，语法变化多姿；在形象方面，辛词最大的特点是能在形象中随处引起感发，表现作者的志意与理念，使形象与情感完美地结合起来。

从本期开始，《文史哲》部分篇目出现内容提要。

3月24日，徐鸿修在《文史哲》第2期发表《从禄赏制的演变看周代的土地制度——兼评“军功地主”论》，对学术界流行的“军功地主论”提出异议。

文章对军功地主兴起的时代、士卒赏田以及军功奖赏在生产关系变革中的作用作了深入探讨。

本期还发表了一些重要论文。黎子耀的《〈易经〉与〈诗经〉的关系》主要探讨了《易经》与《诗经》的关系，认为两经都是以阴阳五行思想为基调都是由支干组成，都具有谜语性质，彼此所用的隐语往往相通，而且两经皆可断章取义。龚克昌的《论汉赋在中国文学史上的地位》认为，汉赋是两汉文学的正宗，它描绘了大汉帝国的风貌，传达了时代的心声。汉赋倾力于艺术技巧，发展了浪漫主义表现手法，注重文采，垂意铺陈，正与其忽视讽谏互为表里，表现了汉赋力图摆脱儒家经典的束缚，顽强地显示出文学艺术的特征，预告着“文学的自觉时代”的来临。

本期杂志还刊登了蔡尚思的《黄宗羲反君权思想的历史地位》以及傅衣凌的《谈史学工作者的知识结构和学术素养》。

5月24日，余敦康在《文史哲》第3期发表《阮籍、嵇康玄学思想的演变》。

认为玄学思想的发展是在既同世界对立又同世界统一的矛盾中进行的。就本质而言，玄学是一种阐发内圣外王之道的政治哲学，它力求与世界协调一致，为当时不合理的政治局面找到一种合理的调整方案。基于此，阮籍、嵇康前期的思想倾向于自然与名教的结合。魏晋禅代之际，险恶的政治环境使理想与现实的矛盾发展到不可调和的地步，调整的可能性完全丧失。玄学就从世界分离出来退回到自身，用应该实现的理想来对抗现有的存在。玄学发展到这个阶段，给自己涂上了一层脱离现实的玄远色彩。阮籍、嵇康把外在世界的分裂还原为内心的分裂，极力探索一种安身立命之道恢复内心的宁静，使世界重新获得合理的性质，在更高的层次上适合人们的精神需要。他们的玄学思想逻辑地演变为自然与名教的对立。

韩凌轩在本期发表了《恽代英早期思想的特点和主流》，在学术界首次分析了恽代英早期思想的特点，并对其早期政治思想的基本倾向提出了看法。作者认为，恽代英早期思想的特点是：主张以伦理改革为手段改造社会，但比较注意内省功夫；较早看到资本主义的弊病；受到无政府主义思潮的严重影响；受到空想社会主义思想的影响，但具有积极进取和务实的精神。恽代英虽然受到无政府主义思潮的严重影响，且在 1919 年底以前有逐渐加深的趋势，但在对一系列重要问题的看法上与无政府主义者有着原则区别。其早期思想的主流是资产阶级民主主义，不是无政府主义。早期的恽代英是一个受到无政府主义思潮严重影响的资产阶级民主主义者。

7 月 24 日，周来祥在《文史哲》第 4 期发表《中国的传统文化思想是中和主义的》。

文章认为，“和”是一个大概念，是中国传统文化的根本精神，它几乎涵盖一切、贯串一切。“和”也是一种古代人的心理结构和思维模式，他们以此来规范一切、陶铸一切，孔子思想由它陶铸而成，儒家思想由它陶铸而成，古代传统文化也由它陶铸而成。“和”的精神是源远流长的，是封建社会中占主导的观念。中国封建社会之长久、之稳定，也正好反证了“和”作为中国古代文化的主导精神之地位和作用。

本期“中国传统文化讨论”专栏还发表了龚书铎的《谈中国近代文化史的研究》以及杨炳章的《韦伯“中国宗教论”与“儒学第三时期”》。

叶嘉莹发表在这一期的《论辛弃疾词》一文认为，辛弃疾不仅以其全部心力投注于词之写作，而且其志意与理念在作品中得到了本体之呈现。辛词中之感发，原是由两种互相冲击的力量结合而成的：一种力量是作者内在的“感物之心”，另一种力量是外在环境的“感心之物”。辛词之感发的本质，虽以英雄失志的悲慨为主，然而辛词在风格与内容方面却又表现出多种不同样式与不同层次的变化。

9月24日，胡滨在《文史哲》第5期发表《洋务运动与中国近代化——兼论洋务运动与外国资本主义的关系》，对洋务运动作了较高的评价。

文章认为，19世纪60年代至90年代洋务派兴办的近代工业，构成了当时民族资本主义工业的主体。如果没有洋务派的积极倡导和经营，古老中国资本主义工业化的产生可能还要推迟许多年。关于洋务运动与外国资本主义的关系，作者认为，从总体上说，洋务运动并不是“中外勾结”“华洋会剿”的产物；洋务派兴办的近代工业并不是适应了外国资本主义对中国进行经济侵略的需要，而是在一定程度上阻止或限制了它们在华势力的扩张；洋务派虽然雇用了一批洋员担任技术方面的工作，但不能过分夸大这些洋员在洋务事业中的地位和作用。

本期新设“当代史学流派介绍”栏目，首期介绍的是“古史辨派”。

11月24日，杨向奎在《文史哲》第6期发表《“宜侯夨簋”释文商榷》。

同期还发表了刘蔚华的《楚国的社会改革与屈原的政治哲学》等文章。

1988 年

陈之安任山东大学党委书记。

编辑部进行人员调整，成立了以陈之安为主任，吕慧鹃、丁冠之为副主任的编辑委员会。编辑部主任仍由丁冠之担任，副主任为韩凌轩、龚克昌。编委会委员有：王誉公、田昌五、安增才、庄德钧、徐学圣、李乃坤、乔伟、乔幼梅、朱玉湘、牟世金、陈陆达、吴富恒、萧涤非、狄其骢、郑佩欣、周立升、周来祥、祝明、胡世凯、胡德麟、赵明义、袁世硕、徐经泽、葛懋春、董治安、臧乐源。

7 月，《文史哲》被评为山东省优秀理论期刊。

1 月 24 日，青年学者王学典在《文史哲》第 1 期发表《关于“历史创造者”问题的讨论》，对著名历史学家黎澍有关历史创造者问题的观点提出质疑。

“历史创造者”问题的讨论是理论界一次波及广泛的大论战。这次论争以大无畏的理论勇气突破了一些似是而非的理论教条，极大地推动了中国史学界和思想界的解放。

长期以来，“人民群众是历史的创造者”“奴隶创造了历史”“人民群众是历史的主人”等说法成为不容怀疑和否定的金科玉律，是必须膜拜的终极真理和理论指南。而实际上这些命题并非来自马克思和恩格斯的著作，更谈不上是马克思主义的基本原理。但因这些命题被看作是主流意识形态的一部分，所以这些命题都是不可讨论的禁区。但随着新时期思想解放向纵深推进，人们逐渐对这些命题进行质疑和反思。1979 年，两位哲学研究者杨英锐、杨甘霖发表了《关于一个历史观的探讨》，反对“奴隶创造历史论”，揭开了“历史创造者”问题讨论的序幕。1980 年，余霖、安延明发表了《历史是整个人类创造的——“奴隶创造历史论”质疑》，引起了一些争论。1983 年，蒋大椿发表了《唯物史观与历史研究》一文，对“人民群众是历史的创造者”和“人民群众是历史的主人”公开提出辩难。把这场讨论推向全国的是著名史学家、理论家、80 年代新启蒙思潮的代表人物黎澍。1984 年，他在《历史研究》上发表了《历史的创造者及其他》，认为“只有人民群众才是历史的创造者”的说法是片面的，“人民群众是历史主人”的提法“是对马克思主义的曲解”，并提出“历史是人人的历史，所有的人都参与了历史的创造”，“人们自己创造了自己的历史”。该文如一石激起千层浪，在历史学界乃至整个理论界掀起轩然大波，一场理论鏖战遂在史学界和理论界激烈展开。本期发表的青年学者王学典的文章，即是在这场论战达到高潮时的一篇重要文献。

该文在肯定黎澍相关论点的大前提下，试图超越黎澍对历史创造者问题的思考。作者提出一个在当时可谓惊世骇俗的观点，即物质生产财富的历史是劳动阶级与剥削阶级共同创造的，并以此为据对黎澍相关看法的不彻底性进行批评。在作者看来，撇开剥削阶级谈论文明时代生产历史的创造，是黎澍有关历史创造者问题认识的缺陷所在。并矢言“在黎澍终止思维的地方继续前进”，“在深刻反省我们以往对唯物史观理解的基础上重新认识唯物史观”。这些观点对主流观念进行了彻底颠覆，因此文章发表后，反响巨大。

黎澍在 1988 年《文史哲》第 3 期发表《把马克思主义从庸俗化的教条束缚下解放出来——答王学典》，对王文进行回应，认为“王学典对我的批评意见，其基本精神我认为是对的”，并为对自己的观点进一步说明和辩护。

庞朴在这一期发表了《〈五行篇〉评述》，认为马王堆汉墓出土的一份失传的儒家经典——《五行篇》，给几千年没有答案的子思、孟子五行说古谜，提供了答案。这个五行，不是后人猜测已久的金、木、水、火、土，也不是仁、义、礼、智、信，而是仁、义、礼、智、圣。这一观点广为学界接受，产生了重要影响。

本期杂志还刊登了［美］康达维的《论赋体的源流》、（香港）何沛雄的《〈子虚〉、〈上林〉与〈七发〉的关系》。自从 20 世纪 80 年代以来，《文史哲》非常注重加强与海内外学者的交流，发表了大量海外学人的学术文章。

贺立华和谭好哲分别在这一期发表了《论改革中作家自我超越的难题》和《从文学的本质看改革文学》。

3 月 24 日，田昌五在《文史哲》第 2 期发表《马克思主义历史科学的开创之作——重读〈中国古代社会史论〉》。

蔡德贵的《阿拉伯哲学史研究概论》也发表在这一期杂志上。

5 月 24 日，张岱年在《文史哲》第 3 期发表《中国现代哲学是中国哲学史发展的新阶段》。

该文认为“五四”以来的中国思想史可以称为中国历史上的第二次百家争鸣。“五四”以来的思想发展，有一些与过去不同的显著特点，第一是西学东渐，第二是“儒学独尊”的结束。

张芝联的《关于拿破仑的评价及其方法论问题》、狄其骢的《冲击和命运——察看现实主义的生命力》以及徐显明的《毛泽东早期法律思想初探》等文章也发表在这一期杂志上。

7 月 24 日，张富祥在《文史哲》第 4 期发表《齐鲁文化综论》。

该文指出，齐鲁地区自古已成为统一的文化实体，是中国传统文化的重要发源地之一。至西周初期齐、鲁两国建立，标志着“齐鲁文化”的正式诞生。它的源流区划，应以大汶口文化与山东龙山文化的分布范围作界定。它经历了上古和中近古两个发展阶段：前阶段作为华夏中心文化区，后阶段则给人以落伍感，呈现出倒马鞍形的变化趋势。它由“齐文化”和“鲁文化”两大部分构成，并有一个演变和融会的过程。就其历史特征看，它从未显示出次生或派生的文化形态，始终作为典型的“中原文化”而存在，并且表现出高韧度的传承性、高强度的稳固性和密集性、很强的辐射性以及高度的“自我意识”。

蔡凤书在该期发表《中华文明起源“新说”驳议》，对中国文明起源多中心说提出驳正，认为，在公元前1600年前后，除了黄河流域，中国境内的其他地区还没有具备文明的基本因素。中国文明起源点“满天星斗”说是过分夸大了中国文明在各地区发生的独立性，是不符合历史实际的。在公元前2000年前后，黄河流域凝聚了自身和其他文化的因素，成为名副其实的中华文明的起源点。

本期还发表了《五四时期话剧的崛起与沉沦》《论孔孚山水诗》《西方意识流小说的基本表现手法》等论文。

9月24日，葛荣晋在《文史哲》第5期发表《清代实学思潮的历史演变》。

该文认为，清初至康熙年间，由于清兵入主中原所引起的激烈民族矛盾以及随着资本主义萌芽的发展而产生的市民阶层反抗封建统治的斗争和西方文化对中国传统文化的冲击与融合，推动了实学的高涨；康熙朝后期和雍正、乾隆、嘉庆时，由于江南资本主义萌芽受到严重摧残，统治者大力复兴和提倡程朱理学并对知识分子实行高压和怀柔两手政策，以及从雍正朝起对外闭关锁国，使实学渐被朴学（考据学）所代替；从嘉庆朝后期开始，清王朝由“盛世”向“乱世”滑落，阶级矛盾以及中华民族与西方殖民主义的民族矛盾均趋尖锐，兼之学术流变的内在因素，使朴学又复转向经世实学。从纵向考察，清代实学是一个动态的历史范畴；从横向考察，它是一个多层次的社会概念；从演变过程看，每当“治世”，它往往埋藏在“纯学术”的外壳内，转向低潮，每当“乱世”，它却沿着“修实政，施实惠”的方向发展，进入高潮时期。

本期还刊登了蒋茂礼的《商品化中文学独立品格的沦丧》与杨守森的《商品观念与中国当代文学的繁荣》两篇文章，对伴随商品经济的发展出现的文艺创作商品化现象进行争鸣。

10月15日，《文史哲》编辑部主持举办的“通俗文学学术讨论会”在济南召开。

会议主要研讨了通俗文学热的兴起及其原因，通俗文学的概念界说、源流演变及其特征，通俗文学的现状及其发展方向等问题。

11 月 24 日，胡钟达在《文史哲》第 6 期发表《“五种生产方式”问题答客问》。

作者认为，奴隶制在历史上曾长期存在，但人类历史上最先出现的阶级社会不能称之为“奴隶社会”；在人类历史上也从来没有出现过一个以奴隶制为主导的所谓“奴隶社会”阶段。不仅在古代东方，不存在“奴隶社会”这一发展阶段，就是古希腊罗马，从其整体来看，也不是“奴隶社会”。

乔伟在这一期发表了《关于法学理论研究的反思——论更新和改造法学的若干问题》。

1989 年

4 月 15 日，胡耀邦在北京逝世，终年 73 岁。

6 月 4 日，北京发生“六四风波”，此后学术思潮发生重大转向。

7 月 18 日，《人民日报》发表“易家言”的《〈河殇〉宣扬了什么?》。此后，众多报刊开始对电视政论片《河殇》进行集中批判。

10 月 7 ～ 10 日，孔子诞辰 2540 周年国际学术讨论会在北京、曲阜两地举行。会议受到党和国家领导人的关注，新任中共中央总书记江泽民接见了部分海外学者，并发表高度评价孔子的讲话。这次会议表明了官方对中国传统文化思想的重视，产生了很大影响。

1 月 24 日，陈炎在《文史哲》第 1 期发表《反理性思潮的三重背景》。

文章认为西方反理性思潮是在文明与异化的二律背反、基督教文化的全面崩溃和哲学本体论的再生这三重背景下产生的，只有将这一特定的思潮放在特定的背景下加以考察，才能看清它的原貌，理解它的意义。

刘泽华、叶振华在本期发表《历史研究中的考实性认识》，认为历史研究是一种间接认识，其认识主体不能直接地接受和反映客体（史实），而需借助一定的中介（史料）。因此，辨析客体与中介之间是否符契，构成了历史研究中考实性认识的重要任务。从思维方式的角度来看，考实性认识的主要方法有六种：比较、归纳、类推、演绎、钩沉、溯源。考实性认识的一般形式是通过“存疑”—“搜证”—“考求”三段式发现史料中的矛盾点与契合点以证其是非的过程。考实性认识与其他认识形式相互依存、相互补充，各自有着重要作用，不可偏废。

3 月 24 日，《文史哲》第 2 期刊登邹广文对高清海的访谈《十年哲学的回顾与展望》，对改革开放前 10 年当代中国哲学的变革从总体上进行评估。

5 月 24 日，《文史哲》第 3 期出版“纪念五四 70 周年专号”，成为《文史哲》80 年代十年新启蒙历程之绝唱。

本期刊登的文章包括：彭明的《五四运动史研究的几个问题》，孙思白的《纪念五四运动 70 周年断想》，庞朴的《以五四精神继承五四精神》，李景彬的《五四文化意识的反思与中国文化结构的重建》，何中华的《试论中国文化的启蒙与超越——纪念五四运动 70 周年》，钱逊的《文化的普遍性和特殊性——文化研究中一个基本的方法论问题》，颜炳罡的《五四・新儒家・现代文化建构》，方克立的《第三代新儒家掠影》，杨向奎的《五四时代的胡适、傅斯年、顾颉刚三位先生》，孔繁的《胡适对清代“朴学”方法的总结和评价》，李德征的《五四时期的商务印书馆》，蒋俊的《中国应该建立“五四学”》，朱玉湘、胡汶本、韩凌轩、蒋俊、王文泉等人的《十年来五四运动史研究述评》；第 4 期又发表韩凌轩的《五四传统与中国现代化》。这些文章从不同角度和领域对五四运动进行了追忆和反思。

7 月 24 日，傅璇琮、陈华昌在《文史哲》第 4 期发表《唐代诗画艺术的交融》。

文章认为唐代绘画在题材上发生了突变，山水画与花鸟画得到大的发展，分别成为独立的画种。山水画的发展是山水诗影响的结果，花鸟画的发展是咏物诗影响的结果。唐代山水画在形式和风格上也发生了突变。在形式上，不但以线条作为表现手段，而且用水墨的深浅浓淡代替了传统的青绿色彩；在风格上，由传统的富丽精工变为即兴挥洒、自然浑成。这种变化是唐诗重视真情实感、崇尚真率自然的审美倾向的影响所致。唐代花鸟画在审美时空构造方面不重物理时空而重心理时空，不重全貌描绘而重局部描绘的特点，也是受唐诗影响的结果。唐代绘画在色彩、线条、构图方面也给唐诗以影响。特别是对有绘画实践经验的王维，影响更深。

周立升在本期发表《论老子“得母”“知子”的认识系统》，认为老子的认识论包含两个层次：一为关于道（“母”）的知识系统，一为关于物（“子”）的知识系统。“闻道”和“为学”是与之相应的两种截然不同的认识途径。老子把传统的气功养生术升华为哲学理论，故从本源上考察，其认识论也是在经验综合的基础上形成的。它一旦形成却表现出反经验及直觉主义的特色。这就决定了老子关于知识的价值取向是推崇“闻道”、贬斥“为学”。由老子开端的中国传统的直觉思维，缺少逻辑思想作为前提条件，是一种思维超越的整体性模式。中国传统哲学之所以没有形成逻辑思维的定势以推动实证科学的发展，与老子有着直接或间接的关系。

9 月 24 日，《文史哲》第 5 期发表孙元璋的《两汉的文学观与两汉文学》以及崔廷瑨的《孟子的审美思想》等文章。

11 月 24 日，袁世硕在《文史哲》第 6 期发表《〈聊斋〉志怪艺术新质论略》。

文章认为《聊斋志异》从六朝志怪小说“明神道之不诬”的观念中解放出来，也摆脱了唐传奇“以幻设之奇自见”的偏执，自觉地运用想象和幻想进行文学性的虚构，谈鬼怪狐仙大都有所寄托，借以表现作者的情志，在短篇小说形式上和艺术表现方面也多有所突破。

王晓毅在本期发表《宇宙生成论向玄学本体论的转化》，提出贵“无”论玄学属于本体论范畴，而汉代神学目的论则表现为宇宙生成论。汉魏之际人物批评所诞生的贵“无”人才哲学与汉儒关于宇宙产生之前元气混沌无形观念的结合，是宇宙生成论向玄学本体论的转化契机。在其结合过程中，人才哲学是矛盾的主要方面，它的存在和发展是把传统的宇宙本根由天地之外移向事物之中的主要动因。汉代宇宙观所提供的丰富资料则为这一历史性转化奠定了思想基础。

1990 年

4 月 18 日，中共中央、国务院同意上海市加快浦东地区的开发，在浦东实行经济技术开发区和某些经济特区的政策。

12 月 24 日，邓小平在同几位中央负责人谈话时指出，要善于把握时机来解决我们的发展问题。必须从理论上搞懂，资本主义与社会主义的区分不在于是计划还是市场这样的问题。

1 月 24 日，张金光在《文史哲》第 1 期发表《论秦自商鞅变法后的农村公社残余问题》。

文章认为，商鞅变法后，秦村社残余势力尚强，秦乡村聚落内仍存在着共同的经济联系，乡村存有政社合一职能的残余，邑里村落内存在着共同社会经济生活，村社贵族残余势力依然存在。

该期还发表了李德征的《中外学者对洋务运动与中国近代化关系的几点看法》、吴开晋的《新时期诗歌对传统文化的继承和超越》等文章。

3 月 24 日，丁守和在《文史哲》第 2 期发表《中国文化研究七十年》。

这一期还发表了郭英德的《蒲松龄文化心态发微》，孔范今、潘学清的《论中国现代小说发展中的后期现代派》，傅有德的《关于巴克莱的新原理》等文章。

5 月 24 日，黄冕堂在《文史哲》第 3 期发表《清代农田的单位面积产量考辨》。

文章认为，研究清代历史，尤其是研究清代经济史，亟须了解当时的农业地租的剥削形态、剥削量和地租率等问题。为此，务必探讨当时的农田单产量。这就涉及田积、土质、度量衡制度和粮色品种等复杂因素，且要结合江浙、川湖、闽广和华北等地区的具体情况细加稽考。除了某些外国学者搞了一些并不十分准确的计量数字外，国内不少教科书或专著、论文，大都满足于用一些笼统的数据来对待问题，这是无助于研究的深入的。文章通过对清代的江浙、川湖、闽广和华北等四个区域的多方考察，得出结论：江南少数地区尤其是岭南、闽南一年可以双种双收以至可以三收者，最高亩产量可达稻谷五六石或七八石，极少者则仅能一石左右，但通常年景可保收三至四石，即稻谷三百五六十斤至五百斤。华北地区，系以生产小麦和高粱、谷子等杂粮为大宗，通过粗细粮计算，个别年亩产量最高的有达四五石者，极少者则仅有一二斗、二三斗，但一般仍以亩收二石为准，即一年接茬两收，亩收小麦和杂粮约二百三四十斤。至于长城沿线和东北、华北许多地区，天气寒冷，作物生长期短，因而不能确保从头年冬到次年秋能有两季接茬种植，则每年每亩粗粮产量仅能有百数十斤，小麦产量则仅能有数十斤至百斤不等。

刘祚昌的《论杰斐逊的独特风格》、徐向艺等人的《个人经济行为与经济秩序》、谭好哲的《超越形式禁忌与形式崇拜——马尔库塞“美学形式”论探讨》也发表在这一期上。

7 月 24 日，《文史哲》第 4 期刊登李德征的《鸦片战争与中国人民的选择》及孔令仁的《要认真汲取鸦片战争带来的历史教训》等文章，纪念鸦片战争 150 周年。

9 月 24 日，《文史哲》第 5 期以全部篇幅刊登“首届国际赋学术讨论会论文专辑”，刊发了来自美、日等国及中国香港、台湾地区和内地众多辞赋学者的 28 篇论文，介绍国内外辞赋研究的最新成果以及山东大学的辞赋研究状况。

这些论文包括费振刚的《略论汉赋繁荣的社会背景》、董治安的《关于汉赋同经学联系的一点探索——从扬雄否定大赋谈起》、龚克昌的《文变染乎世情——谈魏晋南北朝赋风的转变》、刘乃昌的《论赋对宋词的影响》、张可礼的《东晋辞赋概说》等。

11 月 24 日，徐显明在《文史哲》第 6 期发表《论权利》。

文章认为权利的真正内涵是法律上的力与其保护价值的统一，人是唯一能在法律关系中将二者连接起来的媒体。自由与权利虽属同质的东西，但它们之间仍有诸多形式上的差别。在权利的所有类型中，基本权利居于权利体系的根本地位，权力只是权利的变种。任何权利都有着确定和运行两方面的界限，制约权利的法的形式是义务，权利的绝对值总是等于义务的绝对值。突破权利界限，必定构成权利滥用，而能够被滥用的权利一定是那些加入权利人意志的处于行使状态中的权利。判断权利是否被滥用有着法律上的和道德上的双重标准。在特殊的权利滥用中道德标准更能清楚地透视权利人行使权利的目的。

本期还发表了杨奎松的《大革命前期的国共关系与共产国际》和马瑞芳的《〈聊斋志异〉对冥界题材的开拓》。杨文对大革命前期国共关系以及共产国际的作用这一研究整个大革命时期国共关系的关键性环节进行了比较全面和细致的分析说明。马文认为，以最不现实的形式做最现实的文章是《聊斋志异》对冥界题材的开拓。具体表现在用冥界题材反映清初的民族灾难和贰臣丑面，用冥界题材投射封建吏治，用冥界题材揭露科举取士制度的弊端。

1991 年

1 月 18 日，陈平原、王守常、汪晖等 13 名学者举行学术史研究座谈会，并于同年 11 月出版人文研究集刊《学人》。第一辑卷首登载了一组 11 篇“学术史研究笔谈”，集中表达了“思想淡出，学术凸显”的为学旨趣，标志着 20 世纪 90 年代学风的巨大转变。

3 月 2 日、22 日，上海《解放日报》刊发署名皇甫平的文章《改革开放要有新思路》和《扩大开放的意识要更强些》。前一篇文章指出：研究新情况、探索新思路，关键在于要进一步解放思想。计划和市场只是资源配置的两种手段和形式，而不是划分社会主义和资本主义的标志，资本主义有计划，社会主义有市场。后一篇文章指出：90 年代上海的开放要迈大步子，必须有一系列崭新的思路，敢于冒点风险，做前人没有做过的事。

12 月 25 日，苏联正式解体。“俄罗斯苏维埃联邦社会主义共和国”更名为“俄罗斯联邦”。戈尔巴乔夫下台，叶利钦上台。

《文史哲》荣获“山东优秀理论刊物”奖。

1 月 24 日，《文史哲》第 1 期刊登一组“义和团研究论文”。

1990 年 10 月 7～11 日，中国史学会、中国义和团研究会主办的“义和团运动与近代中国社会国际学术讨论会”在济南举行，130 多名中外学者出席了会议，其中 28 名外国学者分别来自美国、日本、英国、德国、澳大利亚、波兰、匈牙利和韩国等国家。部分会议论文刊登在这一期的杂志上，包括李侃的《再谈中国近代农民问题》、孙祚民的《义和团运动史若干理论问题研究评议》、［美］周锡瑞的《试论义和团仪式的社会意义》、陶飞亚的《19 世纪山东新教与民教关系》、苏位智的《八国联军没有始终如一的主谋》。其中，孙祚民的文章就学术界存在争论的“关于义和团运动的性质”“关于义和团运动是否反封建”“关于义和团运动的‘封建蒙昧’”“关于义和团运动的‘笼统排外’”“关于义和团运动的历史作用”等问题进行了讨论，对“否定义和团”的观点提出了批评。

3 月 24 日，狄其骢在《文史哲》第 2 期发表《关于文学主体性问题》，对刘再复的“文学主体论”进行批判。

1990 年 11 月 2～5 日，由国家教委社会科学发展研究中心、山东大学、中国社会科学院文学研究所、《文学评论》编辑部、中国艺术研究院马克思主义文艺理论研究所、《文艺理论与批评》编辑部、北京大学中文系、中国人民大学语文系、北京师范大学中文系、武汉大学中文系、四川大学中文系联合发起的“文学主体性问题讨论会”在山东济南召开，集中对刘再复的“文学主体论”进行批判。本期杂志发表的狄其骢的文章就是这次会议上的论文。狄文认为刘再复的主体性观念，显然不是属于马克思主义的，最明显地表现在他是奋力排拒反映论的，他为主体割除了一切自身之外的关系，让主体回归自身，所以主体就是主体，主体性就在自身。虽说刘再复提到什么认识主体，实践主体，但他所谓的认识主体就是精神主体，而他所谓的实践主体，只是精神主体的工具操作。刘再复把主体封闭在主观精神圈里，对精神主体这个他所谓具有无限创造力的内宇宙，加了许多高级的赞美之词。所谓文学的主体性，也就是人的心理机制，就是作家的需要和情感活动。说得更简洁些就是人道主义的爱，文学的主体性就是爱的力量。由此可见，刘再复以人为思维中心、以人为出发点和归宿的人本主义，变成了以精神或爱为思维中心、以精神或爱为出发点和归宿点的唯心主义了。

蒋俊在本期发表了《“新世纪派”思想研究》。文章认为，以宣传无政府主义为特色的“新世纪派”的出现，是辛亥革命前夕特定历史条件下的产物，并非由少数留欧学生忽发奇想所致。从庸俗进化论和人性论到“以教育为革命”，再到“普及革命”，构成了“新世纪派”的理论基础和思想倾向。他们的基本立场是站在资产阶级革命派一边，但并不满意资产阶级革命派的纲领，对资本主义既充满希望又心怀疑惧。在文化思想方面，他们批判封建伦理道德，要求摆脱旧思想，提倡新理新学，有利于当时的思想解放运动，但同时，他们的主张又带有民族虚无主义和“全盘西化”的倾向。

5月24日，田昌五在《文史哲》第3期发表《谈桂陵之战及其相关诸问题》，对史书记载较为模糊的桂陵之战进行了考证。

文章依据临沂汉墓出土的《孙膑兵法》，对桂陵之战的相关问题进行了考释，认为此战地当在今山东菏泽东北郊之桂陵，齐胜魏，俘庞涓。从此，齐最强于诸侯，而孙膑也因其奇妙战策而名显诸侯。

王学典在本期发表了《从偏重方法到史论并重——40年代中后期中国历史科学的动向之一》，认为20世纪的最初10年，尤其在20年代，是中国史学界崇尚材料、崇尚考据的时代。而崇尚理论、崇尚方法则是30年代中国史坛的主流。到40年代中后期，中国马克思主义历史学在经过与史料学派的长期较量后，总结了自身以往失误的教训，逐步认识到掌握史料的重要性。注重史料，注重考证，敬重史料学派，构成了40年代中后期中国马克思主义历史学的基本倾向。

苗润田在这一期发表了《〈庄子〉内篇与早期黄老思想的比较》，认为庄子与早期黄老学者以“道”为天地万物的总根源及存在根据，以“虚而无形”为“道”的基本性质，以“道”为思维的对象，以“齐物”或“齐万物”为一般原则、方法，以“无为”为旨归。而在所有这些方面，他们又各有独特的理解，形成了各具特色的思想体系。

7月24日，赵明义在《文史哲》第4期发表《马克思主义政党学说的研究对象和理论体系》。

同期还发表了朱玉湘的《建国初期良好社会风尚的形成与党风建设》。

9 月 24 日，《文史哲》第 5 期刊发一组研究墨子的论文。

由山东大学与滕州市联合主办的全国首届墨子学术研讨会暨墨子学会成立大会于 1991 年 6 月在墨子故里山东滕州市召开，该期《文史哲》发表一组论文以作响应，包括苗枫林的《给墨子以应有的学术地位》、陈之安的《关于墨子的两个问题》、蔡尚思的《墨子的历史地位与当代价值》、张岱年的《论墨子的救世精神与“摹物论言”之学》和杨向奎的《谈谈〈墨经〉的研究》等。

11 月 24 日，杨国荣在《文史哲》第 6 期发表《力命之辨与儒家的自由学说》。

文章认为儒家的力命之辨发轫于孔子。孔子的仁道原则确认人有行仁的能力，把人作为具有自由品格的主体，但他不了解主体力量的现实根源，把这种根源推到了超验之域。孟子划分了“在我者”与“在外者”，试图化解力与命的冲突。他把人的自由与“在我者”联系起来，表现了主体自由向个人道德实践与心性涵养的靠拢，并以“正命”把天命的主宰（在外者）与自觉地顺从天命相协调。荀子继承发展了孔孟的思想，将力命之辨与天人之辨相统一，把自由的领域扩展到天人之际，使自由获得了更为深刻的历史内涵，并超越了孔孟的内圣走向。力命之辨的如上演变，从一个侧面表现了儒学的多重内涵，对尔后的中国哲学（特别是儒家哲学）产生了颇为复杂的影响。

田昌五在本期发表了《就秦汉奴隶制度谈古史分期问题》。该文通过考察秦汉的奴隶制，认为秦汉社会中确实存在奴隶制度，而且在东汉之前还有买卖奴婢的市场，但这种奴隶制是封建社会中的奴隶制，其最后的归宿是转为封建制。凭着自己的主体认识，不加分析地把各种奴隶制的材料凑合起来，用空张虚薄的方法改变秦汉社会的性质，尽管可以热闹一阵子，终归是要破灭的。主观和客观要一致，历史和逻辑要统一。不顾客观的历史进程，凭主体认识扩张出来的历史，是不会成功的。

本期杂志还刊登了由郑宜秀整理的王仲荦遗作《敦煌石室出〈西州图经〉

残卷考释》。杨向奎的《说“理”》、孟祥才的《中国农民战争问题研究的回顾与展望》、胡滨的《论近代中国向西方学习及其特点》、吴承明的《近代中国工业化的道路》也发表在这一期的杂志上。

1992 年

1 月 18 日至 2 月 21 日，邓小平视察武昌、深圳、珠海、上海等地，发表著名的南方谈话，重申了深化改革、加速发展的必要性和重要性。其后，中国改革开放的步伐加快。

《文史哲》荣获山东省优秀期刊一等奖。

1 月 24 日，孙昌熙、高旭东在《文史哲》第 1 期发表《孔子论〈诗〉与鲁迅论〈诗〉》。

3 月 24 日，孔范今在《文史哲》第 2 期发表《历史价值范畴里的符号选择——鲁迅批孔新议》。

文章认为，不同层面或不同性质范畴内的目的性追求，决定了不同的价值认识和价值范畴。鲁迅的批孔，是在五四新文化运动的基本规范中进行的，属于历史性的行动，和以学术研究为目的的当代孔子再评价不能同日而语。在当时的历史情境中，历史昭示给先驱者们的革命原则是弃古取今。鲁迅也清醒地知道，把孔子当作一切旧文化的代表来批判，所进行的实际上是一种偏离对象本体的历史批评，但历史转折时期需要这种超常的批判。他的批孔，实际上是在历史价值范畴里的符号选择，不必把这一历史行动硬拉到当代评孔的学术范畴里来自寻烦恼。

本期还刊发了陈卫平的《明清之际西方传教士的天主教儒学化》。

5月24日，何中华在《文史哲》第3期发表《哲学学论纲》，提出建立哲学学的主张。

文章认为哲学学是一个由不同学科组成的学科群：在文化的逻辑层面，哲学与文化原型的关系构成元哲学的对象；在文化的历史层面，哲学与原始文化之间的始源性关系成为哲学发生学的研究内容；在文化时代性维度上，哲学与时代精神的关系确定了哲学社会学的考察范围；在文化民族性维度上，哲学与不同文化系统的关系构成比较哲学的研究领域。“哲学是什么”为哲学的基本问题，对它可作出各种可能的回答。哲学学与哲学理论、哲学史之间的开放性联系，决定其兼具规范性和描述性双重特征。

本期《文史哲》还刊登一组文章纪念毛泽东《在延安文艺座谈会上的讲话》发表50周年，包括狄其骢的《〈在延安文艺座谈会上的讲话〉的现代意义》、曾繁仁的《试论毛泽东美学思想的伟大意义———纪念〈在延安文艺座谈会上的讲话〉发表50周年》、王凤胜的《周恩来的文艺统一战线思想》等。

7月24日，《文史哲》第4期发表一组传统文化研究论文。

这组文章包括安作璋、王克奇的《黄河文化与中华文明》，丁原明的《楚学与汉初黄老之学》，陈朝晖的《北魏的儒学与士人》。

安作璋等的《黄河文化与中华文明》认为，在中华古代文明的多元文化中，黄河文化是最有代表性、最具影响力的主体文化。作为一种植根于黄河流域的地域性文化，它产生于新石器时代，经过长期的发展和文化交流，在明清以后逐渐融入统一的中华文明之中。由于其本身具有经济上的先进性、政治上的正统性、学术上的包容性及所处的特殊的地理位置，黄河文化长期居于中国古代多元文化的领导地位，成为当时多元文化的凝聚中心和中华古代文明当之无愧的代表，并且不断给予周围的多元文化深刻的影响，最终形成了以黄河文化为核心的、统一的、不可分割的“多元一体”的文化体系——中华文明。中华文明的统一性和不可分割性，是我们维护国家统一和民族团结的精神文化支柱。

9 月 24 日，《文史哲》第 5 期刊发一组研究洋务运动的论文。

这组论文包括皮明庥的《洋务运动与中国城市化、城市近代化》、章鸣九的《洋务运动研究如何深入》等。

乔幼梅在本期发表了《女真奴隶制的演变》，提出女真族在其始祖函普时代，已实施“征偿法”，并出现了“举债生息”的“巨富”，到太祖阿骨打建国时（1115 年），奴隶制已经形成。此后，通过反辽侵宋战争，大肆掠夺异族奴隶和财富，促使奴隶制进一步发展，并借助猛安谋克的移民屯田和括地，把奴隶制扩展到新的统治地区。基于此，女真奴隶制表现出自己固有的特征。金世宗即位（1161 年）以后，由于迭遭被奴役人民的反抗，以及受到中原先进的封建制度的影响，女真奴隶制逐渐衰败。

郭延礼在本期发表了《近代资产阶级革命派的小说理论》，认为近代资产阶级革命派在小说理论方面的主要成就是：正确阐明了小说与社会生活的关系；借鉴西方美学的观点，探讨了小说的艺术性能；论述了塑造人物的现实主义艺术原则；正确评价了中国古典小说遗产。近代资产阶级革命派的小说理论，不仅纠正了资产阶级维新派小说理论的某些偏颇，而且有了拓宽和深化，为“五四”以后小说理论的发展提供了借鉴。

11 月 24 日，《文史哲》第 6 期出版。

本期刊发了丰坤武的《中国古代文论中的人文观念》，林兴宅的《诗味新解》，鞠志强、闫涛的《谈中国古代的悯农诗》，刘石的《苏轼“以诗为词”内因说——兼论苏辛之别的一个问题》等论文。

1993 年

8 月 16 日，《人民日报》登载该报记者毕全忠写的《国学，在燕园悄然兴起——北京大学中国传统文化研究散记》。该文的发表被看作是 20 世纪90 年代国学研究再度复兴的标志。

11 月，《上海文学》第 6 期刊发王晓明等人的对话《旷野上的废墟——文学和人文精神的危机》，以此为开端，爆发了一场持续两年多的全国性的人文精神大讨论。第二年，《读书》杂志连载 5 组以“人文精神”为总题的讨论，把这次讨论推向高潮。

从第 2 期起，《文史哲》编辑部进行调整，韩凌轩任主编，寇养厚任副主编。

1 月 24 日，《文史哲》第 1 期出版。

本期刊发了董治安的《论曾子——关于历史上的曾子和曾子的历史评价》、刘泽华的《汉代“纬书”中神、自然、人一体化的政治观念》、马新的《略论春秋战国时代的隐士》、曾繁仁的《关于德国古典美学的三个基本命题》等论文。

3 月 24 日，《文史哲》第 2 期开设“纪念顾颉刚先生 100 周年诞辰”专栏。

本期刊发了王煦华的《顾颉刚先生对民间文学、民俗学的研究及贡献》、顾潮的《顾颉刚与傅斯年在青壮年时代的交往》、刘起釪的《顾颉刚先生卓越的〈尚书〉研究》、顾洪的《关于顾颉刚先生读书笔记的特色》等论文。

萧涤非在本期发表了《杜甫诗歌的艺术性》。文章认为杜甫十分重视诗的艺术性，是一个在体裁、风格、艺术技巧、创作方法等方面集大成的诗人。杜甫的叙事诗的艺术特点是：典型化的手法、对现实的客观描写、心理刻画、语言的个性化、细节描写。杜甫的抒情诗的艺术特点是：具体形象、情景交融、语言精练、大发议论、幽默含蓄。

5 月 24 日，《文史哲》第 3 期用整期杂志的版面刊登了一组魏晋南北朝史研究论文，对魏晋南北朝时期的政治经济和文化进行了多方面研究。作者既有国内学术大家，也有日、韩等国知名学者。

这组论文主要包括何兹全的《崔浩之死》、赵向群的《论十六国时期河西主要民族的地位与作用》、许福谦的《东魏北齐胡汉之争新说》、朱大渭的《魏晋南北朝文化的基本特征》、郑欣的《西晋的历史地位》、万绳楠的《对文化史研究的思考》、中村圭尔的《关于南朝户籍的两个问题》、朴汉济的《西魏北周时代胡姓再行与胡汉体制》，以及谷川道雄的《内藤湖南的六朝论及其对日本学术界的影响》、池培善的《南燕与慕容德》等。

7 月 24 日，《文史哲》第 4 期开设“改革开放与市场经济”栏目。

受市场经济大潮泛起的影响，《文史哲》杂志日益关注市场经济环境下的学术生态。本期“编者的话”说：“改革大潮，波涛滚滚；中华大地，日新月异。作为学术期刊，如何从内容到形式主动适应社会主义改革和建设的需要，是一个十分严肃而又必须回答的时代课题。这个栏目，既可以探讨改革开放和社会主义市场经济的重大理论问题，也可以介绍各地改革开放的成就和经验。”

本期“改革开放与市场经济”栏目发表的文章主要有何中华的《对社会主义市场经济的几点哲学思考》和徐向艺的《论有秩序的市场经济》等。

这一期的“市场经济与文化艺术”栏目还发表了刘光裕的《文化艺术产品需要市场交换》、贺立华的《历史的进步：把文艺家推向市场》、蒋茂礼的《呼吁：文艺家品格不能为金钱而失落》等。

为纪念台儿庄战役55周年，本期还刊发了一组“台儿庄大战55周年国际学术研讨会”会议论文，包括韩泰华、牛桂云的《台儿庄战役的历史地位及影响》，［美］唐德刚的《台儿庄大捷的历史意义》，蒋永敬的《从〈徐永昌日记〉看台儿庄大战》，韩凌轩的《台儿庄大捷与蒋李关系》，吕伟俊的《论台儿庄大战中的爱国主义精神》。

9月24日，《文史哲》第5期新设“近现代思潮与人物研究”栏目。

本期刊发了田昌五的《论郭沫若的史学体系》和蒋俊的《梁启超早期史学思想与浮田和民的〈史学通论〉》等文章。田文认为郭沫若史学体系的主体在中国古代社会，他认定中国古代存在过发达的奴隶制，而因曲解“亚细亚生产方式”所得出的东方不发达奴隶制社会说难以成立。郭的史学体系还涉及中国封建社会，认为它是各类封建社会中最发达的一种形态，呈现出大开大合、大起大落的变动状态，具有长期性、曲折性、反复性的特色，但绝非“长期停滞”。作者认为，郭沫若史学体系的学术价值、社会价值和现实意义是不容忽视的。蒋文以梁启超对日本史学家浮田和民著《史学通论》的借鉴为例，一方面探讨梁氏早期史学思想的渊源，另一方面分析了他在引进外来思想方面的做法。

龚克昌的《评汉代的两种辞赋观》也发表在本期上。该文认为汉人对汉赋的确明显地存在着两种不同的观点和态度：一种是坚持儒家的立场、“诗人”的传统，经学的写作原则，把辞赋视为宣传儒家教条的工具，遏制文学艺术美的发展。另一种是摆脱儒家思想束缚，把辞赋从经学的桎梏中解放出来，走向生活，走向世俗，发展完善文学艺术——辞赋自身的特点，以满足人们日益增长的对文学艺术——辞赋的要求。前者是一种保守倒退的思想，应加以扬弃；后者是一种开放前进的思想，应给予历史的评价。

本期还刊发了日本学者石川祯浩研究李大钊早期思想的文章。

11月24日，《文史哲》第6期刊登一组论文，纪念毛泽东诞辰100周年。

这组论文包括樊瑞平、何中华的《毛泽东与哲学》，汪澍白的《毛泽东与前代兵家韬略》，臧乐源的《“五爱”是毛泽东伦理思想的精华》，郭桂英、吕连仁的《毛泽东农民问题理论的形成》，孟祥中的《毛泽东与中古典小说》，包心鉴的《毛泽东与邓小平社会主义改革观比较》，李庆臻的《论邓小平思想的“两个坐标”》等 7 篇文章。

1994 年

10 月 5 日，孔子诞辰 2545 周年纪念与国际学术研讨会暨国际儒学联合会成立大会在北京举行。谷牧被推选为第一任会长。中共中央政治局常委、全国政协主席李瑞环，中共中央政治局委员、国务院副总理李岚清莅会并讲了话。10 月 7 日，国家主席江泽民会见了部分与会代表。

12 月 5 日，胡绳在《瞭望》周刊第 49 期发表《介绍一篇文章》，对“国学热”提出批评。次年，《孔子研究》第 2 期上推出一组“传统文化笔谈”（共 11 篇），与胡绳进行商榷，为“国学”辩护。这一争论，被看作是“马克思主义史学”与“国学”的一次正面碰撞。

《文史哲》杂志荣获由华东地区优秀报刊评审委员会颁发的“1993 年度华东地区优秀期刊一等奖”。

据有关单位统计，1994 年《文史哲》所刊发的文章被国内各大报刊转载、摘登 92 篇，居总序、社科类期刊榜首。

1 月 24 日，《文史哲》第 1 期刊发了姚会元的《论状元“下海”办实业》。

“编者的话”说：“我们并不是提倡文人下海，但是知识分子以自己的技术和知识为社会主义市场经济服务还是应该的。”

田昌五在本期发表了《在历史的三岔口上》，对改革开放作了深层次的思考，认为按照中国历史的发展规律，中国已经进入了第四次社会经济的大循环，即市场经济大循环的轨道到了又一个循环上升、跳跃前进的阶段。但在中国面前出现了三条经济大循环的轨道：第一条是传统的经济循环轨道；第二条是苏式社会主义经济循环轨道；第三条是市场经济大循环轨道。中国只有从苏式社会主义经济大循环转到社会主义市场经济大循环才有出路，市场经济大循环的规律，从本质上说，就是价值和剩余价值规律。价值和剩余价值规律，并不专属于资本主义。为少数人谋利益，就属于资本主义；为多数人谋利益，就属于社会主义。需要防止的是利用这个规律为少数人谋利益，而不能是反对利用这个规律。

本期开辟了“学术人物”栏，发表了孔范今写的韩国国立汉城大学校中文科教授金学主的小传。

3 月 24 日，王育济在《文史哲》第 2 期发表《宋太祖传位遗诏的发现及其意义》，对“宋太祖死时没有留下传位于太宗的遗诏”这一定论进行了颠覆。

作者依据《宋会要辑稿》中首次发现的太祖传位遗诏和宋太宗宣布遗诏后即位的记载，认为“宋太祖死时没有留下传位于太宗的遗诏”这一“定论”在史料论断上存在着根本的失误，而且，以往以这一“定论”为依据而得出的有关宋初政局的若干学术结论，也不能不重新加以考虑。

应编者之约，本期“学术人物”发表了美国著名中国学家柯文撰写的《我的学术生涯》，概述了其治中国学的简要经过。柯文是美国中国学的创始人和奠基人费正清的高足，他的《在中国发现历史》一书，提出了与美国的中国学传统不同的“中国中心观”，一反过去殖民地历史的框架，主张以中国为出发点，深入精密地探索中国社会内部的变化动力与形态结构，并力主进行多学科协作研究。这一观点在国际上引起强烈反响。

5 月 24 日，《文史哲》第 3 期新设“国学新论”专栏，呼应日益兴起的“国学热”。

该期“编者的话”说：“如果说 80 年代那次传统文化热较多地涉及传统

文化的消极面的话，那么90年代这一次传统文化热则更多地表现为冷静的思考，企望从新角度、以新方法开辟传统文化研究的新局面，更加全面、深入地探索传统文化与现代化建设的关系。为了把传统文化研究引向深入，我们开辟了‘国学新论’这个栏目。”本期，该栏目发表了张岱年的《如何研究国学》、张世英的《传统与现在》、萧兵的《“新国学”的悬想》、叶舒宪的《国学方法论的现代变革》等论文，从不同角度论述了如何进行国学研究。

“学术人物”栏刊登了美国中国学家柯文撰写的《我的老师费正清》。

7月24日，吴富恒、狄其骢在《文史哲》第4期发表《面临挑战的文化建设——文化问题纵横谈》，从全球化、中西冲突、市场经济等多个方面论述了文化建设的战略意义。

颜炳罡在本期发表了《现代新儒家研究的省察与展望》，认为现代新儒家研究中尚有两个问题有待于澄清：一是对现代新儒家范围的界定分歧太大；二是对现代新儒家之为新的意义探讨不足。因此，应当将现代儒者、现代儒家、现代新儒家三个概念区别开来。现代新儒家新之为新的意义主要在于它重新调整了传统儒家“内圣外王”的义理结构；在思维方式上，现代新儒家由传统儒家的“圆而神”的智慧，经消化西方哲学的“方以智”，重新达到新的“圆而神”；传统儒家只言心性之学，未明言道德的形而上学，现代新儒家则明言之；传统儒家没有开出知性之独立系统、现代新儒家则开出之。

9月24日，《文史哲》第5期发表一组研究农民起义的论文，纪念《甲申三百年祭》发表50周年。

这组论文包括白钢的《甲申史事的启示》、孟祥才的《深入探索封建社会产生农民起义和农民战争的历史必然性》、滕新才的《1643～1644年李自成战略失误平议》、朱子彦的《论明代江南农业与商品经济》、田昌五的《中国农民战争的阶段性及相关诸问题》、孙达人的《王朝周期、农民战争和社会的财富积累》，为相对沉寂的农民战争史研究注入活力。

宋全成在该期发表了《论生产力与上层建筑的直接矛盾及其运动》，提出在相对稳定的任何一个特定的社会形态内，生产力无须彻底改变生产关系而与上层建筑构成直接矛盾，生产力与上层建筑的矛盾运动，推动着特定社会形态内的社会经济的向前发展。

从本期开始，《文史哲》推出“社会发展与现代化”专栏。在本期这个栏目里，发表了《东亚产业圈带与环渤黄海地区的发展》《论北欧社会发展模式》等文章。

王元化的《莎剧艺术杂谈》也发表在这一期的杂志上。

11 月 24 日，《文史哲》第 6 期刊发了一组“国家与社会关系研究”文章。

这组文章包括罗燕明的《转轨时期的国家权力和职能》、王列的《国家的文化意识形态职能》、肖金明的《政府权力重构论》、朱宝信的《培育有中国特色的市民社会刍议》等。这些文章论述了转轨时期国家与社会在一定程度上的分离以及国家职能的转化与重构，论述了在社会主义市场经济体制下培育和建立中国特色的社会主义的市民社会的有关问题。

在历史方面，本期刊发了高敏的《北魏孝文帝太和年间北地支酉起义考略》、徐鸿修的《春秋时代执政正卿的选拔》等文章，尹保云的《开拓第三世界研究的新领域》一文比较系统地介绍了美国加州大学圣地亚哥分校历史系教授斯塔夫里亚诺斯于 1981 年出版的《全球分裂：第三世界的历史进程》一书的结构框架和主要特点。

在“学术人物”栏里，发表了著名历史学家、著名中西交通史研究专家张维华的自传。

1995 年

1995 年，李泽厚在《告别革命——回望 20 世纪中国》一书中明确提出告别革命，引起巨大争议。

《文史哲》被评为山东省优秀期刊。

1 月 24 日，漆侠在《文史哲》第 1 期发表《宋学的发展和演变》，突破了此前以理学为主体的思想史旧框架，被认为代表了宋代学术思想史研究的新方向。

该文对宋学进行了总体论述，对与汉学相对立的宋学形成的历史与社会背景、在庆历新政时期宋学形成阶段的代表人物和学说、宋仁宗英宗时期宋学发展阶段的四大学派——荆公学派、温公学派、苏蜀学派和以洛、关为代表的理学派，对南宋时期宋学演变阶段过程与各大学说都进行了较为深入的研究，文末论述了宋学演变的社会历史背景，并特别提出，学术思想史的研究必须与该时代的政治和经济等社会状况紧密结合，找出其内在关联，相互作用的线索，这样的研究方能摆脱单纯地从思想到思想的研究模式，也才能够无限拓展学术思想史研究的深度和广度。

为了推动孙中山研究的深入发展，“治学漫谈”栏发表了孙中山研究的著名专家、广东社会科学院院长张磊的文章《深化与拓展孙中山研究》。此文系他在“孙中山与近代中国国际学术研讨会”上的发言，对推进孙中山研究提出了许多新颖、深刻而中肯的意见。

3 月 24 日，田昌五在《文史哲》第 2 期发表《中国历史体系新论》，引起学术界广泛关注。

该文是作者几十年研究中国历史的结晶。他认为，中国封建社会的发展规律是以土地为基础的社会大循环规律。整个中国封建社会的历史可以划分为三个大段落，也就是三次大循环：从战国至秦汉至魏晋为第一次循环过程；从南北朝经隋唐至宋代，为第二次循环过程；从辽金元经明清至民国为第三次循环过程，现在开始转入第四次大循环过程，并开始进入世界一体化征途。

在“学术人物”栏，发表了龚克昌介绍当代著名文学史家陆侃如教授的文章。“治学漫谈”栏则发表了当代著名美学家周来祥谈中国美学研究的文章。

孔范今在本期发表了《重新读解孔子的智慧》。文章认为，以对经典文本进行阐释为特征的传统文化发展史和以批孔为核心内容的 20 世纪的文化批判，是取向截然相反的两种价值认识过程。一旦将对孔子智慧的重新解读置于两种认知系统的参照之中，它便获取了超越对象本体的理论意义。孔子思想是一个由多元内容互相制约又互相启动连接的结构系统，涵纳深广，既有属于本体论方面的创造性建构，又有方法论意义上的丰富内涵，体现了对于人类生存悠远的人文关怀。如何超越其历史的局限性与片面性，进行多种价值范畴的科学辨析，是当今的人们在反思历史和重新读解传统文化的过程中，不能不予以注意的。

5 月 24 日，《文史哲》第 3 期刊登杨向奎就“儒学与现代化”发表的谈话。

杨氏就儒家思想在中华民族的文化和中华文明中的地位、儒家思想对形成中华民族凝聚力的重要作用、儒家的开放精神和儒家伦理思想的精华对建设现代化的有序社会的重要意义、儒家思想在世界文化交流中的重要作用等问题进行了精彩的分析，并就“五四”反传统、新儒学和当前“国学热”的评价问题谈了自己的看法。

王学典发表了《关于加强“史学社会学”研究的初步设想》。作者认为，史学社会学的宏观研究固然应该重视，微观史学社会学尤其是一个亟待加强、亟待开辟的研究领域。这主要是指直接制约史学、特别是直接制约史学家的那些社会因素。这方面的研究在以往的历史研究中十分薄弱。加强史学社会学的研究，将会对史学的振兴和繁荣起重要作用。

在“学术人物”栏，刊发了《一代通儒钱穆先生》。

7 月 24 日，《文史哲》第 4 期出版。

本期刊登了具有较强现实意义的几篇论文。包心鉴的《当代发展理论新走向与我国社会文明新发展》指出，我国正在全力进行的现代化建设，必须重视市场经济发展中的文化力的生长，把提高人的现代化素质放在生产力发展中的首要地位；必须重视市场经济发展中的人文价值追求，把促进社会全面进步和人的全面发展作为发展社会主义市场经济的最终价值取向。王忠武的《制度创新论纲》从制度创新的角度，论述了我国体制改革的有关问题。刘忠世的《交往形式的历史发展阶段及其特征》，考察了人类交往形式的历史演变。

“学术人物”栏，介绍了张岱年的学术生涯和学术贡献。

徐鸿修的《西周春秋军事制度的两个问题》对历来研究相对较薄弱的西周春秋军事制度提出了自己的不同看法。郑欣对东晋在淝水之战中获胜的经济原因进行了分析。尚永亮的文章分析了唐代元和时期宰相的任用和政治兴衰的关系。

9 月 24 日，《文史哲》第 5 期刊发了一组文章，纪念世界反法西斯战争胜利 50 周年和中国人民抗日战争胜利 50 周年。

文章包括朱玉湘的《抗日战争与中国经济》、陶飞亚的《抗战时期中共对基督教会的新政策》、关绍纪的《抗日战争前期美国对国共关系的政策》、刘培平的《“安内攘外”与“反蒋抗日”》、朱懋铎的《试论法西斯运动何以能在德国肆虐》，以及德国学者莱恩哈特·库纳尔的《新极右势力在德国兴起的原因》等。

“学术人物”栏，向读者介绍了季羡林的学术成就。

11 月 24 日，《文史哲》第 6 期组织“面向 21 世纪的人文学科”笔谈。

本期邀请了王岳川、许明、尤西林、谭好哲、陈炎等中青年学者就人文学科的历史与现状、人文学科的人文性与科学性以及如何在人文学科领域发扬传统、走出误区等问题发表看法。王岳川认为，目前人文科学所以面临许多困厄，一是我国传统文化的过重的经世致用情结，使人文科学日益超越自我的心性启蒙和精神理想建构的本体界限，而与政治相结合，与群体相纠结；二是在现代化过程中，人文科学受到自然科学和社会科学的挤压，同时人文科学的学术规范又遭到“后”学的调侃式颠覆。要改变这种状况，只有使人文知识分子回到个体独立的立场，以自己的精神品格、心性资源为唯一支撑，以新世纪的世界性眼光看待人类的未来走向，对自我和世界，对科学、进步、现代化作出深刻的反省。许明认为，人文科学的知识增长是以新概念、新范畴的提出为标志的，甚至是以新的思维框架的提出为标志的。以知识增长为尺度的科学精神是每个人文学科研究者应该努力追求的。针对人文学科普遍存在“著书不立说”的现象，他认为有必要建立制定知识增长的一般范型。尤西林认为不宜提人文科学的逻辑，而只宜谈人文科学的特性。他从人的本质这一概念出发对人文科学的特性进行了分析。谭好哲认为人文科学在内容和方法上既有客观的描述和解释方面，又有主观的理解与评判方面，高度的科学性与正确的价值取向的有机结合，应是人文科学研究的目标。陈炎认为，由于人文科学所面对的大多是人类复杂的精神现象，它的许多命题和结论既无法在标准的实验环境下加以证明，也无法以统计学的经验数据为基础，在这一意义上，人文科学充其量只是一种准科学。他从人文科学在西方的发展历程，论述了接近科学意义的人文学科得以成立的依据。

本期还邀请了汪建、何中华、邹广文、刘杰、泉成等哲学界人士开展了在“世纪之交的哲学探索”笔谈，就中国哲学的走向进行探讨。

在文学方面，孔范今的《中国近代四部著名小说的生成和价值内涵》对中国近代小说中的四大名著发表了新看法，认为鲁迅把这四部小说统称为谴责小说，未必得当。张可礼的《刘勰论魏晋玄言诗》对作为我国古代诗歌发展史上一个重要阶段的玄言诗以及刘勰对它的评价进行了深入的分析。

这一期的“学术人物”介绍了傅斯年的学术贡献。

1996 年

5 月 16 日，“九五”国家重点科技攻关项目“夏商周断代工程”正式启动，旨在研究和排定中国夏商周时期的确切年代。

著名美学家曾繁仁担任山东大学党委书记。

1 月 24 日，蔡尚思在《文史哲》第 1 期发表《今后新文化应当是“辩证发展”》，对“尊孔热”提出批评。

文章认为，今后新文化的发展应当是辩证发展。所谓“辩证”，即辩证法的辩证，而不是形而上学的极端片面与教条主义的一切照搬的办法。所谓“发展”，是必须基本遵循发展史的发展，而不是停止、倒退与折中的方向。在两千多年的封建王朝与民国时代北洋军阀统治下，来个新文化运动的“打倒孔家店”，很有必要，是正常的；在解放战争时期，朝野出现了尊孔反共，来个批孔，也是很有必要，也是正常的。到了“文化大革命”时期，宣传“儒法斗争史”，高举尊法反孔的旗帜，而夹杂着“反孔反周公”，就很不正常了。“文化大革命”结束以后不久，学术界不少人与“文化大革命”的所谓“反孔”对着干，就出现了“尊孔热”“尊易热”“传统热”，热到空前未有的程度，便不好说是正常的了。

胡新生在本期发表了《禹步探源》，对作为我国古代巫术步伐的禹步的来源进行了探讨。文章指出，春秋以来，大批跛者加入“以舞降神”的巫师行列。随着跛巫群体的发展，巫术舞中“步不相过”的蹇跛步法逐渐为众多术士所认同。惯于假托的战国术士宣称这种巫术舞步出自夏禹，并将其命名为“禹步”。从此，禹步即被所有术士奉为经典性的基本步法，并对宗教、巫术等仪式产生了深刻的影响。在神化跛步、确立“禹步”名称方面，迷信巫术和崇拜夏禹的墨家学派曾起过重要的推波助澜作用。

在“治学漫谈”栏目发表的《追求有思想的学术》一文系对《学术集林》主编王元化的访谈录。在谈话中，王元化发表了思想与学术、义理与考据、基础理论与应用学科的关系等问题的看法。

3月24日，徐显明在《文史哲》第2期发表《人权理论研究中的几个普遍性问题》。

该文就马克思主义人权观、人权的概念、人权的分类、人权的价值、人权与自律的关系等问题进行了论述。

该期发表的丁原明的《〈鹖冠子〉及其在战国黄老之学中的地位》一文，对学术界长期以来视为伪书的《鹖冠子》提出了新看法：认为它不是伪书，并在黄老之学发展中占有重要地位，是道一元论向气一元论转化、道法结合向道与仁义礼法诸思想融会转化、法天地而治向法制度而治转化的中间环节。

周来祥在本期发表了《和谐美学逻辑与历史》，概述了自己的治学历程和学术体系。作者认为，美与艺术都是动态的、历史的，美与艺术只有物质和意识之分，而在美的本质和艺术的审美本质、美的历史形态和艺术的历史形态方面都是一致的。美学作为对美和艺术的逻辑概括，古代的美学是素朴和谐美的美学，近代是崇高的美学，现代是辩证和谐的美学。逻辑上的一般意义上的美学，将是对这一历史长河凝缩的把握。当丑成为一种独立的审美对象之后，我们对美的范畴和形态，也会产生一种新的视角，新的看法。

董治安在本期发表了《〈吕氏春秋〉之论诗引诗与战国末期诗学的发展》。文章指出，成书于战国末年的《吕氏春秋》，于“诗三百”若干篇的作者和创作背景、于孔子师徒并惠施言诗，提供了难得的资料。书中引诗表明，在秦并六国之前一段时间，人们已在很大程度上接受了儒家“以诗为经”的观念，而各家学术思想正逐渐趋向合流。《吕氏春秋》引诗文字与汉人“四家诗”传本均有较多差异，而与战国其他文献引诗出入不大，很可能有相对稳定的“古本”作依据。作者对于逸诗的征引和推重，说明直到战国之末，儒家之三百篇传本依然未能在其他诸家习诗者那里被定于一尊。

本期发表的吴晋生、吴薇薇的《〈竹书纪年〉非伪书辨》，对《竹书纪年》“伪书说”提出了驳论。

本期“学术人物”栏，介绍了蔡尚思的治学成就。

5 月 24 日，姜义华在《文史哲》第 3 期发表《中国走向现代化的和平革命与新理性主义》。

作者认为，当代中国，正在以和平方式进行着一场走向现代文明的革命。这方才是一场真正意义上的社会革命。在这场变革中，主导方面仍然是有序、均衡、规范的状态，但是，无序、失衡、失范状态也确实是严重的。从以致中和为主要特征的中华文明的根本性质出发，可以有信心地预见到，中国完全能够以一种吸收了现代文明各种积极成果的新理性主义，来解决好社会大转折中出现的诸多失序、失衡、失范的问题，实现使中华文明自身现代化的目标。

本期还发表了两篇研究陈寅恪的文章。丁鼎的《王国维、陈寅恪史学考据比较论》对王国维、陈寅恪的史学考据的异同进行了分析，刘正的《陈寅恪先生年谱研究序说》介绍了海内外研究陈寅恪先生的情况，并订正了某些论著的若干错误。

“学术人物”栏介绍了郑鹤声的学术成就。

该期刊发的施旭生《艺术创造的文化通约》一文探讨了艺术与文化的关系，认为艺术作为一种特殊的文化样式，它不仅仅受到文化的整体制约，而且还在诸方面显示反叛。在顺应与反叛之间，给艺术以源于文化并引导文化的生存空间和价值体现。

7 月 24 日，季羡林在《文史哲》第 4 期发表《清代的甘蔗种植和制糖术》。

该文资料丰富，见解独到，对经济史、科技史和文化交流史研究具有极高价值。篇首对《文史哲》作出高度评价，云：“山大《文史哲》为蜚声海内外的高层次的学术刊物，仰慕已久，其中文章颇读过不少。”

为了纪念山东大学社会学系建系10周年，该期刊发了一组反映该系科研成果的文章，包括吴忠民的《社会发展研究四个视角的比较分析》、徐经泽等人的《村级社区组织的现状与趋势》、杨善民的《中国农村社区发展探讨》、庄平的《对我国农村发展不平衡的几点认识》、杨俊启的《寻求农村人口城市化的合理途径》以及李芹的《科学技术促进人的现代化的机制与条件》。

在“学术人物”栏，介绍了冯友兰的学术成就。

尤西林在该期发表了《巫：人文知识分子的原型及其衍变》。文章分析了作为人文知识分子的原型的巫及其衍变，认为巫术文化时代解体以后，巫逐渐分化，形成后来的知识分子，其精神在人文知识分子脉系中得到承传。

9月24日，蔡德贵在《文史哲》第5期发表《庄子与齐文化》。

该文一反学术界认为庄子思想是楚文化熏陶和哺育的结果的看法，认为庄子是齐国人，《庄子》一书的思想来源于齐文化，最充分地体现了齐文化的特点。

该期还发表了方立天的《慧远的政教离即论》。文章分析了东晋僧人慧远的政教离即论，认为从慧远关于政教关系的基调来看，他十分强调出家僧侣独立于政治，强调政教分离，同时又多方面论证佛教与政治的一致性，肯定其相即不离的关系。从总体来看，佛教既独立于政治又有益于政治的观点，是慧远政教关系思想的出发点和归宿点。

“学术人物”栏介绍了费孝通的学术贡献。

11月24日，美国学者冯珠娣、何伟亚在《文史哲》第6期发表《文化与战后美国的中国历史学》，对战后美国中国学研究的发展脉络进行了梳理。

王学典的《中国当代史学思想的基本走向》认为，经过学术界的努力，跨越战时历史观念的新史学将成为21世纪史学界的主流，其特征是：历史观念上的反机械决定论倾向，方法论上的科技整合倾向，课题选择上的向民间社会还原的倾向。

这一期还刊发了其他重要论文。美国学者冯珠娣、何伟亚的《文化与战后美国的中国历史学》对战后美国中国学研究的发展脉络进行了梳理，马新的《商品经济与两汉农民的历史命运》指出，两汉的农民所经营的并非通常所说的自给自足的小农经济，而是与商品市场有着千丝万缕的联系的半封闭的、半自给自足的小农经济。政府的沉重剥削，商业资本和高利贷资本的高利盘剥，再加上天灾，使大量农民或流亡，或沦为依附人口与奴婢，或弃本逐末，或起兵反抗，只有极少数幸运的农民的地位得到升迁。刘克宽的《由对话方式看新时期小说的艺术转型》认为，作为以潜对话方式呈现的新时期的小说，其艺术转型与作者选择的话语接受者有直接的关系。刘文探索了新时期小说创作由浅层对话到深层对话的发展过程。谢晖的《从法理社会看中华民族精神重构》指出，人类社会的发展迄今经过了自然社会、伦理社会和法理社会三个时代，当今中国正处于伦理社会向法理社会的演变过程中，因此，中华民族精神必须以法理精神取代伦理精神。在法理社会，中华民族精神重新建构的内在要求是：浓厚的人文精神、普遍的平等精神、彻底的自由精神、规范的契约精神和有序的理性精神。

本期学术人物栏，介绍了美国著名中国学家孔飞力教授。郑欣的文章回忆了陈寅恪 20 世纪 50 年代在中山大学的有关情况。

1997 年

从本年第 4 期始，编辑部进行调整，蔡德贵任主编，寇养厚、陈炎任副主编。并聘请了多位著名学者担任杂志顾问，他们是：季羡林、臧克家、饶宗颐、张岱年、任继愈、杨向奎、邢贲思、汝信、李慎之、袁行霈、王元化、孙思白、庞朴、叶朗、黄楠森、方克立、厉以宁、杨牧之、傅璇琮、方立天、冯天瑜、奚广庆、戴逸、楼宇烈、张立文、钱中文、李希凡、刘蔚华、李庆臻。

1 月 24 日，《文史哲》第 1 期发表文章纪念孙中山 130 周年诞辰。

周兴樑的《孙中山的革命活动与美国友人》一文分析了孙中山的革命活动与美国友人的关系，认为历史已经证明，中国民主革命的胜利，要靠中国革命党人和人民自力更生的艰苦奋斗，而不可寄希望于西方列强政府财政方面的援助。何科根、胡波的《孙中山的近代化思想与华侨》分析了孙中山近代化思想与华侨的关系。一方面指出孙中山的中国近代化思想的产生、形成和发展，在一定程度上和华侨社会有关；另一方面也分析了孙中山的近代化思想对华侨的作用和影响。

王育济在本期发表了《论“陈桥兵变”》，既分析了“陈桥兵变”的大气候，又分析了兵变前赵匡胤集团的两次机遇和时缘的巧合，更进一步分析了“陈桥兵变”奇迹的背后所凝结着的卓识与理性以及政治良知，从而指出这种奇迹对两宋政治所产生的深刻而有益的影响。

本期“学术人物”栏，介绍了翦伯赞的学术贡献。

香港学者蒋英豪在本期发表了《林纾与桐城派、改良派及新文学的关系》。该文认为，林纾虽为桐城派“护法”，但他从不承认自己是桐城派；他虽认同康梁改良派的政治理想，却从未参加改良派的政治团体，始终珍惜自己古文家的身份；古文家的特殊身份使他的翻译事业能有特殊色彩，而以游使自命的古文家，更是使他晚年抗拒新文学的主要因素；他对外国文学的介绍，在中国文学史上有划时代意义，他仿效西方文学的尝试对推动中国文学走向世界，其作用也不可忽视。

3 月 24 日，张学军在《文史哲》第 2 期发表《新时期现代主义小说的历史流变》。

该文认为，作为传统现实主义的对立面进入当代文坛的现代主义小说，其发展过程大致经历了三个阶段：从 1979 年到 1984 年为探索期。这时还处在对西方现代主义艺术形式的借鉴阶段，艺术观念尚未发生根本性的变化。从 1985 年到 1988 年为现代主义小说发展的高潮期。西方现代主义文学的各种艺术观念和形式技巧竞相登台，趋新猎奇，各领风骚。许多作家的艺术风格在这一时期走向成熟。但也潜伏下疏离当前文化环境、受到读者冷落的危机。从 1989 年到 90 年代中期为现代主义小说发展的转型期。在危机中，现代主义小说进行了自我调整。减弱形式实验，中止文本游戏，重视故事情节，关注人物命运，追求价值尺度，是转型期现代主义小说的整体特征。

田昌五在本期发表了《慧能在中国思想史上的地位》。文章认为，慧能禅宗的妙义，在于把佛从彼岸世界移植于内心世界，于内心世界中看到彼岸世界。其历史特征，实在是儒学论性的佛学化，又为以后佛学化儒学铺平了道路，因而具有承前启后的意义。由于玄学和儒学均为佛学所吸收，成了中国化的佛学，因而从南北朝至隋唐，就只有经学而无儒学。唐中叶以后，又出现了恢复中国本土文化的思潮。由此引出宋代的理学与心学来。

何中华、张晓华在本期发表了《当代发展观的演变及难题》。作者既将世界范围内发展理论经历的几个发展阶段进行了梳理，又回顾了改革开放以来中国的发展理论研究历程，并指出了进一步深入研究发展理论亟待解决的几个问题：一是正确看待学科视野，从而在发展理论的诸多学科之间建构起一种互补整合和建设性的对话关系；二是方法上要注意思辨方法与实证方法的有机结合；三是从哲学层面上反思现代化与社会发展的一系列问题，进而建立我们自己的发展哲学。

5月24日，李伯聪在《文史哲》第3期发表《走向新世纪的科学技术哲学》。

该文对科学技术哲学这个学科的发展进行了讨论，认为21世纪科学哲学发展中最引人注目的“新边疆”和新重点将是对心的哲学的研究和对经济哲学的研究，在科学哲学和技术哲学的研究中借鉴国外学者的研究成果是绝对必要的。

乔伟在本期发表《邓小平法制思想论纲》，从10个方面进行概括和分析了邓小平提出的中国特色的社会主义法制体系。

胡滨遗作《关于左宗棠的评价问题》也发表在本期杂志上。作者针对史学界的流行观点提出了不同看法：左宗棠在消灭阿古柏侵略政权、收复新疆领土的斗争中立下了功劳，在收回伊犁及中法战争中主战，这些都是区别于李鸿章等人的地方，但在其他的对外交涉中，同李鸿章的态度基本一致。他创办的福州船政局同李鸿章等创办的江南制造局在性质上也完全相同，在学习西方、进行改革方面，左宗棠是洋务派中偏于保守者。不能说左宗棠是爱国的，李鸿章是卖国的，在洋务派中不存在爱国派与卖国派的区别。

鲍鹏山在本期发表了《中国古典诗歌内在结构之变迁》，论述了中国古典诗歌内在结构的变迁。他认为，从古体诗演变为近体诗，由于对偶句式的采用引起内部结构的变化，即由叙述型诗歌变为描绘型诗歌，最终趋向于诗中有画的美学理想。

为纪念张维华逝世10周年，本期刊发了赵捷的《回忆张维华先生》以为怀念。

7月24日，季羡林、任继愈、刘俊文在《文史哲》第4期发表《〈四库全书存目丛书〉编纂缘起》，对四库存目的由来、四库存目书的文献价值以及《四库全书存目丛书》的编纂情况进行了详尽介绍。

杨国荣在本期发表了《心学的理论走向与内在紧张》，对王阳明心学的发展作了探讨。作者认为，王阳明早年即以如何成圣为第一等事，晚年的四句教也没有脱离这一主题。相对于正统理学的本质主义立场，王阳明的心学确实展开了不同的哲学视野。但是，心学的思考一开始便呈现出二重品格：心所内含的个体性与理所表征的普遍本质、先天本体与后天的工夫如何定位，始终是一个理论的难题。从心学的历史演进看，以二重性为表现形式的内在紧张又引发了王门后学的分化。

这一期还刊登了张金光的《老子的社会政治哲学新探》，认为老子从其“道论”出发，提出了他的社会政治学说，其核心是自然无为论。其“无为”，并非无所作为，而是要求无妄为，亦正是顺自然而大有作为。他对社会人生充满忧患意识，批判了反“天之道”的“人之道”。从其内圣外王之道，自然可逻辑地推出他的公仆意识。他是一个积极救世者。他主张建功立业，不过要“功成身退”，也就是要退出既成事功的圈子，再立新功，如此而不已。其“小国寡民”之说，并非开历史倒车，而是他的理想国。他的“甘其食，美其服，安其居，乐其俗”的主张，便是其要求物质文明与精神文明都达到相当高度发展境界的十二字社会方针。

郑春在本期发表了《鲁迅与传统文化的羁绊》，对鲁迅与传统文化的关系进行了探讨，认为鲁迅是现代中国真正做到严格意义上认识自己的少数哲人之一。鲁迅的思想代表了中国人对自身认识达到了一个前所未有的高度和深度。鲁迅的伟大源于他对自我的认识和解剖。

9 月 24 日，《文史哲》第 5 期新设“人文学科世纪回顾与展望”栏目，连续刊发了一批有影响的高质量论文。

该栏目本期刊发了 4 篇文章，首先发表了一组“市场经济与政治发展”（笔谈），邀请 10 位来自政治学界的中青年学者包心鉴、林尚立、桑玉成、许耀桐、洋龙、谭君久、高建、蔡拓、王振海、信春鹰等围绕市场经济与政治发展的互动关系展开讨论，提出了一系列富有启发意义的见解。该文“编者按”说：“在当代中国，传统计划经济体制向社会主义市场经济体制的转变，成为社会结构转型性发展的主要标志，政治发展如何参与社会结构的转型性发展，政治体制是否面临着一个转型的历史性任务，完成由传统政治体制向现代社会主义民主体制的转变，成为学术界关注的焦点。”谭好哲的《世纪之交文艺学研究的反思与前瞻》认为，20 世纪中国文论经历了自古代文论系统到西方文论系统再到马列文论系统这样一个由不断否定而趋向新阶段的辩证发展历程。这种格局的形成，与 20 世纪中国经济和政治上的社会转型与文化和艺术上的嬗变有着深刻的内在关联。在反思历史时，对 20 世纪中国文论尤其是对居主导地位的马克思主义文艺理论与批评中存在着的诸多失误、缺陷和问题，以及不同观点与学说之间相互对话与论争的合理性、必要性应有清醒自觉的认识，但这是为了更好地坚持和发展马克思主义文艺理论，使其趋向新的境界，达到新的高度，不能以否定其历史成就与理论价值为代价。至于跨世纪文艺学的未来发展前景，无论从中国现代文艺理论的历史走向还是从其功能定位来看，都应该以创建中国特色的马克思主义文艺理论为主体依托和目标归宿。这样一种理想状态的理论系统应该是民族性、现代性、科学性与革命性的统一。欲达此目标，文艺学研究应该从马克思主义文艺理论的既有成果，尤其是从其对文艺性质的基本规定性出发，以民族的生活和文艺实践为理论生长点，并在广泛吸取中外古今文论优秀成果的基础上进行创造性的理论综合。

11 月 24 日，王学典、孙延杰在《文史哲》第 6 期发表《实证追求与阐释取向之间的百年史学》。

文章高屋建瓴，从宏观上勾画出 20 世纪中国史学演进的轨迹，将百年中国史学史概括成为史料考订派与史观派的世纪对抗史。该文“编者按”说：从世纪之交的高度反思百年中国学术嬗变，已成为无法回避的时代课题。梳理整个 20 世纪中国学术的若干重要思潮和观念，将构成“人文学科世纪回顾与展望”专栏的主要议题。本专栏另一篇文章是夏锦乾的《徘徊于经学与科学之间的 20 世纪中国学术》。作者认为，经学的偶像崇拜与考据的求实精神之内部矛盾，必然导致传统学术的式微；而由西学的引进所带来的科学精神，又具体表现为进化论与历史唯物论这两大理论模式。由前者向后者的不断发展，显示了传统学术的转型和科学精神的深化。而彻底根除经学余孽，则正是防止学术僵化的必要措施。

曾繁仁在这一期发表了《评墨子“非乐论”美学思想》。文章认为，作为我国先秦时代最早论述音乐问题的专题文章，墨子的《非乐》篇集中探讨了乐与生产、乐与治国、乐与人民、乐与传统、乐与娱乐等一系列重要问题，反映了当时庶民阶层的美学要求，是我国乃至世界范围内下层人民美学思想的第一个雏形。尽管受当时历史环境的影响，墨子的美学思想中确实有着急功近利的局限，但其所急之功、所近之利，均与广大劳动人民的现实生活密切相关，因而在理论上开启了“关心民众”的现实主义美学的先河。

为加强国际间的学术交流，本期杂志还发表了韩国学者的两篇文章，朴现圭的《许兰雪轩与李清照之比较》认为，朝鲜宣祖时期（约当明万历时期）的女作家许兰雪轩与中国宋代的女作家李清照有许多共通点。朴英顺的《〈沧浪诗话〉与清代诗论》提出，在清代诗论中，叶燮的诗论、王士祯的神韵说、沈德潜的格调说、袁枚的性灵说、翁方纲的肌理说，较有代表性，它们都从正反两方面接受了《沧浪诗话》的影响。

1998 年

1 月，国家新闻出版署从全国 3824 种正式社科期刊中推出“全国百种重点社科期刊”（简称“百刊工程”），《文史哲》跻身其中的 15 种重点学术理论类期刊，与《中国社会科学》《经济研究》《考古》《文艺研究》《北京大学学报（社科版）》等同列。

曾繁仁出任山东大学校长。

1 月 24 日，季羡林在《文史哲》第 1 期发表《对 21 世纪人文学科建设的几点意见》，引起较大反响。

1997 年 10 月 4～6 日，《文史哲》等单位联合发起召开了“面向 21 世纪的人文学科建设暨季羡林学术思想研讨会”，季羡林应邀出席会议并发表演讲，就人文学科在 21 世纪的发展进行了预测。本期特将他演讲的全文发表。季羡林认为 21 世纪的人文社会科学要发展，但是必须要有新的指导思想，这就是“天人合一”。21 世纪，从学术发展来看，学术交融会越来越明显。

黄维华在本期发表了《“谷”与〈诗经〉中三首女性悲怨诗》。作者发现，《诗经》中有三首表现妇女婚姻生活不幸的诗歌，其起兴均与一个“谷”字相连，究其原因，应与上古时代的女阴崇拜有关。该文从“谷”字的分析入手，试图发现这些诗作背后的原始文化意蕴，并进而启发今人从一个新的角度去读解古诗。

从本期开始，《文史哲》扩版，从每期的 104 页扩大到 128 页。“本刊扩版首期编后感言”中说：随着世界经济一体化和我国市场经济的深入发展，人们越来越认识到重物质、轻精神倾向的弊端。面对这种倾向，有识之士心中不断涌起深切的悲凄之情。工具理性日益肆虐，而价值理性却仍未受到应有的充分重视，社会发展与进步因此而被设置了重要障碍。科学理性与人文精神的统一是社会进步的基本要求，科学头脑与人文教养的结合是学人成才的先决条件，人类自身的生存意义和价值，是人文社会科学工作者研究的重要对象，呼唤道德正义、和平与发展，振兴社会科学和人文精神，是人文杂志义不容辞的神圣职责。本刊将继续不遗余力地去弘扬人文精神，为提高人的精神灵性和道德品位之佳作提供发表园地，为人类提供精神家园。

《文史哲》扩版之际，著名学者季羡林先生题词志庆："全国有关人文社会科学的杂志，为数极多，但真正享有盛誉者颇不多见，山大《文史哲》系其中之一。在上面发表一篇文章，顿有一登龙门之感。扩版以后，相信前景会更加辉煌。我希望你们能述旧学，铸新知，古今中外，融会贯通，加强书评工作，文章选题更加多样化，期能与世界接轨，既拿来，又送去，在世界范围内弘扬中华民族的优秀文化。"著名学者饶宗颐先生也给《文史哲》题词："开拓万古之心胸。"

3 月 24 日，何中华在《文史哲》第 2 期发表《"科玄论战"与 20 世纪中国哲学走向》。

作者认为，"科玄论战"作为一个富有象征意味的文化事件，昭示着 20 世纪中国哲学的基本走向。科学派与玄学派的对峙，在时代性、民族性和人类学本体论等不同维度上，表现为新学与旧学、西学与中学、理性与价值之间的冲突。科学理性所内蕴的走向科学主义的基因，中国文化在特定历史际遇的选择，决定了科学派的生成。科玄两派分别为马克思主义哲学的中国化和现代新儒家的兴起提供了思想史背景。科学主义的解读影响了马克思主义哲学的全面诠释。马克思主义哲学的人文化和现代新儒家的科学化趋势，显示出理性与价值相整合的取向。它在很大程度上规定了 21 世纪中国哲学所面临的历史使命。理性与价值能否整合及如何整合，将成为新世纪哲学无法回避的课题。马来平的《中国现代科学主义核心命题刍议——兼论自然科学方法在人文、社会科学中应用的限度》提出，"科学方法万能"是科学主义的核心命题，也是始终贯穿中国现代科学主义思潮传播和发展过程中的一条红线。尽管当年科学主义者倡言“科学方法万能”对中国的学术发展起到了矫正方向、拓展方法和提高方法意识等积极作用，但说到底，“科学方法万能”乃是一个错误命题，因而给中国的学术研究带来了多方面严重的消极作用。这些消极作用突出了正确认识自然科学方法在人文、社会领域中应用限度问题的迫切性和尖锐性。原则上说，自然科学方法适用于一切求真活动，在人文、社会科学中有广阔的应用天地，但推广应用时应根据人文、社会现象的特点，对其适当进行创造性的改造和变通。

5 月 24 日，《文史哲》第 3 期发起“儒学是否宗教”笔谈，将新时期“儒学是否宗教”之争推向全国，开启了“儒学是否宗教”之争的新纪元。

张岱年、季羡林、蔡尚思、郭齐勇、张立文、李申等学术界知名学者应邀参加了这次讨论。这次笔谈讨论的主题主要有三个：（一）儒学是“学”还是“教”？（二）如果是“教”，那么，它是“教化”之“教”，还是“宗教”之“教”？（三）如果是宗教，那么，它是汤因比的“是指一种人生态度”的宗教呢，还是蒂利希的“就最基本的意义而论”“是终极的关切”的神学信仰体系呢？这次笔谈规模大，规格高，推出后迅速引起学术界的关注，并波及全国，将由来已久的有关“儒学是否宗教”的讨论推到了高潮。受此影响，2001 年，“孔子 2000”网站组织了全国范围的关于“儒学与宗教”的讨论，2002 年，中国社会科学院哲学所与《中国哲学史》编辑部联合举办了全国性的“儒家与儒教”的学术研讨会。迄至今日，“儒学是否宗教”的讨论仍在向纵深发展。

段德智在《近三十年来的“儒学是否宗教”之争及其学术贡献》一文中对《文史哲》组织的这次笔谈作了高度评价。文章认为，1978 年以来的30 年是我国宗教哲学兀然崛起和高歌猛进的 30 年，也是我国宗教哲学界百家争鸣的 30 年。而在这些学术争鸣中，“儒学是否宗教”之争具有特别重大的学术意义和价值。了解和把握这一学术争论，不仅对具体地深入地理解狭义的当代中国宗教哲学乃至整个当代中国哲学的发展具有重要意义，而且对于全面深刻地理解广义的当代中国宗教哲学乃至整个当代中国哲学的发展也具有重要的意义。文章将这一重大问题的争论区分为三个阶段予以考察：从 1978 年到 1988 年，亦即从 1978 年任继愈先生在南京召开的中国无神论学会成立大会上首次提出“儒教是教”的观点起到 1988 年他在《文史知识》上发表《具有中国民族形式的宗教——儒教》止，可以看作是“儒学是否宗教”之争的第一个阶段，即初始阶段。“儒学是否宗教”争论的第二个阶段大体可以说是从 1998 年《文史哲》组织的笔谈开始的。虽然在从 1988 年至 1998 年的十年时间里，关于“儒学是否宗教”的争论并未停息，而且在某些方面也取得了显著的进展。但总的来说，这期间的讨论还不够系统和深入，而且参与的学者还不够多，讨论的规模还不够大。这种状况至 1998 年有了根本的改变。其主要标志就是《文史哲》编辑部组织了全国性的关于“儒学是否宗教”的笔谈。文章认为，1998 年《文史哲》编辑部组织的“儒学是否宗教”的笔谈规模比较大，规格也比较高，有关领域的大陆知名学者都应邀参加了这次笔谈。北京大学的张岱年曾经持儒学只是哲学不是宗教的观点，但是后来他修正了自己的观点。他在这次笔谈中说：“对于宗教，可以有不同的理解。对于儒学，也可以有不同的理解。因而对于儒学是否宗教，可以有不同的观点。根据对于宗教的一种理解，可以说儒学不是宗教；根据对于宗教的另一种理解，也可以说儒学也是宗教。”基于这样一种立场，他将儒学界定为“一种以人道为主要内容、以人为终极关怀的宗教”。北京大学的季羡林则一方面主张“‘教’即宗教”，另一方面又主张用“发展的观点”来看待“儒学”或“儒教”。他认为，正如“佛教经历了一个由佛学到佛教的历史发展过程”一样，儒教也经历了一个“从‘儒学’到‘儒教’的历史演变的过程”。复旦大学的蔡尚思主张“儒学非宗教而起了宗教的作用”。武汉大学的郭齐勇则沿着杜维明和秦家懿的思路，强调儒学的宗教性。他断言：“中国传统人文的道德精神是具有宗教性的，其特点是内在与外在、自然与人文、道德与宗教的和合。”儒学不是宗教，它却“具有宗教性的品格”。我们可以说它是“人文教”，“此‘教’含有‘教化’和‘宗教’两义”。中国人民大学的张立文认为，儒学不仅“有很深厚的天命的宗教根基”，而且“具有终极关切和灵魂救济的内在超越的品格和功能”，因而其自身“已具备精神化宗教的性质（或称其为智慧型宗教）”。他强调指出，能够达到对儒学之为宗教或具有宗教性的认识，关键在于超越西方文化中心论。“如果我们超越体制化宗教的标准来看精神化宗教，换言之，超越西方基督教为衡量一切宗教的标准，那么，中国古代就存在着宗教的传统。”至于所谓“教化”之“教”与“宗教”之“教”的区别，张文则认为是“人为”的。“因为任何体制化或精神化的宗教都具有教化的功能，并一直发挥着教化的作用。”中国社会科学院的李申则进一步强调了“教化之教”与“宗教之教”的统一性，宣称“教化之教就是宗教之教”。李申认为，教或教育有两种：一种是世俗的教育，另一种是宗教的教育。儒者的教化，从董仲舒到朱熹所行的是“作为宗教的儒教的教育，而不是普通的世俗的教育”。因此，他的结论是“儒教是教化之教，这教化之教就是宗教之教”。

段德智的文章赋予这次笔谈较大学术意义，认为“《文史哲》编辑部组织的这次笔谈在一个意义上可以看作是‘儒学是否宗教’之争的一个风向标。如果说在20世纪80年代初，这场争论的正方（即持‘儒学是宗教’观点的）仅任继愈一人，绝大多数的学者持反方（即否认儒学是宗教或具有宗教性）的立场，则在这次笔谈中事情便几乎被倒置了过来，对儒学是宗教持激烈反对态度的显然变成了少数，肯认儒学具有宗教性质或‘儒教是教’说的无疑占到了压倒性的多数”。

2008年9月17日，《中国民族报》“在纪念改革开放30周年”专刊中也对《文史哲》组织的这次笔谈给予积极褒扬。该期报纸用整整一个版面对改革开放以来中国宗教哲学领域的重大理论争鸣进行了回顾，将“儒教是否宗教”之争与“宗教鸦片论”之争以及“全球宗教哲学的本体论”之争并列为改革开放以来意义最为重大的学术讨论，并认为“‘儒学是否宗教’之争在1998年《文史哲》组织的笔谈中推向了全国，达到了高潮”。在作者看来，近30年中国宗教哲学领域的论争虽然比较频繁，但是对中国宗教哲学研究真正起到推波助澜作用的则主要是“儒教是否宗教”之争等3场论争。虽然在这30年间中国宗教哲学领域还有许多场别的学术论争，如“宗教神学是否理性”之争、“宗教哲学的全球化与民族化（本土化）”之争以及“儒学是哲学宗教抑或宗教哲学”之争等，但无论是就规模来看，还是就其对中国当代宗教哲学研究的驱动和促进方面，“儒教是否宗教”之争等3场论争要重要一些。这3场学术之争不仅足以窥见中国宗教哲学近30年来所取得的丰硕成果，而且也足以窥见改革开放对当代中国宗教哲学建设的非凡意义以及中国宗教哲学近 30 年来的思想历程。（《30 年的 3 次宗教哲学之争》）

1998 年 8 月 7 日的《光明日报》“论苑撷英”栏目也介绍了参加笔谈文章的基本观点。

本期“人文学科世纪回顾与展望”发表了几篇有分量的论文，杨守森的《20 世纪中国作家心态概观》认为，从主导倾向来看，20 世纪的中国作家主要表现为政治型、人文型与超然型三种心态，但因主客观条件的不同，具体作家的心态又是复杂的，往往表现出矛盾性与多面性。邓红风的《大众文化的崛起与 20 世纪西方文学》提出，随着大众传播媒体的诞生而崛起的大众文化构成了对 20 世纪西方文学的挑战。为了应付这一挑战，西方文学在实践上选择了大众传播媒介难以与之竞争的表现形式和主题，在理论上顺应西方学术思潮的语言学转向，确立了文本在审美中的至高无上的地位。刘剑君、刘京希的《钱端升与中国政治学的发展》将钱端升比作中国现代政治学的开创者。在他们看来，中国政治学的发展，特别是比较政治的兴起，首先应归功于钱端升的贡献。作为一名深得西方现代政治学之精髓的优秀学者，钱端升将西方政治科学的方法引入中国，并以此追溯现代政治的起源，分析中国政治的演展，传播科学政治的理念，剖析国际政治的架构，从而极大地拓展了中国现代政治学的发展空间。

在史学方面，郑欣的《何晏生年考辨》对玄学创始人何晏的生年进行了细致的考辨，否定了现有的诸种说法，考定何晏当生于 194 年至 199 年之间，而最大的可能是生于 196 年。

7 月 24 日，冯天瑜在《文史哲》第 4 期发表《东亚智慧与可持续发展》。

该文对东亚文明与现代化的关系进行了深入探索，提出东亚的整体观同现代整体思维之间存在着否定之否定的逻辑相关性，可以为现代整体思维提供启示源泉。作者认为，东亚智慧关于文明双重效应的认识以及克服文明悖论的设计，对现代人认识并疗治“现代文明病”具有参酌价值。东亚智慧的现代启示性还在于它蕴含着克服人类中心主义的思想因素。以“一天人，合知行，同真善，兼内外”为特征的东亚智慧将为人类社会的可持续发展提供宝贵的精神资源。

本期还发表了美国著名中国学家柯文的《20 世纪晚期中西之间的知识交流》，对晚近东西方文化的交流的变迁进行了深刻的解剖。在柯文看来，一个多世纪以来，中西之间知识交流有一个基本模式：西方的兴趣主要在于了解中国，而中国则主要着眼于学习西方。造成这种差异的原因部分程度上是由于西方人自己的优越感，部分程度上是非西方人对这种情况的认可。到 20 世纪晚期，情况变得复杂：许多西方人自己对西方在文化、道德领域中的优越提出质疑，对于把“西方”和“中国”作为两个各自独立、划分明确的实体的观念提出了越来越多的挑战；与此同时，中国人系统地输入海外的中学，通过西方人的研究来了解中国，以拓宽和深化关于中国自身的知识。总的说来，20 世纪晚期中西之间的知识交流仍然处于不对称状态。

张立文在本期发表《论朱熹哲学的时代精神》，认为朱熹哲学担当了重建价值理想，整合儒、释、道三教文化以及理论形态转型的历史责任。朱熹哲学是时代精神的精华，它体现了求理精神、主体精神、忧患精神、力行精神、求实精神、道德精神和开放精神。

9 月 24 日，《文史哲》第 5 期刊登一组“戊戌变法与中国现代化道路”笔谈，纪念戊戌变法 100 周年。

《文史哲》编辑部和山东大学哲学系于 1998 年 6 月 6 日联合举办了专题学术讨论会，来自北京、上海、南京、武汉、郑州等地的 60 余名学者聚集济南，围绕戊戌变法的历史地位、成败得失及其对当今中国现代化道路所提供的经验教训等问题进行了全方位、多角度的研讨。这组笔谈发表了何中华、马洪林、颜炳罡、翁美琪、吕明灼、高旭东、仪平策、胡成、雷颐等新锐学者在这次会议上的发言稿。

这一期杂志还刊登了郝雨的《20 世纪中国文学观念的发展及演变》，对 20 世纪中国文学观念的演化作了鸟瞰式观察。作者认为，20 世纪中国文学的真正发端，本质上是由于文学观念的变革。20 世纪中国文学的性质，也是由文学观念的性质所决定的。为政治、为人生、为艺术成为20世纪文学观念多元构成中的三大基本线索。围绕这三种基本观念，我国文坛上一直贯穿着传统与现代、东方与西方的话语论争。刘克敌的《陈寅恪的“红妆”研究与〈红楼梦〉》指出，陈寅恪虽无研究《红楼梦》的专文，但在其他论著中，特别是在《柳如是别传》《论再生缘》等红妆研究论著中却反复提及《红楼梦》。他关于《红楼梦》的论述大致有两个方面：一是在整体评价方面，认为《红楼梦》是大事均有所本的写实之作，后四十回亦为曹雪芹所写，全书结构不够精密等。二是在红妆研究方面，经常以《红楼梦》作为参照系，将其所赞颂的历史上的真实女性（如柳如是及《再生缘》的作者陈端生）与《红楼梦》所塑造的女性形象（如林黛玉）进行比较，从而寄寓自己追求个性自由和精神独立等诸多情怀。

方立天的《华严宗的现象圆融论》认为，事事无碍论是最能代表华严宗理论特征的学说，其意义为佛的殊胜境界、宇宙的最高层次、观法的最后目标和真如本觉。六相圆融和十玄无碍是该学说的理论要点。该学说表达了华严宗人对宇宙整体尤其是对事物与事物之间相互联系的基本看法，表现出深邃的哲学思维与丰富的逻辑论证。虽然事事无碍论继承了印度大乘佛教的思想，但其结构、内涵与旨趣都表现出与印度佛教迥异的中国思想风貌。

刘晓东的《论六朝时期的礼学研究及其历史意义》对六朝时期礼学研究的成就专门进行了梳理，认为六朝时期对先秦礼仪制度所进行的一系列改造，成功地将更新了的礼仪制度变成了礼教观念的适宜载体，因此保证了礼教观念的延续性和超越性，从而形成了稳定的社会结构模式和文化观念模式，在中国历史上的作用和意义，与周代制礼是同等重要的。

姜宝昌的《〈墨经〉与语言学》对《墨经》有了新的发现，他认为《墨经》中有不少条目论列了语言学的某些公例和事实，这些内容应该成为中国语言学史的重要组成部分。遗憾的是，这一点几乎被学者们忽略了。

11月24日，《文史哲》第6期刊登了国家科技部部长宋健1996年5月16日在“夏商周断代工程”启动大会上代表官方所作的发言《超越疑古、走出迷茫》。

《文史哲》特意为该文加了“编者按”：国务院实施“夏商周断代工程”，不仅可大大推进中国先秦史的研究，且在国际国内具有深远的现实意义。当前，依靠考古学和古文字学研究的巨大成就，借助现代天文、物理、计算等自然科学的强有力支持，对三代乃至五帝时期的科研工作定能超越疑古状态，走出迷茫阶段。

为纪念戊戌变法100周年，本期再次发表一组“戊戌维新与中国文化近代化”笔谈，包括郭延礼的《戊戌知识分子的历史使命感》、陈永标的《近代知识分子的社会责任感》、颜廷亮的《维新变法运动与中国文学的近代化》、曹旭的《戊戌维新与黄遵宪诗风新变》、马卫中的《戊戌变法的思想基础与诗界革命的关系》，这些文章从多个方面回顾了戊戌变法100年来对中国思想文化的影响。

为纪念童书业逝世30周年、诞生90周年，本期《文史哲》特发表黄冕堂撰写的《怀念童书业先生》，对童书业的治学风范进行了情真意切的回顾。

杨国荣在本期发表了《经学的实证化及其历史意蕴》，对明清之际经学实证化的实践及意义作了探索。作者认为，明清之际，随着社会历史的剧烈变迁及社会文化的变化，传统的儒学渐渐发生了某种转换，这种演变在清代进一步展示为经学的实证化趋向。经学的实证向度既以文化历史变动为背景，又与科学价值地位的提升相联系，其中包含着值得注意的思想史意蕴。在经学的实证化过程中，文字、音韵等学科本身似乎也经历了由“技”到学的演化。在传统儒学中，语言、文字、天文、历算等本来属于具体的“技”或“艺”，清代学者在从理学返归经学的前提下，进而以小学、天文、历算等具体科学为治经的主要手段，并将科学的治学方法与经学研究融合为一，与之相应，科学也开始作为经学的一个内在要素而获得了自身的价值。

谢飘云的《中国近代散文的多重变奏》对中国近代散文的发展历程作了全面的梳理，认为近代散文在新旧文化潮流交替中经历了4次重大转变：鸦片战争前后，以龚自珍、魏源等人为代表的散文创作表现出衰世批判者的理性精神，标志着散文近代化初期的最高成就；从19世纪初起，冯桂芬、王韬等人又以改革者的开拓气概，把近代散文的发展推上了一个新阶段；在与甲午风云结伴而来的近代散文变革高潮中，梁启超等维新变法者的文体创新开创了一代新文风；辛亥革命至五四运动前后，秋瑾、邹容等民主革命家散文的语言革新迈出了近代散文带根本性变革的步伐，对近代白话文的形成及文体拓展有举足轻重的作用。近代散文的这一创作主流与恪守传统却又起着微妙变化的散文流派汇成中国散文走向近代化的多重变奏。

1999 年

《文史哲》连续获得三项全国性大奖：首届“全国双十佳社科学报”、首届“国家期刊奖”、“第二届全国百种重点社科期刊”。

1 月 24 日，王恩田在《文史哲》第 1 期发表《〈史记〉西周世系辨误》。

该文对长期困扰学术界的《史记》所载西周世系的错误进行了全面的、具体的分析，指出了周王朝和其他各国规整的子继谱系究竟错在何处，并力图找出致误的根由。作者认为，《史记》所载西周姬姓各国世系可分三个类型，异姓各国可分为两类。鲁国由于有记录直系的“世”和记录旁系的“昭穆”两套系统，因而其西周世系是有年可考的、可信的。

本期还发表了一些重要论文。刘文英的《精神太极图——精神系统的一个新模型》试图根据中国哲学固有的阴阳观念对精神现象的分析，为精神系统建立的一个新的模型。在这个模型中，意识是太极图的阳面，潜意识是太极图的阴面，潜意识和意识既阴阳相反，又互渗互补，因而精神系统是一个“负阴抱阳”、阴阳合的有机整体。作者认为，这个模型既能正确说明意识和潜意识的不同性质，又能正确说明两者之间辩证关系，因而能解释一切正常与非正常的精神现象，比弗洛伊德的模型更符合实际。韩国学者闵周植的《东亚美学中的“风流”概念》对中国、韩国、日本历史上的“风流”概念进行了考察。在他看来，三国关于“风流”的概念虽各有其不同的民族特点，但大都包含着美、艺术和感性认识这三方面的内涵，因而可被视为东亚美学的基础概念。在日常生活中，“风流”指一种超脱于世俗伦理和行为规范的风度和气质。当这种具有自由精神和反叛色彩的风度和气质脱离了日常生活，以个性的方式直接寻求某种内容的充实时，“风流”就会上升为一种超脱的艺术或美的境界。

近代史上的教会大学在传播西方文化方面已为人所知，但是这些大学在振兴国学方面的贡献还没有引起人们的注意。实际上，在中国社会发展起来的教会大学不仅是传播西学的机构，教会大学的一些国学系（所）和哈佛燕京学社在研究中国文化历史方面也做了不少开先河的工作，齐鲁大学的国学所和哈燕社的合作就是一个例子。本期刊登的陶飞亚、刘家峰的文章《哈佛燕京学社与齐鲁大学的国学研究》对这些问题作了具体回答。

3 月 24 日，叶秀山在《文史哲》第 2 期发表《语言、存在与哲学家园》。

该文认为，海德格尔提出的“语言是存在的家”，表明了语言与存在的不可分割，二者是表里关系，语言与存在“同在”。哲学要求的语言，不是日常语言工具，而是更具体、更实在的语言，是和“存在”“同在”的“语言”。哲学所思、所说的那个存在，是具体的、时间性的、历史性的存在。在某种意义上，“哲学”“哲学家”与“存在”“同在”。正是在这个意义上，哲学就真的不是一种理论的工作，而是一种“生存方式”“生活方式”。从某种意义上说，哲学要求的语言，不是工具性的，而是存在性的，而存在性语言，则更需要生活。于是，哲学离不开母语。坚守自己母语的同时，应努力将不同语言的哲学思考成果化解，使之成为自己的语言，从而丰富和扩大自己的存在方式。

本期还发表了其他论文。莫其逊的《美学在现代人文学科中的地位》指出，在新的文化语境中，由于美学与现代反理性思潮、语言论转向、后现代主义、生态保护主义等诸多流派间的相互渗透及其在宗教信仰和意识形态危机的背景下重建人文关怀的努力，使其在人文学科中的地位日渐重要，有着取代哲学认识论而由边缘进入中心的趋势。武润婷的《中国近代小说创作的三次高潮》认为，近代小说的创作高潮，发生在不同的历史阶段：从鸦片战争前夕到 19 世纪末是侠义公案小说的高潮期；从庚子之变到辛亥革命前夕，是谴责小说的高潮期；从辛亥革命前后一直到 20 世纪 30 年代，是“鸳鸯蝴蝶派”小说的高潮期。这三次创作高潮中，小说家创作的宗旨不同，作品的风格迥异，但总体上看，这些作品都广泛而又真实地反映了近代不同历史阶段的广大民众的心理期待和审美需求。而通过这三次高潮所展示的近代小说的发展走向，不仅和近代社会的发展走向密切相关，也和西学东渐有一定的联系。陈绍燕的《孟庄命论比较》认为，“命”是孟子哲学和庄子哲学中的重要范畴。孟子从传统的天命论出发，将命规定为“莫之致而至者，命也”。庄子从道论出发，将命规定为“未形者有分，且然无间谓之命”。其共性在于“命”对于人和物来说都是一种不可知晓、又不能把握的必然性。孟子以其自我道德修养的自觉性和对人格精神的高扬，实现了对“命”的超越。庄子则以“知其无可奈何而安之若命”和无待的逍遥之游实现了对“命”的超越。两者的致思趣向不同，但都为后人留下了宝贵的精神财富。景蜀慧的《陶渊明思想中之墨派倾向探源》认为，陶渊明思想丰富而复杂，儒学理想主义占主导，在人生选择、生活态度及社会政治思想中均有墨家思想的倾向。其墨家思想的渊源：一是先秦之后墨家思想在社会的流传；二是其家族之宗教与学术传统中的墨家成分的影响，尤其是曾祖陶侃的影响最大。

5 月 24 日，王大建在《文史哲》第 3 期发表《中国经济重心南移原因再探讨》。

一般认为，中国经济重心南移的主要原因，是由于北方长期战乱，北人南下带去了先进的生产力和众多的劳动力。王文则指出，此说存在巨大缺憾。北方的衰颓与南方的兴起，根本原因在于南、北方人各自的行为模式：北人过度重农，古代农业达到一定程度后，发展速度必然减缓；过度垦殖，又导致植被严重破坏，致使天灾肆虐，农业发展受阻；南人诸业并重，农业、林业、渔业、手工业、商业齐头并进，终于夺得经济重心的桂冠。

7 月 24 日，《文史哲》第 4 期刊登一组“创造性思维与知识创新”笔谈。

这组文章包括金吾伦的《知识创新的机制和创造性思维的实质》、夏甄陶等人的《知识生产是人的积极的、创造性的活动》、俞吾金的《创造性思维三题议》、欧阳康的《创新工程——人类创造本性的深度发掘和自觉运用》等。参加讨论的学者从哲学认识论、社会认识论和科学哲学的角度，对何谓创造性思维、它与知识创新和知识经济的关系如何等问题进行了研究和探讨。

该期发表的牛运清《新时期·新时期文学·改革题材文学》认为，新时期的主要特征是改革开放。改革开放题材文学是新时期文学一道亮丽的风景线，它与“文革”前“跟形势”“写中心”的文学大相径庭。在文学创作日趋私人化、边缘化、商品化的情况下，改革题材文学呈现卓然不群的美学品格：强烈的时代感、使命感、真实感、悲壮感，具有揭示矛盾、匡扶正气、寄托理想、提升灵魂的警策功能和鼓舞力量，其思想穿透力、艺术感染力、情感震撼力深获读者称赏与共鸣。

仝晰纲的《春秋战国时期乡村社区的变异及其社会职能》也发表在这一期。文章认为，春秋战国时期，各国都把乡、里作为国家政权的基层组织，并通过行政管理、连坐制度、宗教控制、人口控制加强了对乡里的统治。农村社区也发生了从井田到相伍、从封闭到开放、从同养公田到履亩而税、从国野分处到国野合一、从血缘组织到地域组织的变异，乡里组织的社会职能逐渐强化，成为国家控制的重要手段和形式。

9 月 24 日，《文史哲》第 5 期刊发两组笔谈。

一组是“中国当代文学 50 年”笔谈，有孔范今的《新时期文学的数度突围与选择》、陈宝云的《已经走过的一步与刚刚迈出的一步》、贺立华的《中国当代文学精神的律动》、房福贤的《中国抗日战争小说的历史回顾》。“编者按”说：中国当代文学伴随着共和国的脚步，走过了 50 年的风雨历程。在新世纪钟声即将敲响的时刻，总结 50 年文学的经验、教训，探讨 50 年文学的发展规律，以期振兴新世纪文学，成为文学评论界关注的热门话题。孔文认为，50 年间最辉煌的应为新时期文学，这个时期文学的 4 次突围显示着文学在迅速更替甚至失范的状态下不断发展；陈文认为 50 年文学有重要的两步走：一步走出了二元对立和一元价值取向，一步从农业文明的田野走向工业文明的市场；贺文论说了中国当代文学精神及其在50年间4个不同历史时期的沉浮消长；房文则从抗战文学这一题材领域切入，分析了当代文学反帝任务尚未完成的理由。

另一组是“儒学的研究、普及与大众化”笔谈，包括孔繁的《有关儒家思想研究之普及问题之思考》、刘蔚华的《要不要提出儒学的大众化》、楼宇烈的《中国现代社会与儒家伦理》、宋志明的《时代呼唤平民化的儒学》、赵吉惠的《略谈儒学的普及与大众化》、汤恩佳的《儒道宜普及于庶民》、刘示范的《要用科学态度对待孔子思想》等。“编者按”说：儒学是中国传统文化的主流。正确贯彻“批判地继承”的方针，对儒学进行价值选择，对其中蕴含的积极的、进步的、精华的成分，予以新的转化，使之与当前的时代相适应，是建设社会主义精神文明的需要，也是建构中国特色的社会主义文化的重要内容。儒学研究如何与现实结合？儒学怎样普及？要不要提出儒学的大众化？这些问题都是前学术界思考的热点。本刊登载这组笔谈，以期能深化对相关问题的认识。

杨朝明在这一期杂志上发表了《周先王继承制度研究》。作者认为，关于三代时期的继承制度，以往殷、周迥异说影响很大，其根源多因对《史记·周本纪》关于周先王世次的记载认识有误，又受古公亶父立少子季历、文王立次子武王及武王传位等所造成的假象的影响，从而对周先王的继承制度认识比较模糊。鉴于学界的最新研究证明，殷商甚至夏朝时期与西周一样，都是实行嫡长子继承制，周先王当也如此。

11月24日，《文史哲》第6期刊发一组有关墨子研究的文章。

1999年8月18～20日，由中国墨子学会、山东大学等单位联合主办的“第四届墨学国际研讨会”在墨子故里——山东省滕州市召开。为了推动墨子研究，特别编发了这组论文，包括吴官正的《普及墨学具有重要的现实和历史意义——新编〈墨子名言〉序》、任继愈的《“中国墨子学会”在21世纪所面临的任务——在第四届墨学国际研讨会开幕式上的讲话》、曾繁仁的《千年“绝学”的伟大“复兴”——墨学研究的百年回顾与前瞻》等。

本期还刊发了其他论文。王汶成在《世纪之交的新时期文艺理论》一文中认为，新时期文论在改革突进中形成的多元化格局以及几次研究重心的转移，都跟引进和学习西方现代文论的先导和激发作用有关；而新时期文论在发展中出现的种种偏差，特别是“两个脱节”（与传统和与实践的脱节）的倾向，也跟过分求新求变的风气和对西方现代文论的过度的、无节制的、无选择的输入有密切的关系。新时期文论的各家各派要想摆脱“两个脱节”造成的“疏离”境况，获得超越性发展，就必须面向新的综合，走综合创建的道路。综合创建的关键在于异中求同、贴近实践和相互沟通。宋云峰在《如何认识社会主义制度下的封建主义现象》中提出，对我国社会主义制度下仍然存在着的封建主义现象，有两种观点值得注意：一是封建主义无处不在论，二是封建主义合法存在论。这两个论点都是错误的。社会主义制度下仍存在着封建主义现象，是由我国的历史和具体国情决定的，经过社会主义革命和建设道路的探索，社会主义制度的优越性已经得到了比较充分的体现。然而，我国的社会主义仍处在初级阶段，生产力不够发达的实际决定着封建主义残余存在的客观性，社会主义初级阶段并不是为了容许封建主义存在而人为地制造出来的。在一定意义上讲，我国的社会主义初级阶段是逐步消灭封建主义残余的历史阶段。晁福林的《论“初税亩”》认为，春秋时期秦国的“初税亩”与当时该国的政治发展密切相关。它不是出自三桓，而是出自东门氏。“初税亩”只是谋划之中的事，并未能付诸实践。鲁国土地赋役制度的真正变革，是春秋晚期的“用田赋”。

为庆祝中华人民共和国成立 50 周年，本期杂志还发表了虞和平的《中国近代史研究 50 年》以及张克敏的《中华人民共和国 50 年思想解放历程及其启示》。

2000 年

11 月 9 日，“夏商周断代工程”正式公布《夏商周年表》，引发国内外学界的批评和质疑。

7 月，山东大学、山东医科大学、山东工业大学合并组建为新的山东大学。数学家展涛教授出任合校后首任校长，中共山东省委常委朱正昌任党委书记。

7 月 23 日，《文史哲》第一任主编杨向奎先生逝世，享年 91 岁。

1 月 24 日，何中华在《文史哲》第 1 期发表《“人性”与“哲学”：一种可能的阐释》。

文章认为，人性问题作为人及其存在的始源性和本然性问题，它同哲学的合法性问题内在相关。人的肉体存在和精神存在的二重化，构成人类学本体论悖论。历史上真正的哲学家都对此有着深刻的体认。精神存在对于肉体存在具有优先性和至上性，从而构成人和人的存在的内在理由。对人的二重化的分别确认，形成了人性论上的性恶论和性善论之分野，它们折射着经验立场同超验立场的对立，并塑造了完全不同的哲学传统。

郑春的《试论当代历史小说的创新努力》提出，历史小说是衡量一个民族精神世界的重要尺度之一，当代历史小说的突出贡献在于：人的还原，让以往被捧上天空的神和贬入地狱的鬼以真实可信的面目回归人间；研究的强化，在史实考据和精神考据领域开拓出一个极为广阔的认识天地；精神力量的追求，注重开掘历史现象背后的精神资源，努力写出一种精神来。这些创新努力不仅令人瞩目而且极具历史意义和思想意味。

杜书瀛等在《学术本位的回归》中说，20 世纪 90 年代，随着市场经济推动下的文化转型中知识分子地位的边缘化，一批中国学人开始了对于 80 年代学术界思潮林立、主义风行的繁盛时代的深刻反省。同时，摆脱意识形态话语束缚而回复学术独立地位也日益成为中国知识分子的自觉追求。一个相对独立的、民间性的学术空间开始形成。“回到国学”作为某些中国知识分子的自觉而主动的集体行为，标志着 80 年代反传统思潮的被取代，标志着 90 年代许多知识分子重建中国文化价值的自觉意识和学理选择的出现和时兴。然而，当下最需要的是立足于 90 年代的社会现实、文化现实、文学现实、文论现实，进行中西融会、古今结合的研究。从一种“跑马占地”式的急功近利到冷静深入的“专心耕耘”的变化，标志着中国整个学界的学术心态的日渐沉实和在新形势下重建文论话语、回归学术本位、确立学术范式的期盼。

3 月 24 日，台湾学者郑吉雄在《文史哲》第 2 期发表《钱穆先生治学方法的三点特性》。

该文认为钱穆治学方法具有扩散性、内聚性和时代性三个显著特点。扩散性是指治学范围的不断扩大和对中国文化的发扬光大，内聚性是指对各类原始文献资料的深入钻研，而时代性则指读书与著书立说时所富有的经世精神。其学术思想归宿于中国的文化传统，学术生命与中国文化生命融为一体。

本期还发表了其他一些论文。郭延礼的《“诗界革命”的起点、发展及其评价》提出，“诗界革命”是近代资产阶级文学革新运动的重要组成部分，也是中国诗歌迈向近代化的开端。早在“诗界革命”这一口号未正式提出前，近代诗坛已呈现出变革的趋势。“诗界革命”的起点是“新学诗”，中间经过了“新派诗”“潮音集”和“新体诗”几个阶段。“诗界革命”作为近代诗坛上的一次革新思潮，不能仅仅局限于资产阶级维新派的范围内，也应包括“南社”中的部分诗人和资产阶级革命诗人秋瑾等。

孔范今的《梁启超与中国文学的现代转型》认为，以戊戌变法失败为契机所引发的梁启超式的反思及其迥异于前的历史性行为，表征着历史由政治变革转向文化启蒙的深刻变化。它虽然只是发生于两次政治变革的历史空当中难以持久，但有幸成了20世纪文化启蒙运动的开端。梁氏的文化批判及其对“诗界革命”“文界革命”与“小说界革命”的积极倡导，已揭橥了五四新文化运动和文学革命时期所关注的诸多基本命题，并以其在新历史层面上的整合，事实上构成了中国文学现代转型的开端。

王永波的《西周早期铜器王年及相关历史问题》通过对西周早期铜器的形制、铭文内容及部分关键人物的身份、地位、活动年代等问题的详细考订，对西周青铜器断代中著名的“康宫康庙说”提出质疑，证明令方彝中的周公即为周公旦，令簋中的王姜为武王之后、成王之母邑姜，作册夨令乃是康王初年的作册大之父，其任作册之职的时间只能在成王时代，而旅鼎中的太保为召公奭，其伐反夷的时间是在成王东征之时；进而证明其他相关铜器也应属于成王时代的遗物。

5月24日，《文史哲》第3期刊发一组“科学精神、人文精神与科技创新”笔谈，就三者之间的关系展开讨论。

参加讨论的包括何中华的《科学与人文：保持必要的张力》、马来平的《作为科学人文因素的崇尚真理的价值观》、王学典的《“历史”与“科学”》等。“编者按”说：人文精神的失落是一个带全球性的问题，对此，学术界虽有一定程度的认识，并在1993～1996年开展过人文精神的讨论，但这次讨论是“语境”和其他方面的原因，往往对概念的界定予以过分关注，所以有玄虚、空疏和形而上之不足，学院化倾向太明显。事实上，问题的关键不在于如何界定“人文精神”，而在于如何促进人文精神，如何使人文精神与科学精神结合。

李继耐、张希宇在这期杂志上发表了《论墨子的军事防御思想》，指出：墨子主张“非攻”，反对不义战争，赞同正义战争。他的军事防御思想体现在四个方面：（一）“有备无患”是积极防御的基本前提；（二）全方位的防御思想；（三）建立高效畅通的指挥系统；（四）全民皆兵的群众战争思想。为了军事防御，他还设计制造了相应的武器装备，将先进的科技手段运用于军事领域。

7 月 24 日，庞朴在《文史哲》第 4 期发表《中庸与三分》。

庞朴认为，中庸的所谓“中”，就是第三者；承认二分又承认中庸，也就在事实上承认了一分为三。世界本来便是三分的。由于二分法的先入为主，人们总习惯于称“中”为“中介”，视之为两极之间起联系作用的居间环节，或者是事物变化过程的中间阶段；还相信中介环节是暂时的，必将向两极分化而最终归结为二元的天下。待到二分法不足以解释一切现象时，亦有人主张一分为多。其实三就是多，多必归于三。三分法有一维、二维、三维的形态。

本期还发表了其他论文。周来祥的《中华人民共和国美学 50 年》将中华人民共和国美学50 年来的发展历程大致分为两个阶段。中华人民共和国成立后至“文革”为第一阶段，这一时期通过美学大讨论形成了四派学说，为以后的美学研究奠定了基础。改革开放以来进入第二阶段，这是中国美学的收获季节，美学队伍空前壮大，美学领域不断拓宽，美学理论也有了创造性的突破：由原来的“老四派”发展为自由说、和谐说、生命说等“新三派”，取得了丰硕的研究成果。周立升的《论墨家的价值衡定与选择》指出，墨家价值观作为中华民族传统价值观的有机组成部分，其特色十分鲜明。在义利之辨问题上，墨家主张义利统一；在公私之辨问题上，墨家主张大公无私；在义生之辨问题上，墨家主张义贵于生。在价值选择问题上，墨家提出了“利之中取大”“害之中取小”的选择原则，构成先秦诸子价值观中最为精彩的部分之一。马瑞芳的《〈聊斋志异〉的男权话语和情爱乌托邦》认为，《聊斋志异》爱情故事有明显封建教诲化倾向，爱情女主角经作者主观意志过滤，以男权话语扭曲成“蒲松龄式”女性形态：以男性需要为中心，子嗣凌驾一切。作者久以鹤梅当妻子，用小说精神漫游，创造出穷书生驰想天外的情爱乌托邦，以神鬼狐妖形式出现的女主角对落魄书生无条件忠诚，只付出不索取。因作者对两性采用双重标准，“矢死靡他”的爱情被纳入“双美一夫”男权轨道。只有男性中心酸腐论调减退，道德说教让位真实人生、真情真性，对女性美观察描写占主导地位时，作者才能创造出鲜活的女性形象并蕴含深邃哲学内涵，爱情故事得以姹紫嫣红、历久弥新。马新的《论两汉乡村社会中的宗族》认为，两汉宗族以九族为限，是以父系血缘关系为纽带而形成的宗法共同体。强宗大姓是乡村社会的支配力量，他们把持乡里政治，影响州县行政，成为相对独立的集政治、经济、武装于一体的社会单位。宗族问题对两汉王朝而言，是一柄锋利的双刃剑，也是导致东汉王朝分崩离析的重要原因。刘京希的《从国家化社会主义到社会化社会主义——兼论社会主义的本质特征》指出，从“社会主义”一词的始意，到马克思主义经典作家对科学社会主义的阐释，社会主义无不以社会化为其本质特征。社会主义通过社会化对资本主义的个人主义进行历史否定。传统社会主义模式以国家化社会主义否定社会化社会主义，最终付出了惨痛的代价。在新的历史条件下，反思社会主义的理论与实践，使社会主义以更加健康的形象走向21世纪，必须抛弃传统的国家化社会主义模式，回归社会化，走社会化社会主义之路。“以社会为主义，为社会而主义”，实现经济、政治、文化生活的全面社会化，是社会主义走向新生的必由之路。

9月24日，《文史哲》第5期发表一组“转型时期国家与社会关系的多维透视”笔谈。

该组笔谈约请了3位学者，分别从经济学、法学和政治学的视角，就转型时期国家与社会关系的调适这一重大理论和现实问题开展研讨。文章包括徐显明的《社会转型后的法律体系重构》、包心鉴的《改革高度集权的管理体制：权力变移的关键》、黄少安的《转型期的国家可以成为推动市场化进程的力量》。

蔡德贵在本期发表《有选择地开发齐鲁传统文化的现代功能》，指出齐、鲁文化不是一个文化系统，各有其内容和特点。秦汉以后，齐、鲁文化融入中国传统文化，成为传统文化的主体，但仍表现出不同的功能和作用。今天开发齐、鲁文化的现代功能应根据其不同内容和特点。具体说，开发齐文化的智力功能，以促进改革开放和社会发展；开发鲁文化的伦理功能，以保证社会的稳定与和谐。

这一期还刊发了傅永军的《现代性与社会批判理论》。文章认为，现代性已成为思想话语的中心。社会批判理论作为一种对待西方现代社会合理化过程的哲学话语，主要体现为一种现代性批判，社会批判理论接受韦伯的合理性理论作为分析现代性问题的框架，从社会批判和理性建构两个维度构筑了所谓“现代性的病理学”。尽管社会批判理论内部在现代性批判问题上有着差异，但他们共同铸造的现代理性批判却以其普遍性特征，弥漫日常生活，昭示着现代性批判的意义。

11 月 24 日，阎纯德在《文史哲》第 6 期发表《比较文化视野中的汉学和汉学研究》。

该文提出，汉学是国外学者在对中国历史文化进行研究的过程中所形成的一门独特的学科，而汉学研究则是中国学者对汉学成果进行再研究的反馈行为。二者都是在跨文化的基础上进行的，因而应具有自觉的比较文化视野。在世界一体化的今天，由于多元文化发展的需要，汉学、汉学研究、比较文学这三个原来互不相关的学术领域正在不断地靠拢，相互借鉴，将为新世纪的人类文明作出新的贡献。

这一期还刊发了其他文章。高旭东的《后殖民语境中的东方文学选择——兼评当前诗学讨论中的“失语症”论》认为，西方新近兴起的后殖民主义批评传入中国之后，有论者以此来指责五四新文化与新文学的方向，认为自此之后的诗学选择丢弃了民族的传统，患了“失语症”。事实上，通过对五四新的文化、文学与诗学的全面反思，却可以得出截然不同的结论。在后殖民的文化语境中，东方的文学选择不应该回到古代去，而应该吐纳东西，创造出现代性的诗学话语。王小舒的《神韵诗学研究百年回顾》认为，神韵诗学的发展在 20 世纪可以分为前后两个阶段，以共和国的建立为界，其中贯穿始终的是研究观念的演变与更新。前一阶段属于现代神韵学的萌发期，大致有两种趋向：一种用个性来阐释神韵，另一种则侧重于中西方美学观的比较。后一阶段神韵学遭到过全面否定，80 年代后进入高潮，中心转向审美，领域涉及诗歌史、诗歌美学、文化渊源研究和艺术比较研究，人与自然的审美关系逐渐成为关注的中心，而神韵的当代价值也开始提上了日程。

2001 年

9 月 11 日，美国发生恐怖袭击事件，世界局势大变。

1 月 24 日，季羡林在《文史哲》第 1 期发表“庆祝《文史哲》创刊 50 周年特稿”《弥勒信仰在新疆的传布》。

该文对中外学界尚无人谈及的弥勒佛在佛教由印度传入中国的过程中所起的重要作用进行了考索。作者认为，在佛教传统中，弥勒为未来佛，后来主要受到波斯的影响，产生了救世主思想和功德转让思想，这与佛教小乘自力解脱的思想大相径庭，是佛教史上的一大转变和进步。弥勒信仰在新疆以及后来在中国内地能够广泛传布、历久不衰，是与救世主思想分不开的。由于地理位置，印度佛教东传，新疆首当其冲，根据对吐火罗文、于阗文、粟特文、回鹘文等文献的详细考察，可知弥勒信仰在新疆传布很广，最集中的地区是龟兹和焉耆。弥勒佛在佛教由印度传入中国的过程中起到了重要的作用。

2000 年 7 月，“首届东方美学国际学术会议”在呼和浩特举行。作为对首届东方美学国际学术会议的响应，本期《文史哲》刊发了一组“东方美学的研究前景”笔谈。参加这次笔谈的有韩国岭南大学闵周植的《全球化时代东方美学的角色》、日本神户女子大学滨下昌宏的《东方美学的可能性》、首都师范大学王德胜的《全球化语境中的东方美学》、韩国梨花女子大学俞俊英的《作为东亚美学共同话题的“儒道互补”》、日本广岛大学青木孝夫的《东亚美学的课题：以日本为焦点》、中国内蒙古艺术学院宋生贵的《东方美学的当代话题》。讨论的中心话题是 21 世纪东方美学的国际地位及研究前景以及如何在新的历史条件下为东方美学重新定位等重大问题。

3 月 24 日，《文史哲》第 2 期刊登了“庆祝《文史哲》创刊 50 周年特稿”、徐鸿修撰写的《求实创新博大精深——杨向奎先生治学的开拓进取精神》，对《文史哲》首任主编杨向奎的治学成就进行了总结。

文章说：作为史学界蜚声中外的著名学者，杨向奎先生继承和发扬了前辈学者的优良传统，并运用新方法，发掘新史料，开拓新领域，由史学而经学、小学，由实学而哲学，由哲学而理论物理，均有卓越贡献。仅就史学成就而言，他的治学具有如下特色：（一）由信奉“层累地造成的古史”说到接触马克思主义，并以之为指导而形成科学方法论；（二）尊重前贤而又不迷信权威，为《左传》《周礼》洗冤以使之免于湮没，并主持发掘整理了孔府档案资料，丰富和开拓了史料建设；（三）熟练地运用以考古资料和文献资料来互相印证的“两重证据法”，取得高水平的成果，并根据亲历凉山彝族考察进而掌握了以文化人类学资料印证古代史的“三重证据法”。求实创新的不懈探索，博大精深的学术成果，使杨向奎先生巍巍然成为一代史学大家。

张忠纲、赵睿才在本期发表《20 世纪杜甫研究述评》，认为 20 世纪中国内地的杜甫研究深受新旧文化、东西文化交互撞击及多次政治思潮的影响，以 1949 年、1976 年为界呈现出三个时期，依次表现出剥去封建时代加给他的“圣化”的外衣，只把他作为普通诗人来研究，将他视为时代的代言人；被送以“人民诗人”的桂冠与将“扬李抑杜”推到惊世骇俗地步的大转折；正本清源后全方位的中兴、总结及努力建构杜诗学史的特点。

5 月 19～21 日，“《文史哲》创刊 50 周年纪念会暨人文精神与现代化学术研讨会”在北京举行。

时任中共中央政治局委员、全国人大常委会副委员长姜春云到会祝贺，季羡林、张岱年、何兹全、李希凡、庞朴等在会上发了言，对《文史哲》50 年所取得的辉煌成就给予高度评价。季羡林在致辞中说：“我认为《文史哲》还是在我们全国各大学文科学报里面是很有特色、很有地位的。”张岱年也认为：“《文史哲》是山东大学主办的刊物，然而她不仅仅是山东大学的刊物，她具有全国性。50 年来她发表了许多文章，其中许多文章很有价值，对中华人民共和国学术的进步起了促进作用。”何兹全说：“50 年来，《文史哲》对发展中国史学、繁荣中国史坛，作出了很大贡献。”李希凡说：“50 年来，《文史哲》无愧于曾经辉煌于古代的齐鲁文化之乡，它继承了‘百家争鸣之学’的优秀传统，为促进中华人民共和国的学术发展，作出了自己的贡献。”教育部社政司副司长阚延河致辞：“《文史哲》在学术界是一个品牌刊物，是一个名刊，是一个大刊，我国高校所办的学术性刊物里真正办成《文史哲》这样水平的还很少。”学者们还就“人文精神与现代化”这个学术界普遍关心的问题进行了热烈的讨论。

5 月 24 日，徐显明在《文史哲》第 3 期发表《〈文史哲〉与山东大学文科建设——〈文史哲〉创刊 50 周年献辞》。

文章说：《文史哲》是山东大学文科的灵魂，她奖掖后学、扶植新人的方针，表征着一种创新；《文史哲》也是山东大学的传统，她把人文精神与科学精神相融，激励人们追求卓雅；《文史哲》还是山东大学的品牌，无数青年学子正是先知有《文史哲》，而后才知有山东大学。《文史哲》传承了山东大学前 50 年的道德文章，开启了山东大学后 50 年文科的灿烂辉煌。

本期“人文学科世纪回顾与展望”栏目刊登了邓京力对王学典的访谈《探索中国当代史学思潮的变迁——王学典教授访谈录》。访谈主要围绕当代中国史学思潮的变迁，尤其是 20 世纪八九十年代学术风气的嬗替来进行。王学典认为，从 80 年代中期到整个 90 年代，学术界包括史学界所发生的最重要变化，就是“学术”对“思想”的取代。整个 80 年代的史坛、学坛，仍然屈从于意识形态的控制。而整个 90 年代的史坛、学坛已基本走出了意识形态的笼罩。意识形态的退潮，直接导致了多元化史坛格局的形成：唯物史观派史学、西方式的社会科学化史学和所谓“国学”的复兴。这种三分天下的局面将会长期共存。在这种背景下，唯物史观派史学要想生存下去，必须为自己的存在重新立法。重新诠释自己的学术史，挖掘自身传统所固有的学术含义，是这种“立法”工作的内容之一。唯物史观派必须重新回到民间来，重新确认自己的民间身份。20 世纪 40 年代唯物史观派在中国的大发展、大繁荣，佐证了这一立场的有效性。回到民间来，是唯物史观派史学克服目前合法性危机的前提性选择。

谭好哲的《论文艺美学的学科交叉性与综合性》探讨了文艺美学的学科定位和性质问题。作者认为，把文艺美学作为美学或文艺学的下属分支学科，从所谓“一般美学”和“一般文艺学”的逻辑预设出发对文艺美学的定位、性质及相关问题进行简单逻辑推演和学术克隆的做法是不可取的。文艺美学是在美学与文艺学两大学科长时期的相互渗透、融合基础上产生的一个具有交叉性、综合性的新兴文艺研究学科。交叉性决定了文艺美学与某些传统的美学理论和文艺理论在对象、内容甚至体系架构上的某些一致性或重复性，同时也决定了这一新兴学科在学科生成和理论生长中的综合性。以学科交叉为基础，在研究对象、理论内容、研究方法等方面走综合创新之路，将是文艺美学学科发展的契机和优势所在。

王建民在这一期发表了《论活劳动商品》。文章认为，马克思关于活劳动不是商品的论证有误，主要问题是忽视了他发现的商品生产中的劳动二重性，把应作为具体劳动理解的劳动无意中理解为抽象劳动。马克思对商品价值的载体没有进行彻底的抽象，把使用价值理解为物的使用价值，这一不足造成了政治经济学的若干基本规律不能在其经济学体系中贯彻到底。针对此观点，孔令栋在《文史哲》2002 年第 5 期发表《为马克思辩解——就“活劳动商品”问题与王建民教授商榷》，对王建民的观点提出反驳。孔令栋认为，马克思关于劳动不是商品的论证是其经济学严密体系的基石之一，这一论证具有科学性。王建民试图动摇马克思的这一观点，不仅不能推动理论的发展，而且使自己退回到李嘉图学派的矛盾中去。

常玉芝的《黄组周祭分属三王的再论证》对素有争论的殷墟甲骨文中的“黄组卜辞”所属时代进行了论证，认为从黄组周祭卜辞和晚商青铜器铭文中的康丁及其配偶对武丁、文丁、帝乙的称呼，从以王二祀、王六祀、王二十祀的周祭记录复原的周祭祀谱看，都证明黄组周祭应分属于文丁、帝乙、帝辛三王。

7月24日，蒋海升在《文史哲》第4期发表《政治与学术的互动——20世纪50年代的〈文史哲〉》。

该文对《文史哲》在创刊之初就崛起为学界瞩目的名刊的原因进行了透视。作者认为，《文史哲》之所以能异军突起，得益于自己独特的“家世”背景：政治理论宣传家掌舵、学坛名流为左膀右臂的编辑班底使得《文史哲》在意识形态与学术的结合上如鱼得水，众多著名学者的加盟和青年学者的脱颖而出更是锦上添花。

9月24日，王岳川在《文史哲》第5期发表《简论儒道思想的精神互动性》。

该文认为，在中国思想史研究中，人们一般只看到儒道思想在范式与体系上的差异，其实两者从思想源头看还存在着相通相契的关系。这主要表现为：（一）老子思想的多元性对孔子的影响；（二）由于汉墓帛书《老子》与郭店竹简《老子》的发现，学界根据通行本得出的老子反对“仁”“义”“礼乐”的观点并不符合老子思想的实际。

黄颂杰在该期发表了《西方哲学的人性与神性之历史演化——兼论马克思在哲学上的革命性变革之一》。文章指出，由苏格拉底和柏拉图所奠定的西方哲学的人性和神性的特征，构成了西方哲学的深厚的传统。现当代西方哲学家赋予人性新的含义，批判并力图清除哲学的神性，成为西方哲学的新的形态和发展趋势，但迄今西方哲学未能彻底清除哲学的神性。马克思批判改造了哲学的人性，彻底清除了哲学的神性，成为哲学史上的革命性变革者之一。

10月15日至16日，由《文史哲》编辑部主办的“季羡林学术思想研讨会”在济南举行。

80多名专家学者应邀参加了会议，对季羡林的学术思想和学术贡献展开了充分讨论。90岁高龄的季羡林先生亲临会场。

11 月 24 日，《文史哲》第 6 期刊登中国社会科学院院长李铁映的《千年文明论赞》。

文章以恢宏的气势对中国公元后第二个千年的历史文明作了宏观的总结。文章指出，公元后第二个千年的开端，正是中国北宋开国不久，呈现出一派文明昌盛的景象。在此后的 1000 年中，火药、印刷术、指南针广泛运用，典籍文化、医药文化、建筑文化和文学艺术各领风骚。思想文化领域，理学盛行一时，心学别开生面，永康、永嘉，讲求实际。文人画、书法、古典诗词和京剧，成为精神文化的四大名牌。千年文明体现出强大的民族亲和力，讲究事物的整体性和有机性，其原创性与包容性紧密相连。在原创中包容，在包容中创新，是中国文化的性格。16 世纪，中国国力下滑，清代乾隆后期，与世隔绝。后半期的二三百年间，危机重重，终至陷入任人宰制的境地。在新千年开始之时，考察和反思公元后第二个千年中华民族的生存状态、命运遭际和文明收获，深化和重释“以古为镜，可以见兴替”的历史意识，从中可以找出重振大国雄风的精神动力和历史经验。

陈炎的《文艺美学、文艺社会学、文艺心理学的学科分野》指出，我国文艺学领域的学术发展，有赖于自觉的学科意识和内部的合理分工。这期间，文艺美学、文艺社会学、文艺心理学三大学科不仅在内容上要实现互补，而且在方法上要实现分工。只有真正明确了这一学科分野，才可能打破长期以来名异而实同、混沌而未分的研究模式，建立起真正意义上的文艺美学、文艺社会学和文艺心理学。

孔令栋的《权威与依附——传统社会主义模式下的国家与社会关系》认为，国家形式取决于国家与社会的关系，国家权威以及社会成员对这种权威的依附，是传统社会主义模式的社会结构的根本特征。社会成员通过依附于单位组织而高度依附于国家。传统社会主义模式中的高度集权，正是以这种依附关系为基础的，只有破除这种依附关系，确立社会成员的独立个性，才能建立起高度民主的社会主义新模式。

郑杰文在本期发表了《墨学研究方法的近代化历程》。文章认为，近现代墨学研究取得了很大成就，其重要原因之一是墨学研究方法的逐步近代化。清儒治墨用书证法，并将这一传统方法发展到顶峰。梁启超始尝试运用西学论著结构形式来阐述墨学义理，但其论述方式仍为传统书证归纳式，呈现出研究方法演变的过渡形态。胡适有机融合中西研究方法以治墨，完成了对墨学研究方法的近代化改造，建立起国学研究方法的近代化范式。墨学研究方法的改进，是近代以来国学研究方法巨变的缩影。

本期还刊发了一组“发展与创新”笔谈，包括杨春贵的《理论创新：意义与机制》、赵凤岐的《与时俱进开拓创新》、杨俊一的《发展与创新：重构当代历史唯物论》、杨信礼的《发展与创新的价值评价尺度》。

2002 年

8 月，山东省副省长邵桂芳接替朱正昌出任山东大学党委书记。

本年度《文史哲》荣获三项殊荣：“国家期刊方阵双奖期刊”、第二届“国家期刊奖”提名奖、第二届“全国双十佳社科学报”。

据中南财经政法大学图书馆期刊信息服务部统计，2002 年《文史哲》被转载文章 93 篇，在全国综合性社会科学类期刊中排第 3 位。

从本年开始，《文史哲》改版，由原来的小 16 开改为大 16 开，并增加容量，由 128 个页码，扩大为 168 个页码。

成中英的《第五阶段儒学的发展与新新儒学的定位》、黄冕堂《中国历代粮食价格问题通考》、杨大春的《主体形而上学解体的三个维度——从 20 世纪法国哲学看》获首届“《文史哲》名篇奖”。

从 2003 年开始，《文史哲》设立“年度名篇奖”，每年 6 月 15 日至 9 月 15 日进行评比，评出上一年度《文史哲》刊载的学术质量最高、社会反响最好的文章 1～3 篇，每篇奖励 10000 元人民币。

1 月 24 日，季羡林在《文史哲》第 1 期发表《漫谈伦理道德》。

文章指出，道德问题集中体现在如何处理人与自然、人与人以及个人身、口、意的关系之中。正确处理这三种关系就是最高的道德。从人类发展的历史看，制约这些关系的伦理道德不可能一成不变。各个时代、各个民族、各个国家情况不一，道德标准也不可能统一。因此，我们必须提出，对过去的道德标准一定要批判继承，万古长青的道德教条是不存在的。

本期还刊发了其他论文。

何中华的《现代语境中的大学精神及其悖论》提出，所谓“大学精神”是指现代意义上的大学所体现出来的理念及其文化内涵，它是现代性的产物，从教育与文化的内在联系看，教育担当着传承文化道统、开发人的潜能、塑造道德人格的使命。现代大学精神由于内在矛盾日益游离教育的这一人类学本体论意义，大学精神的悖论主要表现为科学精神与人文精神的冲突、整合与隔离的对立、“为人”与“为学”的分裂、目的性与手段性的矛盾。

朱德发的《现代中国文学制导性传统探源》认为，世界化与民族化相互变奏的现代文学制导性传统是在“五四”前后的文学变革运动中形成的，鲁迅、郭沫若、茅盾以及诸多文学群体从理论到实践坚持并完善了这一文学传统，使其在现代文学的建构和演化中发挥了制导作用。

从本期开始，《文史哲》开设“当代学术名流与学术史研究”栏目。“编者按”说：随着中国加入WTO，中国会进一步融入国际社会。中国学术要发展要与国际学术界对话必须采取“拿来主义”与“送去主义”相结合的办法，进一步了解国际学术界，扩大中国学术界的国际影响。当代学界名流70岁至98岁的老辈学者，如季羡林、张岱年、任继愈、费孝通、雷洁琼、臧克家、钟敬文、王元化等都值得学界认真研究，写出有分量的学案。对其中80岁以上的名流学者，甚至应该进行抢救性研究。还有一批国内外有一定知名度的中青年学者，也应该使他们进一步走出国门，走向世界，在中国学术史上发挥重要作用。首期刊出的是季羡林研究和高亨研究，包括朱威烈的《从文化战略视角看季羡林先生的学术思想》，钱文忠、王海燕的《陈寅恪与季羡林—— 一项学术史的比较研究》，董治安的《高亨先生及其〈周易〉研究——纪念晋生师逝世十五周年》。三篇文章对两位著名学者的学术思想及功业进行了多个角度的研究。

本期还刊载了两篇研究道家的文章。刘文英的《道家的精神哲学与现代的潜意识概念》认为，深入研究道家精神哲学，必须引入现代潜意识概念。道家的精神概念不仅包括有意识的活动，而且特别强调潜意识活动。道家的精神追求包括知道、得道、乐道三个环节，其实现主要靠潜意识活动。道家精神修养的过程是从意识状态开发，而逐步进入一种特别的潜意识状态。道家精神哲学有其特殊旨趣，包含许多有价值的思想成分。丁原明的《道家的科学精神与人文精神》提出，道家的科学精神与人文精神是依据“道法自然”

的原则得以透显的。当它依据这个原则去求“真”时，则表现出合规律的遵道循理、追求世界的本真状态和在其相对主义体系中潜含着若干科学认识因素的科学精神。当它将这个原则延展到属人的世界而成为价值范畴时，则表现出众皆平等、“常德乃足”和安顿人类生存终极关怀的人文精神。道家的科学精神与人文精神展示了“事实世界”与“价值世界”相统一的人类理想的生存状态，并对弥合当今科学文化与人文文化的分裂，建构新的科学人文主义有借鉴价值。

3 月 24 日，《文史哲》第 2 期刊登了对王元化的访谈《关于中西哲学与文化的对话》。

2001 年 9 月 11 日，法国哲学家德里达访问上海，与王元化就中西文化之异同进行了长时间对话。这次谈话之后，《文汇读书周报》记者就此与王元化进行了一次对话。本期的《文史哲》在刊首刊布了此次对话。针对德里达提出的“中国没有哲学，只有思想”，王元化认为，“起源于希腊的西方哲学和中国从先秦发端的哲学，从基本方面来说，只是在思维方式和表达方式上不同，而在研讨的实质问题上，并没有太大的殊异，虽然两者往往会作出不同方面的探讨，甚至是相反的结论”。王元化肯定中西文化是有差异的，如中国先秦时代的《周礼》以及《诗序》是写意型的，而亚里士多德《诗学》则是写实型的。王元化认为，中西之间通过接触，能够彼此增进一些文化背景的了解。二者在不同的思维方式、抒情方式、表达方式中，存在着异中之同。如果不同文化的概念都是不同质的，那也就不存在文化上的比较研究了。一个时代的主导思潮对思想文化的兴衰会起决定作用。中西哲学之间存在着很大的差异，但就其所涉及的领域或所要解决的问题来看，都有某种类似或相同之处。

格日勒图在这期发表了《在不同文明撞击中发展的蒙古文学》。文章称，在不同文明撞击下发展起来的蒙古文学，具有四个显著特征：其一，文化上的兼容性和自立性，导致了蒙古文学的繁荣发展和稳定生存。其二，民族历史的艰难历程和经济发展的淤滞延缓，决定了文学内容的相对集中和文体表述的趋于定型。其三，诗性的语言和直观的思维，确立了韵文作品的主导地位和创作模式的固定倾向。其四，深厚的民间文学传统，导致了口头文学与书面文学的相互交融。

这期发表的黄冕堂《中国历代粮食价格问题通考》一文，对我国历代粮食价格的问题进行了考察。文章指出，自秦汉以至清代，我国每石皮粮（如南方的稻谷，北方的粟谷、高粱）的价格为：汉代 30～130 钱；魏晋南北朝 250～500 文；初唐至盛唐 50～200 文，唐后期 200～400 文；北宋 200～700 文，南宋 1000～1500 文；明初 250～300 文，明中后期 400 文。清代顺康之际 300～800 文，康乾时期 1000～1600 文，嘉道至清末 2000 文以上。总体而言，各个朝代的前期尤其是初唐、盛唐和明代，经济繁荣，政治鼎盛，此时的粮价格外低廉平稳，人们多有谷贱伤农之叹。汉初每石皮粮三四十钱，明清初期均为 300 文上下。由于明清的斗桶比汉代的大 4 倍，因此，经历近两千年，粮价实际变化不大。此外，粮食地区差价很大，大城市与小城镇相差悬殊。

本期的“当代学术名流与学术史研究”栏目刊登了秦岸舶等人的《王元化先生的学术思想》、王学典的《20 世纪 80 年代的“新启蒙”与黎澍》、张可礼的《陆侃如、冯沅君先生〈中国诗史〉的主要贡献》、余江的《追求进步严谨治学——纪念陆侃如先生》、张忠纲的《萧涤非先生的杜甫研究》，对这些学术界的重要人物在学术史上发挥的作用和所具有的意义进行了论述。

5 月 24 日，日本著名中国思想史专家、大东文化大学教授沟口雄三在《文史哲》第 3 期发表《中国思想和思想史研究的视角》。

文章说，20 世纪后半叶，日本汉学研究的视角改变了以往把中国视为在现代化道路上落伍的后进国家的看法，转换了审视中华人民共和国的眼光。21 世纪前半叶日本汉学理想的研究视角应当是：怎样在认识中国时，把欧洲的现代与社会主义加以相对化？怎样在现代与后现代之间确立认识中国的坐标。就开放世界中的中国研究来讲，还希望把视野扩大到中国之外，展开一种超越哲学、思想和思想史研究框架的新研究。

陈绍燕的《中国竞争思想的演变及其当代思考》独辟蹊径，对较少有人注意的中国古代竞争思想进行了论析。作者认为，虽然为维持社会人际关系的和谐，中国古代的思想家对竞争多采取排斥的态度。但许多思想家和开明的统治者为了经邦济世、富国强兵，在其社会实践活动中采取了一些鼓励竞争的政策，这主要表现于科举选才和奖励耕战两个方面。这些政策的实施对推动我国古代社会的发展起到了重要的作用。近代以降，随着西方思想的传入，竞争观念被人们公开接纳。生存竞争一时成为中华民族救亡图存的思想旗帜。许多思想家对竞争进行了多方位的思考，为后人提供了不少宝贵的启示。为了应对我国市场经济建设中已经发生和即将发生的各种复杂情况，立足现实、借鉴前贤，树立正确的竞争观念、制定严密的竞争规则以解决竞争中出现的偏差，已是当务之急。

李恒瑞的《理论界应走向新的思想解放》认为，社会实践的发展呼吁新的思想解放，推动新的理论创造。只有以与时俱进的精神坚持和发展马克思主义，扫除理论创新道路上的各种思想障碍，才能在一些重大现实理论问题上实现新的突破。影响新的思想解放的主要思想障碍是教条主义、官僚主义和言行不一等不正之风。在端正学风的过程中，一个十分重要的问题，就是要高度重视清除封建主义思想的影响，把反对教条主义、官僚主义、言行不一等不良学风的斗争同反对封建主义思想的斗争二者有机地结合起来。中国具有长期的、浓厚的封建主义传统。我们是从半封建半殖民地社会经过短暂的新民主主义社会而走向社会主义道路的。旧中国留给我们的封建主义的传统太多，民主法治的传统太少。在旧中国封建专制条件下形成的依附性、虚伪性等人格“异化”现象，在今天依然产生着影响。由于市场经济不发达，小生产的生产方式和自然经济的交换关系仍然广泛存在，封建主义思想仍然具有留存和滋长的经济基础，这就决定了反对封建主义思想的斗争的长期性和艰巨性。从推进新的思想解放的角度看，必须充分认识和评价实行政治民主、发展人民民主的重要的认识论的意义，即民主是解放思想的重要条件，民主是克服教条主义、官僚主义、言行不一等不良学风的有效的保证。扫除封建主义思想的影响，从经济关系方面说，要大力发展市场经济，实现从自然经济向市场经济的转变；从政治关系方面说，就是实行和发展人民民主制度，推进政治体制改革，活跃民主生活。发展人民民主，倡导民主精神，是清除封建主义影响的根本的政治途径，当然也是贯彻思想路线、克服不良学风的政治前提。

崔明德的《先秦政治婚姻初探》认为，就族类、中原诸侯国关于夷狄的概念及国势而言，先秦政治婚姻大致可分为先秦各国主要出于结交军事同盟、恃大国以图存、取人之国、巩固盟约、解除兵威、酬恩报德等目的而联姻等几种类型，但各种联姻的性质不尽相同。先秦政治婚姻呈现出多元化、多方位，“媵”婚现象比较突出，小国往往被婚姻大国所灭，强国干预弱国内政等特点。尽管先秦时期的政治婚姻与汉唐和亲有很大差别，但前者对后者的影响是非常明显的。

7 月 24 日，《文史哲》第 4 期发表美国夏威夷大学中国研究中心田辰山的《中国的互系性思维：通变》。

该文指出，对照西方形而上学本体论和宇宙论思想体系，可以得出中国传统的思维方式基本上是一种互系性思维方式。从《易经》可以找到“通变”这一互系思维的关键性观念。它区别于西方主流思维的突出特点是以偶对性为核心的宇宙本身互动连续观；这对西方由先验论和二元主义导致的两极概念不可解决的矛盾冲突思维，构成一种不可比拟的参照结构。以“通变”作为特点的互系思维凝聚为中国主要思想流派的方式而且融于民间文化。20 世纪它是解读西方“辩证法”的框架，成为中国马克思主义的特定方式。

该期还发表了其他一些论文。

贺立华的《入世与中国文化现代化转型》认为，中国加入 WTO 顺应了世界文明的潮流，WTO 原则精神与中国传统文化的矛盾冲突是当今时代的深刻主题之一，其结果必将促使以儒家精神为核心的中国传统文化得以跃迁和升华。这次文化转型是 20 世纪初五四新文化运动的血脉延续，是“民主科学”启蒙口号的法制化的具体实践行动，它将是比“五四”更深刻、更切实、更有效的文化现代化转型运动。在全球化的文化流动中，中国的有识之士当在“对内促转型、对外促互动”中有所作为。

蒙培元在《漫谈儒学与家庭伦理——从亲情关系说起》中提出，儒学伦理是德性伦理，其核心是仁。它首先从家庭亲情关系开始，包括夫妇之间的尊重和忠诚，父母子女之间的慈爱和孝敬。现代家庭结构发生了变化，特别是市场经济走进了家庭，财产和权利、义务方面的问题突出了，但是亲情关系是不能改变的。在平等的基础上继承、发扬儒家伦理，与现代家庭生活方式结合起来，对于家庭的稳定和谐、人的素质的提高是至关重要的。

本期的“当代学术名流与学术史研究”栏目发表了季羡林的长篇回忆文章《我的小学和中学》，第 5 期刊发了季羡林撰写的《我的高中》。

9 月 24 日，美国夏威夷大学哲学系教授成中英在《文史哲》第 5 期发表《第五阶段儒学的发展与新新儒学的定位》，首倡儒学发展五阶段说。

该文将儒学划分为原初阶段、从古典儒学到汉代儒学、宋明新儒家、清代儒学、当代新儒家五个阶段，第五阶段中新新儒学的兴起在面对当代新儒家的盲点与弊执而进行再启蒙并回归原点再出发。其中内含两个重点：重点之一在掌握自我以掌握宇宙本体，掌握宇宙本体以掌握自我；重点之二在掌握天人一体的整体以面对现实，以发现问题、分析问题、解决问题。

黄发有发表了《21 世纪中国文学的文化选择》，认为世纪之交市场话语的勃兴与启蒙思潮的低落，使中国文学的主体出现了内部分化，采取了多元的文化选择。以群体为本位的道德理想主义摆出了道德至上的姿态，试图从农业文明和共同体社会中寻找精神资源，借以反抗物欲横流的道德危机；以正当的人性要求为依据，还俗潮流推动着文学的娱乐化和世俗化进程，但戴着“自由”和“个性”面具的虚无主义和消费主义倾向，将文学引向了恶俗的歧途；拒绝沦为工具的审美理想主义，捍卫着文学的个人性、过程性与常识性，成为价值的守护者和现实的监督者，与现实进行富有建设性和批判性的对话。作者认为，21 世纪的中国文学只有摆脱群体性、目的性和工具性的束缚，才能确立自己的独立品格。

王立新的《闽学与湖湘学》认为闽学与湖湘学都是二程洛学在南宋的流衍与发展，两个理学流派从各自初创时起，便有着极其密切而友好的学术关系，它们互相切磋，彼此诱发，推动各自的发展，也促进了南宋理学的繁荣。

但到了朱子时代，两个学派关系之性质发生了重大变化，从讲友变成了论敌。尤其在张南轩过世以后，闽学以老大的姿态凌驾于湖湘学之上，遏制了湖湘学派的发展并相当程度地造成了中国学术发展的损失。

11月24日，美国哈佛大学教授杜维明在《文史哲》第6期发表《全球伦理的儒家诠释》。

文章写道，1993年世界宗教大会发表的普世伦理宣言中明确指出，孔子思想是普世伦理基本原则的源头活水之一，但儒家的缺席实为一大遗憾。同年，亨廷顿提出“文明冲突”的构想，把儒家文化与伊斯兰文明相提并论，作为当代西方民主世界的对立面。在文化宗教领域内沉默而在经济政治领域中曝光，使儒家的优点黯然不彰而缺失暴露无遗，这对新儒家的发展是极为不利的。孔汉思深信宗教之间的相安无事是人类社群得以和平共存的先决条件，其普世伦理便是通过宗教对话而消解矛盾冲突的权法，但其淡化和削弱的诠释策略必然导致抽象的普世主义。亨廷顿的“文明冲突”论，从西方，特别是美国的战略立场设思，有着浓郁的冷战情结，视儒家为权威主义和中国威胁论的理据。我们认为儒家具备关切政治，参与社会和重视文化三种属性。面对文明冲突的危险，我们务必强调对话的重要，通过文明对话来考虑生态环保、社群整合、文化多元及相互参照的可能，这比以抽象的普世主义为前提的伦理宣言更切合实际，这就是全球伦理的儒家诠释。

杨大春在这一期发表了《主体形而上学解体的三个维度——从20世纪法国哲学看》，从不同侧面对主体形而上学的解体过程和原因进行了研究。作者认为，从近代哲学到现代哲学再到后现代哲学的过渡，就身体问题而言，存在着由机械的身体到身心统一的灵化身体再到物质性欲望身体的演化；就语言而言，存在着由透明的理想语言向半透明的生活语言再向完全不透明的自足语言的变迁；而就他者而言，存在的是从否定他性到相对他性再到绝对他性的过渡。这些或者渐进或者突变的趋势在扩大“主体”外延和广度的同时，逐步掏空了近代“主体”的内涵和深度，导致了主体形而上学的最终解体。

本期还发表了一组“全球化时代的政治文明”笔谈。2002年5月31日，江泽民在中央党校省部级干部进修班毕业典礼讲话中提出："建设社会主义政治文明，是社会主义现代化建设的重要目标。"如何理解政治文明，怎样建设社会主义政治文明，一时成为人们关注的理论学术热点。本期《文史哲》特约请国内政治学界的几位专家，就政治文明的相关问题展开笔谈。文章包括徐大同的《关于政治文明的随想》、洋龙的《政治文明的地位与功能》、王惠岩的《建设社会主义政治文明》、包心鉴的《经济全球化的实质与社会主义政治文明的选择》、汪锡奎的《国家政权建设是社会主义政治文明发展的关键》。

张政文的《20世纪中国文学史研究方法论反思》认为，20世纪中国百年的文学史研究可归纳为三种基本类型：经验实证方法论类型、理论逻辑方法论类型、文化阐释方法论类型。经验实证方法将文学事实何在作为文学史研究的基本对象，将描述文学事实、建立有关文学史知识体系为研究的根本目的，但忽视了文学史研究的人文特征，具有自然科学性质。理论逻辑方法将探索文学现象何以存在作为文学史研究的基本任务，力图在复杂的社会关系、理论体系和普遍精神逻辑中找寻寓藏于文学现象背后却又决定着文学发展的各种规律，但常常忽视了文学史的历史复杂性和文学本位性。文化阐释方法将文学史研究判定为研究对象与研究主体在现时态中相互建构的个体对话过程，强调研究主体的个性文化功能和阐释效应，但其研究的知识性、有效性难以得到普遍的确立。

曾振宇的《儒家孝论的发生及其变异》认为，注重自然亲情、追求人格独立与平等的原生儒家孝论，自秦汉以降便走向了它自身的反面。愚忠与愚孝一同诞生，强调子女对父母尊长绝对无条件的顺从是秦汉之后孝论最大的特点。愚孝风气的产生，与建构国家意识形态的需要存在着内在的关联。因此，如何创造性地回归原生儒家孝论将是关系到儒家孝文化能否真正走向世界的关键所在。

2003 年

自本年第 3 期始，编辑部调整，陈炎任主编，刘京希任副主编。

张志忠的《青春、历史与诗意的追寻和质询——评王蒙与米兰·昆德拉比较研究》、陶飞亚的《“文化侵略”源流考》、郁建兴的《社会主义市民社会的当代可能性》获本年度“《文史哲》名篇奖”。

1 月 24 日，董京泉在《文史哲》第 1 期发表《〈道德经〉新编及其论证》。

该文力图根据文本的本真意义和时代的要求，对《道德经》通行本文本结构进行合理重构。《道德经》的原始状态现已不得而知，该书在流传过程中，由于种种原因，在篇章的编连方面多有颠倒、错落之处，这就为后人把握全书脉络带来一定困难。通行本 81 章的编排乃西汉后人所为。董文参照郭店楚简本和马王堆帛书本对通行本章节重新进行了编排，将通行本 81 章改分为 84 章，打乱原来章节次序，按内容重新排列，分别归属于道论、德论、修身、治国四篇，对其中的某些重要思想精华也作了扼要点评。庞朴先生称赞董文的研究成果“大大有利于研读和检索，其于古籍整理，功莫大焉”。

马瑞芳的《〈红楼梦〉的情节线索和叙事手法》指出，贾宝玉的爱情婚姻是《红楼梦》情节主线，小说的情节主线、颠覆主流意识形态的主旨、石头主叙相依并存。围绕情节主线有三条辅线：其一，“盛筵必散”正叙性辅线，是元春、凤姐为主的家族线索；其二，穷通交替反讽性辅线，是花袭人、刘姥姥为主的社会线索；其三，演说归结小说并参与兴衰的侧衬性辅线，是贾雨村、甄士隐的双重线索。《红楼梦》的主要叙事手法是：其一，融作者全知和作者参与为一体的“石兄”叙事；其二，借戏剧之石攻小说叙事之玉；

其三，变换人物视角叙事而目标始终如一。

胡新生的《西周时期三类不同性质的射礼及其演变》认为，西周金文所反映的射礼包括三类性质不同的活动，即军事性的射术训练、宗教性的射牲仪式和娱乐性的集体游艺活动。这三类射礼各自沿着不同的道路向前发展，其中与饮宴、乐舞相结合的娱乐性射礼为东周时代更加复杂规范的乡射、大射、燕射、宾射诸礼的形成奠定了基础。以往的研究者对西周射礼的性质差异未作细致分辨，有些看法如西周已没有“贯革之射”，《仪礼》所记射礼属于军礼，西周存在“射鱼”之礼等等，都不尽符合史实，应予纠正。

郁建兴的《社会主义市民社会的当代可能性》在充分吸收已有研究成果的基础上，提出了市民社会与国家在社会主义取向上的良性互动的新见解。文章认为，当代中国市民社会得以兴起的最深刻根源，就是以市场为取向的经济体制改革和社会主义市场经济的发展。在今天，市民社会作为一个可欲的目标，它的达成仍然不能离开发展市场经济这个基础。建构中国市民社会的工作，不但论证着在国家能力和市民社会同样弱小的中国实现二者之间正和博弈关系的可欲性，而且也展开着某种可行性，那就是，提高国家能力，重构国家机器，是以合理界分国家与社会的职能边界、合理确定国家的合法性基础为前提的，而有限政府并不会自动成为有效政府，国家又必须充分发挥其支持和增进市场有效运作的积极作用，以使具有自主性和多元化的社会确保统一和团结。“《文史哲》名篇奖”评委认为，该文提供了研究社会变迁的一种解释框架。文章强调把市场经济看作市民社会的主要成分，探求市民社会与社会主义结合的可能性，有助于增强市民社会概念在当代中国的解释意义。

3 月 1 日，《文史哲》编辑部召开山东大学人文社会科学各科专家学者座谈会，就新形势下《文史哲》的办刊方针、发展方向及如何保持、提高学术品位征求专家学者的意见。

主编陈炎介绍了《文史哲》未来发展的基本思路，袁世硕、乔幼梅、周来祥、路遥、张克礼、冯浩菲、钱曾怡、孟祥才、郭继德等老先生和苏位智、王建民、臧旭恒、王学典等青年学者先后发言，提出了很多建设性意见。

3月24日，《文史哲》第2期编发了一组“当代新儒家点评”，推动愈来愈热的国学大讨论。

参加笔谈的包括张学智的《包打天下与莫若两行》、李宗桂的《当代新儒学发展的若干难题》、颜炳罡的《以梁、熊、牟为例看当代新儒家“反”、“孤”、“狂”的三重品格》、陈卫平的《儒学能否成为“活水”》、蔡德贵的《当代新儒家向多元融和型转化的必然性》。“编者按”说：国学泰斗张岱年先生在中国人民大学孔子研究院成立大会上发表的讲话说，尊孔的时代已经过去了，批孔的时代也已经过去了，现在是对孔子思想进行综合创新的时代了。在这样一个时代，人们自然很关心对当代新儒家的看法，自然很关心对他们功过的评价，自然很关心对他们研究的动向。当代新儒家对传统文化特别是儒学的现代转化到底起了多大的作用，他们能复兴儒学吗？当代新儒家的价值观今天如何在市场经济中发挥作用，发挥怎样的作用？法学界提出，中国作为混合型体制的国家，其明显缺陷是政治管理机制与经济运行方式缺乏高度和谐，利益关系不能得到圆满调解，权力与金钱的交易机会相对较多。在这种体制下，建立严密的制度监控权力运作机制，使掌权者无法贪赃自肥，当然具有特别重要的意义。而儒家的“存天理，灭人欲”会不会起一定的扼制作用？这些也是人们想知道答案的问题。出于这样一种考虑，本刊特组织了一组稿件，对当代新儒家进行点评。

本期还刊登了沈颂金的《论古史辨的评价及其相关问题——林甘泉先生访问记》。林甘泉对“古史辨”评价这一学术界的焦点问题谈了自己的看法，认为中华人民共和国成立以后对“古史辨”没有客观公正的评价，这与当时的政治气氛有关，但总的来说评价还是比较积极的。胡绳1957年说“古史辨”的“疑古精神是当时反封建思潮的一个侧面”，1993年又说顾颉刚是“马克思主义的朋友”，评价很高。“古史辨”在思想启蒙方面有积极意义，是思想解放的一个环节，这一点应该充分肯定。“古史辨”所受到的诟病是说它把古史砍掉几千年，这其实是误解。说它是“民族虚无主义”也不对。“古史辨”疑古所疑的主要是三皇五帝的古史系统，并不是对一切古史都怀疑。“古史辨”之前已有疑古，之后也应该有疑古精神。不能把信古、疑古、释古截然分开和绝对化，中国古代史研究也不是这三个阶段的问题。“走出疑古时代”的提法不合适。

傅有德在本期发表了《东方与西方之间：犹太哲学及其对中国哲学的意义》。文章认为，犹太哲学既不同于西方的理性主义哲学，也不同于中国古代的直觉主义哲学。它代表了一种新型的思维方式，是一条介于东方哲学与西方哲学之间的“亦东亦西”的思想之路。犹太哲学不仅在形式上利用西方哲学的理性主义思维方式来解释自己的传统，而且做到了在内容上与西方哲学的融合与统一。犹太哲学对中国哲学的意义在于，它认定了中国现代哲学发展的方向，表明中西哲学会通的道路是可行的；中国现代哲学没有做到在形式和内容两个方面与西方哲学的真正融合，犹太哲学为未来提供了一个可供参考的范例；作为一种宗教哲学，犹太哲学提醒未来的中国哲学应关注宗教信仰因素。

5 月 24 日，《文史哲》第 3 期刊登一组文章，纪念华岗 100 周年诞辰。

这组文章包括林默涵的《纪念华岗百年诞辰》、李希凡的《华岗校长与“百家争鸣”》、乔幼梅的《华岗与山东大学的以文史见长》、史若平的《为真理而献身的英勇战士》等。

自本期始，开设“文化自觉与社会发展”“宪政国家与公民社会”“与名家对话”等栏目，意在开展平等的理论争鸣。本期“文化自觉与社会发展”专栏发表了费孝通的《文化自觉的思想来源与现实意义》、张岂之的《文化自觉与社会发展的四重关系》、乐黛云的《文化自觉与文明冲突》、成中英的《文化自觉与文明挑战》、阎纯德的《文化自觉与人类和平》、冯天瑜的《文化自觉与中华智慧》等文章。

冯浩菲的《孔子“愚民”辨》认为，由于对《论语·泰伯》篇“子曰民可使由之不可使知之”一句的理解不同，自东汉以来，一派学者认为孔子有愚民思想，另一派却认为没有愚民思想，两者针锋相对，延续至今。作者通过对孔子的身世、经历、终生事业、相关言行及先秦学者的理解等进行综合考察与分析，认为前一种看法是错误的，而后一种是正确的，即孔子没有愚民思想。

本期还发表了方辉的《岳石文化衰落原因蠡测》。岳石文化的衰落是海岱地区考古研究中一个非常引人注目的现象，以往的研究者多从战争和洪水两个方面寻找衰落的原因。方文通过对相关考古遗存的分析，并结合近年来环境考古研究的新成果，得出了如下结论：造成岳石文化衰退的真正原因，很可能是发生于距今 4000 年前后，并延续了数百年之久的气候干冷期的到来。气候的突变使得以稻作农业为基础的海岱地区（尤其是东南部）的食物供应严重不足，其直接后果是人口的大量减少。表现在考古学上，便是始于龙山文化晚期，并一直延续到岳石文化时期的聚落数量的明显减少和文化整体发展水平的衰退。

7 月 24 日，《文史哲》第 4 期刊发“大辛庄甲骨文与商代考古”笔谈，率先刊登了有关大辛庄考古发现的许多重要材料。

2003 年 3 月，由山东大学等单位主持发掘的济南历城大辛庄遗址出土了商代甲骨文，引起学术界乃至社会上的广泛关注。4 月 7 日，山东大学历史文化学院和东方考古研究中心邀请国内部分知名学者召开座谈会，对大辛庄甲骨文及有关问题进行专题讨论。多数学者认为，大辛庄甲骨文是迄今为止殷墟之外发现的唯一的商代卜辞，它的出土，在甲骨学史上具有界标意义。因此，这一次的笔谈具有重要的学术史价值。参加这次笔谈的文章多达 10 篇，为学术期刊所罕有，反映了《文史哲》杂志的学术魄力。这 10 篇论文分别是方辉的《大辛庄甲骨文的几个问题》、李学勤的《大辛庄甲骨卜辞的初步考察》、朱凤瀚的《大辛庄龟腹甲刻辞刍议》、徐鸿修的《大辛庄甲骨文考释》、王恩田的《大辛庄甲骨文与夷人文化》、李伯谦的《大辛庄甲骨文与商王朝对东方的经营》、王巍的《大辛庄遗址与山东地区商文化》、栾丰实的《大辛庄商代遗址及其综合研究的意义》、徐基的《大辛庄遗址及其出土刻辞甲骨的研究价值》、于海广的《大辛庄出土刻辞卜骨之管见》。

仲伟民在这一期发表了《从知识史的视角看明清之际的“西学东渐”》，认为对明清之际西学影响的评价，分歧的焦点在于，西方先进的科技知识是否真正传入了中国，它与19世纪中国的近代化过程有没有直接的关联。文章从知识史的角度对这一问题进行了考察。作者认为，15～18世纪，中西知识差距表现在天文学、地理学、数学等自然科学及人文社会科学各领域。知识的巨大差距导致中西之间缺乏沟通的桥梁和对话的基础，加之传教士特殊的身份和使命，也决定了不可能指望他们传入系统的西方近代科学知识。因此，明清之际西学对中国的影响是有限的，与中国的近代化没有直接的关联。

陈来在本期发表了《王船山〈论语〉诠释中的理气观》，指出船山对理气的说法不少同于朱子，但船山不像朱子那样往往用实体化的理解或说法处理有关理的问题，在这一点上，船山与元明时代理学关于“理”的理解的“去实体化”发展是一致的。而船山理气观与朱子学的不同处，更多地在于船山运用其理气不离的观点对许多具体问题的讨论。在这些讨论中可明显看到，凡朱子学表现出重理轻气的地方船山必强调气，凡朱子学言气离理的地方船山则注重理，凡朱子学的说法中容易把理气变成各自独立的二物之处，船山必定强调理气合一。故船山理气观的要点应归结为理气互体，理气合一。

本期还编发了一组“法理学研究转向问题”笔谈，发表了谢晖的《法理学：从宏大叙事到微观论证》、陈金钊的《法律解释学的转向》、胡玉鸿的《法学研究的模式转换》、周世中的《从“主义”到“问题”》等文章。

9月24日，江林昌在《文史哲》第5期发表《眉县新出青铜器与西周王室世系、年代学及相关问题》。

文章认为，2003年1月陕西眉县杨家村出土的27件铜器，其铭文具有极其珍贵的史料价值。按铜器铭文内容与器形，可分为3组8篇，并应与1985年在杨家村发现的另一组青铜器作综合考察。这些资料叙述了单氏家族8代世系与西周王朝12代世系的对应关系及相关史事，其中的12位周王与《史记·周本纪》所述西周王室12位列王的次序与称名完全一致，将1976年出土的史墙盘所未列的西周王室后半世系全部补上，从出土文献的角度第一次全面印证了《史记·周本纪》等书面文献的可靠性。同时，还为西周年代学研究提供了新的考古依据，证明了夏商周断代工程所列“西周年表”的基本框架可以成立。另外，还有助于对西周历史文化有关问题的辨误。

刘蓉发表了《论〈穆天子传〉的史料价值》。文章指出，因为对《穆天子传》成书年代及真伪的不同看法，该书的史料价值从明清以来便颇有争议。近代学者中，顾实以历法立论，认为《穆天子传》用周正，自当为周书；顾颉刚则以战国形势和中西交通立论，认为该书成于战国。以北方气候的实际情况而言，顾实持论极为坚实。顾颉刚对战国中西交通的推论则与事实不符。借助传统文献与金文研究成果，可知战国说者对《穆天子传》为西周文献的几处主要质疑均不能成立。历法之外，《穆天子传》中“毛班”见于铭文；“穆满”为美称亦有金文可确证；《穆天子传》中称穆王为“天子”，更与《诗经》《逸周书》及众多彝器铭文相合。因此，《穆天子传》为西周文献，具有极高史料价值，是无可怀疑的。

陈平原也发表了《“都市诗人”张岱的为人与为文》。作者认为，“都市诗人”张岱是中国散文史上的大家。他的散文所表现出的“空灵之气”，只可意会而难以言传。他的“自叙”文体，可谓是“自嘲”的艺术，“自嘲”中仍有对自我“真性情”的坚持与夸耀，并非如有的论者所说有“忏悔”之意。作为文明象征的都市生活及其艺术表现，应引起我们足够的重视，而张岱对于民俗文化和都市风情的理解与把握胜过史书与方志。张岱文章之妙，还在于有所寄托，他将“一肚皮不平之气”和“书史、山水、机械”等糅合在一起，形成了独特的艺术风格。张岱散文看似平淡，实则有绚烂作底；他擅长在散文中写人，注重细节，三言两语足以传世，这种笔墨功夫，源于《世说新语》，又得益于张岱“好说书，好梨园”。

陶飞亚的《“文化侵略”源流考》从学术史与思想史的角度对“文化侵略”这一概念进行了系统的清理。文章指出，20 世纪初，西方在华宗教文化活动的持续扩张引起国人的忧虑。在 20 世纪 20 年代的“非基”运动中，瞿秋白等人把西方这种活动概括为“文化侵略”，深刻揭露其服务于帝国主义对华侵略的一面，成为反帝话语中的利器。不过，是否使用这一提法来针对西方在华文化事业并不是一成不变的，它明显受国际形势及国共两党对外政策取向的影响。在实际影响的层面上，“文化侵略”提法颠覆了新文化运动以来对西方文化的单纯肯定倾向，唤起国人对外来文化渗透的警惕和反抗，也迫使这些宗教文化事业实行一定程度的改革。但这个基于反帝斗争需要的提法，一度泛化为人们集体记忆中对近代西方在华文化事业的全面认识，则影响和限制了此后相当一个时期的中西文化交流。“《文史哲》名篇奖”评委认为，该文关于“文化侵略”这个概念不单单是一个学术分析的工具，它更是历史研究的对象的观点，可以让人们更准确地从学术史角度对此问题进行探讨，而且可以更深刻地从现实出发来思考这个问题。

11 月 24 日，张志忠在《文史哲》第 6 期发表《青春、历史与诗意的追寻和质询——王蒙与米兰·昆德拉比较研究》。

该文以比较文学中的平行研究方法和美国心理学家埃里克森的认同性危机理论，对中国作家王蒙和捷克作家米兰·昆德拉进行了比较研究。作者认为，两位作家都是在 20 世纪 50 年代初期，以独立思考的姿态，直面现实，叩问青春，写出风格独特的作品。其后，在青春困惑和认同性危机的缠绕下，两位作家分别对青春—革命—抒情诗—爱情等相互关联的一组人生重要命题加以大规模的书写和质询，却引出了各自不同的结论。在艺术风格上，王蒙的诗情近似于“主观诗人”，自我色彩较浓，昆德拉的诗情则是那种“客观诗人”式的，隐藏更深，底蕴也更深。“《文史哲》名篇奖”评委认为，张志忠将二人创作的原点追溯到青春时代的认同危机，由此顺流而下，获得了对两位力量型作家独特的审美高度；而且，这种比较始终紧扣作品，不离艺术和审美的考量，非常有说服力。

曾繁仁的《老庄道家古典生态存在论审美观新说》认为，长期以来，由于人们自觉或不自觉地以西方“主客二分”的认识论思维模式来规范老庄道家存在论思想，从而得出其消极倒退的结论。其实，老庄的道家思想是一种迥异于西方认识论的生态存在论审美观。它依据“天人之际”“冲气以和”的理论，从“道法自然”的基本观点出发，论述了“道”作为宇宙万物诞育、人类生存发展之本原，人与自然万物共源齐一以及“无为无欲”“无用之用”“可道常道”“大美无言”等带有明显中国特色的理论范畴，主张一种无欲与不争的、超越普通功利与物欲的审美的态度。同时，老庄还论述了带有“生物链”思想的“天倪”观与自我修养的“心斋”“坐忘”之道以及建立“至德之世”的生态社会理想。老庄的这些思想已经是具有比较严密体系的中国古代生态存在论审美理论形态，成为同当时生产与社会发展不完全平衡的理论高峰。

谭好哲的《走向文艺理论研究的综合创新》认为，从 20 世纪 80 年代中期起，中国文艺理论研究在多元化和多样化的基础上开始提出走向一体化理论综合与创新的要求。综合创新要求的提出既是文艺理论发展的必然结果，也受到欧、美文学理论界相关研究特别是苏联文艺创作综合研究学派的启示。综合创新着眼于新的理论和新的学派的现代性创造，它体现于视野、观念、方法诸多方面。

郭沂的《中国社会形态的四个层面及其历史分期》认为，社会形态可分为社会经济形态、社会关系形态、社会政治形态和社会意识形态四个自下而上的层面。一般意义上的社会形态与历史分期为社会政治形态及其演变阶段，而社会经济形态、社会关系形态和社会意识形态是通过社会政治形态来影响以至决定社会基本面貌的。据此，中国自有文明以来，经历了圣权时代、王权时代、霸权时代、皇权时代和民权时代五种社会形态和相应的五个发展阶段。

2004 年

本年度《文史哲》入选首批教育部高校哲学社会科学“名刊工程”。经“名刊工程”领导小组审定，全国共有 11 家高校的学报入选，《文史哲》位列第二。

陕西师范大学图书馆根据《新华文摘》《中国社会科学文摘》《高等学校文科学报文摘》三大文摘刊物统计：2004 年中国高校人文社会科学学报文摘率统计排序，《文史哲》位列第二；2004 年人文社会科学期刊文摘率统计排序，《文史哲》位列第四。

葛兆光的《宋代“中国”意识的凸显——关于近世民族主义思想的一个远源》和方立天的《中国佛教慈悲理念的特质及其现代意义》获本年度“《文史哲》名篇奖”。

自第 3 期始，周广璜自山东大学出版社调任《文史哲》副主编。

1 月 24 日，葛兆光在《文史哲》第 1 期发表《宋代“中国”意识的凸显——关于近世民族主义思想的一个远源》。

该文认为，直到宋代，由于北方辽、西夏和后来金、元等异族政权的先后崛起，才真正打破了唐以前汉族中国人关于天下、中国与四夷的传统观念和想象，有了实际的敌国意识和边界意识，才有了关于“中国”有限的空间意识。这种意识不同于欧洲近代民族国家意识，它的真正形成，不仅成为宋代士人极力确立“中国”与“道统”的合法性的历史背景，而且成为近世中国民族主义的一个远源。“《文史哲》名篇奖”评委认为，以往学界大多认为“中国”意识早自先秦即已确立。其实只凭“中国”这个词的出现年代而立论，未能真正从现代意义上的民族国家意识的标准来思考。该文立论的新颖之处，恰在于从现代民族国家意识的视角来认知“中国”意识，并得出宋代“中国”意识正是近世中国民族主义的一个远源的创见性结论。

2003 年 10 月，“中国东方地区古代社会文明化进程国际学术研讨会”在山东大学举行。为了推动这一讨论向纵深发展，本期《文史哲》组织了邵望平、郭大顺、栾丰实、宋建等人参加的“中国东方地区古代社会文明化进程”笔谈。

这一期的杂志还刊登了两篇研究梁启超的论文。台湾中正大学汪荣祖的《论梁启超史学的前后期》一文指出，现代学者大都将梁启超的史学以欧战为转折点分为前后两期，认为无论在史观与方法上，前后两期绝异。梁启超前期提倡进化史观、启蒙精神以及科学的史学，而后期则放弃进化史观，转而关注中国历史文化的特殊性。为了检视梁氏史学是否可以决然划分为前后两期，有必要参照中外学子的研究成果，并按梁氏原著，观察现代史学走向，深入探讨梁氏史学的本质、意义及其转变。其实，欧战对梁氏的影响并不如许多人所说的那样悲观，他的史学思想固然有所改变，但也有持续。晚年他因寄身学院，有更多时间从事读书与写作，史学知识与日俱增，后期可以说是前期的进一步发展。总体而言，梁启超是中国现代史学的拓荒者，主要贡献有二：其一，引进西方的史学概念与方法；其二，凭所知之西方史学知识批判与评论中国传统史学，促使中国史学的现代化。另一篇是日本学者狭间直树写的《梁启超笔下的谭嗣同——关于〈仁学〉的刊行与梁撰〈谭嗣同传〉》。

3 月 24 日，许嘉璐在《文史哲》第 2 期发表《中华文化的过去、现在和未来》。

文章认为，文化是国家和民族的标志，它可分成不同的层次和类别。中华文明丰富多彩，错综复杂。中华文化来源是多元的，商周以来，中原文化逐渐向外扩散，并吸取周边各种文化，从而成为中华文化的主体。任何文化，单凭自己的内部力量，难以有大的发展。中华文化在成长和细密化过程中各种学术异彩纷呈，并以其博大的胸怀广泛吸收异质文化。20 世纪的历史，是中华民族从封闭消沉走向文化自觉的历史。民族的文化自觉决定着文化走向和建设的快慢、质量的高低。当前，应该对中华民族大家庭各民族文化遗产进行保护和抢救，鼓励发展雅文化，建设好大学校园文化，建设好地方文化。

马新在《原始家族与中国早期文明的发生》中指出，中国远古时代较为清晰的血缘关系发生于新石器时代，至文明前夜已形成了较为完备的家族体系。家族成为原始聚落中基本的社会单元与经济单位。社会分工与生产分工的家族性以及贫富分化的家族性是中国原始家族的突出特点，也是中国早期文明萌发的重要基因源，由此而形成的家族间的差异以及一个家族对另一个家族的统治与拥有则构成了最早的社会政治关系，这直接影响了中国早期文明形成的道路。

张涅的《春秋兵学对于先秦哲学思想的贡献》认为，以《孙子兵法》为代表的春秋兵学对于先秦哲学思想的形成与发展有着巨大的贡献。它在军事实践中重视特殊性的对象、时空条件、目标意义和组织形式，揭示了对立统一和控制反控制的本质关系，奠定了汉民族的功利理性精神。其中有关军队组织建设的思想和实践直接开启了先秦法家的政治路线，有关作战谋略的认识又是先秦术家的思想渊源。《孙子兵法》对于战争性质、形式等的界定和阐述，还是先秦思辨哲学的初阶。它的军事理性与墨家重视平等互利、和平共处的生活理性，《周易》重视发展变易的历史理性各有特点。它的功利精神与孔子继承传统而来的道德信仰构成了中国文化的两大源头。

本期还发表了一组“西方知识论”笔谈，参加笔谈的包括俞吾金的《从传统知识论到生存实践论》、江怡的《论作为一种形而上学的知识论》、陈嘉明的《知识论研究的问题与实质》、傅永军的《后现代知识观与社会批判方法的知识学意义》等。

4 月 23 日，《文史哲》编辑部在上海市委党校举行“《文史哲》南方作者座谈会”。

来自上海、浙江、福建、江苏等地的 50 余位专家学者出席了会议。大家出于对《文史哲》的热爱，畅所欲言，就刊物的发展等问题提出自己的真知灼见，并提供了一些高质量的学术论文。

5月24日，曹道衡在《文史哲》第3期发表《黄淮流域和中古学术文化》。

文章考察了黄淮流域对中华学术文化的贡献，指出，在中古学术文化史上，大多数重要人物的籍贯在黄淮流域一带。三国到东晋南朝时期重要的学术、政治人物多出于这个地区。东晋一代，南迁的黄淮流域的士家大族把持着政坛和学术文化界。南朝以后，这一区域人士在政坛、文化艺术界的影响逐渐下降。黄淮流域在中古学术文化史上的兴盛，有其传统和经济上的原因。春秋战国以来，这一区域的文化就处于领先地位，即使两汉的政治文化中心在长安，但活跃于政界、文化界的重要人物，仍多出于这一地区。当时黄淮一带经济繁荣，人才辈出，门阀制度也维护着黄淮流域高门的文化地位。

从本期开始，分两期连载了“重新解读梁启超”的笔谈，以期立足于新世纪背景，站在学术前沿，从不同角度对梁启超进行重新解读，进而在新的语境下研究近代中国的百年嬗变。参加笔谈的包括李喜所的《现代化视野下的梁启超研究》、耿云志的《梁启超的世界主义和个性主义》、班玮的《梁启超与福泽谕吉》、黄嫣梨的《梁启超与近代妇女解放》、侯杰等人的《近百年来不同语境下的梁启超研究》、郭世佑的《梁启超：“激进—保守”模式的盲区》、李里峰的《新史学语境中的梁启超研究：再现、阐释与表述》、肖承罡的《从地域文化层面解读梁启超学术的平民色彩》、黄克武的《略论梁启超研究的新动向》等。

7月24日，《文史哲》第4期新设特色栏目“人文前沿”。

本刊开设此栏的目的，是在古老的人文学术领域注入富有时代气息的学术新风。其特色在于，以跨学科的研究方法和视野，对人文性重大前沿学术问题，展开专题讨论，并配发“评论人语”，对专题讨论作出点评，得到学术界普遍关注。首期推出的是“基因与文化”，编发了孔宪铎的《基因与人性——生命科学与社会学理论的分析》以及赵敦华的《文化与基因有无联系？——现代达尔文主义进军社会领域的思想轨迹》。二者都力图打通人文学科和生物学科之间的隔阂。

本期还发表了安作璋、唐志勇的《傅斯年与齐鲁文化研究》。文章说，傅斯年是齐鲁文化研究的开拓者、奠基人。他对这个课题的研究，提出了几乎涵盖齐鲁文化各个方面的问题，其中主要是关于齐鲁文化渊源的研究、对齐鲁学派的评析、齐鲁文献的考证以及齐鲁文化历史地位的评估等。他不仅在这些方面取得了一系列开创性的研究成果，而且提出了比较科学的思路和方法，这些都给后来的齐鲁文化研究者以重要的启迪和借鉴。

方立天发表了《中国佛教慈悲理念的特质及其现代意义》。方文指出，慈悲理念的哲学基础是“缘起论”，慈悲思想的含义简言之为“与乐祓苦”，其善行要点为布施、不杀生，其神格形象为阿弥陀佛、观音菩萨、地藏菩萨，其内在的本质为解脱众生、成就佛果。慈悲理念的现代意义是，有助于国民素质的提升，有助于维护世界和平和人类安全，有助于生态平衡与经济可持续发展。“《文史哲》名篇奖”评委认为，此文“好在它冲破传统的‘左’的藩篱，对作为佛教核心理念的慈悲范畴实事求是地作了全面、深入、准确的论述，不仅在这个领域的研究方面有重大理论意义，同时对当代社会的发展也具有重大的现实意义”。

9 月 24 日，周宪在《文史哲》第 5 期发表《图像技术与美学观念》。

作者认为，技术进步对文化的影响相当深刻。从手工模仿，到照相复制，再到数字图像技术，图像技术的进步导致了三种不同的视觉文化形态，相应地构成了模仿文化、复制文化和虚拟文化。技术的发展导致图像符号与现实关系经历了深刻变化，进而导致了美学观念的演变。模仿论是一种理性主义的美学观，它肯定实在世界的中心地位和艺术家的艺术表现以及艺术符号可以真实地再现实在世界。机械复制削平了传统美学观中的一切等级和依赖关系，将模仿物与被模仿物置于同一的无差别地位，所以现代主义以一种全然有别于传统现实主义的形态出现。虚拟技术消解了虚拟与真实的界限，虚拟文化将艺术家的写实能力彻底去魅了，极大地提升了想象力，使之超越了传统模仿原则的局限。

阎纯德的《从“传统”到“现代”：汉学形态的历史演进》认为，汉学是以中国文化为原料，经过异质文化的智慧加工而形成的一种文化，它既是外国化了的中国文化，又是中国化了的外国文化。在汉学发展史上，传统汉学（Sinology）和现代汉学（Chinesestudies）是两种汉学形态：传统汉学从18世纪起以法国为中心，崇尚于中国古代文献和文化经典研究，侧重于哲学、宗教、历史、文学、语言等人文学科的探讨；而现代汉学则兴显于美国，以现实为中心，以实用为原则，侧重于社会科学研究，包括政治、社会、经济、科学技术、军事、教育等一切领域，重视正在演进、发展着的信息资源。以上这两种汉学形态既在演进中不断丰富发展着自己，又在日趋融合中创造着能够融通两种模式的汉学形态，这就是21世纪汉学发展的前景。

11月24日，王晴佳、格奥尔格·G. 伊格尔斯在《文史哲》第6期发表《历史的重构与史学的转折—— 一个跨文化的考察》。

文章指出，所谓史学中的转折点，指的是那些在某一历史时期、某一文化内产生了深远影响的历史观念和历史意识的根本性变化，这些转折点事实上也无不在史学史上发挥了跨文化的作用，历史文本也因而得以重构。20世纪70年代末以来，我们已经目睹了诸多书写史学史时取用全球视角和比较方法的可贵尝试，历史学的范畴据之大为拓展，非西方史学也受到了越来越广泛的重视。而当今后现代主义对以科学史学和国家历史为典范的现代职业历史学的巨大挑战，极有可能为又一次重大的史学转折点铺下基石。

余敦康在《先秦诸子哲学对宗教传统的继承与转化》中指出，雅斯贝斯的轴心期理论着重指出了人类精神的觉醒是在希腊、印度和中国这三个地区同时发生的。由于这种觉醒，三个地区的文化以精神自由的原则取代了古代文明的实体性原则，形成了哲学的突破。

肖金明的《政治文明论纲——基调、体系与方法》认为，政治文明研究应当强调政治学方法与宪法学方法结合的重要性，尤其需要体现政治学视野和宪法学逻辑的有机结合。在政治学视野和宪法学逻辑相结合的层面上，可以建构政治文明建设的基本框架：民主政治——党的领导与稳健的政党制度——有序的政治参与和发展着的公民政治权利——有效的分权体制及其保障着的国家权力与公民权利相互关系——宪法与宪政。在民主宪政即宪法政治的框架内，实现党的领导、人民当家做主和依法治国的有机结合和辩证统一，是建设社会主义政治文明的必经之路。

2005 年

2 月，山东省人大常委会副主任朱正昌再任山东大学党委书记。

本年，《文史哲》获得第三届“国家期刊奖”提名奖。

据中南财经大学图书馆期刊信息检索中心消息，《文史哲》2005 年度被转载文章 122 篇次，在全国综合性社会科学类期刊中，被三大文摘期刊转载篇次均居首位。

沈长云的《说“夏族”——兼及夏文化研究中一些亟待解决的认识问题》获本年度“《文史哲》名篇奖”。

1 月 24 日，德国波恩大学汉学系教授沃尔夫冈·顾彬在《文史哲》第 1 期发表《误读的正面意义》，对“东方主义”进行回应。

该文诘问道，有些中国人和中国学者，有一种坚定的信念，以为欧洲人和汉学家不可能理解中国，他们免不了用东方的思想方式歪曲和误解中国。可是，中国学者难道不曾误读欧洲吗？中国有理由要求欧洲人按照中国方式来解释中国吗？欧洲学者出于政治正确性的考虑，屈从于中国建议的解释中国的中国方式，果真有助于文化之间的互相理解吗？误读全然是消极的吗？

本期还刊发了一组“中国古代哲学的地域性研究”笔谈。“编者按”说：中国是一个疆域辽阔、民族众多的统一大国。先秦时期诸子学说的出现，标志着中国古代哲学的诞生与兴起。众多学科的研究成果表明，从春秋到战国，中国大体形成了若干个具有各自特征的文化区域，先秦诸子的形成与这些地域性的文化传统有着紧密的联系。这种地域性传统贯穿在其后中国古代哲学发展的全部历程之中，两汉至隋唐如此，宋元明清表现更为突出，就是中国近代哲学也还是摆脱不了地域传统的影响。因此，研究中国古代哲学的地域性传统是一个十分有意义的课题。参加笔谈的有陈卫平的《略论中国古代哲学的地域性传统》、方克立的《“湘学精神”与“湖南人精神”》、牟钟鉴的《齐鲁文化之特色与贡献》、李维武的《湖北地区的心学传统及其意义》、蔡方鹿的《巴蜀哲学之特色》、李振纲的《燕赵文化的历史传承和精神特质》等。

另外，本期还组织了“唐宋时期社会经济变迁”笔谈，就唐宋时期的土地制度、商品经济、经济制度、制度变迁等问题展开讨论，以期推动对唐宋时期社会变迁的研究。参加笔谈的包括杨际平的《唐宋土地制度的承继与变化》、林文勋的《商品经济：唐宋社会变革的根本力量》、黄纯艳的《经济制度变迁与唐宋变革》、谢元鲁的《唐宋制度变迁：平等与效率的历史转换》等。

3 月 24 日，《文史哲》第 2 期推出专文对居于学术前沿的“身体史”研究进行探讨。

一篇是侯杰、姜海龙的《身体史研究刍议》。文章认为，就目前中国史学界而言，“身体史”研究尚处于起步阶段，而拓展和深化该项研究似应从以下五个层面展开，分别是身体器官史的研究、器官功能史的研究、生命关怀史的研究、身体视角史的研究、综合身体史的研究。另一篇是赵之昂的《肤觉比喻与审美意识》。该文从“身体”的一种感觉——肤觉出发，认为在文学审美意识中，人的“肤觉”“肤觉经验”以及在此基础之上形成的肤觉比喻具有空间的、情感的、无意识的诗性特征；肤觉在某些方面已成为当今社会意识发展的主潮之一，而关注这一古老而又年轻的感觉，无论是从人类学的角度还是现实社会发展的角度都有一定的意义。《文史哲》刊载两文，希望能搭建一个讨论平台，推动“身体史”及相关学术问题的研究。

5 月 24 日，《文史哲》第 3 期刊登由张立文、俞吾金、郭齐勇参加的“重写中国哲学”三人谈。

“编者按”说：近百年来，中国哲学的研究，存在着一种依傍、移植、临摹西方哲学或西方哲学的某家、某派理论的倾向。有学者认为，这是对中国哲学的史料“梳妆打扮”“削足适履”去填充西方哲学的表格或框架。这样做的结果，使中国哲学的主体性丧失了，中国哲学成为西方哲学在中国的发展史。因此，提出“重写中国哲学”的问题，希望能够建构一种真正纯粹的、用本民族话语来叙说的“中国哲学”。在笔谈中，张立文提出了“超越中国哲学的合法性问题”的主张；俞吾金认为“没有新的哲学观，便不可能有新的中国哲学史”；郭齐勇则指出“中华文明中的哲学智慧绝不亚于西方，需要我们在与西方哲学的比照、对话中，超越西方哲学的体系、框架、范畴的束缚，确立起我们这个族群的哲学智慧与哲学思维的自主性或主体性”。

沈长云在本期发表了《说“夏族”——兼及夏文化研究中一些亟待解决的认识问题》。该文运用“考古资料和文献资料互印”的方法，把什么是“夏族”这一从未见有人认真讨论过，然而却是十分重要的问题进行了概念性清理。作者认为，作为夏文化创造者的“夏族”，是构成夏代国家主体的夏的“内服”氏族成员的统称，它包括与夏后氏同姓的诸姒姓氏族及其姻亲氏族。它们一开始都围绕在夏王所由产生的夏后氏周围，分布在古河济之间及其附近。今河南偃师二里头遗址的第三期文化层具有都邑性质，只是表明夏王朝在其发展后期一度将势力伸展至河洛地区并在此建立一个新的政治中心。目前考古学界一些学者在二里头文化与夏文化之间画上等号的做法，是让人难以理解的，因为一个已经进入文明的王朝的居民绝不会由一个单纯的族系组成。本年度“《文史哲》名篇奖”评审意见认为，该文“以严密的逻辑论证，对论题作了比较圆满的解决，是学术论文完整解决一个学术问题的很好的典范。而且，该文‘强调夏文化探寻的重点不应放在豫西或晋南地区，而应放到以濮阳为中心的古河济地区’的观点，对主流学术有强劲的冲击力，为夏文化研究的深入发展提供了新的思路”。

这一期的杂志上，还集中刊发了几篇有关傅斯年的文章，包括潘光哲的《傅斯年与吴晗》、王戎笙的《傅斯年与郭沫若》、翁有为的《求真乎？经世乎？——傅斯年与钱穆学术思想之比较》、欧阳哲生的《傅斯年学术思想与史语所初期研究工作》等。

7 月 24 日，美国著名历史学家格奥尔格·G. 伊格尔斯在《文史哲》第 4 期发表《近十五年西方历史学的新发展》。

该文一如既往将史学史置入社会史的框架之内来思考。在作者看来，有两大外在因素影响了近 15 年历史学的走向：一是“冷战的结束所造成的世界场景的重大变化”，使得宗教、种族、文化和传统诸因素被激活，近 15 年来的历史研究从而越来越朝着“更加强调文化因素”的方向倾斜。二是“全球化”浪潮所导致的“多样的现代性”趋势的存在，使得“全球性层面”上的历史研究初露端倪。在作者看来，一种以“全球化”为背景、以“全球史”为归宿的大规模综合研究的趋势业已出现。

刘大钧的《帛〈易〉源流蠡测》也是本期重点介绍的文章。该文认为，今本《周易》为王弼所传东汉费直古文易本，考之竹简本，今本与竹本大体相似，证明了今本确为古文《易》本无疑。而帛本《周易》应为汉初田何所传今文《易》本。理由有二：其一，从时间上说，帛本经传的抄写时间应在文帝或文帝之前，基本可界定在高祖至吕后执政的 20 余年间，这符合汉初传《易》“本于田何一家”的史书记载；其二，从学术归属上看，帛《易》以“乖”代“睽”、以“礼”代“履”作卦名，显然受到《序卦》“睽者，乖也”“履者，礼也”的影响，此与汉初田何一系“训诂举大谊”的学风也很相似。田何所传今文《易》本，包括“今义”和“古义”两方面，“今义”指以“德行”“仁义”谈《易》的内容，“古义”指以占筮及阴阳灾变谈《易》的内容。帛书经文卦序与京房《易》八宫卦序的密切关系，及帛本《易传》中大量孔子论阴阳五行、占筮梦兆的语句，都反映了马王堆帛本《易》可能为史籍所载田何弟子周王孙所持“古义”的传抄本。

9 月 24 日，《文史哲》第 5 期刊文探讨全球公民社会与全球治理。

本期刊发了郁建兴、周俊的《全球公民社会：一个概念性考察》及陶文昭的《全球公民社会的作用及其变革》，对全球公民社会组织所从事的活动、发展历程以及它在促进治理、善治和全球民主治理中发挥着什么样的作用进行了论述。

为“纪念臧克家100周年诞辰”，本期发表了题为“传统、时代与诗歌创作”的笔谈，包括丁尔纲的《臧克家的文学史意义》、孙基林的《臧克家笔下的乡村意象》、蒋登科的《时代洪流中的艺术选择》、李掖平的《为时代和劳苦民众歌与哭》等文章。丁尔纲认为臧克家承前启后，是中国特色新诗的新起点的奠基者和开路人；孙基林则从诗人经验与记忆的创作论角度，采用比较文学研究的方法，论说了诗人臧克家的乡村情结和诗作的乡村意象；蒋登科的文章从创作动力的角度，指出了诗人两种鲜明的表现姿态，即批判与顺应；李掖平教授则揭示了20世纪30年代中国现实语境与臧克家诗歌的本质联系及其艺术的写实价值。

11月24日，栾丰实在《文史哲》第6期发表《海岱地区史前时期稻作农业的产生、发展和扩散》。

作者认为，地处黄淮下游的海岱地区，新石器时代偏早时期是以种植粟类作物为主的旱作农业区。随着与南方地区文化交流的增强，至迟在北辛文化时期稻作已传入海岱地区，然后循着东、西两路由南向北不断地扩散和发展。到龙山文化时期，海岱地区的南部和东部沿海一带，已经形成了一定规模的稻作农业经济。以东部沿海地区为基点，稻作农业还渡海传播和扩散到了辽东半岛和朝鲜半岛地区，并进一步向日本列岛扩散和发展。

陈朝云的《夏商周中原文明对淮河流域古代社会文明化进程的影响》指出，中原夏文化对淮河流域上中游地区存在着直接、强烈的文化影响，又间接影响到豫西、鲁东、皖北。代夏的商文化的冲击使东夷、淮夷文化的格局与内容都发生了很大变化，东夷文化部分地与商文化融合，鲁南、苏北地区成为商文化的波及地区，淮夷文化成为商文化的地方类型。周文化不但影响了淮河流域古代文化的面貌，而且在很大程度上改变了淮河流域古代居民的结构和成分。从地理上看，夏商周中原文明的浸润由西而东递减，土著文化因素递增；从社会层次上看，对中原王朝礼制文明的接受程度则由社会上层而下层递减。淮河流域古代文明在发展过程中吸收和融合了夏商周古代文明的多种因素，从而为淮河流域古代文明的发展奠定了坚实的基础。

2006 年

3 月，编辑部人事调整，王学典接任主编。

葛兆光的《道统、系谱与历史——关于中国思想史脉络的来源与确立》以及杨春梅的《去向堪忧的中国古典学——“走出疑古时代”述评》获本年度“名篇奖”。

1 月 24 日，《文史哲》第 1 期刊登一组“民间信仰与中国社会研究”笔谈。

本期刊发了姜生的《民间信仰与大型宗教的递变关系及能量交换》、金泽的《民间信仰的聚散现象初探》、郑志明的《关于“民间信仰”、“民间宗教”与“新兴宗教”之我见》、孙江的《教派书写与反教派书写》等文章。该组笔谈反映了山东大学历史文化学院承担的教育部社科重大课题攻关项目“民间信仰与中国社会研究”的部分成果。

杨守森在本期发表《文学批评的四重境界》。文章认为，依据内容构成，文学批评大致可分为复述归纳、体悟阐释、分析评判、提升创造四种基本形态，依次相对应的是传播文学信息、丰富作品内容、探讨创作规律、开拓思想空间四重境界。复述归纳式，也许还算不上真正的文学批评；体悟阐释式，也因缺乏深入分析而批评意味不足；达至第三重境界的分析评判，才更具文学批评的本性；而最高境界则是思想空间的开拓与创造。正是依据四重境界，可进一步看出中国现当代文学批评的不足：大多批评文章，达到的尚是低层次的第一或第二重境界，与之相关，在近百年来的中国文学批评史上，我们还找不出一位像刘勰、巴赫金、萨义德那样具有独立思想创造的批评家，能够达到第三重境界的批评家也不多见。一位批评家要达至第三重境界，必须具备广博的专业理论与深邃细腻的文学眼光；而要达至第四重境界，需要的则是元理论的反思能力与超文学的批评视野。

本期还刊登了一组“现实社会主义认识四人谈”，发表了奚广庆的《东方社会研究和现实社会主义》、包心鉴的《社会主义和谐社会：以人为本的价值取向》、秦宣的《平等与效率：社会主义的两大价值目标》、王建民的《社会主义研究的科学性有待加强——以按劳分配理论的研究为例》等文章。

3 月 24 日，《文史哲》第 2 期新设“疑古与释古”专栏，并以此为阵地对笼罩学界的“走出疑古”思潮和声势浩大的“夏商周断代工程”发动了大规模的学术讨论和学术批评。

“走出疑古时代”的口号最先由著名学者李学勤提出。早在 1982 年，李学勤就在《人文杂志》专刊“先秦史论文集”发表了《重新估价中国古代文明》，提出“现在对中国古代文明的估价是不够的，应该把考古学的成果和文献的科学研究更好地结合起来，对中国古代文明作出实事求是的重新估价”。1992 年，李学勤在北京语言学院组织的座谈会上发表演讲，公开举起了“走出疑古时代”的大旗。李学勤认为，“从晚清以来的疑古思潮基本上是进步的，从思想来说是冲决网罗，有很大进步意义，是要肯定的”，“可是它也有副作用”，“它对古书搞了很多‘冤假错案’”，“在现在的条件下，走出‘疑古’的时代，不但是必要的，而且也是可能的了”，“我们要讲理论，也要讲方法。我们把文献研究和考古研究结合起来，这是‘疑古’时代所不能做到的。充分运用这样的方法，将能开拓出古代历史、文化研究的新局面，对整个中国古代文明作出重新估价”。这篇演讲发表在《中国文化》1992 年第7 期上，标题就是《走出“疑古时代”》。该文“编者按”强调说：此文“痛感疑古思潮在当今学术研究中产生的负面作用，于是以大量例证指出，考古发现可以证明相当多古籍记载不可轻易否定，我们应从疑古思潮笼罩的阴影下走出来，真正进入释古时代”。于是，“走出疑古时代”“进入释古时代”的口号正式提出。1995 年，李学勤出版论文集《走出疑古时代》，很快风行于学界。其后，伴随作者相关著述的广泛传播，“走出疑古时代”迅速成为一股强大的思想潮流席卷学术界和思想界，如排山倒海般波及历史、哲学、考古、古文字、古文献等众多领域，成为 20 世纪 90 年代以来最具号召力的学术主张。以“走出疑古”的思路撰写的学术著作和论文如雨后春笋。借新出简帛反思古书之机，由“疑古”向后倒转，跳回到“信古”，盲目信从古书和古书中所载古史传说，试图借“古来如此”和“事实素地”等观念，肯定包括“三皇五帝”谱系在内的传统古史观，已经成为风潮。

在“走出疑古”的推动下，“夏商周断代工程”横空出世。1995 年秋，国家科委（今科技部）主任宋健邀请在北京的部分学者召开了一个座谈会，会上宋健提出并与大家讨论建立夏商周断代工程这一设想。1995 年底国务院召开会议，成立了夏商周断代工程领导小组，由国家科委、自然科学基金会、科学院、社科院、国家教委（今教育部）、国家文物局、中国科协共七个单位的负责人组成，并聘请历史学家李学勤、碳-14 专家仇士华、考古学家李伯谦、天文学家席泽宗作为工程的首席科学家。1996 年 5 月 16 日，国务院召开会议正式宣布夏商周断代工程启动。宋健在会上作了《超越疑古，走出迷茫》的讲话，讲话也特别突出对“疑古”一派的不满。工程的总目标是制定一份有科学依据的夏商周三代年表。具体目标是：（一）西周共和元年（公元前 841 年）以前各王，提出比较准确的年代。（二）商代后期武丁以下各王，提出比较准确的年代。（三）商代前期，提出比较详细的年代框架。（四）夏代，提出基本的年代框架。这一“宏伟”工程被列为“九五”国家重点科技攻关项目，也是我国有史以来规模最大的一次多学科交叉联合攻关的系统工程，参加者有200 人之众。2000 年 9 月 15 日，该工程通过国家验收。2000 年 11 月 9 日正式公布了《夏商周年表》。该年表把中国的历史纪年向前延伸了 1200 多年，推定以周武王讨伐商纣王为标识的商周分界为公元前 1046 年，并明确了公元前 841 年以前西周十王的具体在位年代；推定夏商分界年代为公元前 1600 年，并明确了商武王以下十二王的在位年代，对于商代前期的历史给出基本的年代框架；推定夏代始年为公元前 2070 年，也相应提出了夏代基本的年代框架。《夏商周断代工程 1996～2000 年阶段成果报告（简本）》也在 2000 年由世界图书出版公司出版。

实际上，无论是“走出疑古时代”还是“夏商周断代工程”，都把矛头指向了对中国历史学产生革命性影响、由顾颉刚发动的“古史辨”疑古运动。无法从方法、理论还是成果上，曾经在中国史学“化经为史”转型中开榛辟莽、前驱先路的“古史辨”都受到了“走出疑古”派全盘否定甚至是公开地奚落。而顾颉刚又是中国现代史学的标志性人物，对他的否定即意味着对一个具有巨大解释力的学术范型的否定。因此，如何评价“古史辨”派，如何论定顾颉刚“疑古”学派的学术价值，不仅关系到如何重新评价中国文明，更关系到中国古史研究的未来去向。置身于21世纪的中国古史学来到了需要抉择的岔路口上。

“夏商周断代工程”初步成果公布后，受到海内外学术界的尖锐批评与强烈质疑。海外学者在正式学术会议上对“夏商周断代工程”的方法和结论进行了猛烈抨击，斯坦福大学的David Nivison教授甚至在《纽约时报》上预言“国际学术界将把工程报告撕成碎片”。与国外相比，国内对“夏商周断代工程”的批评多是零星的，且多在网络媒体进行，和声势浩大的“走出疑古”相比，声音相当微弱。特别是对风行十数年的“走出疑古”及其所竭力否定的“疑古”的内涵和来龙去脉，一直没有很系统的学术分析和解剖。正如媒体所言：“面对‘疑古’和‘走出疑古’这样一个世纪性纠结纷争，在今天特别需要一种冷静和理智，抛开成见，摒弃中国现代学术史上屡见不鲜的那种‘论战’模式，秉承学术自由的精神，以宽容的胸襟和对学术高度的责任感，实事求是，以学论学，使中国学术界摆脱每每以激烈‘论战’始，以不了了之终的恶性循环，从此能够健康发展。在此方面，学术期刊肩负着特别重要的使命。”

这就是《文史哲》开设“疑古与释古”专栏，探究“疑古”和“走出疑古”这一重大学术冲突的背景。

该栏目发表的首篇重头文章是杨春梅的《去向堪忧的中国古典学——“走出疑古时代”述评》。该文长达4万余言，对“走出疑古时代”口号的内涵和来龙去脉、所发生的影响及其利弊得失等问题予以全面系统的分析总结，并将“走出疑古”置于现代学术的框架中进行评价，指出了“走出疑古”论的种种偏谬和矛盾。文章认为，自1992年李学勤提出“走出疑古时代”“走出疑古”已经成为一种思潮，对学术界和整个社会产生了广泛而深刻的影响，围绕古书、古史的考释及方法、规范等问题，“疑古”与“走出疑古”已是狭路相逢，短兵相接。这已经不只是两者之间的纠纷，更是关系到中国学术未来走向的重大问题。文章揭示了一个古史研究的关键所在，即“科学无穷证据有穷”问题，认为中国史学需要什么样的理论和方法，已经到了不能再回避的时候了。科学必须讲求“证据”，但当证据之求和“证据”的解释陷入僵局时，概念和逻辑的合理性问题、学术的原则和规范问题便自然显现出其至关重要的意义，而这恰恰是学界一向忽略的属于理论范畴的问题。中国学术界必须改变鄙薄理论的风习，必须有一些人肯在科学的基础上，进一步深入到非“证据”所能穷尽的理论领域，让这里开满真正的理论之花。在“名篇奖”评选中，评审专家认为该文“气势宏大，视界开阔，论证深入，是近年学术史研究领域一篇很有影响的力作”，“尤其是文章提出了一个令学界思考的大问题，就是应当如何认识未来中国学术发展的方向，发人深思”。本期“特约评论人”也称“这是一篇凝结着对古典学命运忧思的呕心沥血之作”。

其后，《文史哲》又连续发表重头文章，将“疑古”和“信古”的辩论推向高潮。

《文史哲》杂志对“走出疑古时代”“夏商周断代工程”发动公开的大规模的学术质疑引起了文化界、学术界的普遍关注。2006 年 8 月 30 日，在知识界享有盛誉的《中华读书报》刊登记者祝晓风的文章《“走出疑古时代”遭遇大规模学术质疑》，对《文史哲》发动的这一重大学术事件进行了详细的报道和高度的评价。文章说：“久负盛名的老牌学术期刊《文史哲》，于 2006 年第 2 期创设‘疑古与释古’专栏，已连续 3 期对近年来在史学界极具影响力的‘走出疑古时代’提出学术讨论，对‘走出疑古时代’口号的内涵和来龙去脉、所发生的影响及其利弊得失等问题予以全面系统的分析总结，并将‘走出疑古’置于现代学术的框架中进行评价。这些文章被包括《新华文摘》《中国社会科学文摘》在内的各大学术期刊转载，受到学界广泛关注。主流学术期刊针对某一学术话题，展开如此大规模的、系统的学术讨论与学术批评，近年来在学术界实在罕见。而针对近年来在学术界影响巨大的‘走出疑古时代’提出如此篇幅的、系统的正面批评，可以说是首次。”

同一天的《中华读书报》还登载了《一桩聚讼八十余年的学术公案再起波澜——〈文史哲〉杂志连续载文探讨“走出疑古”问题》，对《文史哲》杂志发动这一大规模学术批评的学术背景进行了更为详细的报道。

上海学者曾军将“‘走出疑古时代’遭受质疑”列为2006年人文学术界六个重大事件之一，与“马克思主义的当代价值”“王富仁的‘新国学’”“《文学概论》教材与文学理论的基本问题”等学术话题和文化事件并列，共同组成2006年的文化镜像和学术奇观。(《文化镜像与学术奇观——2006年度人文学术热点透视》，《社会科学》2007年第1期）该文在介绍了《文史哲》组织的这场引人注目的学术批评之后指出：“这场‘疑古’与‘释古’之争虽然只涉及上古史研究，但是其意义却明显地超出了这一狭窄的学科领域。从大的文化学术背景上来看，李学勤提出的‘走出疑古时代’以及相应的‘重新估价中国古代文明’‘对古书的第二次反思’和‘重写文学史’命题其实正是上个世纪80年代人文学术发展的文化镜像。正因为如此，对‘走出疑古时代’的质疑‘最足以让学界警醒的，是作者提出了“科学无穷证据有穷”的问题。’‘我们和国际学坛的差距，不在材料搜集的寡少，而在于理论资源的稀缺与匮乏，输出“材料”进口“理论”的局面也早该相应结束了’。”

由《文史哲》引起的这场关系重大的讨论迅速向学术界扩散，一些著名学者纷纷站出来对这一场坦率且不苟且的讨论给予热烈的回应，从而将“疑古”与“走出疑古”的争论推向新高潮。2006年底，著名国学大师饶宗颐在接受《羊城晚报》记者采访时，面对记者“上个世纪90年代前后，中国夏商周断代工程首席科学家李学勤，他写了一篇《走出疑古时代》的文章，对‘疑古’观提出质疑，在内地学界引起一场论战。您对这事怎么看？”这一提问时，饶先生答道：“这件事情我知道，近代中国100年的学术史都在我的脑袋里。我跟学勤是老朋友，他的《走出疑古时代》我也看了，他批评‘疑古’，我觉得比较激烈了一点。因为怀疑精神基本上是做学问的一个条件，学术上没有什么事情是不能怀疑的。我最欣赏季羡林讲我的学问时，有一句话：‘他最能发现问题，最能提出问题。’我觉得他这句话最中我的心意。‘走出疑古时代’？‘疑古’是没有时代的，疑古可以延长到很久，因为古代很多东西我们弄不清楚，人家讲得不对我们就要怀疑，文献记载不清楚，矛盾太多了。我个人认为，我今天还在疑古，因为很多古代的问题不是一下可以解决的，今天出了很多新东西，但也出了很多新问题，有些问题远远没有解决。现在到处都是这样，不是中国才这样。当然没有旧材料就没有办法解释新材料，可是旧材料有太多矛盾，如何把它理清楚？永远也理不清楚。我的立场是这样子。”（《饶宗颐：大隐于市一鸿儒》，载《羊城晚报》2006 年 12 月 11 日）稍后，著名学者李零在接受《南方周末》记者采访时也表示：“汉学家和宋学家都尊孔，唯一打破这个僵局的就是‘五四’。‘五四’的一个重要遗产就是疑古运动。尽管顾颉刚先生那么推崇崔东璧，但是他指出，崔东璧不敢疑孔，他敢。”（《他是一条丧家狗——李零读孔子》，载《南方周末》2007 年 5 月 16 日）自“走出疑古”讨论发生后一直对此保持缄默、因而被认为是“中间派”的李零，也为形势所“逼”表明了立场。著名考古学家林沄先生也著文参战，他在《史学集刊》2007 年第 3 期发表《真该走出疑古时代吗？——对当前中国古典学取向的看法》，对“走出疑古时代”的口号提出了严厉批评，并断言：“从古史辨派开创了疑古时代之后，中国的古典学，实际上就逐步进入了疑古和释古并重的古史重建时期。这种重建是以对史料的严格审查为基础，把古文献和考古资料融会贯通而进行的。因此无须另立一个释古时代，或另称考古时代。由于这个古史重建时期永远要保持对文献史料严格审查的精神，所以提‘走出疑古时代’是完全没有必要的，甚至可以说是一种代表信古回潮的错误导向。我们根本无须走出疑古时代，而应该在信古时代寿终正寝后，还要继续坚持疑古、释古并重的方针，来重建真实的中国古史。”“只有在更多的有识之士的普遍关心下，才能使我们重建古史的事业不走上歪路。这才对得起祖宗，也对得起后代。”

《文史哲》发起的这场 21 世纪以来学术领域少有的讨论的意义绝不在于门派之争，更不在于学术水平高低的较量，它实际上反映的是学术共同体内部要求转换已经陷入困境、走向迷茫的上古史研究未来方向的要求和努力。兹事体大，从这一意义上说，《文史哲》发动这样一场事关古史重建、事关重构中华文明路径的大是大非问题的学术大讨论，必将在学术史上产生久远而广泛的影响。这一点已经得到了学界的承认。正如《文汇读书周报》2007 年 7 月27 日一篇文章所言：“中国古典学向何处去？或许永远不会有一个统一的标准答案。通过商榷讨论，在一些大是大非的原则问题上取得共识，应该还是可以期待的目标。而已有的讨论表明，中国学术界正在对古典学发展过程中出现的一些方向性失误进行反思纠正，古典学正在各方面的努力中向着健康正确的方向调整。”（《走出疑古时代：“中国古典学”面临重新定向吗——“走出疑古时代”大讨论进入一个新阶段》）

本期其他方面的文章也值得注意。周来祥的《和·中和·中——再论中国传统文化的和谐精神及其审美特征》认为，“和”“中和”“中”等词语、概念的历史发展清楚地表明，和谐观念、中和精神是我国传统文化的核心范畴和主导精神，我国古代哲学是主客体结合的关系本体论，我国古代文化是本体论与方法论、知识论与价值论、认识与践行、自然与人文素朴统一的文化，是追求人与社会、人与自然、人与自身和谐统一的文化。从中和、和谐这一本质的规定看，中国的哲学是一种美的哲学，中国传统文化是一种审美文化。

陈来的《走向真正的世界文化——全球化时代的多元普遍性》提出，从中国古代哲学的“理—势”观念出发，对全球化应采取“理势兼顾”的态度，在参与中发挥东方的力量，促使其向更合理的方向发展。在文化关系方面，必须一改西方中心的文化理论，发扬中国的“和而不同”思想，确立“多元普遍性”的观念，以作为处理文化关系与文明对话的基本原则。

5 月 24 日，张富祥在《文史哲》第 3 期发表《“走出疑古”的困惑——从“夏商周”断代工程的失误谈起》，对“夏商周断代工程”的“研究理路”和“泛科学论证”的弊端进行检讨和反思。

该文认为，当下古史年代学研究可行的路径，仍应是在古文献“文本”的基础上多方联络和考证，力求将已有的年代系统调整到能够为大多数学者所接受的水平上。夏商周断代工程不由此途，而将主要精力放到非文字史料的调查和取证上，所得结果大都不可据。工程所提倡的多学科方法带有泛科学化的倾向，由此导致年代学论证上的一系列失误。这些失误表明，作为工程的指导理念，“走出疑古时代”的主张以及“超越疑古，走出迷茫”的提法，在理论上和实践上都是不妥当的。

在国学方面，刊登了葛兆光的《道统、系谱与历史——关于中国思想史脉络的来源与确立》，文章认为，古代中国思想史的叙事脉络，大体来自三个不同的“系谱”，它们仿佛考古中的三个“堆积层”，分别是：（一）古代中国的“道统”；（二）近代日本“支那哲学史”与现代西方“哲学史”框架下的中国思想清理；（三）20 世纪 30 年代以后逐渐形成的马克思主义哲学史和思想史叙事。这三重叙事方式，在一种很有意思的结合下，确立了直至如今的中国思想史基本脉络，并且越俎代庖地充当了思想世界的“历史”。在这一思想史叙事逐渐脉络化背后，有一种发掘精神资源和思想传统，为当代重新树立“统绪”的意图。但是，这样的叙事脉络忽略了古代思想世界具体的历史环境、政治刺激和社会生活，也使得中国思想史常常出现后设的有意凸现或者无意删削，并且由于脉络化而线索变得很单一。因此，新思想史研究，应当回到历史场景，而在思想史与知识史、社会史和政治史之间，也不必人为地画地为牢。“《文史哲》名篇奖”评审专家给予该文以很高的评价，认为“作者以清醒的反省意识批评了百年来中国思想史与哲学史的简单化的趋向，其研究方法、问题意识都有突出的特点，确能发人之所未发”。

7 月 24 日，《文史哲》第 4 期“疑古与释古”栏目刊登西山尚志对日本著名汉学家池田知久的访谈《出土资料研究同样需要“古史辨”派的科学精神——池田知久访谈录》。

池田教授结合中国及日本古典学研究的历史和现状，就古史辨派的学术理路与学术成就、出土文献的价值认定与研究方法等给予了比较系统的评定和论说。池田知久特别强调三点：“第一，出土资料不可能成为否定疑古思想的理由，考古发现只会修正若干古史辨派的结论，而不能从根本上动摇其科学基础。第二，从根本上讲，‘疑古’并不只是某一时代的产物，也不只是一时的思潮，而是一种贯通古今、不分国别的科学精神。出土资料研究也完全需要疑古派学者的研究方法和科学精神。第三，我们现在所作的出土资料研究其实也是疑古派所做工作的一部分，是他们的工作在新时代的延伸。我们必须沿着古史辨所开辟的道路继续走下去。”这些观点有利于澄清人们对“疑古”的误解。

曾繁仁的《中国古代“天人合一”思想与当代生态文化建设》认为，作为中华传统文化之精髓的“天人合一”思想所包含的古典生态智慧具有极为重要的当代价值。从作为其源头的《周易》分析，它包含“太极化生”“生生为易”“天人合德”“厚德载物”与“大乐同和”等极有价值的生态智慧内涵，成为当代生态文化建设的重要资源。

本期发表的冯天瑜《历史分期命名标准刍议》认为，在给历史段落命名时，应“制名以指实”“循旧以造新”“中外义通约”“形与义切合”。秦以下两千年命名“封建社会”，名实错位，形义脱节，亦与外来义相左，而称之“宗法地主专制社会”较为名实相符。这一观点引起了学术界的极大争论，成为其后几年有关中国社会形态争论的焦点。

8 月 30 日，《中华读书报》发表记者祝晓风撰写的《“走出疑古时代”遭遇大规模学术质疑，李学勤不做正面回应》以及《“三皇五帝”的传说：信其有还是疑其无？一桩聚讼八十余年的学术公案再起波澜——〈文史哲〉杂志连续载文探讨“走出疑古”问题》两篇报道，对《文史哲》针对“走出疑古时代”所发动的大规模学术讨论予以详细介绍。

《“走出疑古时代”遭遇大规模学术质疑，李学勤不做正面回应》一文写道：

> 久负盛名的老牌学术期刊《文史哲》，于 2006 年第 2 期创设“疑古与释古”专栏，已连续三期对近年来在史学界极具影响力的“走出疑古时代”提出学术讨论，对“走出疑古时代”口号的内涵和来龙去脉、所发生的影响及其利弊得失等问题予以全面系统的分析总结，并将“走出疑古”置于现代学术的框架中进行评价。有的文章长达 4 万字。其中有学者甚至指出，“走出疑古”的主张，在理论上和实践上都是不妥当的。
>
> 这些文章被包括《新华文摘》《中国社会科学文摘》在内的各大学术期刊转载，受到学界广泛关注。主流学术期刊针对某一学术话题，展开如此大规模的、系统的学术讨论与学术批评，近年来在学术界实在罕见。而针对近年来在学术界影响巨大的“走出疑古时代”提出如此篇幅的、系统的正面批评，可以说是首次。
>
> 近日，记者采访到“走出疑古时代”的提出者、著名学者李学勤，请他就此发表意见。李先生说，几篇文章，他都已看到。只要是学术范

围内的讨论和批评，他都欢迎。至于具体到这几篇文章中提出的问题，他表示，他的学术观点已在此前都有系统的表述，不想再做回答。

《“三皇五帝”的传说：信其有还是疑其无？一桩聚讼八十余年的学术公案再起波澜——〈文史哲〉杂志连续载文探讨“走出疑古”问题》一文写道：

> 由于种种原因，对“走出疑古”批评零散而不显眼，和声势浩大的“走出疑古”相比，显得相当微弱。特别是对风行十数年的“走出疑古”及其所竭力否定的“疑古”的内涵和来龙去脉，一直没有很系统的学术分析和解剖。应该说，面对“疑古”和“走出疑古”这样一个世纪性纠结纷争，在今天特别需要一种冷静和理智，抛开成见，摒弃中国现代学术史上屡见不鲜的那种“论战”模式，秉承学术自由的精神，以宽容的胸襟和对学术高度的责任感，实事求是，以学论学，使中国学术界摆脱每每以激烈“论战”始，以不了了之终的恶性循环，从此能够健康发展。在此方面，学术期刊肩负着特别重要的使命。

9月24日，李洪岩在《文史哲》第5期发表《中国古代史学文本的理论与实践》。

该文对中国古代史学文本中客观主义和文学化之间的张力进行了分析。作者指出，中国古代史学文本理论具有客观主义的特质，史学文本写作实践却表现出反客观主义的文学化情形，由此而形成理论与实践的二元对立，并延展到近代史学，构成考察整个中国史学脉络的一个线索。史学文本中的文学化现象表现在许多方面，具有必然性和认识论上的某些理据，时常造成历史认知的变形。反文学的史学文本思想则缺乏历史认识论的澄明，甚至成为悖论，但客观主义的史学文本书写规则并未因此而失效。将古今之文本理论与史学实践结合起来，参照后现代主义史学思潮予以观照，对史学观念颇多警示与警醒作用。后现代主义逼使客观主义深刻地反躬自省，然而，无论史学文本具有多么强烈的诗性结构，“历史真实”的概念却依然可以成立，史学文本所表现出的客观性、公正性和科学性，都无从抹杀。将后现代主义中

“异化的力量”“解构”掉，吸取其“合理内核”，历史学将变得更加自信。

台湾学者黄俊杰的《21世纪孟子学研究的新展望》从内在理路出发分析了孟子学研究的未来走向。作者认为，未来的孟子学研究必须“内”“外”兼顾，得其全貌。三个可能的研究新方向是：（一）孟子思想中的身心关系论与修养工夫论；（二）东亚孟子学的发展及其思想的同调与异趣；（三）全球化时代孟子思想的普世价值。

这一期还发表了李扬眉的《“疑古”学说“破坏”意义的再估量——“东周以上无史”论平议》。该文从学术史上厘清了广为流传的“东周以上无史”背后蕴藏的逻辑关系，认为“东周以上无史”实质上是一个历史知识论而非本体论范畴内的命题，持这一观点的人认为应予推翻的并不是东周以上实际发生的历史，只是传世文献，尤其是权威经典中有关上古史的叙述——由于现存有关东周、夏商甚至于更早时期的历史记载，天然地缺乏“直接的史料”，也就是无法“拿证据来”。既无法“拿证据来”，这些记载便自然失掉了成为真确的历史知识的基本条件。因此，“东周以上无史”实际上是一个被“证据”法则逼出来的结论。在当时普遍不信任传统典籍和历史记载的前提下，又因为实证主义史学家以探求“真实”为最终目的，严格恪守“有几分证据，说几分话”的戒律，始终无法对漫长的上古历史形成全面的把握，出土材料也同样不能从根本上解决这一问题。在作者看来，上古史重建工作必须冲破材料及证据的局限，建立在相关理论的基础之上。

10月21～22日，《文史哲》编辑部与山东大学文史哲研究院、中华书局、《历史研究》编辑部联合举办的“上古史重建的新路向暨《古史辨》第一册出版80周年国际学术研讨会”在山东大学召开。

50多位来自海内外不同学科不同领域的有代表性的学者，如谢维扬、廖名春、陈淳、张富祥、吴锐等出席了本次会议，并就“走出疑古”影响下的中国古典学究竟是否“堪忧”、“堪忧”的是什么，“走出疑古”的“困惑”究竟何在，疑古、考古与释古的关系如何等焦点问题展开了激烈的论辩。努力为分歧各方搭建起一个坚实的平台，以推动学术交流，促进学术发展，是这次会议的宗旨。

这次会议因议题的重大和辩论的坦率开放在学界引起广泛关注。2007 年 7 月 27 日的《文汇读书周报》认为："这次会议最引人注目的特点，是'疑古'和'走出疑古'两派同台唱戏，展开了近几十年来的首次正面交锋。"（《"中国古典学"面临重新定向吗?》）2006 年 11 月 28 日和 12 月 12 日，《光明日报》辟出大块篇幅分两期刊载了谢维扬、廖明春、张富祥、江林昌、陈淳在这次会议上的对话《走出"疑古"还是将"疑古"进行到底》。2007 年 1 月 10 日的《中华读书报》发表了杨春梅撰写的长篇会议侧记《为"顾颉刚年"做个标点》。杨文也认为，"这次会议最为引人注目的特点是'两派学人聚集在一起，同堂对话，交锋辩难'"，"将对纪念对象持不同评价的两派学者请到一起交流对话，这在当今中国学界实属罕见，值得大书而特书。不同学科及分歧双方学者间的交流对话不仅赋予这次会议很高的学术含量，而且收获颇为丰厚"，"大家尽管意见不同，甚至分歧很大，但是彼此都能直言不讳，坦诚相见，这也是贯穿整个会议的一个特点"。青年学者李锐在《学灯》（网刊）发表的《"上古史重建的新路向暨〈古史辨〉第一册出版八十周年国际学术研讨会"侧记》也认为"此次会议确实具有重大的意义"，"主办方筹办此次会议，有许多创举"。文章认为："此次会议第一次让有不同意见的学者们坐在了一起，围绕上古史重建的新路向，'疑古'学说论衡，文献研究与'疑古'学说，'古史辨'与 20 世纪中国史学等主题，彼此交流，认真地讨论有关问题，这是非常有益的。本次会议对于今后史学的发展，必将起到有力的推动作用。"

11 月 24 日，陈斯鹏在《文史哲》第 6 期《楚帛书甲篇的神话构成、性质及其神话学意义》，试图打破中国汉民族没有创世神话的陈说。

该文指出，根据最新文字考释成果分析，楚帛书甲篇神话是一个脉络清晰的有机整体，它所描述的是整个宇宙的形成及其秩序的确立过程，概括起来主要包含三大阶段，即：天地开辟及宇宙秩序的初步确立—宇宙秩序的破坏及其重整和巩固—宇宙秩序的精密化，是一个包括了原创世和再创世的完整创世神话，其中创世神雹、女填，即伏羲、女娲。楚帛书神话作为现存先秦时代唯一完整的创世神话记录，具有重要的意义。它与近世民族调查所得的西南苗瑶或中原汉人所传伏羲女娲神话，在类型学上存在着明显的差异，后者很可能是受到以印度文化为中介的西亚洪水遗民神话影响的结果。

陈炎的《酒神与日神的文化新解》对酒神与日神精神深处隐藏的文化动机进行了解剖。文章认为，酒神与日神精神是从同一现实生活中分裂出来的两种彼此对立的宗教情绪。前者是肉体的沉醉，表现为一种纵欲的对感性生活、肉体存在的忘乎所以的肯定；后者是精神的沉醉，表现为一种禁欲的对精神世界、宇宙本原的不顾一切的追求。从社会历史的角度上看，前者体现了母系社会的流风余韵，代表了受到文明压抑的女性群体对男权社会等级秩序的一种反动；后者则体现了父系社会的秩序与法则，代表了占统治地位的男性群体对既有文明的捍卫与维护。从精神分析学的角度看，前者是遭受压抑的文明人尽情宣泄感性欲望、释放原始快感的理由和借口；后者则是这种被压抑的心理能量变相升华的手段和渠道。于是，通过这两种宗教崇拜仪式，在古希腊人的心理结构中，感性与理性、肉体与灵魂、经验与超验之间彻底分裂了。进而言之，这一分裂对西方社会的文化结构和社会结构都曾产生过至深至远的影响。

2007年

本年度“《文史哲》名篇奖”空缺。

1月10日，《中华读书报》发表杨春梅撰写的“上古史重建的新路向暨《古史辨》第一册出版80周年国际学术讨论会”侧记《为“顾颉刚年”做个标点》。

文章指出：这次会议的一大功绩就是把问题的多样性和复杂性凸现出来，使大家认识到对一些问题的解决不能太操之过急。单就“古史辨”的评价而言，在对“古史辨”一系列核心观点、方法及意义价值没有研究辨析清楚之前，否定和“走出”的步子起码应该放缓，过于急切的态度，不仅无助于纠正“疑古”的错误，反倒可能把前辈们辛苦获得的有价值的成果扔掉，并且因此导致一系列更为严重的错误。在批评上个世纪的激进反传统之后，希望不要反过来出现一个激进的反现代。在“走出”这个那个之前，中国学术界目前最需要“走出”的恐怕首先是种种情绪和情结纠缠下盲目翻案的思维模式；否则，不等捡回古代的那些旧遗产，已经失落近代以来积聚的一点新家当。

1月24日，《文史哲》第1期刊登文章纪念著名诗人臧克家102周年诞辰。

编辑部约请臧克家的家人撰写了两篇纪念文章，分别是臧克家之子臧乐源写的《臧克家与毛泽东》以及臧克家儿媳乔植英撰写的《臧克家与作家王希坚、王愿坚》。两篇文章分别从臧克家与毛泽东、与作家们的交往等不同侧面披露了许多鲜为人知的文学史料，披露了臧克家与毛泽东交往的详细过程以及领袖诗词思想对老诗人创作心理的影响。

本期刊发了彭国良《一个流行了八十余年的伪命题——对张荫麟“默证”说的重新审视》，对张荫麟的“默证”说提出质疑。文章认为，自张荫麟提出“默证”适用之限度问题，用以批判顾颉刚对尧舜禹问题的考证，80 多年来从未有人质疑。然而事实上，所谓“默证适用之限度”是有其特定的认识论背景的，是一个永远不能达到的限度。默证适用之限度问题是一个伪命题。顾颉刚论辨古史时对默证的应用，诚然是中国上古史“文献无征”情况下的无奈选择，但也因此获得了新的天地，开辟了史学新视野。相比之下，以不能自立之“默证适用之限度”为考史准绳，却难免自缚于逻辑陷阱之中。

该文发表后引起争议，宁镇疆在《学术月刊》2010 年第 7 期发表《“层累”说之“默证”问题再讨论》，与彭文进行商榷。宁文认为彭文对张荫麟批评“默证”的理解是不准确的，其驳张荫麟之“默证”和“限度”，亦因多涉抽象玄思和枝蔓而流于“清议”，因此并不能推翻张荫麟对“默证”的批评。

这一期还发表了刘秀俊撰写的《“疑古”与“走出疑古”的第一次正面交锋——〈古史辨〉第一册出版八十周年国际学术研讨会综述》。文章引用《文史哲》杂志主编王学典先生的话说，此次会议的成功不仅体现在学者们提交的高质量的学术论文及遍布于发言讨论过程中“散金碎玉”，而且体现在来自古史学、思想史、考古学、文献学、民俗学、神话学、符号学等各学科领域的学者齐聚一堂，就一个共同的话题展开的跨学科的对话。这一方面增加了我们对于学术本身的敬畏，另一方面更提升了我们在中国的古史研究中进一步开展跨学科合作的信心。尤其是在将如何重建上古史上意见不一致的两派学人共置于同一个交流平台的情况下，事实证明，所谓的学派之间的对立更多的是由于面对面的直接的交流方式的缺失，对话的结果必能促进大家的互相理解。

3 月 24 日，谢维扬在《文史哲》第 2 期发表《古书成书和流传情况研究的进展与古史史料学概念》。

文章认为，顾颉刚所编《古史辨》第一册出版，对于中国近代学术，包括近代意义上的中国古史研究的形成和发展具有积极的历史影响。从某种意义上来看，《古史辨》所从事和倡导的“疑古”工作的主要目标和内容，是试图为建立近代意义上的中国古史研究寻求合格的史料学基础。但主要由于客观历史条件的限制，“古史辨”学者们当年对古书成书和流传情况的复杂性尚不能有充分的了解，因而在对古书真伪、成书年代、作者乃至其中某些特定内容的史料价值以及各宗古书资料之间关系等问题的研究中存在着简单化的缺陷。在近年来学者们对中国古史史料学基础问题的研究中，最值得重视的领域之一，是对于新出土文献的研究。在大量新出土文献资料研究的基础上，我们将有可能获得某些较之以往更合理的古史史料学概念，建立现代古史史料学概念的整个工作也才会有实质性的进展。

4 月，李锐在《学灯》（网刊）发表《上古史重建的新路向暨〈古史辨〉第一册出版八十周年国际学术研讨会”侧记》。

文章逐一评述了参会论文，指出此次会议第一次让有不同意见的学者们坐在了一起，围绕上古史重建的新路向、“疑古”学说论衡、文献研究与“疑古”学说、“古史辨”与 20 世纪中国史学等主题，彼此交流，认真地讨论有关问题，这是非常有益的。

5 月 24 日，何中华在《文史哲》第 3 期发表《近年来国内哲学研究状况检讨—— 一个有限的观察和评论》。

作者认为，目前国内哲学研究在总体上仍呈现为中国哲学、西方哲学、马克思主义哲学三足鼎立之势。它们各自争论的最主要问题，归纳起来，不外乎中国哲学的合法性辩护、西方哲学的本土化、马克思主义哲学的创造性诠释等问题。近年来取得的研究成果间或有某些原创性成分，个别的甚至堪同国际水准相媲美，但总的来说不宜估计过高。研究现状中最引人注目者乃是一系列悖谬现象：哲学的自觉与哲学的自我迷失、哲学的创造冲动与哲学的底气不足、哲学的通达与哲学的自闭、哲学的繁荣与哲学的贫乏等等。如何“哲学地”“思”乃是全部问题的症结和关键。面向未来，我们面临的难题是如何使“说”哲学（外在的、对象化的、旁观式的）变成“做”哲学（内在的、体认式的）。它的恰当解决，乃是中国哲学研究逐步走向成熟的前提。

张士闪的《从参与民族国家建构到返归乡土语境》对20世纪的中国乡民艺术进行了考察。作者指出，从20世纪初到20世纪70年代，在“民族国家”意识的导引下，乡民艺术经历了一个被抽象化、工具化与符号化的过程，其政治价值得到充分开发，其主体意识则长期处于被遮蔽状态。20世纪80年代以降，众多学者试图在阐释中使乡民艺术返归乡土语境，多维度的解蔽努力使得这一研究领域重新焕发生机。

范学辉在这一期杂志上发表了《宋人本朝军政体制论争试探》。文章指出，以强干弱枝、将从中御和以文制武三大原则为主要内容的宋代军政体制，主旨在于防范武将，其对军队战斗力的负面影响是明显的，在宋与辽、夏、金等战争中多有具体表现。作为历史当事者的宋人，也多有论争、批评和改革的倡议。但出于对武将的成见，防范武将的思路在朝野上下居于主导地位，始终是宋代政治生活的基本语境和主流话语之一，遂导致多数改革倡议或流于空谈，或收效寥寥，陷入“急则谋之，缓则忘之”的恶性循环。宋对外“积弱”的被动格局也始终未能改变。

7月24日，《文史哲》第4期发表特约记者曹峰对著名学者裘锡圭先生的采访《“古史辨”派、“二重证据法”及其相关问题》。

裘锡圭认为，“古史辨”派在对上古史认识的大方向上是正确的，在古书辨伪方面则有许多地方需要纠正；对于疑古思想和学说应持继承与批判相结合的态度。20世纪70年代以后虽然涌现了大批出土文献，但就出土文献研究而言，传世典籍以及历代学者对传世典籍的研究仍然是基础。目前中国古典学，包括出土文献研究领域，存在的问题主要不在缺乏理论或方法，而在研究者往往缺乏科学的态度。必须大力提倡一切以学术为依归的、实事求是的研究态度，提倡学术道德、学术良心。

本期还发表了方立天的《佛教生态哲学与现代生态意识》，指出佛教是一个以超越人类本位的立场和追求精神解脱为价值取向的宗教文化体系，其中蕴含着丰富的生态哲学思想。佛教缘起论为人类与自然的互相依持、互利耦合提供哲学基础，佛教宇宙图式论为生态共同体理念提供参照，佛教因果报应论符合生态循环的基本要求，佛教普遍平等观则直接论证了生态平衡原理，至于佛教环境伦理，实践表明是有利于生态建设的。阐扬和演绎佛教生态哲学思想，有助于提高人们的现代生态意识，推动中国生态现代化的进展。

9 月 24 日，曹峰在《文史哲》第 5 期发表《出土文献可以改写思想史吗?》。

文章指出，由于 20 世纪 70 年代以来与中国古代思想史研究相关之出土资料大量问世，“出土文献将改写中国思想史”的说法一度频繁见诸报刊。作者认为，出土文献的确为改写中国思想史创造了条件，提供了可能性，但由于出土文献自身的局限性以及出土文献研究的复杂性，使其所能发挥的作用受到限制，不经过长期的、艰苦的文本整理和复原，不能轻易用出土文献来改写中国思想史。出土文献和传世文献的研究方法有相通之处，不应轻易否定传统的研究思路和方法。“二重证据法”是一个不言自明的前提，没有多少可以指导具体研究的方法论成分。对“二重证据法”的过度推崇，滋长了轻率、粗糙的学风，导致了研究方法的简单化。该文对一时间甚嚣尘上的“出土文献将改写中国思想史”的盲目乐观兜头泼了一盆冷水，豁朗暴露了这一学术主张无法摆脱的实践困境，因而受到普遍关注。

2006 年 4 月 17 日，美国学者萧凤霞、包弼德、韩明士、宋怡明、丁荷生以及中国学者郑振满、刘平、孙卫国、梁洪生、王明珂、林玮嫔、顾坤惠（后三位是中国台湾地区的学者）等在哈佛燕京图书馆举行了一场历史学与人类学的跨学科对话。该对话围绕着当代中国历史学的发展、什么是历史人类学、历史人类学的由来、中国历史人类学状况以及中国台湾地区的人类学研究等主题展开，本期杂志刊登的《区域·结构·秩序——历史学与人类学的对话》就是这次对话的内容。

本期还发表了跃进的《新世纪中国文学研究的主要趋向》。文章认为，新世纪中国文学研究向何处发展，马克思主义文艺理论的中国化成为当前关注的核心问题。学科的疆界，本来是中国文学研究现代化的进程中逐渐划分出来的，这一进程的深化，实现了与国际学术界同步接轨的最初目标，同时也逐渐显现出一些值得反思的问题。对文学研究诸多问题的回归与超越，一方面是对过去专业划分过细的弊端有所反思，强调综合研究的重要，另一方面又有一种回归传统、回归文学经典、强化个案研究的倾向。而最终的目标，是尽早步入文学研究中国化的历史进程。

11 月 24 日，吴锐在《文史哲》第 6 期发表《“禹是一条虫”再研究》，对“禹是一条虫”这一学术公案重新进行解读。

文章说，1923 年，顾颉刚根据《说文》“禹，虫也”，猜测“禹或是九鼎上铸的一种动物”，引起轩然大波。有人将作为动物之名的“虫”偷换为蠕虫加以讽刺。其实虫为动物总名，顾先生的假说已触及了用图腾解释族系祖先。1937 年，古史辨派健将之一童书业提出的“禹为句龙”是朝顾氏假说的正确发展，顾先生晚年也仍然坚持“禹为动物”。从金文字形来看，“禹”就是蛇的象形，确属“虫”。禹父“鲧”，又作“鮌”，实为“玄鱼”二字的合写，“玄鱼”等于“天鱼”，意谓神圣的鱼族。甲骨文中存在没有释读出的“天鱼”“大鱼”合文，意思等于“玄鱼”。早在仰韶文化大量出现的“蒙面人”神秘主义纹饰，其中“蒙面人”和鱼的组合，寓意即“天鱼”。受崇拜的鱼、龙、龟，长期被先民视为一物。当前学术界寄希望于从豫西或晋南寻找最早的夏文化，而夏文化的渊源可能在西部渭水流域。

陈周旺在《从启蒙到革命：中国浪漫主义的嬗变》中指出，中国浪漫主义从一开始就介入了中国的思想启蒙，启蒙理性与浪漫主义无边无际的情感之间的张力，在中国现代思想中并不存在。中国浪漫主义唤醒了自我，但是这个自我是情感性的自我。这个情感性的自我将客观世界的一切都视为黑暗的，当作浪漫主义的素材，与世界保持着若即若离的关系；这种关系投射在政治上，浪漫主义放弃了对客观世界的政治判断，它在政治上的表现是同情与轻蔑，拒绝介入任何具体事务。浪漫主义在大革命年代发生了分化，其中一部分浪漫主义作家自觉融入革命潮流，将浪漫主义的情感性自我与革命激情相糅合，直至被后者取代。

2008 年

5 月 3～4 日，“《文史哲》杂志人文高端论坛”之一“中国文论遗产的继承与重构”学术研讨会在山东大学召开。

11 月，著名法学家徐显明调任山东大学校长。

李纪祥的《〈太史公书〉由“子”入“史”考》和刘笑敢的《道家式责任感与人际和谐》获本年度“《文史哲》名篇奖”。

1 月 24 日，李伯重在《文史哲》第 1 期发表《回顾与展望：中国社会经济史学百年沧桑》。

文章指出，我国的经济史学的前身是传统的“食货之学”，但是作为一个学科，却是在西方近代社会科学传入以后出现的。它迄今已经历了萌芽、形成、转型和发展阶段，并在此演变过程中形成了自己的学术传统，即 1949 年以前居于主流地位的历史主义史学传统、1949 年以后确立的马克思主义史学传统以及 1978 年以后形成的多元化史学传统。这三个传统都是我国的经济史学的宝贵财富，也是其“中国特色”之所在。而中国经济史学未来的发展方向，应当是既珍视自己的传统，又积极投入国际化的进程，在此基础上，建立一种既有中国特色又融入国际学术主流的经济史学。

3 月 24 日，《文史哲》第 2 期刊文纪念《共产党宣言》发表 160 周年。

高放的《“全世界无产者，联合起来！”74 种中译文考证评析》指出，百余年来，“全世界无产者，联合起来！”这个伟大战略和口号，有过 72 种中译文。把不同译文的考证资料细加整理和比较评析，可以看出马克思主义在我国的传播过程和强大影响力，并能从中体悟到应该如何准确理解马克思主义，切实运用马克思主义。在当今新时代，把这一炼句改译为“所有国家劳动者，联合起来！”既忠实于原著，有利于准确、深入地理解马克思主义的精神实质，又有利于联合全世界所有国家的全体劳动者，最终实现人类的解放，更有利于促进全世界所有国家长期和平共处，共同维护世界和平、发展与合作，构建和谐社会与和谐世界，增进人类福祉。

何中华的《人的存在的现象学之历史叙事——马克思哲学语境中的〈共产党宣言〉》认为，只有把《共产党宣言》置于马克思的哲学语境中加以解读，才能深刻地领会其背后所隐含着的丰富内涵。在哲学层面上，《宣言》所揭示的归根结底不过是一部建立在实践这一原初基础上的人类学本体论悖论的展现史，是对人的存在的二重化的历史地“现象”的哲学把握。《宣言》的总体命意，可谓是马克思关于人的存在的现象学思想及其简明表征。它主要体现在“阶级对立”的两极化趋势、审视历史的双重尺度、人的存在与本质的分裂及统一同人的存在的历史展现的本然联系之中。

台湾佛光大学历史学系李纪祥所作《〈太史公书〉由“子”入“史”考》也发表在这一期杂志上。文章对《史记》一书“子”入“史”的演变过程进行了密实的考辨，认为《太史公书》本非“史书”，亦无今日《史记》之名。“史记”一词在先秦时期原指“史官之记”，后始成为《太史公书》之专称。而《太史公书》转为《史记》专名化之过程，实亦即《太史公书》在属性认知上逐渐史书化之过程。司马迁之《太史公书》亦由私人家言的“子书”而逐渐演变为所谓“史书”，并被称之为“史记”与《史记》。在本年度《文史哲》“名篇奖”评选中，评委一致认为，该文是一篇在史学领域特别是《史记》研究领域给人以推陈出新之感且有扎实功底的好文章。长期以来《史记》作为纪传体史书的开山之作，其史书性质不容置疑。这样的认识似乎自古已然，没有讨论的余地。但李文对行之已久的认知观念提出了质疑，认为《史记》的真实面貌原为子书而非史书，其由“子”入“史”经历了一个漫长而复杂的历史过程，并对之作了详细的、令人信服的考察和论证。论题具有原创性，其结论可以补充学界对《史记》性质认识上的缺失。

汤一介的《西方哲学冲击下的中国现代哲学》认为，百多年来，在西方哲学的冲击下，中国哲学逐渐由传统走向现代，从而建立了现代型的中国哲学。在21世纪，人类社会进入全球化时代，中国现代哲学应如何发展？这是中国哲学家和哲学工作者要认真考虑的问题。从历史和现实两个角度思考这个问题，中国现代哲学应该沿着这三个路向“接着讲”：接着中国传统哲学讲，接着在西方影响大的哲学流派讲，接着马克思主义哲学讲。

5月3～4日，“《文史哲》杂志人文高端论坛”之一“中国文论遗产的继承与重构”学术研讨会在山东大学召开。

曹顺庆、左东岭、陈伯海、高小康、王先霈、胡晓明、李建中、黄霖、韩经太、赵敏俐、李壮鹰、钱志熙、杨守森、崔茂新、戚良德、沈立岩、王小舒、张义宾、祁海文等来自全国各地的20余位学者参加了会议。会议认为，中国文化的未来发展必须作出战略性、方向性调整，重建中国文论之路在于中国文论的中国化。与会学者就相关问题展开了激烈的论辩。“《文史哲》杂志人文高端论坛”由《文史哲》编辑部策划主办，以小规模、高层次、大动作为特点，以人文学术的焦点、前沿问题为中心，通过系列探讨，旨在引领学术风尚，推动学术发展，推进文史哲领域重大学术问题的解决。

5月24日，陈淳在《文史哲》第3期发表《安阳小屯考古研究的回顾与反思——纪念殷墟发掘八十周年》。

文章认为，安阳小屯殷墟发掘是中国现代考古学之肇始。这一领域研究的传统途径主要从甲骨、墓葬和城址入手，侧重于同文献学和编年学密切相关的年代学以及史实考证，并根据苏联的五阶段社会进化模式将殷商时期厘定为奴隶社会。新进展则从考古学材料和文字记载中进行全方位的信息提炼，内容涉及环境与经济、聚落形态、甲骨学、宗教信仰、手工业专门化、青铜器研究、国家特点、社会性质和理论阐释等方面。就中国上古史重建的现状来说，将考古发现比附文献记载或简单对号入座的做法，已经无法胜任重建上古史的任务，甚至最终会将这项研究引入一条聚讼纷纭、毫无结果的死胡同。在21世纪社会发展和学科发展的形势下，中国考古学和古史研究需要放眼世界，破除"天下国"的心态，了解和吸收国际学术研究的最新进展，努力重建21世纪水准的中国上古史。

陈峰在《趋新反入旧：傅斯年、史语所与西方史学潮流》中指出，20世纪前期的世界史学正处于传统史学向新史学过渡的前夜。以兰克为代表的传统史学危机四起，针锋相对的批评质疑之声遍布欧美各国，新史学的崛起已不可遏制。达到巅峰的欧洲汉学也非语文考据派一枝独秀，同样孕育着变革的因素。法国汉学内部分化出以葛兰言为首的社会学派，主张社会科学化的美国中国学也正处在上升时期。成立于1928年、由傅斯年领导的史语所，虽苦心孤诣孜孜以求接轨国际新潮，却误引兰克史学为同道，追步欧洲汉学，阴差阳错地融入西方传统史学之末流。西方实证主义史学的些许影响也未能使傅斯年摆脱兰克史学的支配。当时学术界努力趋新求变，但对新史学与兰克史学的学术时差缺乏明确意识。傅斯年及史语所受此制约，面对西方史学的新旧潮流取舍失当，以致走上一条与现代学术趋向逆行的不归路。

6月，曹峰在日本《东方学》第116辑发表《近年来中国学界对"疑古与释古"问题的反思》，向日本学界介绍《文史哲》针对"走出疑古时代"思潮所进行的大规模的、正面的批评情况。以使日本学界更好地了解中国古典学界的动态和走向。

文章说，2006年《文史哲》"疑古与释古"专栏的开辟和"上古史重建的新路向暨《古史辨》第一册出版八十周年国际学术研讨会"的召开，将支持"走出疑古"一派和声音越来越强的质疑派的观点放在一起，为这场学术讨论的深入提供了舞台。"疑古与释古"大讨论在中国学界引发极大震动。

7 月 24 日，《文史哲》第 4 期新设“中国社会形态问题”专栏，引起学术界普遍关注。

自 2006 年冯天瑜著《“封建”考论》出版后，沉寂有年的中国社会形态问题再次引起学术界的关注。《文史哲》杂志积极介入这一重大学术问题的讨论，特辟出专栏推动讨论的深入。

首期刊登了荣剑《论中国“封建主义”问题——对中国前现代社会性质和发展的重新认识与评价》。文章认为，对“封建主义”的重新论述，并不是仅仅对这个长期以来未被质疑的概念的使用范围进行重新界定，或对中国社会的历史分期及所谓的“中国封建社会长期延续”等问题进行重新论述，而是从这个问题出发，通过对中国历史进程中封建主义和中央集权专制主义的历史悖论及其原因的探讨，用马克思的历史观和历史价值观，重新对中国前现代社会的性质和发展作新的认识与评价。

杨泽波在本期发表了《再论儒学何以具有宗教作用》，认为儒学不是典型的宗教，却有着宗教作用，其原因在于儒学有两个重要的特点：一是“上通天道，至为超越”；二是“当下呈现，鞭策有力”。前者决定了儒学不是一般的伦理教条，后者决定了儒学不是一般的空头理论。儒学的这两个特点是通过仁性来实现的，从这个意义上来看，学界一般所说的儒家的道德代宗教其实是仁性代宗教。我们说儒学不是宗教却有宗教作用，并不是嫌其不够格，需要进一步将其上升为宗教，恰恰相反，儒学从学理上看要高于一般的宗教。

9 月 24 日，《文史哲》第 5 期发表曹顺庆、王庆的《中国文学理论的话语重建》和陈伯海的《“原创性”自何而来——当代中国文论话语构建之我思》，对中国文论研究展开探讨。

前者对中国文论的“失语”状态进行了猛烈的批评，在作者看来，“古代文论现代转换”大讨论 10 年来取得了诸多成果，但这些努力还没有根本改变中国文论的“失语”状态，因此，需要重新检讨中国文论的发展方向。重建中国文论要调整方向，就要回到“失语”的根源——中国文论话语规则上来。中国古代文论固有的两个话语规则：一是以“道”为核心的意义生成和话语言说方式；二是儒家“依经立义”的意义建构方式和“解经”话语模式。“失语”是由于中西异质而不是古今异质造成的，只有掌握了中国古代文论话语规则，才能立足于中国文论的异质性，以我为主融化西方，重建中国文学理论。陈伯海的文章则认为，当代中国文论构建上原创性不足之弊，反映着社会转型过程中话语转型的滞后现象。克服这一弊病，不能单靠“学习西方”或“回归传统”，而应致力于外来资源与本民族生活实践及思想文化传统的结合。具体说来，便是要立足当代，活用资源，让古今中外不同的话语系统走出各自的封界，面向当代中国人的生存状况与生命体验开放其自身，进而引发彼此之间的思想碰撞与话语对释，以实现双向超越和综合创新，这也是一条创建民族新文化的必由之路。

本期还发表了一组“汶川地震：人文思考与重建对策”笔谈，发表了何中华的《灾难引发的思考》，张强、张欢的《巨灾中的决策困境：非常态下公共政策供需矛盾分析》，胡鞍钢的《灾后重建的主要目标和基本思路》，甘险峰的《中国新闻改革在路上——汶川地震新闻报道探析》等文章。“编者按”说：2008 年 5 月 12 日的四川汶川地震，是整个中华民族遭遇的一场特大灾难，也提供了一次重新理解自然、审视生命、反省人生的契机。

11 月 24 日，香港中文大学哲学系刘笑敢在《文史哲》第 6 期发表《道家式责任感与人际和谐》。

该文试图从“道家式责任感”这一概念出发来挖掘道家思想对人类社会和谐发展所蕴藏的价值资源，思考古代的老子思想对现代社会可能产生的积极意义和启示。作者认为，道家式责任感最重要的特点在于关切的对象性，在于对百姓万物“辅”而不“为”的基本方法，其背后体现了对一切生存个体的尊重和关切。文章系统论述了“道家式责任感”的根据与内容，以及“道家式责任感”的特点。在本年度“《文史哲》名篇奖”评选中，多数评委认为，该文在中心论点上有创新性，冲破了传统上从消极方面去理解老子无为思想的窠臼，以辩证思维的眼光，独辟蹊径，揭示了无为思想的独特的积极意义，无疑给国内的老子研究增添了新的观点。文章不仅体现出了作者的学术功力，更重要的是，对改变那种轻率地给古代某种思想冠以“现代价值”的研究方法，有所启迪和帮助。

张分田在《儒家的民本思想与帝制的根本法则》中提出，民本思想是中华帝制的根本法则。主要事实有：儒家经典具有“国家宪章”属性；君主制度与君权以“天立君为民”作为本原性依据；政治程式多以民本思想命题为理论依据；礼乐制度通常用“以民为本”作为饰词；“设官为民”是官僚制度的基本原理，通晓民本思想是取士选官的标准之一；帝王、储君教育制度以民本思想为重要内容等。

常玉芝的《由商代的“帝”看所谓“黄帝”》认为，早在20世纪20年代，顾颉刚、胡适就指出秦以前的“帝”是指天神“上帝”，“黄帝”是西北秦民族的天神，而不是指人帝。在商代甲骨文和金文中有许多“帝”字，总结这些“帝”字的用法可分为三种：一是作祭祀动词是指禘祭；二是作名词是指天神上帝；三是作庙号表明商王不称“帝”。由此看来，既然3000年前的商王朝，“帝”仍是指天神上帝，商王都不称帝，那么传说生活在四五千年前的所谓“黄帝”，就不会是指人帝。

2009 年

5月3～4日，“《文史哲》杂志人文高端论坛”之二“传统与现代：中国哲学话语体系的范式转换”学术研讨会在山东大学举行。

12月22日，《文史哲》杂志荣获“新中国60年有影响力的期刊”称号。

1月15日，罗钢在《文史哲》第1期发表《本与末——王国维“境界说”与中国古代诗学传统关系的再思考》。

文章指出，王国维把自己提出的“境界”与中国古代的“兴趣”“神韵”之间的关系描绘为“本”与“末”的关系，近百年来，这个观点几乎成为学术界的一种共识。实际上，王国维的“境界说”来源于以叔本华“直观说”为代表的西方美学传统，而“兴趣说”“神韵说”植根于中国古代“比兴”的诗学原则，二者之间并不存在一种“本”与“末”的关系，王国维的“本末说”本身恰恰是近代东西方不平等文化关系的一种历史写照。

杨国荣的《何为中国哲学——关于如何理解中国哲学的若干思考》认为，如何理解“中国哲学”与如何理解“哲学”无法分离。哲学作为智慧之思不同于特定的学科，但近代以来又获得了某种学科性。同样，对性与天道、成己与成物的无穷追问，赋予中国哲学以不同于具体知识领域的深沉内涵，而当这种追问被纳入作为现代知识谱系之一的哲学史并成为其考察对象时，它同时也被赋予了某种学科的形式。作为历史中的哲学，中国哲学既表现为在历史演化过程中逐渐凝结的不同哲学系统，并相应地呈现为可以在历史中加以把握、考察的对象，又是在历史过程之中不断形成、延续的智慧长河；前者使之具有既成性，后者则赋予它以生成性。就中、西哲学的关系而言，中西之辩不仅是空间性、地域性的问题，而且更内在地隐含着时间性、历史性的内涵。中国哲学在当代的延续与近代以前的不同在于：它同时也是中国哲学不断参与、融入世界哲学的过程。

宁可的《中国封建社会的专制主义中央集权制度》对中国的专制主义中央集权制度的形成原因、特点、发展变化及其对中国历史的作用进行了考察。认为中国专制主义中央集权制度始于战国，成于秦汉，取代了西周的奴隶制贵族政治一直延续到清，成为中国历史的一个特点。其基本特征是国家把一切政治权力集中到皇帝和他统率的各级官僚机构手上。其演化过程是从秦汉的三公九卿制到唐以后的三省六部制，总的趋势是日益强化，日益僵化，也显现了循环往复式的皇权与相权的矛盾和中央集权与地方分权的矛盾。专制主义中央集权制度的形成是战国时生产力发展和地主经济的需要，到明清，它成了生产力与新生产关系发展的桎梏，而又无法与无力因时变更，终于被历史摈弃。

3月15日，许嘉璐在《文史哲》第2期发表《深研元典振兴道家》。

文章提出，道家对中华文化、对人类最大的贡献就在于建立了以“道”为核心的一整套世界观、人生观、伦理观的价值体系，并且成为中华文化的脊骨。道家的核心教义和信仰，集中地涵蕴在《道德经》这短短的五千文中。《道德经》言简意赅、博大精深。论道、讲经，首先就应该从这部伟大的元典开始。中国道教要振兴，提高对道教经典和教义的研究水平，既需要与儒学、佛教交流、“对话”，相融共生，也需要走出国门，和各种宗教进行交流切磋。道教要为促进社会和谐做出更大贡献，除了发挥宫观的作用外，修道之人还应该走进社会。佛门讲经，玄门论道，这是宗教自身生存和发展的需要，是建设社会主义和谐社会的需要，也是共同建立适合人类未来发展需要的伦理观、世界观，促进世界和谐的需要。

应《文史哲》杂志的邀约，利用世界著名建设性后现代思想家、美国著名生态经济学家、中美后现代发展研究院院长柯布博士（John B. Cobb，Jr.）

参加中央编译局和中美后现代发展研究院在美国克莱蒙举办的“马克思主义与生态文明国际学术研讨会”的机会，美国《世界文化论坛》报主编樊美筠博士专门采访了柯布博士。访谈的内容《现代经济理论的失败：建设性后现代思想家看全球金融危机》就发表在本期杂志上。在访谈中，柯布博士从建设性后现代主义视角对2008年这场金融危机进行了诊断，指出此次金融危机实际上宣告了现代西方经济理论特别是风靡一时的新自由主义经济学的失败，因为它是建立在现代机械哲学和个人主义之上的。他明确预言：“美国作为世界经济中心的日子正在飞快地走向终结。”并向世人发出了预警：“美国在不久的将来会成为危险的敌人”，至少“它不会是一个很可靠的朋友”。

李梅发表了《“身份化”、“艺术化”与“象法天地”——中国古代服饰的美学特征及深层原因》。文章认为，中国古代“国”“家”一体，“法”“礼”合一的社会结构特点，对服饰提出了“身份化”的要求，使服饰成为道德的象征、行为的约束、表情达意的工具；中国古代以艺术与工艺相互渗透的“泛艺术”为主要特征的文化结构，对服饰提出了“艺术化”的要求，使中国古代服饰突出了平面化、流线美的审美特征，发展了平面剪裁的服装制作方法；中国古代重结构、重功能的“阴阳”思维模式，使服饰受“天人合一”哲学观影响，通过类比与自然、人事之间建立起某种对应关系，“象法天地”成为服饰形制、颜色选择等的重要原则，在这一原则指导下，“上衣下裳”成为天尊地卑的宇宙秩序及君尊臣卑的象征，而天道定数、天圆地方、阴阳五行等观念都在服饰的形制、颜色上得到了体现。

5月3～4日，“《文史哲》杂志人文高端论坛”之二“传统与现代：中国哲学话语体系的范式转换”学术研讨会在山东大学举行。

本次研讨会的目的，在于将中国哲学界的关注焦点转向对重建中国哲学话语体系的建设性思考。研讨会主要围绕如何“言说”中国哲学与中国思想、如何评价百年来中国哲学的发展两个问题展开。与会学者对中国思想的“言说”方式，即经历了两千多年的“汉话汉说”以及20世纪初开始的“汉话胡说”进行了反思，并就如何评价百年来中国哲学的发展展开了激烈的交锋。

百年来引进西方概念解释中国古代思想，对于中国哲学研究究竟是灾难性的破坏，还是建设性的发展，这一问题成为会议论争的焦点。一些学者认为“汉话胡说”对于中国古代哲学概念来说，既是重构，同时又造成了传统意义的迷失，另外一些学者则主张“中学”“西化”不仅是一个用西方概念理解中国哲学，同时也是用中国概念解释西方哲学的双向过程，“汉话胡说”乃是中国哲学的进一步发展，而当代中国哲学已经超越了简单的化约论阶段。还有学者指出，对于西方概念不能简单地拿来就用，不能在中国哲学研究中不考虑西方概念的传统与理论背景而简单加以“附会”的现象。学者们认为，中国哲学根本不可能也没有必要回到“汉说”阶段，“汉话胡说”也没有什么不好，关键是能否“说”好，只要能说得好，“胡说”“汉说”均可以；今天根本无法离开西方哲学谈中国哲学，既不能完全“胡说”，也不能完全“汉说”，而是要中西会通、整合“胡”“汉”两说而为一个新的哲学形态。

庞朴、陈来、张汝伦、杨国荣、丁冠之、陈炎、景海峰、陈少明、胡伟希、陈卫平、吴根友、丁为祥、杜保瑞、宗树人、何中华、苗润田、颜炳罡、沈顺福、田辰山、王中江等来自 13 所高校的 20 位中国哲学研究领域的专家出席了研讨会。

5 月 15 日，日本著名学者斯波义信在《文史哲》第 3 期发表《商业在唐宋变革中的作用》。

斯波义信认为，现代以来，宋代因其在中国经济发展史上所具有的关键性和突破性而受到重视。此外，唐宋时期的经济变化还呈现出明显的地区差异。交通运输的主要方式——水路系统进一步扩大，为各地农村及城市经济的扩展提供了基础，区域劳动分工得以建立，从而极大地提高了贸易量和贸易额。这一时期的商人设计出新的商业惯例、制度安排和合伙方式来拓展其贸易活动。另一个商业上的突破则是长江流域市场的扩大。政府所制定的有关市场组织与程序的规则开始松动，商业状况逐渐依赖于更高水平的私人交易与商业交换，交易场所的形成更趋自由，商业贸易进一步渗入农村地区。

陈立柱的《考古资料如何证说古文献的成书时代？——以〈《禹贡》“九

州”的考古学研究〉为例》对著名考古学家邹衡曾引起巨大反响的《〈禹贡〉“九州”的考古学研究》一文提出批评，认为从检视该文的主要观点与方法可以看出，作者混淆了考古学上的人文地理区系与历史上的行政区划、文化交流上的密切关系与行政统治上的从属关系两对概念之间的本质区别，方法上也多有牵强附会与主观臆断之处，尤其是将考古发现中的某些物事不作论证就直接比附、指实为文献记载中的物事。因此该文没有证成《禹贡》“九州篇”蓝本成书于西周之前的观点，反而彰显了考古学古史研究目前情况下存在的一些问题。

7 月 15 日，郭延礼在《文史哲》第 4 期发表《20 世纪初中国女性文学四大作家群体考论》。

文章认为，20 世纪第一个 20 年，随着中国近代社会的进步，西学东渐，女权运动蓬勃发展，与此同时，女子教育、女性报刊茁壮成长。在这种历史文化背景下，女性文学也取得了突出的成就，出现了四大作家群体，即女性小说家群、女性翻译文学家群、女性政论文学家群和南社女性作家群，并具有新的特点：一是创造主体由闺秀嬗变为第一代知识女性；二是文体选择主体意识的强化；三是审美范围的扩大、思想意蕴的深化和艺术上对西方小说的模拟。

袁林的《中国传统史学的宗教职能及其对自身的影响》指出，与西方古典史学相比，中国古代史学家似乎更强调“史”的终极裁判权力。在中国传统史家的观念中，始终存在一“史权”的观念，认为“史”不仅代表着公正，代表着最高道义的裁决，而且体现着一种能够“贬天子，退诸侯”，“与天与君并”，制衡君主威权的力量。这种史权的观念，一方面来自“巫史合一”的早期史官的文化形态，另一方面则来自历史理性下对于“不朽”的理解和价值追求。这种对史的权威的强调，除了构成中国古代史家自律的责任意识外，也透露出在那个时代，“史权”与“君权”之间，即“道”与“势”之间存在着某种紧张。而一部中国传统史学史，在一定意义上，也展现为一部专制政治与“史权”此长彼消的历史。

刘培的《论南宋初期辞赋的世俗情调》认为，通过对南宋初期辞赋的研究，可以发现当时的文人在逐渐摆脱精神的自闭，走向广阔的现实世界，但是他们并没有回归淑世精神，而是走向了世俗化，走向了庸俗和妩媚。南宋初期辞赋的世俗化倾向源于其时文人人生态度的趋向庸俗，是恶劣的政治环境、偏安的心理、享乐的风气、对科举的过分看重以及学术思想的趋向世俗等因素造就了士人们庸俗的灵魂，从而也造就了辞赋的世俗化倾向。

9月15日，许嘉璐在《文史哲》第5期发表《卸下镣铐跳舞——中国哲学需要一场革命》。

文章指出，近百年来，中国的哲学逐渐成了西方哲学的奴仆和“名牌产品”并不高明的仿造者，至今还在受着西方传统的束缚之苦。即使致力于开掘中国传统哲学，也是“戴着镣铐跳舞”，追求本来并不存在的“超越”、“绝对”，事事处处二分，致使西方观念深入到学术领域的各个方面，并且普及到了社会、学校和家庭生活的角角落落，从而使为数不少的中国人逐渐迷失了本性。现在欧洲中心论将要、也许已经正在被文化多元论所代替，非欧洲的哲学应该有话语权。中国哲学是否能以平等的身份立于多元世界之中，一方面决定于国外学术思想的变革，另一方面则在于中国学术界自身，在于我们能否日益准确地、严密地阐释、论证、弘扬自己的文化遗产，能否用以指出中国人的人生和社会的路向。因此，我们必须试用一种以中国为中心、中国固有的视角，这种视角仔细地选取一些具有特定文化意义的决定因素，以及这些因素据以表达的语汇。哲学研究者，特别是中国哲学研究者，一定要掌握训诂学的基本原理并且能熟练地把它运用到解读中国古代文献的实践中去，要切实加强语文的训诂学和哲学的解释学的沟通，尽快建设跨文化的阐释学。中国学术应卸下束缚自身的镣铐起舞，以崭新的姿态迎接不同文化对话的明天。

景海峰在这一期发表了《2008：中国哲学研究的范式变化与前景探索》。文章通过对2008年几个较为重要的哲学问题的述评，总结了近年来的中国哲学研究的两个显著变化：一是“大哲学”意识的浮现与提升，试图打破哲学二级学科的框限，在中哲、西哲和马哲之间找到对话与沟通的孔道，以共同面对当前的世界格局和中国文化的新处境；二是中国哲学研究的本土化转向，特别是对以往过分依赖于西方的研究范式及方法的深刻反省和努力调整，使得学界之立场与态度、取径与方法以及问题意识和学问关注等等，均在悄然地发生着改变。

11 月 15 日，李治安在《文史哲》第 6 期发表《两个南北朝与中古以来的历史发展线索》。

文章认为，两个南北朝所造成的南、北方隔离与差异，直接影响到中古以来的历史发展。恰恰是在唐宋变革前后，历史发展的线索是呈现南、北复合状态而非单一。这是深入探究考察中近古历史时应该予以格外注意的。第一个南北朝、隋及唐前期的历史是循着“南朝”“北朝”两条并行的线索来发展演化的。隋及唐前期基本实行的是“北朝”制度，而后又在统一国度内实施了“南朝”线索与“北朝”线索的整合。到中唐以后整合完毕，国家整体上向“南朝化”过渡。第二个南北朝及其并行发展的两条线索，都确凿存在。南宋承袭唐宋变革成果，它所代表的南朝线索充当主流，辽夏金元反映的北朝线索也作用显赫。二者并存交融，先后经历元朝、明前期以北制为主导及明中叶为南制主导的三次整合，明后期最终汇合为一，此乃宋元明清历史的基本脉络和走势。

谢桃坊的《古史辨派在国学运动中的意义》指出，古史辨派的工作是国学运动中整理国故的一个重要组成部分，是在新的国学观念的引导下进行的，对旧的国粹观念起到了巨大的破坏作用。古史辨派采用国学研究方法——中国传统考据学与科学方法相结合，以细密的考证方式探讨中国文献与历史上细小的学术问题，扫除国学研究中的“因袭和谬妄”，使国学运动的意义充分显现。

陈少明的《哲学与论证——兼及中国哲学的方法论问题》呼吁，哲学研究要从哲学史进入哲学。哲学史论述包含不同层次的论证，如文献考证、文字训诂、史料校核以及文本释读。上述任何类型的问题，只要作者对之进行判断或给出自己的观点，都需要进行论证，但这些问题大部分与思想无关。哲学论证是要对文本的思路进行分析，分析论题的意义、逻辑的有效性、思想的深度或原创性、表达拒绝或接受的理据。没有这样的工作，只是对古人的言论简单归类，并将其放到现代人熟悉的哲学范畴下，无论是述者还是读者，都不会有哲学上的收益。重复所谓的哲学原理，只是做乏味的概念体操而已。教科书式的哲学史，不可能展示各种思想资源的全部哲学思考，不要把哲学史研究压缩成教科书一种单一的论述模式。更多的专题研究，更贴近生活经验的思想分析，更有论辩精神的探讨，会更有力地召唤哲学的精神力量。

2010 年

5 月 2～3 日，“《文史哲》杂志人文高端论坛”之三“秦至清末：中国社会形态问题”学术研讨会在山东大学举行。

1 月 5 日，《文史哲》第 1 期刊登一组“中国哲学：话语体系与未来走向”笔谈。

文章包括陈来的《中国哲学话语的近代转变》、刘笑敢的《简论中国哲学的身份、角色与功能》、杨国荣的《认同与承认：中国哲学的个性品格与普遍意义》、颜炳罡的《世纪中国哲学研究话语体系范式转换之得失及未来走向》等。所选文章，除刘笑敢外，主要采自各位作者在“文史哲杂志人文高端论坛之二：中国哲学话语体系的范式转换”会议上的发言。

葛兆光的《从“西域”到“东海”—— 一个新历史世界的形成、方法及问题》展示了研究中外关系新视角。文章认为，“西域”作为文化交会的空间主要是在中古。蒙元之后，“东海”似乎渐渐取代“西域”，成为元明以后中外更重要的交流空间。“西域”之学的兴起，曾经给国际学界带来了若干变化：它把以王朝疆域为基础的中国史改变为东洋史或亚洲史；使宗教、语言、民族、文化的冲突与融合，成为重要的研究焦点；文献资料范围巨大扩张，使语言成为重要的研究工具，民俗调查和遗址考古，也成为发现新材料的必然途径。和“西域”研究相比，由于曾经共享文化传统，研究重心又在“近世”，所以，在“东海”研究中似乎还有若干值得注意的问题：西域研究需要关注“合”，而东海研究则需重视“分”，研究者如何超越国家疆域，形成“东海”这个历史世界，如何面对历史记忆与感情纠葛，以及如何面对现实国家与政治立场的牵制，等等。

方辉的《论我国早期国家阶段青铜礼器系统的形成》对青铜器在国家形成过程中的作用进行了深入的探讨。该文认为，龙山时代至二里头时代的精英阶层从陶质、漆质和玉石质等既有礼器组合中寻求模仿对象和创新资源，最终在二里头文化后期即夏代晚期形成了以爵、盉、觚、戈、钺、牌、铃等为基本器形的青铜礼乐器组合。商礼对于夏礼的“损益”，既体现在铜鼎、铜鬲等新的器物种类的使用创新方面，也表现在对于多种既有玉质、陶质礼器的扬弃上。夏商时期的铜礼器，被精英阶层赋予了“协于上下，以承天体”的神圣礼仪功能，从而成为政教合一情势下精英阶层的强有力的统治工具。至少从龙山时代中晚期开始，青铜器制作工艺和匠人集团便为精英阶层所直接控制。作为我国古代文明特质之一的铜礼器，在国家的形成过程中起到了无可替代的作用。

3月5日，袁传璋在《文史哲》第2期发表《〈项羽不死于乌江考〉研究方法平议》，对冯其庸所作《项羽不死于乌江考》一文进行全面质疑。

“红学”名家冯其庸在上海《中华文史论丛》2007年第二辑发表《项羽不死于乌江考》，根据《史记·项羽本纪》“太史公曰”称“项羽身死东城”，否定《史记·项羽本纪》所载项羽乌江自刎的记叙，提出“项羽是死于东城而不是死于乌江”的新观点，对2000年来从无疑义的定说进行了颠覆。此论一出，立即在学术界引发强烈反响。有人公开称赞其“发展了王国维的双重论证法”。2007年8月25日的《中国文化报》也整版重刊冯文，并在“编者按”中嘉许冯文“意义重大”。2007年9月11日，《光明日报》也刊发署名评论，号召“广大学者”学习冯文所体现出来的“大家学术风范”。

冯文引起了学术界尤其是《史记》研究界的强烈质疑，袁传璋《〈项羽不死于乌江考〉研究方法平议》即对冯文进行全面驳正。

袁文认为，冯文在古典文本解读方面，存在对《史记》史法的误会、句法的不明、训诂的缺失；研究方法上，征引古籍或移花接木，或以意增删，且常以想象替代考实；野外考察道听途说，以假作真，其“结论”纯属凭虚造说。并逐条对冯文的立论依据进行了反驳。文章最后指出：冯文既没有真正读通《史记·项羽本纪》原文文本，又拿不出任何值得一顾的其他根据，就轻议司马迁亲手著录的项羽乌江自刎的文字，自以为是唐以后民间传说的羼入，居然还“考出项羽乌江自刎之说，源于元杂剧”，恐怕有失谨慎。

2010 年 5 月 19 日，《中华读书报》在头版发表了该报记者方文国撰写的《〈文史哲〉刊文挑战冯其庸“项羽不死于乌江”有新说》，对这一学术争鸣进行了报道。

这一期还发表了吴承学、沙红兵的《中国古代文学的经典与反经典》。文章认为，经典的形成和长期发生影响，离不开经典的自身价值品质、时代的审美风尚、主要作家与批评家的阐释，乃至于政治要求、类书和选本的塑造等。这些因素的不断组合、变化，也导致了反经典的出现。反经典使经典的地位动摇，也可能对经典起到必要的补充和激发作用。经典与反经典还可以在更高的层次上达到辩证统一。反经典之“反”通常不是激烈的颠覆，这与五四新文化运动的极端反经典形成对照。今天，对古代文学的经典与反经典的反思，需要同时考虑到古代与现代两个不同的“传统”，借助于经典以及经典的阐释，才能真正将“传统”与“现代”贯通起来，这也使得经典与反经典成为一个当代文化的问题。该文主要的目的是批评“五四”以来越走越远的否定一切的“反经典”，以及古典文学研究领域愈演愈烈的全盘西化。

3 月 8 日，《文史哲》前主编丁冠之先生逝世，享年 78 岁。

3 月，《文史哲》杂志与商务印书馆合作出版的“《文史哲》丛刊”开始陆续出版。

这套丛书涵括了历年来《文史哲》杂志刊登文章的精华，堪称现代中国学术的缩影。具体包括《国家与社会：构建怎样的公域秩序?》《儒学：历史、思想与信仰》《早期中国的政治与文明》《门阀、庄园与政治：中古社会变迁研究》《“疑古”与“走出疑古”》《考据与思辨：百年中国学术反思》《中国古代文学：作家、作品与思潮》《文学与社会：明清小说名著探微》《文学：走向现代的履印》《文学：批评与审美》《知识论与后形而上学：西方哲学新趋向》《〈文史哲〉与中国人文学术编年（1951～2011）》《继绝开新——作者读者编者回忆〈文史哲〉》等。

5月2～3日，“《文史哲》杂志人文高端论坛”之三“秦至清末：中国社会形态问题”学术研讨会在山东大学举行。

研讨会紧紧围绕秦至清末社会形态性质，提出“究竟何种概念方能把握秦至清末的本质特征”这一问题，从政治、文化、经济等因素出发进行了深入研讨，并就一些关键问题达成重要共识。山东大学终身教授庞朴，武汉大学冯天瑜，清华大学李伯重、秦晖、汪晖、仲伟民，北京大学张希清、何怀宏，中国社会科学院王和，南开大学李治安，上海师范大学萧功秦，中山大学荣剑，河南大学李振宏，复旦大学李若晖，苏州科技学院叶文宪，山东大学张金光、孟祥才等20多位国内学术界和思想界专家学者与会。

经过为期两天的研讨，专家们对秦至清末的社会形态基本形成了如下重要共识：在秦至清这一漫长的历史时期，与现代社会不同，权力因素和文化因素的作用要大于经济因素。与会学者着重把“国家权力”和“文化”的概念引入了社会形态的研究和命名当中，认为自秦商鞅变法之后，国家权力就成为中国古代的决定性因素；不是社会塑造国家权力，而是国家权力塑造了整个社会。从秦至清末中国古代社会这一真正的历史基因出发，学者们各抒己见，提出了用诸如“皇权社会”“帝制时代”“帝国农民社会”“郡县制时代”“选举社会”等多个命名来取代“封建社会”的主张。这次会议是20世纪50年代《文史哲》发起的中国古史分期大讨论的继续，代表着《文史哲》杂志继续在言说和诠释中国古史这一新学术运动中发挥更加积极引领作用的努力。

《文史哲》组织的这场“中国社会形态问题”大讨论引起了海内外学术界的极大关注。《光明日报》理论部与《学术月刊》编辑部两家权威机构联合推出的“2010年度中国十大学术热点”中，由《文史哲》发起的这场事关“中国古代历史发展道路的讨论”位列其中。两家媒体认为，如何命名从秦王朝到清王朝的中国社会形态，直接关系到对这一社会的整体理解、描述和分析，关系到如何从全球文明史的高度来重新把握和复原中国文化的独特发展之路。学者们讨论的内容从以前被强调的经济关系和阶级关系扩展到国家权力和文化，在此基础上提出了一些新的认识，并用新的概念定义这个历史时期。史学界关于中国古代历史发展道路的讨论，对于中国史学工作者提出原创性的解释模式和概念有着积极意义（《2010 年度中国十大学术热点》，载《光明日报》2011 年 1 月 11 日）。《文汇读书周报》也以接近整版篇幅对出席会议的学者的观点进行了详尽报道（姜萌:《究竟如何为秦至清末的“社会形态”命名？——〈文史哲〉杂志第三次“人文高端论坛”侧记》，载《文汇读书周报》2010 年 7 月 16 日）。《中华读书报》、日本著名汉学刊物《东方》等报刊均跟踪进行了详尽的报道。

5 月 5 日，美国哥伦比亚大学约瑟夫 · 拉兹在《文史哲》第 3 期发表《世界秩序中的个体权利》。

文章认为，个体权利在新兴世界秩序中占据重要地位。从四项有关权利的自明之理可以看到，权利对于权利人的价值是权利得以成立的根据，公正、高效及可靠的人权实施机构是人权得以确立的必要条件。权利通过课他人以义务而获得保护，但权利人可以放弃或中止其权利的行使。在国际舞台上讨论和追求的个体权利始终都是人权。人权的重要贡献在于它确认了所有人的价值，并将权利从强者手中分配到每个人手上。但“人权具有共识普遍性”的主张缺乏对文化多元性和其他目标之合法性的敏感性，这使得现在的人权实践存在一些困难与危险。

本期还发表了其他论文。

齐延平的《论古希腊哲学中人权基质的孕育》探讨了人权思想在西方的起源问题，指出社会历史背景的独特性和哲学创立者的兴趣个性缔造了希腊哲学的开放包容性、非宗教理性精神和演绎思辨路径，由之确立了理念—实在二元并立哲学图式，推演出了对立与对抗主义技术路线，并展开了人本主义的人学探索，从而为人权基质的孕育提供了世界观支撑、方法论支持和人学基础，为人权诞生所需的对抗意识、自由人观念和人权批判精神的成长提供了必要空间并开辟了哲学道路。

陈明的《孔孟仁说异同论》辨析了孔孟仁说在言说与论证方式上的诸多不同，指出仁是孔子思想体系的基础性概念，孔子以孝为仁的基础，以仁为成己的标志，以圣为成物之极致，孔子之仁本质上是一种行动的理论，具有特定的社会文化规定性；而孟子以天为其思想体系的基础性概念，将孔子生生不息的生命之天转换成道德化、概念化的义理之天，将孔子关乎尊敬父兄之仁改造成一种普遍绝对的道德情感或本能，并以天作为仁的形而上学源头，使仁由"欲"的成果变为"思"的对象，从而把人与仁由孔子处所呈现的生命及其实现的实践关系转换成为心与性的修养关系。孔子以人为本，从道德情感（亲情）言仁，孟子以天为本，从道德理性（心性）言仁，分辨孔孟仁说的不同，对我们重振儒学的努力具有理论意义，对于我们的生活具有实际意义。

7月5日，吴宗杰、胡美馨在《文史哲》第4期发表《超越表征：中国话语的诠释传统及其当下观照》。

文章认为，多年以来，在中西文化交流中，西方人以表征语言来解释中国，且成为中国人理解自身文化的范式，遮盖了中国文化的本初内涵。中国话语具有突出的诠释传统，它超越表征语言的局限，通过微言、微意的叙事风格，开辟出大量让人们在行动中领悟世界的解读空间，对语言中的人为价值判断保持高度警惕并加以消解。这种微言大义式的言说方式在中国话语的现代化过程中逐渐削弱，但仍然对中国当下话语实践产生重大影响。在跨文化沟通和国际政治对话中，这一特征既表现出中国话语的力量，又是许多误解的根源。因此，从跨文化的角度，从中国古代经典入手解读中国诠释性话语的来由，指出它对当下的影响，厘清它与种种现代人构建的中国表征话语之间的界限，具有重要的意义。揭橥"中国话语具有突出的诠释传统"，可以超越表征语言的局限，这是此文的价值所在。

张希清的《唐宋进士科取舍依据的演变》指出，从隋唐五代到北宋初期，进士科取舍的依据经历了从“公荐”“公卷”加“程文”到“禁公荐”“罢公卷”“一切以程文为去留”的演变过程，这也就是从“以程文考试成绩为主”到“一切以程文为去留”的演变。这一演变经历了400多年的时间，是通过对朝臣“请托”、知举官徇私滥取“重行朝典”和完备以封弥（糊名）、誊录为代表的一整套贡举考试制度来完成的。“一切以程文为去留”虽然有一定的偶然性，但它比较好地体现了“公开考试、平等竞争、择优录用”的原则。可以说，这一演变是历史的必然选择，它不但在中国古代历史上具有重要意义，而且在我们今天也具有借鉴的价值。

社会史研究也是本期的一个重点，孙江的《在中国发现宗教——日本关于中国民间信仰结社的研究》以及路遥的《中国传统社会民间信仰之考察》都是此方面力作。

7月16日，《文汇读书周报》刊发姜萌撰写的《究竟如何为秦至清末的“社会形态”命名？——〈文史哲〉杂志第三次“人文高端论坛”侧记》。

文章从“究竟如何估价延续两千余年的‘秦制’？”“‘反传统’与‘历史终结论’”“‘自由派’与‘新左派’的对立”“历史观与历史命名”等几个方面对与会学者观点上的交锋作了概述。

9月5日，张金光在《文史哲》第5期发表《关于中国古代（周至清）社会形态问题的新思维》。

作者认为，以往学界用以表述中国古代社会的诸多概念和范畴，如“五种生产方式”说等，基本都来自西方学术话语体系，唯独缺少产生于中国自身的理论话语体系，而在理论模式的建构方面尤为贫乏。事实上，全部中国历史的进程是以国家权力为中心运转的，国家权力决定并塑造了中国社会历史的基本面貌；中国国家的核心权力是土地国家所有权。作者摒除五种生产方式的束缚，将周至清间社会形态依次划分为四个递进相续的时期：邑社时代（西周春秋）、官社时代（战国秦）、半官社时代（汉唐间）和国家个体小农时代（宋清间）。作者提出，关于中国的研究，应力求走出西方历史中心论以及西方学术话语体系笼罩之困境，深入中国历史实践，通过大量的实证分析，作出符合中国历史实际的理论模式建构。

其后，在前两年的基础上，《文史哲》杂志又连续集中发表探索中国古代社会形态的重要论文，组织了近年来对这一问题最大规模的学术讨论，大大推进了学术界对中国社会形态问题的认识。

本期还发表了韩高年的《“祀谱”、“世系”与史诗——对〈诗经〉“史诗”诗体源流及演述方式、文化场域的考察》。文章指出，近来学界对史诗的研究日趋热烈，但讨论的重点主要集中在边疆地区民族史诗文本的整理和演述过程的描述上。因为人类学方法的引入，使史诗研究有可能成为一种专门的学问。利用出土文献材料，对《诗经》“史诗”诗体的来源，华夏族史诗与边疆民族史诗发展的不平衡性等问题进行探讨，可以看出先秦文献中所说的“帝系”“系世”即是讽诵于祭祀仪式的口头史诗的文字形态的“节缩本”，它们最初不具备合乐演唱的条件，只是口头史诗表演者的“提示本”。甲骨刻辞中的“祀谱”也是此类。《诗经》中的周族史诗只撮述故事梗概的文本特点是在接受了节缩后的“提示本”的基础上形成的。导致这一结果的原因是中国早期史官书写传统的早熟。在书写传统的过滤下，大量的口传史诗湮没在文本定型的背后，这也是上古时期华夏地区族群史诗流传较少的深层原因。

陈伯海的《“肉身”也能“证道”——论审美活动中的身心关系》指出，在西方哲学与审美传统中，身体主体遭到忽视，一直是个突出的问题。实际上，审美主体乃是身心合一的身体，这是审美活动得以顺利开展的必要前提。身体要从事审美，必须给自身开发出一个具有自我超越性能的“形上”维度，方能使自己从生存与实践的主体转化为审美主体。这一自我超越的取向由身体本身的有限性与无限性的矛盾统一而产生，其最终根据即在于身体作为个体生命的“独在”及其与外在世界“共在”的双重性存在方式。身体的“形上”维度又是同其他方面的内涵相结合的，当它以自我超越的性能进入审美领域，便同时亦将其固有的生物学与社会学机能一并带了进去，这一整体机能的作用让审美体验的生成与发展有了保证，并使审美的生命感发能落实于人的行为方式，进而沟通了审美与现实人生的联系。时下“身体美学”的倡扬有助于提升人们对身体审美功能的重视，但一味突出官能享受和欲望满足，用感官娱乐涵盖审美，则容易导致割裂身心关系，消解审美应有的超越性能。

周广璜的《“融会异同，混合古今”——庾信用典艺术发覆》认为，庾信作品最突出的特点就是大量用典，其用典艺术之高妙，达到了炉火纯青的地步。庾信用典的方法主要有明用、暗用、正用、反用、虚用、活用、化用、借用、正反合用、虚实合用等等，尤善于采用避实就虚之法，即使正用、明用典故，由于他高超的表达艺术，也给人飘逸流利之感。

11月5日，何怀宏在《文史哲》第6期发表《“选举社会”的概念——秦汉至晚清社会形态命名初探》，对秦至清的中国社会形态进行了探索，并将这一时期的中国社会命名为“选举社会”。

文章认为，有别于现代民主选举制度的中国古代选举制度，经历了从西汉到晚清、从察举到科举2000多年的发展。这一发展趋势使政治权力、经济财富和社会地位与名望这些在传统社会中结为一体的主要社会资源的分配，基本上是通过选拔来实现，终于使中国的社会形态从西周至春秋的“世袭社会”转变为一种“选举社会”，亦即从一种封闭的等级制社会转变为一种流动的等级制社会。尤其在宋以后，“士大夫多出草野”，统治阶级的再生产发生了一种根本的转变，这种转变也深刻影响到整个社会的观瞻，以及个人和家族想要上升的途径选择。正是基于此，用“选举社会”的概念来解释从秦汉至晚清的社会结构的演变看来是有相当多证据支持的，比较符合历史的真相和历史上的人们对自身所处社会的理解。另外，比较起其他解释这一历史时期的概念，例如侧重经济社会的“封建社会”概念和侧重政治上层的“官僚帝国社会”的概念，这一概念看来也更有说服力，因为它从主要社会资源的分配决定着社会结构的观察角度，沟通了政治与社会、上层与下层。同时，“选举社会”这个概念还是一个最能显示中国历史文明所独具的特色的一个解释性概念。

张汝伦的《批判哲学的形而上学动机》认为，一个基本的动机发动了康德的哲学革命，贯穿了康德的“三大批判”，渗透于他的体系的方方面面，这一基本动机，就是形而上学的动机。离开这个动机，就无法全面正确地理解康德的批判哲学。从康德把“确立人的权利”作为他的哲学的根本目的后，他就是把他的哲学作为广义的实践哲学或实践形而上学来追求的。我们可以说，形而上学的动机，确切地说，实践形而上学的动机，贯穿了整个批判哲学。

高迎刚的《“失语症”论争的回顾与反思——兼论中国当代文论的现实处境与发展策略》对当前文论研究的症结进行了分析，认为中国当代文论研究中的“失语症”之说主要有两种含义：一指中国传统文论失去了生存空间，一指中国当代文论失去了“言说的对象”。后者显然更为准确地揭示了我国当代文论的现实处境。当代文论需要打破理论研究与文艺批评之间的隔阂，从文艺实践和文艺批评中寻找文学理论发展的动力和资源，如此方有可能建立一个真正具有生命力的当代中国文论体系。

2011年

3月18日，《文史哲》荣获“第二届中国出版政府奖期刊奖”，成为中国高等学校人文社会科学学术期刊唯一获此殊荣的刊物。

5月5日，“《文史哲》创刊60周年庆典”在山东大学举行。其间，举行了“《文史哲》杂志人文高端论坛”之四“反省与展望：中国人文研究的再出发”学术研讨会。

10月18日，李守信担任山东大学党委书记。

1月5日，李若晖在《文史哲》第1期发表《郡县制时代——由权力建构与社会控制论秦至清的社会性质》，对秦至清的中国社会形态进行了探索，并将这一时期的中国社会命名为“郡县制时代”。

文章认为，秦至清的中国社会虽也曾陵谷沧桑，却与此前的周代迥然有别。秦以后的社会规范为“法”，周代的社会规范为“礼”。因此探索秦至清两千年间中国社会结构的锁钥即是周秦之变。礼是以共同意志纳上下于一体来建构国家权力，于是礼法之别即在于强制力的有无。强制力以违背意志为前提，必须有被违背的意志之外的另一意志存在，并由该意志来执行对于被违背意志之违背。而且该意志还必须同时掌握强制力。在当时的历史环境下，具备这两个条件的人只能是君主，亦即“君生法”。这一新的人为社会规范必须将整个社会重新组织，承担这一重任的政治制度便是郡县制。作为法之保障的强制力由军队提供，因而保障君主对于国家武力的独占与独制的军爵制便成为商鞅变法获得成功的关键。由此皇权得以直接支配全国的土地和人口，平民组成的军队确保了专制权力下的全民身份平等，流官制使得官吏的权力来源不再是自己的宗族祖先而是君主授权。由此最高权力与个体臣民之间的一切中间力量被扫荡殆尽，从而缔造出一个强大到极点的君主、一个萎缩到极点的社会以及一个个沉默到极点的奴仆化个体。

这一期的《文史哲》还刊发了陈来、曾枣庄、李开军、张金龙等人的论文。

陈来的《20世纪儒学的学术研究及其意义》认为，以现代儒学的观点来看，中华民族的复兴即是中国文化的复兴，中国文化的复兴主要是儒家思想的复兴，而儒家思想的复兴，最根本的用力之处是学术建设。从而，学术建设成为20世纪儒学的根本使命，学术儒学也成为这个时代儒学发展的特色。20世纪新儒家，大多以精治中国哲学史或儒学思想史为其学术基础，应当不是偶然的，表明这个时代面临西方哲学的冲击和现代文化的挑战，只有在学术上、理论上对儒学进行梳理和重建，才能立身于哲学思想的场域，得到论辩对方的尊重，与其他思想系统形成合理的互动；也才能说服知识分子，取信于社会大众，改良文化氛围，为儒学的全面复兴打下坚实的基础。

曾枣庄的《儒学十题》对愈演愈烈的儒学热提出反向思考。作者认为，20世纪两次全盘否定孔子、否定儒学是错误的。从20世纪80年代起，开始重新评价孔子和儒学，这对弘扬传统文化很有意义。但近年来的有些提法，似乎都有褒扬过度之嫌。在“儒学热”的当下，正确认识孔子是相当必要的，孔孟之道未必是中国文化的“规矩准绳”，而儒者中亦有“君子儒”与“小人儒”之分，中国历代帝王从未真正“独尊儒术”，历代的法家人物亦多以儒学为招牌，篡权夺位者亦多以儒学粉饰，凡此种种，需要实事求是地认识历史上的儒学和儒者，实事求是地直面“中国需要儒学吗”等问题。文章写道，如果把中国古代文化比喻为灿烂的星空，那么，儒家文化则是一颗明亮闪烁的巨星，但它绝不是星空本身。儒家文化在中国传统文化中，在经、史、子、集四部图书中占有重要地位，但它仍只是“百家争鸣”中的一家。儒家学说与中国古代各种学说一样，都既有其“合理”的内核，也有历史的局限。需要弘扬的是整个中国传统优秀文化，而不仅仅是儒家文化；需要提倡“百家争鸣”，而不是独尊某术。

青年学者李开军的《陈宝箴“赐死”考谬——与刘梦溪、邓小军两先生商榷》对刘梦溪和邓小军的相关论文提出商榷。作者认为刘梦溪、邓小军以陈三立诗歌及相关史料“考实”的慈禧“赐死”陈宝箴之说，因其考证过程中的种种讹误，不足凭信。文章通过细针密缕的讨论证明，不论是官私文献记载还是陈三立本人的诗文表述，支持的都是陈三立在《先府君行状》中所说的陈宝箴“以微疾卒”。作者特别对刘、邓二人的研究方法提出批评，认为刘、邓二人对陈三立诗歌的分析，自是守陈寅恪所开创之以诗证史、诗史互证之方法，欲“循陈寅恪提出的释证古籍需结合古典与今典的诠释学原则，破解散原布下的重重迷障”；但“以诗证史”这种方法也十分危险，若不能正确理解诗面之意并娴熟于今典，不但“迷障”破解不了，反而会陷入“迷障”之中，甚至可能制造新的“迷障”。作者认为，唯有陈寅恪这样诗词修养很高、又对史籍史事烂熟于胸且具“了解之同情”之人，才能在古典、今典中如庖丁解牛，游刃有余，目视神行，左右逢源，时而出人意表，却又“不逾矩”，不牵强。愚钝如我辈，还是小心从事为好，更不可持先入之见，牵强粉饰，致污古人。

张金龙的《高欢家世族属真伪考辨》指出，当代学者对史籍所载高欢家世族属颇多质疑，并提出三种可能性：其一，本鲜卑是楼氏改姓高氏者；其二，本塞上鲜卑或汉人久居塞上而鲜卑化者；其三，本高丽高氏入居中原者。不管属于哪种情况，在高欢显贵之后伪冒河北大族勃海高氏则无疑义。作者认为，否定、怀疑史籍所载高欢家世族属的看法并无确凿的证据，其推测经不起推敲。根据《晋书》有关记载可以断定，高欢先世确为勃海高氏，而非高丽高氏。唐初史家以“非颍川元从，异丰沛故人”比喻高欢与勃海高氏出身的高乾的关系，但这并不意味着其认为高欢必与高乾非同族出身，也就不能证明高欢不出于勃海高氏。北魏文成帝《南巡碑》提供的信息否定了高欢先世由鲜卑是楼氏所改的推断，进一步印证了《魏书》对高欢先世事迹的记载。《魏书》及《北史》（《北齐书》）关于高欢家世族属的记载是可信的，高欢为西晋末年北徙幽州—平州的勃海高隐六世孙，为4、5世纪之交归附北魏的后燕官吏高湖曾孙，为献文帝时期罪徙怀朔镇的高谧之孙。而高欢母系血统中几乎全为鲜卑基因，加上北镇胡族社会环境的影响，到高欢崛起之时，就民族性而论，高氏已然成为一鲜卑家族，陈寅恪提出的“北齐最高统治者皇室高氏为汉人而鲜卑化者”是最为通达的看法。

3月5日，《文史哲》第2期刊登著名历史学家余英时先生及一些享誉学林的中外著名学者为《文史哲》创刊60周年所作的题词。

余英时先生的题词写道："孟子曰：观水有术，必观其澜。《文史哲》杂志自问世以来即波澜壮阔，一展卷而数十年人文思潮之起伏尽收眼底。"

李泽厚先生的题词是："我第一篇学术文章《论康有为的〈大同书〉》，经任继愈老师绍介，发表在贵刊一九五五年第二期。以后也续有发表。愿借此机会感谢贵刊。祝贺贵刊六十周年大庆，并表达我对任老师的怀念。"季羡林先生的题词是："继绝开新。"国学大师章太炎唯一在世弟子姚奠中先生的题词是："贯通文史哲，为国学精神所在。"成中英先生的题词是："文明化成。"何兹全先生的题词是："嘉惠学林。"裘锡圭先生的题词是："谨向六十年来为推进我国人文学科的发展作出重大贡献的《文史哲》致以衷心的敬意。"宁可先生的题词是："爱智璀璨，文质交辉。"日本中国学会会长、大东文化大学教授、东京大学名誉教授池田知久先生的题词是："《文史哲》这份学术杂志，在20世纪，对海外从事汉学研究的学者和青年学生而言，是憧憬的对象、指路的明灯。这部杂志给予我们的鼓舞和鼓励、抚慰和喜悦，是怎么形容都不为过的。"冯天瑜先生的题词是："地势坤，君子以厚德载物。"美国著名汉学家康达维教授的题词是："值《文史哲》创刊六十周年之际，我表示热烈祝贺！我自1962年开始学习中文以来，就开始阅读这份学术期刊。我认为这是一份世界最好的中国研究期刊之一。我祝愿《文史哲》蒸蒸日上!"袁行霈先生的题词是："渊综广博，清通简要。"

在这一期的杂志上，姜生的《汉画孔子见老子与汉代道教仪式》对困扰学术界多年的"孔子见老子图"提出新解。文章指出，以往学界对汉墓画像中孔子见老子图的解释，往往执着于历史上关于孔子见老子的故事文本，忽略了汉代道教经典和仪式文本的存在及其直接解释意义。当时老子已是道教中极崇高的"太上老君"，其神格仅次于西王母；孔子率众弟子拜见老君，乃"得道受书"，证明其命"上属九天君"，不经北酆鬼官之考谪，成为仙界地位较高的真人。汉墓中孔子见老子画像须于宗教视野获得合理解释。其所表达的是，在地下的世界，死者将和孔子及其弟子们一样，往拜老君得道受书，将免鬼官之谪；而"凡得道受书者，皆朝王母于昆仑之阙"，乃成仙。这就是汉代道教关于死者在冥界转变成仙的仪式逻辑。作者指出，孔子见老子图乃是汉代道教墓葬仪式的重要组成部分。

韩国成均馆大学教授李承律的《上博楚简〈鬼神之明〉鬼神论与墨家世界观研究》则利用出土文献，对墨家思想史上《鬼神之明》的思想特征、文献性质和作者、所属学派等问题进行了探讨，并对学术界争论多年的墨家思想中绝原因提出自己的看法。作者认为，上博楚简《鬼神之明》的主题和讨论的核心在于鬼神的“明知能力”。从方法论看，是从鬼神赏罚论的观点论证鬼神明知的问题。关于鬼神明知论，《鬼神之明》的基本立场是兼有部分肯定、部分否定的“折中立场”。这与今本《墨子》所见关于鬼神明知及赏罚能力的三种立场，即完全肯定、完全否定、怀疑三种立场不同，是《鬼神之明》所特有的。同时，若将墨家思想大略分为三个阶段，中期到末期的墨家世界观以天、鬼、人三层世界观为特征，即以天上世界、鬼神世界、人间世界三层结构来认识世界。三层世界观将关于天与鬼神的个人宗教信仰、三利思想、国家统治论、天人相关论全部包容在内，成为墨家思想的根基。但是到了墨家末期，墨家内部出现了对鬼神明知及赏罚能力深表怀疑的情况，而这种怀疑的立场被墨子的解释所消除。不同的是，《鬼神之明》并非只是单纯怀疑，还鲜明地提出了“鬼神不明”这种新的学说。如果墨家内部已承认鬼神不明，这就说明，个人层面上的宗教信仰、中期之后学派层面上的墨家几乎所有的理论，国家层面上基于尊天事鬼的统治论及天人相关论，就有可能从根本上发生动摇。所以《鬼神之明》虽是战国时期由墨家一派形成的文献，但今本《墨子》被编纂时，必然要排除《鬼神之明》。这样也就从理论上为墨家为何从秦汉之际的历史舞台上突然消失，提供了一个原因。

秦晖、彭波的《近世佃农的独立性实证研究》纠正近代以来研究中国佃农独立性问题多从理论出发、“真正从实际调查材料出发所进行的实证还是比较少而且薄弱的”偏弊，试图依据近代以来对中国地主与佃农之间关系的各种实际观察和调查资料，对中国近世佃农的独立性进行实证的定量分析。并借此对过去不同的研究观点进行验证。文章认为，近世中国佃农对于地主的依附性是有的，但同时也可以看出是比较微弱的。这种微弱的依附性的存在，一是经济上的依附性，是佃户由于生产上的资本缺乏和生活资料不足所造成的，二是知识上的欠缺，不得不在很多社会生活中依赖地主。但是，这种依附性在某种程度上是对政府社会职能缺失的一种补充。

本期《文史哲》还刊登了一组“史学宪政史”论文，在学术界首倡从史学的角度来研究宪政的发展。包括顾銮斋的《西方传统文化中的“同意”因子及其传播与交融》、陈可风的《〈十二表法〉——罗马共和宪政的基石》以及陈日华的《宪政的纵向维度：中古晚期英国地方自治制度》。编辑部为这组论文加的“编者按”说：宪政史著述理应给予必要的分类。其中，以史学方法撰写的宪政史可以称为“史学宪政史”。这里提出这一概念，意在表明用史学方法与用法学、政治学、经济学方法研究宪政史之不同。史学宪政史的指归是在充分占有原始资料、档案资料、深研原著的基础上，阐明宪政史的研究对象，进而客观揭示或如实描述宪政发展过程，为制度设计提供理论依据。

3月18日，《文史哲》荣获“第二届中国出版政府奖期刊奖”，成为中国高等学校人文社会科学学术期刊唯一获此殊荣的刊物。

在“中国出版政府奖”首次设立的“期刊奖”的评选中，《文史哲》杂志凭借其公认的办刊质量、鲜明的古典人文特色和广泛的社会与学术影响力，荣获“第二届中国出版政府奖期刊奖”。此次荣获这一奖项的社科类期刊共10家，全部是各领域各系统的顶尖或最具代表性的杂志。如思想理论类的《求是》、综合性社会科学类的《中国社会科学》、文摘类的《新华文摘》、畅销读物类的《读者》、时事政治类的《瞭望》、文学类的《收获》等。业界认为，《文史哲》此次获奖，实际是以“政府奖”的形式将《文史哲》在学界、特别是在学报界的应有地位明确下来。

“中国出版政府奖”是国家设立的新闻出版行业的最高奖项，2007年首次开评，每三年评选一次。该奖项旨在表彰和奖励新闻出版界作出突出贡献的优秀出版物、出版单位和个人。第二届中国出版政府奖评奖范围是2007年、2008年、2009年三年出版的经过市场和读者检验的优秀出版物及其出版单位和先进人物。自第二届开始，增设“中国出版政府奖期刊奖”奖项。

5 月 5 日，“《文史哲》创刊 60 周年纪念专号”出版，推出一批著名学者的精品之作。

许嘉璐的《小学与儒学》是作者在“山东大学儒学高等研究院成立”学术报告会上的讲演稿。文章对研究儒学之要津进行了阐发，认为欲弘扬传统，即需阅读典籍；欲阅读典籍，即需掌握“小学”，尤其是训诂。不读典籍，不讲训诂而谈文化，乃是在架空中楼阁。训诂为解释而生，典籍之内涵为训诂之本，不可舍本逐末，应当本末兼顾。所以，研究儒学，既要训诂明，也需要“经”义明。而“经”义是训诂所需语境的一部分，二者是相互依赖、相互促进的关系，应该做到训诂和义理兼顾。在此基础上，要努力实践，认真体验。就学术总体而言，要提倡四“不”精神——不忘学术之根，不弃为人之本，不轻古人之教，不拒“正业”之知，亦即顾炎武所说的“博学以文，行己有耻”。

庞朴的《说“仁”》梳理了儒家最基本的范畴“仁”字的演化过程，并对其背后隐藏的思想变迁进行了考察。作者指出，“仁”字的变迁启示我们：对字形的误解，可以直接波及对字义的把握；而准确理清文字的演化轨迹，或将大有助于思想历史的探寻。

裘锡圭的《老子与尼采》对跨越东西方不同时空的两位著名哲学家的思想进行了比较研究。作者认为，老子与尼采的思想异中有同、同中有异：他们都处于社会发生重大变化、传统主流思想遭到强烈怀疑的时代，都反对传统，否定很多传统价值观念，然而否定传统之后走向何方？尼采要前进，老子却要后退；尼采肯定刚强、勇敢，谴责怯懦，老子则肯定柔弱、退缩，贬抑刚强、勇敢。老子把无目的、无欲望的道看作决定世界的存在和运动的根本力量，尼采则把有目的、有欲望的“权力意志”看作类似的力量，但他们所给出的宇宙运动模式都是循环不止的，不同之处在于尼采充分肯定生命的价值，面向“生”的视角与他积极的人生观相应，老子面向死的视角与消极的人生观相对，侧重万物的回返于道。尼采不受传统束缚而勇往直前的创新精神，具有很强的感染力，老子消极的人生观，在总体上我们无法接受，但是老子对立面转化、反对战争等思想，直到今天仍可指导我们的行为。

李学勤的《高青陈庄引簋及其历史背景》对山东高青陈庄墓葬群出土的

引簋铭文进行了解读。文章指出，山东高青陈庄墓葬群出土的引簋铭文，记载了周王任命引管理齐国军队，授权其作战，引奉命后聚合人众，取得战斗胜利，俘获兵器的内容。其时代在西周中期后段，其记事可与师簋、师簋、史密簋的铭文结合起来考察。对研究西周中期周王朝和齐国的关系以及齐国历史具有重要价值。

葛兆光的《什么才是“中国的”思想史?》对中国思想史研究的“中国性”进行了讨论。文章指出，近年来中国学术界有一个特殊的现象，即在西方学界思想史研究领域普遍渐渐衰落时，在中国，思想史研究却充满活力，在异于整个中国学术研究追求“预流”的同时，又呈现出近年来中国学术的趋向。中国思想史研究领域的产生背景、内容界定、本身定义、影响因素、重要观念等方面的特殊的“中国性”，显然不太能够现成地套用欧洲思想史或日本思想史的概念和思路，它需要在中国历史的语境中，给予真切的理解和说明。当然，思想史研究要奠定它的“中国性”，重要的是如何确立它切合中国思想传统的问题意识、分析框架、概念工具和评价立场等。特别重要的，还是中国思想史研究者能否在历史讨论中保持对现实的针对性，能否在传统观念的梳理中诊断当下的思想问题，完成历史与现实的对接。

台湾大学中国文学系教授郑吉雄的《论戴震与章学诚的学术因缘——“理”与“道”的新诠》认为，从学术因缘的角度看，章学诚的思想不止是戴震思想的对立，也是一种延续发展。戴震在经学研究中突显了文化的意识，认为“礼”源起于人伦日用，从“礼”的典章制度中言“理”，与宋儒争“天理”的解释权。但戴震大概始料未及，他毕生未尝给予过敬意的、一位冲撞他的年轻人章学诚，已在不知不觉之中吸收了他的思想，在他逝世十余年之后，建构了一套和他极相近的思想观念。学诚将戴震深研的“礼”，转化为其“六经皆史”说的典章制度；同时撷采戴震“礼”为“人心所同然”之义，推衍为“道”即人伦日用的思想。他们都注意到经史文献所记载的内容背后的一种人伦、社群、文化的自然力量。

台湾大学历史系特聘教授黄俊杰的《东亚儒家传统中的人文精神》认为，相对于希腊罗马传统与犹太基督宗教传统中的人文精神而言，东亚儒家传统中的人文精神有其不同风貌。东亚儒家的人文主义固然方面甚多，但最重要的核心价值就是“人之可完美性”，相信人生而具有内在的善苗，只要善加培育就可以优入圣域，成圣成贤。东亚儒家所坚持的“人之可完美性”的信念，与犹太基督宗教的“原罪”或“人之堕落性”的信仰，构成鲜明的对比。东亚儒家的“人观”有其远古文明的背景。作为东亚文明中心的中华文明并没有出现具有主导性的“创世神话”，所以出现一种“有机体”式的宇宙观或“联系性的人为宇宙论”或“联系性思维方式”，而为东亚各地儒家思想家在不同程度之内分享。

胡新生的《周代拜礼的演进》对周代拜礼进行了考察。文章指出，周代的拜手、稽首、拜手稽首、再拜稽首等拜礼，其形成和时兴有先后早晚之分。西周时期流行的最高礼节是相对简单的拜手稽首；春秋时期演变为更繁复的再拜稽首；到春秋战国之际，礼仪活动中又出现了“升成拜”，即在堂下堂上重复进行的再拜稽首之礼。周代拜礼由简趋繁不断升级，是君臣关系和尊卑意识的发展在礼仪领域的反映。理清从拜手稽首到再拜稽首、“升成拜”的演变脉络，可以为相关文献的历史断代提供一条新的标准。

池田知久的《津田左右吉与中国、亚洲》从多角度讨论津田的中国思想史研究中存在的反“亚洲主义”或“亚洲并非一体”的主张，认为其主张虽以“包括印度、中国，甚至包括日本之意义上的东洋文化，理应不存在”的形式表现出来，但实际上是有体系的、具备复杂内容和结构的思想。也就是说，津田“亚洲并非一体”的主张之思想基础，在于对战前“亚洲主义”“大东亚共荣圈”的批判，对战后新的“亚洲一体”思想和运动，即对亚洲社会主义之期待的危机感。这种批判和危机感的背后，反映出津田关于同时代东方各地区（亚洲、东洋）文化、社会停滞的认识。

郭延礼的《中国近代文学的历史地位——兼论中国文学的近代化》针对近年来文学界有意消解近代文学的倾向，从五个方面力辩中国近代文学作为一个独立学科的必然性、必要性和合理性。作者认为，中国近代文学是中国文学史发展中一个重要的阶段，它具有独立的历史地位和无可替代的价值。消解近代文学的意向，极不利于全部中国文学史的深入研究和中国文学史学的建构。中国文学近代化的过程，从某种意义上说，也就是中国文学学习西方，以及在西方文化的撞击下中国文学求新求变的过程。因此，80 年的近代文学（1840～1919 年），既不是古代文学的继续和尾声，也不是现代文学的前奏和背景，它有其独立的历史地位。

王运熙的《〈文心雕龙〉批评当代不良文风的矛头指向》认为，刘宋颜延之、谢灵运、鲍照三家作品，从艺术特色讲，均具有富丽、新奇特点，因各有偏重，其流弊造成刘宋两大不良文风：一是过于追求辞藻富美，产生烦冗、纤密之病，以颜、谢为代表；二是过度追求词句新奇，偏离雅正，以鲍照为代表。其影响至南齐犹存。南齐以沈约、谢朓为代表的诗赋作家在创作中仍然追求富丽、新奇，且受颜、谢、鲍，尤其是后两家影响颇深，所以无法避免地延续了刘宋的不良文风。刘勰写作《文心雕龙》，主要目的就是矫正这类不良文风，使作文取法经典，以归于正道。

罗宗强的《政策、思潮与文学思想倾向——关于明代台阁文学思潮的反思》指出，明代台阁体文学思潮的主要展开时期是永乐初至正统末，天顺以后逐渐消退。台阁思潮的产生，是皇帝提倡、重臣推动的结果。台阁文学思潮之一特点，是传圣贤之道与鸣国家之盛。又一特点是提倡和平温厚的文风。

香港浸会大学中文系讲座教授葛晓音的《陈子昂与初唐五言诗古、律体调的界分——兼论明清诗论中的“唐无五古”说》从明清诗论中关于“唐无五言古诗，而有其古诗”的争论出发，通过分析初唐五言古、律不分的背景，探讨陈子昂提倡古诗从模拟汉魏入手的原因，及其《感遇》在齐梁以来逐渐近体化的八句、十句、十二句体中恢复汉魏古调的途径；并对照宋之问在八句体和中长篇五言中区分古、律体调的创作方法，指出他们虽有“复多”和“变多”的差别，但都把握了古诗无论句式散偶均应以散叙意脉贯穿的原理，以及抒情直白、曲折尽意、不避繁复、结构多变的特征。同时综合了汉魏到宋齐古诗的各种艺术经验，甚至融入了近体诗的某些特点，使古诗的表现获得了前所未有的包容度和自由度。唐代五古正是因他们的导向，才形成了不似汉魏古诗而自“有其古诗”的独特风貌。

本期新设“历史与伦理”专栏，发表了何中华的《论历史与道德的二律背反及其超越》。作者指出，人们在任何时候都能够对自己所处时代或历史上的社会变迁作出不同评价，它们可被归结为历史评价与道德评价的分野。这二者并非相对主义的关系，究竟何者具有合法性，取决于时代的性质和要求。历史与道德双重尺度植根于理性与价值的分裂，最终源自人的肉体存在和精神存在构成的人类学本体论悖论这一原初基础。前现代社会主道德尺度优先，现代社会主历史尺度优先，马克思哲学意义上的后现代社会则主双重尺度的统一，即二者对立的超越。它逻辑地完成于马克思的哲学建构，历史地完成于人的实践所创造的“以往发展的全部财富”亦即“历史的全部运动”。

为纪念《文史哲》创刊60周年，本期特别刊发了《文史哲》前任主编刘光裕撰写的《1973年〈文史哲〉复刊的回忆》，披露了《文史哲》在黑云压城城欲摧的“文革”年代惨淡经营、在“学术与政治之间走钢丝”的情况。

5月5～7日，为庆祝《文史哲》创刊60周年，“《文史哲》杂志人文高端论坛”之四“反省与展望：中国人文研究的再出发”学术研讨会在山东大学召开。

会议围绕20世纪中国人文学术研究所形成的优良传统、所遗留的经验与教训、21世纪前半叶西方人文学术研究的动态与趋向、下一个10年乃至更长时段中国人文学术研究前瞻等展开了热烈讨论，取得重要的学术成果。

北京大学中文系陈平原教授、中山大学陈春声教授、北京大学哲学系何怀宏教授、清华大学历史系秦晖教授、南开大学历史学院冯尔康教授、清华大学国学研究院刘东教授、上海师范大学历史系萧功秦教授、中国人民大学政治学系任剑涛教授、上海社会科学院文学研究所陈伯海研究员、日本大东文化大学池田知久教授、北京大学中文系龚鹏程教授、中国社会科学院世界历史研究所陈启能研究员、北京师范大学历史学院刘家和教授、河南大学历史文化学院李振宏教授、复旦大学历史学系张广智教授、山东大学哲学与社会发展学院何中华教授、四川大学文学与新闻学院曹顺庆教授等专家学者参加会议。

5月24日，《文史哲》杂志主编王学典在《大众日报》发表《走不为时风所动的厚重办刊之路——写在〈文史哲〉甲子庆典之际》。

其文曰：

坚定不移地走一条不为时风所动的厚重办刊之路，是我们最重要的办刊体会，是我们基于多年来的正反两方面经验教训所获得的。文、史、哲三个学科，特别是文、史两个学科，在中国源远流长，是中国的国粹所在，是中国所有其他学问的母体，有着几千年积淀和积累，因而是现代学林中最厚重的学问，这决定了主要刊载这方面成果的《文史哲》除了走厚重之路外，没有其他道路可走。《文史哲》所刊出的大都是专家和学者们的积年之作，学术含量的高低和学术功力的深浅一直是编辑部取舍稿件的基本尺度。在这方面，《文史哲》的最高追求，是希望她所刊布的作品，能更多地进入未来的学术史之中。六十年来一直如此，近十几年来尤其如此！所以，《文史哲》绝不会跟风，也绝不能跟风。《文史哲》必须有自己的主见。《文史哲》既要引领学术潮流，又不能追风猎奇，走轻浅轻浮之路，不能搞那些短、平、快的东西，不走哗众取宠的捷径。我们办刊的目标实际上只有一个，也只能有一个，那就是“学术”本身。

强调“学术”，强调厚重，绝不意味着要把《文史哲》办成不食人间烟火的世外桃源，办成老古董；恰恰相反，从创刊伊始，《文史哲》就具有非常浓厚的入世情结，就具有干预学术走向的强烈愿望，而且在若干时期，《文史哲》也部分地把这种愿望变成了现实。因此，《文史哲》的另一个传统，就是力图站在学术前沿，积极主动地介入当下的学术界，自觉充当当代学术史的创造者。在我看来，《文史哲》是沿着下面三条主要路径走入波澜壮阔的当代学术史的：第一，是下大力气推动、倡导、实践学术问题上的“百家争鸣”方针。《文史哲》六十年来所享有的荣誉，可以说主要得自于她所发起和推动的一场又一场学术论战和重大讨论。著名的“《红楼梦》问题讨论”仅是其中最有代表性的一次。《文史哲》参与创造当代学术史的第二条路径，是探索、提炼和锻造公共学术话题。我们认识到，一份杂志的影响力取决于该杂志锻造公共学术话题的能力——你提出的话题越多、覆盖面越广、敏感度越高，影响力可能就越大。这里的敏感度高低不是指在政治上打擦边球，在意识形态上搞花样，这里主要是指你能不能、你敢不敢触及学术史上比较重大，甚至成为风气、成为主流、成为倾向的东西；也就是说，你敢不敢在学术上质疑那些已成为潮流、成为主流、成为风气和倾向但又未必健康的观点和主张，从而给学术上的少数派提供版面和平台。这对许多杂志来说都是一种考验，《文史哲》则已积累了若干成功的经验。第三条路径，编辑部就一系列重大学术问题主办相关会议。主办相关会议意味着编辑部在主流问题上，应该拥有若干话语权，应该在关键学术领域发言，至少应该积极介入到一系列重大问题讨论中去，从而实现引领学术潮流的办刊初衷。

《文史哲》还有一种探索，这就是我们在打通学科壁垒方面所作的努力。综合性大学学报该如何办？这已经成为期刊界议论纷纷的问题。目前人们看到的只是综合性的劣势和不足，但如何把综合性的劣势变成优势，则是我们一直在思考的一个问题。20世纪的一大学术趋势是分科治学，而且学科越分越细，但物极必反，学科不断细化所带来的一个不可避免的结果，就是一个侧重综合的时代可能会很快到来，因为我们所面临的一系列问题本身无论是社会问题，还是学术问题，均已越来越带有综合的性质，分科治学已越来越束手无策。在这一背景下，《文史哲》绝不应该成为中文、历史、哲学三大学科文章的外在组合。我们努力约发那种亦文亦史亦哲、非文非史非哲之作。那么，什么才是非文非史非哲、亦文亦史亦哲呢？这就是必须提出一些超越学科壁垒的"问题"或"话题"，也就是说，把"问题"看得比学科更重要，更带根本性。《文史哲》应以"问题"为中心，而不应以学科为中心；要以"问题"为中心来整合学科，而不应以"学科"为平台来切割"问题"。譬如，我们所提出的"疑古与释古"这个话题，就是任何专业杂志都不便面对的问题，因为她不但包括文学、历史、哲学等大的学科，更包括考古学、文献学、文字学、历史地理学、民俗学等完全不同的方向和领域，这样的问题只能放在《文史哲》上来讨论。

发现和不遗余力地扶植"小人物"，是《文史哲》长期以来广受称道和赞誉的又一做法。从《文史哲》出发走向学坛的专家可以说数不胜数，其中最著名的就是李希凡先生、庞朴先生，以及李泽厚先生、汝信先生、汤志钧先生等等。我们认为，一份杂志的不朽和成功，不仅在于她能团结和吸引多少名家，更在于她能发现、扶植和造就多少名家。杂志造就名家，名家成就名刊，《文史哲》在其中付出了自己的胆识和辛勤的汗水，这些从《文史哲》出发的学者后来也用自己所获得的卓越成就给《文史哲》带来了巨大声誉。发扬和光大《文史哲》的传统，更多地关注和关心“小人物”，腾出更多的版面给那些青年才俊，仍是《文史哲》的今后主要努力方向之一。

7月5日，《文史哲》第4期推出“文明与对话”栏目，发表“儒学与基督教：人类危机与世界文明对话”笔谈。

这组笔谈文章包括许嘉璐的《主张对话、反对冲突是时代的最强音》、谢大卫的《“善”与“善的生活”：孔子与基督》、张立文的《和合与对话》、白诗朗的《儒耶之间对话的可能性》、大卫·利特尔的《宽容和多元：基督教和儒学传统中的良知自由》、谢文郁的《〈中庸〉君子论：困境和出路》。

本期编者按云：当今不同文明间交流、借鉴和融合的范围在扩大，矛盾、冲突和危机也在加深。世界需要对话，只有理解彼此之异，才能找到彼此之同。通过对话，可以懂得欣赏、学习对方，增进友谊，和睦相处。只有加强对话，超越危机，人类文明才会有和平、进步与发展。本刊自本期始，推出“文明与对话”栏目，以搭建不同文明会合交融的平台。目前推出的是儒耶文明间的对话，我们不回避儒家和基督教之间的差异，有差异才有多元，双方才都有持续前进的外部动力，东西方文化特别是儒耶两种文明的高层次交流与对话实践，将综合出人类更新更高的文化成果，产生带动人类进步的重要精神力量，并推动儒学进一步实现世界性的文化认同。

本期还发表了辛德勇的《唐代都邑的钟楼与鼓楼——从一个物质文化侧面看佛道两教对中国古代社会的影响》。作者认为，钟楼和鼓楼是中国古代都邑当中两个非常重要的标志性景观。在当代社会民众的一般印象中，当这两座建筑成对组合配置时，通常是钟楼居东，鼓楼在西，常言所说“晨钟暮鼓”，正与这种东西方位相对应。然而，若是追溯它的历史渊源，则可以看到，这种配置形式并不是亘古不变的传统，而是唐代以来佛教在全国各地普遍兴盛之后才逐渐形成的现象。首先是在唐代世俗社会的建置当中，以东鼓西钟作为定制，而佛寺则以东钟西经作为定制，佛寺的制度并且迅速为道观所仿效。至南宋时期，在一部分介于世俗建置与道教宫观之间的祠庙当中，率先出现了融合仙凡两界的东钟西鼓对置形式，情况开始发生改变。紧随其后，元朝在道观中比较普遍地采用了这种新的布局形式。进入明代，它又被佛寺接纳成为通行的定制，并在清代发展成为佛、道两教和世俗三界共同行用的钟、鼓楼配置准则。

陈支平在《史学理论探索与命题话语权的建构》中提出，理论探索应该是中国历史学家们的不懈追求，然而在过去的100年时间里，中国史学理论探索基本上是借助西方的理论来改造或替代自己原有的思维评判模式，从而产生了许多削足适履的不良反应。在新世纪的世界多元文化格局下，中国的历史学以及其他的人文社会科学，需要的是我们自身的坚持与自信，而不是过分地对于西方的理论与方法论亦步亦趋。中国历史学家应该积极地建构和开拓中国历史学的命题话语权。只要我们自己能够对于中国的历史学作出坚实的贡献，那么随着我国国力的增强以及国际地位的提升，中国的文化学术影响力必然随之提升，任何的急于求成和邯郸学步，都不是我们推进中国历史学前进的根本之道。

欧明俊在《文学文体，还是文化文体？——古代散文界说之总检讨》中指出，古人多以内容本位、技艺本位界说散文，是本体论，还有以作者本位、本原本位、功能本位界说散文，皆具“片面的深刻”。散文有“形而上”“形而下”之分。形而上者是散文之道，是本质、精神和灵魂；形而下者是散文之艺（技、术），属于技术层面。散文的定义，乃是非真假判断，散文的本质界说，是高下优劣的价值判断，实为不同的概念。散文不仅是纯粹的文学文体，还是文化文体。古代多元的散文观，各有合理性和局限性，应宽容看待，切忌以“专制”思维视之。

9月5日，《文史哲》杂志推出“山东大学110周年校庆专刊”，纪念山东大学校史上文史哲领域的杰出学者。

董治安在《20世纪学术史上的一代大家——简述高亨先生的学术成就》中指出，高亨先生是我国20世纪学术史上的一代大家。他从青年时代起，就遵循朴学方法，以文字音韵训诂为工具，研治先秦典籍，抒录个人心得，数十年来坚持不懈，取得了以《诸子新笺》为代表的一系列重要成果。他对于先秦诸子文献的整理研究，数量既多，方面亦广，其中尤以《老子正诂》《墨经校诠》等著作的成就最为引人注目。高先生对于《诗经》《周易》的注释研究，影响远及海外。《周易古经今注》《周易大传今注》《诗经今注》等名著，从一个方面体现了20世纪《易》学、《诗》学的应时发展。

袁世硕在《文学史学大师冯沅君先生》中指出，冯沅君是中国现代文学史上一位杰出的女性人物。她和陆侃如先生喜结伉俪，学术相携，合著《中国诗史》，既是文坛的佳话，也是文学史上浓墨重彩的一笔。她既是我国学林仰重的女学者、桃李满天下的女教授，又是一位蜚声20世纪20年代文坛的女作家、中华人民共和国成立后山东大学文史见长的顶梁柱。纵观冯先生的一生，其在中国诗歌史的编写和戏剧史的编写上均具有重要地位，在中国文学史的编写上具有开拓之举，冯先生是一位不折不扣的文学史学大师，她的贡献是不可低估和磨灭的。

刘怀荣在《黄孝纾先生的诗文创作和治学特点》中指出，黄孝纾先生在诗、词、书、画方面，均有较高的造诣，骈文尤为时人称道。由于生活阅历相对简单，其诗文多模山范水、寄赠酬唱和感时伤世之作，但在艺术方面却达到了很高的水平。他的学术研究，也因其作家的身份和视角而别具特色。然而像那个时代许多旧式文人一样，黄孝纾在创作和学术研究方面的成就，为历史潮流所湮没，加之“文革”中又受到冲击，因而其作品和论著流传不广，知者甚少。在国学复兴的今天，我们有必要重温历史，关注这位曾在山东大学中文系从教20年的诗人教授。

张可礼在《史料、史识和美学的融通：陆侃如先生的中国古代文学史著》中指出，陆侃如和冯沅君先生合著有《中国诗史》《中国文学史简编》《中国古典文学简史》三部重要的文学史。三部文学史，在当时受到青睐，对后来亦有积极的影响。三部文学史以史料为基础，体现了史料、史识和美学的融通。在史料上，尽力搜集，追求真实，注意选择。在史识上，由进化论到历史唯物论，不断探索和实践。在美学上，重视文学蕴涵的审美情操和艺术表现特点。

林继中在《真理之勇气——萧涤非先生的学术境界》中指出，萧涤非先生是闻名遐迩的古典文学研究专家，他注重从历史的基本事实中认识真理，其平生的治学实践充分体现了他探索真理、坚持真理的勇气。《汉魏六朝乐府文学史》是前期开放式本体研究的成果，《杜甫研究》是后期综合应用鲁迅、毛泽东文艺思想的成果。从其核心观点“人民性”的阐释中，可感受到其社会良心与巨大的历史责任感。萧先生一生的治学实践表明，他是注重从历史的基本事实中认识真理的，这是一个前后相承没有止境的进程。回顾萧先生的道德文章和学术风范，对此作深刻的反思，无疑具有特殊的意义。

刘晓东在《殷孟伦先生的学术成就》中指出，殷孟伦先生是我国当代著名的语言文字学、古代文学专家。他学承章（太炎）黄（侃），治学由小学入经学，由经学入史学，由经学、史学而兼辞章之学，形成层次分明、诸科有序、浑然一体的系统。先生在语言文字学方面，有《果臝转语记疏证》《〈四声五音九弄反纽图〉简释》《尔雅郭氏纂疏》等著述。在古代文学方面，有《汉魏六朝百三家集题辞注》《如何理解〈文选〉编选的标准》等成绩。在考据方面，有《莫友芝与〈韵学源流〉的关系质疑》《试论唐代碎叶城的地理位置》等代表作。

吴开晋在《高兰先生朗诵诗与教学研究及其人格精神》中指出，高兰先生是著名的朗诵诗人和现代文学史家。在抗日战争中，他的朗诵诗号召人们起来保卫国土，赶走侵略者，起了巨大的鼓舞作用，因而他被人们尊称为“钢铁的喉咙”，是抗战诗歌史上具有代表性的诗人。他的名作《哭亡女苏菲》是其代表作。他对朗诵诗和如何进行诗朗诵，具有系统完备的理论。他所推动的诗朗诵运动被茅盾先生称为“诗歌的再解放运动”。此外，他在李后主研究和现代诗歌的研究与教学方面，作出了重要的贡献。他一生追求进步，向往光明，百折不挠，始终不渝，展示了独特的人格魅力。

杜泽逊在《王绍曾先生与目录版本学研究》中指出，王绍曾先生一生从事的学术工作有若干方面，成果丰富，其主要成就是目录学，而无论是在目录学，还是在版本学、校勘学领域，先生的成果都主要在史部。王先生 1930 年入上海商务印书馆随张元济先生校勘《百衲本二十四史》；1932 年至无锡国专图书馆后作《二十四史版本沿革考》，理清了“正史”版本源流；1963 年经高亨先生推荐调入山东大学图书馆，1978 年编出《山东大学古籍善本书目初稿》。20 世纪 80 年代以后，王先生焕发了学术青春，相继出版了《山东文献书目》《近代出版家张元济》等专著，而《清史稿艺文志拾遗》最能代表先生的目录学成果，堪称史志目录编纂史和清代文献目录编纂史上的里程碑。

张树铮在《反切、破读与方言音韵——殷焕先先生在音韵学领域的贡献》中指出，著名语言学家殷焕先先生受教于众多国学名家，合传统语言文字之学与现代语言学之长，在音韵学领域作出了突出的贡献。其《反切释要》一书首次对根据普通话语音来正确释读古代反切的规律进行了系统归纳。先生正面提出破读是取材于客观存在的语言自然现象，论证了破读产生于殷商时期，并指出“离去无破”的声调破读规律，反映出上古去声作为一个类早已存在。先生根据历史语音学的理论、语言历史演变的规律，分析方言语音现象的历史因素，勾勒其演变规律，是我国方言音韵学研究的先驱。

张学军在《孙昌熙先生研治鲁迅和现代文学的成就》中指出，在鲁迅研究领域，孙昌熙教授用力最多、成就最大的是鲁迅的文艺思想和鲁迅“小说史学”的研究。他的《鲁迅文艺思想新探》，论及鲁迅文艺思想的一些基本范畴：浪漫主义、现实主义、悲剧、喜剧、创作、风格、欣赏等。而他对鲁迅比较文学观的研究，确立了鲁迅作为中国比较文学开创者的地位。孙昌熙先生首先提出了鲁迅“小说史学”的概念，并从鲁迅研究小说史的资料准备、科学方法、历史分期、发展规律、评价标准等方面，论述了鲁迅“小说史学”的体系。在现代文学研究中，孙昌熙先生尊重史实，无论是主编现代文学史，还是对现代作家作品的研究，都能实事求是地作出公正客观的评价。

傅合远在《文德翰彩　光及北辰——略论蒋维崧先生的学术贡献与书法篆刻艺术》中指出，蒋维崧先生是我国著名的语言文字学家和书法篆刻艺术家。他不仅以深厚的学养在古文字研究、词典编纂方面作出了卓越贡献，而且其书法、篆刻艺术也在学问的辉映下，达到了耀古抗今的高度，对当代书法艺术的创作与审美价值取向有着重要的启示意义和影响。

叶涛在《俗文学、满学与敦煌学家关德栋先生》中指出，关德栋先生是我国著名的俗文学、满学和敦煌学研究专家，在长达 60 余年的学术生涯中，他的学术业绩，为我国俗文学、敦煌学和满学等学科的建设作出了突出贡献。关先生的俗文学研究工作在曲艺方面用力最多，发掘也最深。其俗文学研究的另一大批成果，则表现在资料的搜集和古籍文献资料的编纂方面。他在沈阳博物院从事的《满文老档》的翻译工作，是我国有计划地直接从满语原文翻译这部重要史料的开始。与此同时，他还先后进行了“满文档成语”的辑录工作。关德栋先生还是20世纪40年代国内研究敦煌文献的著名学者之一，也是我国为数不多的研究梵、巴文典籍的学者。

戚良德在《“龙学”里程碑——牟世金先生与20世纪的〈文心雕龙〉研究》中指出，20世纪的《文心雕龙》研究被称为“龙学”，在近百年的“龙学”史上，牟世金先生以其十余种专著、六十余篇论文，对《文心雕龙》进行了全面精到的系统研究，从而成为“《文心雕龙》的功臣”。他不仅是刘勰生平研究的集大成者，也是《文心雕龙》现代注释和翻译的开拓者，更是《文心雕龙》理论体系研究第一人以及“龙学”史研究第一人，他还是中国《文心雕龙》学会的创始人，“对我国‘龙学’的发展，作出重大贡献”。正因如此，可以说牟世金先生是20世纪《文心雕龙》研究——“龙学”的一座里程碑。

周纪文、戴孝军在《周来祥和谐美学思想的理论贡献与历史价值》中指出，在中国当代美学界，著名美学家周来祥先生的“和谐美学学派”具有独特的理论观点与风格，其理论特征主要体现在三个方面：一是以“和谐”为元范畴，提出了“美是和谐”的理论观念；二是始终坚持马克思主义的辩证思维方法论；三是建立和完善了一个理论体系。这个理论体系不但体现于美学理论本身，而且在学科建设、教学培养乃至社会实践之中，都具有建设性意义。这个理论体系具有重大的学术价值和历史价值，这种价值体现在理论发展中的建构意义、学术追求中的启示意义以及思想传播中的实践意义之中。从这些价值可以看出周先生勇于坚守自己的信仰，而又不断开拓创新的勤勉精神。

谭好哲在《狄其骢文艺学研究的理论贡献与学术意识》中指出，在中国当代文艺学研究的学术历程中，著名文艺理论家狄其骢先生占有重要的位置。其一生的学术业绩，大体上可以区分为文艺基本理论研究、比较文学元理论研究、马克思主义文艺理论的经典释读和当代形态建设、文艺学改革和教材建设的探索与实践四个方面。在这些不同方面的理论研究和成就中，既体现出了他对学术真理的执着追求，同时也凸显出一个真正的理论家由思维心态、价值取向和方法选择等凝聚而成的自觉学术意识，即问题意识、创新意识、主义意识、综合意识。其毕生的学术追求与拓展中所体现出的有所担承有所守持的学者精神，所贯通的各种学术意识，对后学来说，或许更具启示价值。

潘群在《自学成才的明史专家黄云眉先生》中指出，黄云眉先生师宗先祖黄宗羲浙东经世之学，融会义理、考据、辞章三种学问途径，将文、史、哲结合在一起。以史学为中心，通过考辨突出表现其史学求真与史识创见兼具的治学特点，从而经世致用。二百余万言的巨著《明史考证》，积先生四十年之功，既是超越乾嘉的考据名作，又是一部明史研究的专门论著，更蕴含着先生强烈的民族情怀和经世追求，必将成为永传后世的不朽经典。黄云眉先生也是一位杰出的教育家，程千帆、冯其庸、卞孝萱等一大批著名学者皆为先生之高足。

解玉军在《陈同燮先生与我国的世界史学科建设》中指出，中国的世界史学科在20世纪经历了一个从无到有的过程，陈同燮教授是这一过程的见证者、参与者和重要建设者。在近半个世纪的教学生涯中，陈先生在山大、北大、厦大和北师大等多所名校共讲授过10门以上的世界史课程，这些课大多为国内首开。他为我国培养了大批史学专门人才，同时做了许多资料建设工作。陈同燮先生还是我国最早独立开展希腊罗马史、民族解放运动史和若干国际问题研究的学者之一。

陈尚胜在《全球化与民族性：郑鹤声史学精神探析》中指出，郑鹤声先生的史学论著向以史料充分而见长，同时还表现出超前的全球化视野和浓郁的民族情怀。以16世纪为近代史开端的《中国近世史》，从国际贸易、外币流入与金融安全、外来宗教传播与内政安全、西学传入与科学民主思想传播等层面阐述了全球化对于中国近三百年历史之影响。他坚信历史研究和历史教学在中华民族复兴伟业中所肩负的重要责任，故明清时期对外关系史、中国史学史和文献学以及清朝边疆民族史，也构成了他的主要研究领域。

晁中辰在《重视学问　更重人品——记业师张维华先生》中指出，张维华先生出生于贫寒的农民家庭，靠自己的艰苦努力完成了高等教育，并成为山东大学历史系“八大教授”中唯一一位有硕士学位者。他深受导师陈垣、洪业的影响，重视考据，其硕士论文《明史欧洲四国传注释》成为其成名作。他从事学术研究有两大特点：一是求通，二是求实。在培养研究生方面，他经常说的一句话是：“第一是人品，第二是学问。”他一生历尽风雨坎坷，重视名节，即使在极为艰苦的条件下仍笔耕不辍，不仅著述宏富，而且立论高远，在史学界奠定了不可动摇的地位。

王学典、黄广友在《华岗：中国马克思主义学术范式的构建者》中指出，华岗既是中共开国一代的职业革命家，又是集著名史学家、美学家和哲学家于一身的中国马克思主义学术研究先驱。华岗与同时代的其他马克思主义学者们一道，共同缔造了中国马克思主义学术范式。“社会发展史”“反映论”和“规律”是这一范式的三大基本概念。华岗的贡献在于他为锻造和诠释这三大概念付出了独特而又不懈的努力。

胡新生在《童书业先生与先秦史研究——任教山东大学期间历史观的转变和学术创新》中指出，童书业先生从疑古辨伪学者转变为马克思主义史学家，是他早年已有的经济史观的思想萌芽不断发展的结果。历史观的转变使童先生的先秦史研究进入新的境界，他对“古史辨派”的研究方法和一些疑古论断作了反思和纠正，对典籍文字、社会历史的感觉变得更加敏锐和准确。在中国古代史分期问题的讨论中，童先生的观点屡有变化，但在这种多变的背后有一种相当执着的不变，即他始终坚持尊重史实的原则和对先秦秦汉社会状况的基本认识。他在考察先秦秦汉社会形态时注重对古代东方史作综合研究，注重分析中国古代社会的“东方”特色，显示出非常开阔的学术视野。童先生的《春秋左传研究》等著作，将史实考据与历史规律的探求紧密结合起来，在周代宗法、分封、贵族大家庭等问题上提出一系列创见，为先秦史研究的发展作出了重要的贡献。

胡新生在《韩连琪先生与先秦秦汉史研究》中指出，韩连琪先生是我国当代著名的先秦秦汉史专家。从 20 世纪 50 年代初到 80 年代，韩先生一直在山东大学历史系任教，教书育人、奖掖后学，为山东大学历史学科特别是先秦秦汉史学科的发展，作出了永不磨灭的杰出贡献。韩先生治学，注重宏观把握历史和贯通的理解，注重构建学说系统，不赞成搞支离破碎的烦琐论证，更不赞成在学术研究中刻意追求新巧。他的论文侧重于对历史发展大势作纲领式的描述，特别强调历史解释的系统性，犹如正面作战的大军而无游击之气。《先秦两汉史论丛》收入的文章，分开来看是对某一时期某一专题的论述，综合来看则都有他对先秦秦汉社会形态的看法贯彻其中，深为研究者所推崇。

李尚英在《杨向奎先生在山大十年的科研成就》中指出，杨向奎先生在山大十年的科学研究中，主要运用唯物史观研究中国古代历史和古代思想，在中国封建社会历史分期的理论、西周社会性质、阶级社会起源、神守与社稷守、炎黄文明、公羊学派等问题的研究方面，取得了令人瞩目的成果，对“古史辨派”的评价也引人注目。这期间，杨向奎先生对创建《文史哲》所作的贡献令人怀念。这些成果为其历史学一代宗师的地位奠定了基础，在先生一生的学术生涯中具有承上启下的作用。

齐涛在《仰之弥高　钻之弥坚——王仲荦先生的学术与学问》中指出，王仲荦先生承章太炎先生之学统，在五十多年的学术生涯中，做到了学统与新知的相融、作史与考史的兼领，在魏晋南北朝隋唐史研究、古史分期等若干重大问题研究方面，在敦煌文书研究、古典文学与古代文化研究、二十四史校点、中国古代物价史研究等多个领域，留下了大量的传世之作，是淹通文史的一代学者，他所留下的高贵的学术品格与学术精神更是让学界景仰。

韩凌轩在《孙思白先生与民国史研究》中指出，作为著名的“中华民国”史专家和中华民国史学科的奠基人，孙思白先生在推动建立“中华民国”史学科的过程中作出了重要贡献，并就民国史研究诸专题取得了丰富的拓荒性成果。他参与主编的《中国新民主主义革命时期通史》及五四新文化运动研究的三篇重要论文，是中国近现代学术史上的重要一页。他的民国时代是“大转变”时代的思想，对推动民国史研究，具有至关重要的意义。他捍卫学术独立的精神与严谨的治学态度，使他的学术著作能够保持长久的生命力。

秦晖在《而今诸神皆粪土，犹有深山问道人——赵俪生先生的思想与学问》中指出，赵俪生先生是一位信仰执着的马克思主义史学家，也是中华人民共和国成立前后形成的马克思主义新史学体系中贡献最大的学者之一。赵先生平生之学涉猎极广，在所谓“五朵金花”的讨论中，赵先生对其中三朵“金花”都有很大贡献：对农民战争史他有公认的筚路蓝缕之功。在土地制度史方面，他建立了自己的研究体系。第三朵即“古史分期”和社会性质讨论，他是持“魏晋封建论”的重要学者。晚年他又转向思想文化史研究。而赵先生对晚辈和学生的治学倾向持十分开明的态度，这一点对后学的影响，也将垂于久远。

栾丰实在《创建考古专业　引导学术发展——忆山东大学考古专业奠基人刘敦愿先生》中指出，刘敦愿先生 1947 年进入山东大学执教，1972 年创建山东大学考古专业，1997 年逝世于济南，毕生精力献给了他所钟爱的山东大学。先生生前长期担任山东大学历史系考古教研室主任，曾兼任第一、二届中国考古学会理事、中国太平洋史学会理事、山东省考古学会副理事长、山东古国史研究会会长、中国农史学会顾问、山东大学学术委员会委员等职。先生为山东大学考古专业的创建和早期发展，四处奔波，呕心沥血，作出了巨大的贡献。先生视学术为生命，爱事业胜过一切，勤奋严谨、精诚执着的治学态度，至今令后学感动。

臧知非在《究历史规律　通古今之变——田昌五先生学述》中指出，田昌五先生具有强烈的历史使命感和社会责任感，他从中西对比的角度，以探讨中国历史特点与规律为己任，治学领域宽广，在华夏文明起源、古代社会形态、古史分期、中国封建社会结构、古代农民战争和农民问题、史学理论与方法等领域均有重大建树，成一家之言。其历史和逻辑相统一、形式逻辑和辩证逻辑相统一的研究方法，不断探索的科学精神，则有着普遍的启示意义。

李红岩在《葛懋春先生的学术向路与领域》中指出，葛懋春先生1951年从山东大学历史系毕业并留校任教后，协助著名马克思主义思想家华岗，以《文史哲》为阵地，大力促进学术繁荣。“文革”后，葛先生全身心投入史学理论研究与学科建设，积极推动对史学理论学科对象、任务和体系的讨论，所主编的《历史科学概论》一书以思想性见胜。他最重要的一个思想，是把史学概论的对象限定为马克思主义史学。他还非常重视对中国近现代史学理论史资料搜集、整理和研究工作。在他的领导下，20世纪80年代的山东大学历史系成为学界瞩目的史学理论研究重要基地。此外，葛先生又是中国思想史研究专家。思想史的一般理论方法、先秦诸子、五四时期思想思潮是他集中研究的三个领域。

徐显明、马建红在《立基于史　不囿于史——乔伟先生法史研究的学术底蕴与现实关怀》中指出，乔伟先生是一位博古通今的法史学者。在古代法研究领域，乔伟教授以其对法制史研究对象和范围的厘定、对中华法系礼法合流特点的精到总结、对魏晋南北朝法制史研究的开创之功及对唐律的条分缕析，为新时期法律史学的形成和发展发挥了奠基的作用。在现代法研究领域，乔伟教授则以其非凡的洞察力及理论勇气，屡涉学术禁区，表现了学者作为社会良心所应有的现实关怀。作为乔伟教授学术研究中“立基于史，不囿于史”的表征，对古代以法治吏法律文化遗产的梳理与借鉴，则是其史学研究中鉴古以明今的经典范例。

何中华在《在东西互参中体认中国文化真谛——许思园先生有关学术思想述评》中指出，许思园先生通过文化比较研究，揭示了中国哲学、中国文化、中国诗歌的特质，并在此基础上贞定其优劣长短，从全球化视野出发，给出了中国文化的复兴之路。许先生的文化比较研究方法颇具特色，其体认式的而非旁观式的姿态、立足于本土文化的中国情结、摆脱文化反思的情绪化干扰，对于今天的文化研究无疑有其深刻的启示价值。

李乃坤在《黄嘉德先生与萧伯纳研究》中指出，黄嘉德先生是著名翻译家和萧伯纳研究专家。他对萧伯纳的研究始于 20 世纪 30 年代，长达半个多世纪的研究，集大成著作是《萧伯纳研究》一书。这是中国第一部比较完整地研究萧伯纳的学术著作，以其背景的宏阔、史料的扎实、评论的精到著称于世。

郭继德在《中国当代美国文学研究的开拓者吴富恒先生》中指出，吴富恒先生将自己的一生献给了中国的教育事业。他是最早在中国高校开展美国文学教学和研究的学者。他在山东大学首创了美国文学研究的机构、团体、研究所、资料室、学术期刊，培养了一大批美国文学研究的优秀中青年学者和研究生。同时以山大为基地，他团结了国内外众多著名的美国文学专家，创建组织了全国的美国文学研究会。教育部有关专家评价山大外文学科时说：“山东大学的美国文学研究在国内高校中有明显的优势。”吴富恒的母校哈佛大学在授予他荣誉法学博士学位证书时这样说：“在危险的年代里，这个爱国教育家坚持标榜教育和学术，把它作为建设一个极大的、富有生命力的社会的基础。”这是对吴富恒最中肯的评价。

11 月 5 日，《文史哲》第 6 期推出“儒学与基督教：人类危机与世界文明对话”第二次笔谈。

这组笔谈论文包括霍普金斯的《儒家文明与基督教文明：和平、富足与和谐》、何光沪的《中华文化与普世价值》、崔英辰的《后现代文明与儒教的宗教性》、黄玉顺的《中国正义论的重建——生活儒学的制度伦理学思考》。霍普金斯指出，从儒家文明和基督教文明中可以提炼出三种值得学习的类型，即和平、富足、和谐。何光沪指出，“普世价值”是全人类共同的理念，最基本或最低层次的普世价值是“和平、公平、诚信、友善”，中间层次即精神层次的普世价值是“自由、平等、人权、正义”，最高层次即宇宙层次的普世价值是“天下一家、众生平等、万物一体、敬天爱人”。崔英辰认为，“从近代向脱近代”这一时代转换以及与之相伴随的后现代主义、文化多元主义等都渗透着对宗教的认识，这需要从根本上反思西方基督教神学排他性的真理观，并探索新的宗教观。黄玉顺则倡导“生活儒学”和“中国正义论”，中国正义论的理论结构是：仁爱→利益→良知→正义→理性→制度→和谐。核心内容是通过对“义”的诠释，提出两条正义原则：一是正当性原则（公正性准则、公平性准则）；二是适宜性原则（时宜性准则、地宜性准则）。

林安梧的《孔子思想与“公民儒学”》认为，对孔子思想进行“公民儒学”下的“道德思考”很有必要。这样的儒学不再是以心性论、主体自觉为核心，而是要以广大的生活世界为反省的对象，以广大而丰富复杂的历史社会总体为反省的对象，并把自己放在天、地、人交与参赞而构成的总体之中。从这总体之根源来说，即是从中国人的“道”上来说，这时候的“道”就不是我们生活世界之外的道，不是一个挂空的形而上之道，而是天、地、人交与参赞所构成的总体，并落到存有实践这一层。如此一来，要以“社会正义论”为核心的道德哲学思考、以“责任伦理”为核心的道德哲学思考，来取代以“心性修养论”为核心的哲学思考，或者简单地说，要由“传统儒学”进到“公民儒学”。

曹峰《〈保训〉的“中”即“公平公正”之理念说——兼论“三降之德”》指出，《保训》所见四个“中”字，只能理解为治国安邦的重要理念，而无法视其为某种具体之物。“中”作为一种“公平公正”的理念，对应着人间社会与天地万物，是处理族群间矛盾的有效手段。这种理念必须放在与法的制度、法的实践相关的情境中才能理解。从《保训》中，看不出“公平公正”的“中”与追求平衡技巧的“中”以及心学意义上的“中”有直接关系，只能作“正直无私”解。“三降之德”应该理解为“极其恭敬谨慎之德”。

桑兵的《陈寅恪的西学》认为，陈寅恪究竟是一般称许的学贯中西，还是有人所指西学不佳，值得探究。所谓“西学”，其实只存在于东方人的心目之中。即使西方人要想贯通西学，也几无可能。至于学贯中西，可以说任何人绝做不到。作为方便名词整体而言，相比于同时代的中国学人，留学时间长、所到国家多的陈寅恪的西学算得上出类拔萃，甚至是西学最好的有数之人。其西学主要集中于文史方面，还一度是中国研治西人东方学的首席。此节不仅得到留学生和通西学人士的承认，其本人还被推为中华教育文化基金会编译委员会委员。陈寅恪主张尽量吸收外来学说与不忘本来民族地位相反相成，绝不挟洋自重，舍己从人，很少称引附会西学，宁愿仿宋儒先例，取珠还椟，以免数典忘祖。在批评一味趋新者的西学为过时的格义之学时，才显示其对国际学术界元和新样的了解与把握。其具有统系与不涉附会的主张，为中外学术文化融通取向的高妙境界。

2012 年

6 月 12 日，《文史哲》杂志入选国家社科基金学术期刊资助第一批名单。

11 月 14 日，习近平当选中共中央总书记。

1 月 5 日，罗钢在《文史哲》第 1 期发表《学说的神话：评“中国古代意境说”》。

文章认为，长期以来，“意境”被认为是中国美学和诗学的中心范畴，自从 20 世纪 80 年代以来，更出现了多种版本的“中国古代意境范畴史”。实际上，这些“意境史”都是现代学者依据王国维等提供的理论范式，利用中国古代诗学的思想素材所进行的一种人为的话语建构。这种建构过程同时就是对中国古代诗学歪曲和遮蔽的过程。在中国古代诗学传统中，“境”“境界”“意境”都是一些高度语境化的术语，只有深入研究这些术语所从出的语境，才能对它获得一种历史性的理解。尽管在中国古代诗学史上出现过各种以“境”论诗之说，却不存在一种今人所谓的“中国古代意境说”。这种“意境说”乃是一种“学说的神话”。

蒋寅在《拟与避：古典诗歌文本的互文性问题》中提出，互文性虽是 20 世纪70 年代流行起来的文学理论术语，但它所指称的文学现象在中国古典文学尤其是诗歌中却有着悠久的历史，古代诗论家也一直对此有所意识。事实上，互文性是中国古典诗歌的一般特征，仅注意先后产生的文本之间存在的一种普遍关联是远远不够的，“避”作为一种写作策略，同样也是互文性的一种形态，或许可以称作“隐性的互文”。

田辰山的《忠恕与金律：地球村未来之共同原则》认为，在人文意义上，“金律”与“忠恕”可谓中西思想传统中最为接近、最具备构和之可能性的理念，为中西文化真正的会合之点，有着成为人类发展“地球村”共享哲理的基础。“金律”区别于“忠恕”之鲜明特点为其超绝性与二元性，而“金律”要成为“全球性伦理”，需经去超绝性与去二元性的转化。“忠恕”之鲜明特质是其非超绝性与非二元性，也即“一多不分”或“心场”结构，“忠恕”在实用性上接纳、包容具超绝性、二元性的“金律”，可消解其挑战性逻辑，与其创造构和局面。“设身处地”作为“金律”与“忠恕”之共同点，基于逻辑的非绝对性。“忠恕”与“金律”二者虽来源殊途，却可九九归一，实现构和。

刘晓的《〈大元通制〉到〈至正条格〉：论元代的法典编纂体系》指出，元代先后颁布过两部具有法典性质的法律文献汇编《大元通制》与《至正条格》。《至正条格》残卷在韩国的发现，填补了元代中后期法律文献的空白，使元代各类法律文献的比较研究成为可能，为学界重新认识元代法典编纂体系提供了宝贵资料。透过这两部文献，可以窥知元代立法制度的沿革，亦可了解元代的法典编纂体系及其特色。而编纂时间介于《大元通制》和《至正条格》之间的《经典大典·宪典》，既反映了元代的立法思想，亦代表了编纂者欧阳玄、揭傒斯们的一种理想化的法典编纂模式。

3月5日，戴卡琳在《文史哲》第2期发表《不利之利：早期中国文本中“利”的矛盾句》。

文章认为，在早期中国文本中，“利”字呈现出复杂的含义，其含义的复杂性在矛盾句中尤为显著。这些矛盾句的出现或许暗示了孟子以后的思想家不再单纯地接受或排拒“利”，而逐渐承认“利”这个概念的多面性。英美哲学家对于概念的鼓动性与描述性含义的区分，有助于解释“利”在中国早期论述中的两个重要功能。概念的鼓动性含义，指的是灌注于该概念上的劝说力量，期使该概念在特定方向上“感动”受众；概念的描述性含义，指的是该概念本身具有的意涵，即在取向上中立的内容与描述。当早期思想家的论证聚焦于对“利”的赞成或反对时（两种鼓动性含义），也同时讨论了“利”既有的语义内涵（描述性含义）。对于“利”字矛盾句的分析，也能进一步证明墨家思想的普及与持续地被其他学派所吸纳。把“利”视为一种价值最初只见于墨家学说之中，后来则逐渐成为思想家共同持有的道德语言。

李纪祥的《前孔子时代的古释奠礼考释》指出，“释奠”本是孔子之前便已存在的古礼，其成为“祭孔”礼之代称，乃是后来之事。自古籍经典文献中，可钩沉出前孔子时代释奠古礼之图廓大略。释奠礼乃是广义的总名，分言之则尚有“释菜”与“释币”。释奠礼重，故是大名；释菜则礼轻。“释奠”一词可以总称施于“学”中祭先圣、先师、先老之礼，尤其是“始立学”时。言释奠可以包含释菜，反之则否。古“释奠”礼有其变化之趋：自早期的“主兵”出征四方而至“主文”兴学设教；从早期之施设此礼的本质乃属非常时属性，到后来渐有常时行礼之属性。源于孔子之前的古“释奠”礼，真正被提升为国家级常设之礼，从而转变了其本为“非时而祭”的原初属性，乃是后世与祭孔礼联系的结果。

张希清的《宋太祖“不诛大臣、言官”誓约考论》提出，南宋高宗建炎元年，曹勋自金朝的燕山府（今北京）回到宋朝的应天府（今河南商丘），向宋高宗传达的宋徽宗宣谕云：“艺祖有约，藏于太庙，誓不诛大臣、言官，违者不祥。”他在随后所上的《进前十事札子》和绍兴十四年编次的《北狩见闻录》中，又重申了这一宣谕。可见“不诛大臣、言官”的宋太祖誓约，应该确有其事。有宋一朝，“不诛大臣、言官”作为一条祖宗家法，已经得到宋朝君臣的公认。事实上，除特殊时期诛杀过少数几位大臣之外，基本上没有诛杀大臣、言官。宋太祖之所以订立“不诛大臣、言官”这一誓约，以及宋朝君臣谨奉之为祖宗家法，是最高统治者接受前代历史教训，为了巩固政权，采取“皇帝与士大夫共治天下”政策的必然结果。宋太祖誓约在历史上起过积极作用，在当今也有借鉴意义。

葛焕礼的《纪事本末体创始说辨正》认为，关于纪事本末体之创始，传统观点多归于南宋袁枢撰著《通鉴纪事本末》，但史学界还存在着几种未经深入辨正的说法。不可忽略的是，“纪事本末”被确立为独立史书体例的标志，是清修《四库全书》“纪事本末”类目的设立。据四库馆臣所认知的“纪事本末”类史书之基本特征辨正诸说，其中属纪事本末体者只有《通鉴纪事本末》和徐梦莘《三朝北盟会编》。后者实先于前者而撰作，故虽然主要靠《通鉴纪事本末》及其效仿者而确立起纪事本末体，但其创始之作，当归于《三朝北盟会编》。

曾繁仁的《中西比较视野中的中国古代“中和论”美学思想》认为，长期以来，在中国古代美学研究中采取“以西释中”的方法，将中国古代“中和论”美学思想与西方古代“和谐论”美学思想相混淆，导致诸多误读。其实，中国古代“中和论”美学思想是建立在“天人合一”的哲学基础之上，包含着“保合大和”“元亨利贞”“中庸适中”与“和实相生”等特殊的美学内涵，与“和谐论”美学一样在当代具有特殊的价值。

5月5日，柯文在《文史哲》第3期发表《在历史书写的无声之处：一位历史学者的自白——以〈历史三调：作为事件、经历和神话的义和团〉的撰写为例》。

文章指出，历史学者在历史著述创作过程中通常面临着两种忧虑：其一为著者与写作主题间的隔离感；其二为作品与读者间的距离感。著者的历史学者身份意识及其所掌握的本体认识论，将是解决此两点忧虑的关键所在。更为重要的是，历史学者亦面临创作过程中的“无声之处”问题，即历史学者没有言表的担心或其他事项、写作中的迂回曲折或使用方法的来回摇摆以及历史学者的工作程序。这些都需要其他历史学者在阅读时体会，并把这些原则运用于历史著述创作过的过程当中。

黄朴民的《历史的真实与历史的重构——兼论儒家有关上古战争现象的虚拟化解读》认为，就历史的真实性而言，中国春秋以前的战争中，崇尚“军礼”、战争手段相对温和与唯力是凭、战争手段极端残暴，都是客观真实的存在。这两种历史真实性的并存，使得儒家在构筑其以“义战”为中心的战争观念之时，有意识地采取了选择性的立场。而这样选择性取舍的结果，则逻辑地导致了历史的某一种真实得以无限制地放大，另一种真实却被人为地加以虚化或掩盖，从而促成了历史的真实向历史的虚构的转化。这包括对历史真实的选择性遗忘与否定，以自己的逻辑对既有的明确史实进行解构与抹杀；对历史真实的曲解性解释与阐述，以自己的逻辑对历史事件的真实含义进行歪说与篡改。史学求真，经学尚善。儒家作为理想主义者，基于自己固有的理念，在许多情况下，总是为了“尚善”而牺牲“求真”，在他们那里，解构历史的真实，致力于历史的重构，乃是合乎逻辑的选择。其有关三代战争性质与特征的阐释，就是一个生动具体的范例。

李友广的《从心、性分言到心性合一——先秦儒家性论思想演变模式简探》指出，儒家性论思想在先秦经历了从心、性分言到心性合一的模式。“心”字于西周时期很少与其他身体器官并举连言，其道德性亦不明显；春秋时期，心的意涵得到丰富与拓展，逐步向标志主体性特性的哲学范畴演进。“性”字于先秦主要经历了从生到“眚”的演进，金文“眚”字既具有甲文“生”字状物、摹物之特点，又因其向“性”字的过渡而具有了“心”“生”形体结合的某些特点。在郭店简阶段，尽管心、性皆为内在之物，而且用法也较为含混，但整体上仍然呈现出了心重于性、心性渐为合一的思想趋势；在孟子阶段，由于其以心善言性善的理路，使心、性范畴得以真正被联结了起来，从而让心性合一模式在此正式形成。

6 月 12 日，《文史哲》杂志入选国家社科基金学术期刊资助第一批名单，每年获资助 40 万元。

7 月 5 日，赵敏俐在《文史哲》第 4 期发表《多民族特点与世界性眼光——略论新世纪的中国诗歌史观》。

作者认为，源自中华民族独特的地理环境和以农业为主的生活方式，奠定了以“言志”为核心的中国诗歌传统、创作观念与评价标准，以“天人合一”为最高理想的美学风范，也开启了中国诗歌以关注现实生活为指向的发展之路和以人为本的文化精神。中国诗歌在现实生活中承担着多种文化功能，赋予中国诗人以强烈的社会责任感，形成了中国诗歌多样化的诗体和独特的语言形式之美。中华文化的多元一体与诗歌的多民族特点，展示了各民族大家庭之间的政治一体、经济互补、文化互动和血缘互渗关系。历经无数次朝代变更而不衰的中国诗歌，成为中国人的心灵寄托和文化理想，体现了生生不息的民族精神。即此而言，“通古今之变”和“观中西之别”应该成为中国学者在全球化视野下所要确立的新的诗歌史观念。

夏晓虹的《晚清女报中的西方女杰——明治“妇人立志”读物的中国之旅》指出，日本明治时期，启蒙思想家中村正直翻译的英国斯迈尔斯所著《西国立志编》引起轰动，适应各种人群的仿作随之大量出现。其中数以百计的“妇人立志”读物所传写的西方女杰事迹也大量输入中国，为晚清女性提供了众多取法典范。除了单行本的移译，晚清女报“传记”栏实为重要的集散地。其所汇聚的来源广泛的文本，经过译者契合本土情境的再度阐释与修正，不但与其他栏目相呼应，凸显了各报的办刊宗旨与现实思考，也在中国女界改造旧道德、培植新品格的精神重塑历程中发生了深远影响。其间的关联，在晚清前后相继的三份女报上有清晰的呈现：1902 年在上海出版的《（续出）女报》（《女学报》）虽尚未设置固定的传记栏，但以转载为主的各文，却对不同面貌的“西方美人”表现出一律的仰慕；1904 年由常熟学人创办的《女子世界》采择的原本最为繁复，而经过编辑的引导，诸多西方女杰的品德均被归纳到慈爱一途，赞赏西国“爱种”于是成为该刊传记译介的主题；编印于东京的《中国新女界杂志》以留日学生为主要撰稿人，深受其时在日本盛行的国家主义思潮感染，所译各传对表彰欧美“女国民”显示出高度的自觉与统一。至于众多日文原作的发现，不仅如实将中文作者还原为译者，也提点出还原晚清历史语境的一条进路。

辛德勇的《谈历史上首次出土的简牍文献——〈茂陵书〉》指出，学术界在研究新出土简牍文献的同时，也对简牍文献的发现和利用历史作过很多研究。迄今为止，都是将西晋时期出土的《汲冢书》看作是首次出土的简牍文献。同样是在西晋时期，臣瓒在注释《汉书》时提到过一种名为《茂陵书》或《茂陵中书》的文献，前人对此没有作过深入考究。所谓《茂陵书》，是指在西汉茂陵出土的一批汉武帝时期的公牍，其具体出土时间，是在新莽东汉之间赤眉军占据长安的时候。就简牍文献的发现历史而言，《茂陵书》的出土要早于《汲冢书》250 多年，堪称最早见于记载的出土文献；就其史料价值而言，似亦胜过晚近以来敦煌、居延等地所获同类案牍。

黎虎的《汉代外交与“软实力”》认为，汉代外交之空前发展主要是因其综合国力之强盛，尤以其中经济、军事等“硬实力”强大所致，同时还与其“软实力”亦有相当关系。“德”是中国古代外交关系“软实力”的重要表现之一，是汉文化的集中体现与总和，其基本理念是认为中原王朝应通过修“德”以吸引四方国、族。“软实力”在汉代外交中的作用，主要表现为两种类型：一为四方国、族对于汉文化之从敌视到仰慕，以匈奴最为典型；一为四方国、族对于汉文化从隔膜到亲近，其中以西域诸国较为典型。在外交关系中，“硬实力”是第一位的，起决定作用的，“软实力”之发挥作用一般来说是在“硬实力”基础之上方才奏效。

杨国荣的《说“势”》认为，“势”既是中国哲学的重要概念，又可以视为包含普遍理论内涵的哲学范畴。作为具有普遍内涵的哲学范畴，“势”与人的行动以及实践过程存在着内在的联系。在本体论上，“势”呈现为包含多重向度的存在形态，以人的行动和实践为视域，“势”则可以理解为人的行动和实践活动由以展开的综合背景或条件。从中国思想的历史演进看，对“势”的关注可以追溯到先秦时期，此后这方面的讨论绵延不断。不同的学派、人物从各个侧面对“势”的内涵作了诠释，这些阐发与诠释为我们从更普遍的层面把握“势”在行动中的意义，提供了历史的前提。

叶国良的《越儒阮德达成德思想之分析》指出，阮德达是活跃于19世纪后半叶的越南儒者。在他之前，阮朝第二代皇帝明命大力提倡儒学，施政理念与政治制度也效法清朝。虽然在明命崩逝后，越南实质上已沦为法国的殖民地，然而儒学仍在社会上及人心中占有重要地位，阮德达即是彰显儒学的重要学者之一，其儒学思想反映当时价值观的一个面向。通过对阮德达所著《勤俭汇编》及《南山丛话》二书的讨论，可以探知阮德达对人之所以能成德的条件之灼见，结合其前其后的越南学者的见解，可以观察当时的越南儒者如何看待社会的变化和传统的价值。

9月5日，徐国琦在《文史哲》第5期发表《“会当凌绝顶，一览众山小”——国际史研究方法及其应用》。

国际史是一种全新的史学方法，其特点是跨学科、跨国别，兼容并包，融会贯通。作者认为，国际史研究方法既可以运用于国别史如中国史、美国史或世界史的研究，也可以用于微观研究。以国际史方法来研究第一次世界大战、“一战”华工、竞技体育这三个在中国历史进程中扮演着极其重要角色但又长期被忽视或误解的题目，可以得出如下结论：中国与“一战”的互动，标志着中国人真正意义上寻求国际化及新的国家认同的开始；“一战”期间中国的“以工代兵”策略，是中国有史以来第一次有胆识、有目的、有远见地加入国际社会的开端；中国近代体育的“奥林匹克之梦”，同几代中国人利用西方体育来改善中国的命运、重塑国家认同、提高中国国际地位的努力密不可分。在目前中国国力全面提高之际，如何提高中国学术研究水平特别是历史研究水平，是中国学者必须面对的一个迫在眉睫的挑战。

詹冬华的《中国古代时间意识与早期文学观念——以先秦孔门儒学为中心的考察》提出，中国古代时间意识与早期文学观念之间存在着深层次的意义和逻辑关联。《周易》“观乎天文，以察时变；观乎人文，以化成天下”体现了先秦时期时间意识与文学观念的双重转变。“天文”是“天时”的外化形式，在先民的意识和行为中经历了“自然时间—神灵时间—道德时间”的降解过程，它构成了“人文”的逻辑前提。“人文”追求永恒的道德典律，呈现为一种“超时间”。“天文”与“人文”都是“道”的变现形式，两者共同构成了早期文学的本源，并对后世文学观念产生了重大影响。到孔子时代，时间与神灵、王权进一步剥离，呈现为一种天人相参、活泼机变的时机化时间。“人文”的内涵更加明确，主要体现为“仁义”“礼乐”“中庸”“君子”等富含时间意蕴的价值新标的，两者相辅相成，最终影响到孔子对文艺本质功用的认识及其时机化的解诗方式。孔子所提出的“游于艺”与“成于乐”等诗学命题具有丰富的时间意蕴，它显示了一个“时者”看待文艺本质功用的存在论视角。“游于艺”亦即“游于时”，是在一种非对象化、非现成性的审美时间中发现生命的意义。取象于天时的“乐”昭示着天地大化不断创生的过程，同时也在“既济—未济”“终—始”的转续中凸显生存本身的“无竟性”。孔门师徒以时间性思维解诗，多在诗歌情境的转换中引发领会仁德等重大问题的时机。

杜书瀛的《汉代“独尊儒术”与主流诗学文论思想的确立》认为，当中国古代的诗学文论（“诗文评”）作为一个学科，尚处于娘胎之中而未呱呱坠地之时，诗学文论领域儒家的主流和领导地位就因汉武帝“罢黜百家，独尊儒术”的治国之策而“被”奠定，并从此在中国历史上行霸两千余年。“独尊”局面的形成是历史选择的结果。由于政治思想的推动，儒家诗学文论渐成主流。其中，董仲舒、司马迁、刘向、扬雄、桓谭、班固、王充等人的文章创作思想，对儒家诗学文论的确立，具有重要意义。

任剑涛的《轨制的形成：孔子的经典解释进路》指出，孔子之所以成为儒家的创始人，进而成为中国文化的奠基者和东亚文化的塑造者之一，是因为他在仁学方面作出了创造性的贡献。对孔子这一重要贡献的认识，需要深入到孔子的经典解释中具体分析。孔子是在六经的琢磨中，凸显个体心性修养（仁）与社会政治秩序（礼）的相关性理念的。正是在贯通过去、现在与未来三个时间节点、连接历史与现实两个空间结构的基础上，孔子才立定了儒家以解释经典、建构伦理—政治思想的基本轨制，从而开启了中国的轴心时代，并给予后起儒家以极为广阔的解释空间。面对元典与面向道德—政治生活，是孔子足以范导儒学思想与中国社会的深厚理由所在。

日本人如何吸收隋唐文化而建立自己的文化？井上亘的《类聚的世纪：古代日本吸收中国文化的方法》认为，由代表“唐风文化”的两位僧侣最澄和空海的经历，可以把握文化吸收的两种类型——简单化和综合化。公元9世纪，日本人对隋唐文化采用“类聚”的方法进行整理，如滋野贞主所编纂的《经国集》《秘府略》等，而源顺所编纂的《和名类聚抄》则成为“类聚的世纪”的顶点。在此基础上，日本人于公元10世纪才建立自己的文化——“国风文化”。此外，空海《文镜秘府论》、丹波康赖《医心房》等类书含有不少逸文，“类聚的世纪”对中国古文献学及中日文化交流也作出了贡献。

王克奇的《中国历史上最后一个贵族——项羽论》提出，项羽是中国历史上的最后一个贵族。项羽的命运是其所代表的那个阶级命运的反映。项羽的性格集传统贵族阶级所有的优点和缺点于一身，是中国旧贵族群体性格的典型。他凭借贵族的特殊身份和性格优势成功了，又因为其贵族身份的历史局限失败了。正所谓成亦“贵族”，败亦“贵族”。“贵族”群体性格的内在矛盾性，造就了项羽个人形象的复杂性，铸成了他悲剧性的命运。他是一个“末路英雄”，是一个“代历史受过的悲剧性人物”。项羽的败亡，昭示着贵族时代的终结。贵族文化的缺失，使得中国传统文化的发展走上了一条迥异于西方的道路，并对古代政治文化的塑造产生了深刻影响。同时，贵族文化的影响并未消失，通过不断变形复制，成为我们民族一以贯之的价值观念的载体。

包伟民的《两宋“城市文化”新论》指出，前人讨论中国古代“城市文化”，虽然清楚地区分了当时的“市民”与欧洲中世纪市民阶层的显著差别，然而立足点仍在于探寻“城市文化”之可能蕴含的“自由”“新型”等精神，因此明显带有某种理论的预设。若将两宋时期的城市居民视作一个整体来讨论“市井文化”的特征，从表象看两宋市井文化清雅与世俗共存，骄奢与村愚并现。深入分析则可见：一方面，随着城市的发展，政治、经济与文化等各种要素不断聚集于城市，相对于乡村，城市占有文化上的主导地位。另一方面，由于士大夫阶层拥有政治核心资源等原因，一如既往地掌握着文化的霸权。执城市文化之牛耳者，仍然是官而非商。唐宋间城市文化发展在政治领域的主要意义，在于它承续并巩固了唐代以来由于士大夫阶层城居、文化资源集中于城市所带给专制国家在文化上前所未有的控制权。于是，从两宋时期起，社会文化的中心从乡野转移到了城市。

谭好哲的《马克思主义文艺理论研究的边界、问题与方法——一个基于问题意识的历史反思和创新展望》认为，学术研究有大道理大问题与小道理小问题之分，治学者当先思考和解决大道理大问题。21 世纪马克思主义文艺理论创新也必须首先着眼于其大者，这主要包含三个方面：其一，与马克思主义文艺理论守正创新有关的“理论边界”问题。什么是马克思主义文艺理论，什么是非马克思主义文艺理论？弄清这个“是”与“非”的界限或曰边界究竟何在，是继承守正的前提，也是创新发展的基础。确立马克思主义文论研究的“边界”意识，首先要强调文论研究必须回到马克思主义文论的基本精神、原则和主要观念上来。在此前提下，还应将守护边界与拓展边界有机统一起来，在内聚性的守持与开放性的外拓之间建立起一种既守护住“主义”又使“主义”获得新的时代内蕴的创新机制。其二，与马克思主义文艺理论中国化有关的“中国问题”。中外马克思主义文艺理论发展的历史无不表明，有没有问题意识，能否在具体的研究过程之中发现和找到属于自己的问题，从问题入手展开理论之思，是理论研究能否取得成就产生影响的关键。强调马克思主义文艺理论研究要树立问题意识，与学界普遍强调的现实关怀意识和中国化，实质上是一致的。其三，推进思想创新不可或缺的“研究方法”。马克思主义文艺理论研究本来具有方法论上的巨大优势，然而中华人民共和国成立以来的许多时期，研究方法甚至成为马克思主义文艺理论研究最为薄弱的一环。基于此种状况，必须特别强调马克思主义方法论的两大基本原则：一是世界观与方法论相统一的原则，二是逻辑与历史或者说是研究方法与研究对象相一致的原则。在遵循这两大原则的同时，马克思主义文艺理论还有一些更加切近文艺特性的研究方法，也应予以发扬光大，这主要有三个具体方法：一是基于历史唯物主义而形成的意识形态分析方法；二是基于辩证唯物主义理论并汲取了各种现代科学（包括自然科学和社会科学）的理论和方法而历史地发展起来的辩证思维方法；三是基于对象感性存在特殊性之艺术的或美学的研究方法。

11 月 5 日，《文史哲》第 6 期发表一组杜甫研究专文。

论文包括张忠纲的《诗趋奇险谱新篇——从杜甫到韩愈》、胡可先的《出土碑志与杜甫研究》、梁桂芳的《尊杜与非杜：两宋时期多元思潮的再阐释》、孙雪萍的《百年歌自苦　时艰知音多——明末清初杜诗学的现实性品格管窥》。

张文认为，中国古典诗歌的发展，到杜甫为一大变化；唐诗的发展，到韩愈为一大变化。而韩诗之变，就继承关系而言，主要是承杜诗变化而来的，特别是将杜诗的奇险倾向，推扩到极致而“自成一家新语”。而他对杜诗的继承与发展是有着深刻的思想和诗学渊源的。以文为诗，以议论为诗，探索新的体式和句式，是杜、韩相继促成唐诗大变的主要手段。杜、韩是古典诗歌由“唐音”转向“宋调”的关键人物。

胡文认为，新出土的碑志当中，直接和间接涉及杜甫其人其诗者不下于 20 方，这些资料为探讨杜甫的家世生平、交游经历，解读杜甫的诗歌作品，提供了切实的依据。就家世探源而言，杜甫叔父杜并墓志的发现，不仅可以订正传世文献记载的杜甫家世的讹误，而且对于了解杜甫创作的家学渊源也有重要作用；就作品解读而言，出土碑志中有郑虔、苏源明、崔尚、魏启心、韦济、郭纳、郑审等文人的墓志或其撰写的墓志，诸人都与杜甫有赠答诗，故而这些碑志也成了解读杜诗的重要印证材料；就书史实证而言，杜甫的一些咏叹书法和书家之作，通过新出碑志的参证，能够加强理解的深度，这对杜甫研究和书法史研究具有双重意义。

梁文提出，作为宋文化的光辉典范，杜甫其人其诗在两宋地位崇高。然而，宋调在形成初期对学杜多有微词，在定型后更出现疏离杜诗的反拨现象；理学家从“存理载道”和“道未兼备”等方面，对杜甫大加贬抑；至若杜甫的性情理想、杜诗的诸多特色如工巧、俗化、善用事、以诗为文、工于长篇等也遭到颇多指摘。这些在两宋尊杜大潮中，汇成一股不容小觑的回流，映射出当时的文化走向及士人心态。对学界这一历来少有人问津、较为边缘化但又极具典型性问题的探讨，能从另一维度揭示出文化转型、文学发展的内在规律，也有助于人们更全面地了解宋文化的多元化思潮。

孙文主张，研究某一时期的杜诗学，不能孤立于当时的政治文化环境和学术氛围、潮流。明末清初的杜诗学，是在改朝换代、生灵涂炭的社会政治背景下以及儒学特别是儒家诗学振兴的背景下发展起来的。无论在研究兴趣、研究视角方面，还是在研究态度、学术追求方面，该时期的杜诗学都带有鲜明的时代色彩。它既是这一特殊时期文化思潮的反映，也是其中的重要组成部分。学者们置身现实，在研究中强调明确的价值旨趣和实践指向，自觉探讨时代面临的课题，从而使该时期杜诗学整体上呈现出一种现实性品格。

2013 年

1 月 4 日，香港科技大学王心扬教授被聘任为《文史哲》杂志英文版常务副主编。

8 月 19 日，习近平在全国宣传思想工作会议上指出，宣传阐释中国特色，要讲清楚每个国家和民族的历史传统、文化积淀、基本国情不同，其发展道路必然有着自己的特色；讲清楚中华文化积淀着中华民族最深沉的精神追求，是中华民族生生不息、发展壮大的丰厚滋养；讲清楚中华优秀传统文化是中华民族的突出优势，是我们最深厚的文化软实力；讲清楚中国特色社会主义植根于中华文化沃土、反映中国人民意愿、适应中国和时代发展进步要求，有着深厚的历史渊源和广泛的现实基础。

11 月 26 日，习近平到曲阜孔府考察，这是中共最高领导人第一次到访孔府，象征意义重大。习近平说："一个国家、一个民族的强盛，总是以文化兴盛为支撑的，中华民族伟大复兴需要以中华文化发展繁荣为条件。对历史文化特别是先人传承下来的道德规范，要坚持古为今用、推陈出新，有鉴别地加以对待，有扬弃地予以继承。"要继承和弘扬我国人民在长期实践中培育和形成的传统美德，坚持马克思主义道德观、坚持社会主义道德观，在去粗取精、去伪存真的基础上，坚持古为今用、推陈出新，努力实现中华传统美德的创造性转化、创新性发展，引导人们向往和追求讲道德、尊道德、守道德的生活，让 13 亿人的每一分子都成为传播中华美德、中华文化的主体。

12 月 30 日，习近平在中共中央政治局第十二次集体学习时的讲话中指出，提高国家文化软实力，要努力展示中华文化独特魅力。在5000多年文明发展进程中，中华民族创造了博大精深的灿烂文化，要使中华民族最基本的文化基因与当代文化相适应、与现代社会相协调，以人们喜闻乐见、具有广泛参与性的方式推广开来，把跨越时空、超越国度、富有永恒魅力、具有当代价值的文化精神弘扬起来，把继承传统优秀文化又弘扬时代精神、立足本国又面向世界的当代中国文化创新成果传播出去。

1月5日，袁世硕在《文史哲》第1期发表《接受理论的悖论》。

接受美学（又称“接受理论”）诞生于20世纪六七十年代，一经问世便风靡世界，被视为文学批评理论的一个飞跃。接受美学摈弃以作者和文本为中心的传统，倒转乾坤，把读者推向文学的中心，强调读者对作品的主宰，从而彻底颠覆了传统文学理论，对文学批评产生了划时代的影响。改革开放以后，这一理论迅速传入我国，一度出现望风而拜的景况，其流行程度甚至远远超过西方，被视为当代中国传播最广、影响最深巨的西方文学理论。

袁世硕以《接受理论的悖论》为题，对接受美学三位大师级代表人物姚斯的“期待视野”理论、费什的“读者反应”理论以及伊泽尔的“审美响应理论”逐个进行剖析，重点对接受美学的逻辑矛盾和内在冲突进行驳正。在袁世硕看来，接受美学的诸多基本命题和论断，皆面对无法自圆其说的难题，其由重视读者接受走向无视、抹杀作品本文的客体性，存在着比传统的重作者和作品文本更大更为根本性的偏差。

袁世硕认为，“文学和文学史研究增加读者接受的维度，是应有之义，但丢开作者生产和作品表现的维度，就由一种片面性走向另一种片面性，而且是更大的片面性”。“如果文本真的对读者阅读没有作用，一切取决于读者的头脑，那么文本岂不就只是一页页白纸，成了中国古代《西游记》小说中所说的那种蒙骗取经人的‘无字经’！”

在袁世硕看来，接受美学之所以会本末倒置，原因在于其在借喻马克思商品生产与消费理论时出现了严重失误。接受美学变相地抹杀马克思生产

（作品创作）是“实际的起点，而且也是起支配作用的因素”的意义，过度地突出消费（接受、效果）对生产（作品创作）的作用，将“消费完成生产行为”，“消费创造出生产的动力”和“想象的对象”的作用，改造为作品经过读者阅读接受才是真正的完成，作品的生命在于读者接受中。这就把生产（作家创作）不仅创作出消费的对象（作品），也规定着消费的方式，“也为对象生产主体”这个重要的方面完全抛开了。这一做法“不仅在理论上是片面的，就文学实际而言更加是片面的”。

袁文意在破除国内一些学者对接受美学的迷信。自接受美学传入以来，奉其为圭臬者众，推许其为“最圆满的文学批评理论”者也不乏其人。接受美学代表作纷纷被移译出版，一边倒地称扬其理论的论著颇多，依其理论研究中国古典文学接受问题的论文著作更是数不胜数。袁文初衷即在于纠正这种偏颇。

谢文郁的《文明对话模式之争：普世价值与核心价值》指出，普世价值—文明转型模式和核心价值—文明自觉模式是两种截然不同的文明对话模式。前者实际上是把西方文明的某些核心价值奉为普世价值，并要求弱势文明以此为标准进行改革和转型，最后融入这些所谓的“普世价值”之中。这种对话模式容易引发文明间的外部对抗，妨碍对话各方深入认识自己的核心价值，并掩盖自身的视觉盲点。后者则强调各文明在对话交流中反省自身的原始责任意识，认识自己的核心价值，在对照中揭示自身视觉盲点，并在此基础上进行自我更新。作者认为，核心价值—文明自觉模式应该成为未来文明对话的主导模式。

张富祥在《先秦华夏史观的变迁》中提出，华夏民族文化共同体滥觞于史前，历经夏、商、西周几个历史阶段的发展，至春秋战国之际已充分具备后来所习称的汉民族持续发展的各种内在要素和机制。与此相适应的是，以部族史观为基础的华夏史观亦逐渐整合而上升为先秦历史学术的主导意识。“华夏”概念源起于“虞夏”，为先秦学者追述和重构华夏史的变称；《尚书》是华夏史观成熟的标志，其核心价值集中指向政治上、文化上的“大一统”观念和华夷两分的“天下观”，为中国上古思想史的支柱。略具雏形的通史著作《世本》和《竹书纪年》，综合反映出华夏史观的展开与早期华夏史学的结构体系。

李纪祥的《秦汉时期刺客叙事的变迁——由〈史记·刺客列传〉到“汉武梁祠画像”中的“要离刺庆忌”》指出，司马迁《史记·刺客列传》收录了五位历史人物，而出现于东汉桓灵间武梁祠画像石上的属于“刺客群组”的则有六位，与前者相比，后者所多出的为刺客要离。由《战国策》《吕氏春秋》至《史记》《说苑》《汉书》，再至武梁祠画像石“要离叙事”的变化，可见要离未进入《史记·刺客列传》，是司马迁经过考虑而选人入传的结果。在司马迁身后，汉人对其所书写型构的“刺客世界”并未终止，刘向《说苑》中出现了将此五位刺客义士打散后重编的思维与叙事新编。在从《史记》文本叙事到武梁祠画壁画像叙事之间，要离重新被形塑并经历了由“刺客之外”到“刺客之内”的角色转变历程。

杜运辉、邵军永的《中国现代价值哲学的艰辛开拓——张岱年价值哲学的理论贡献和当代意义》指出，张岱年既是20世纪三四十年代中国现代价值哲学的重要创立者，也是20世纪八九十年代“价值热”思潮的重要参与者。张岱年价值哲学包括一般价值论和人生价值论，其“形性—功能”价值范畴体现了辩证唯物论与中国古典价值论的融合，内外价值论开现代生态伦理学之先河。张岱年价值哲学为世界价值哲学提供了一种宝贵的本土化理论资源，这有助于我们从价值哲学的角度重新评价张岱年在中国哲学史和世界哲学史上的卓越地位。

晁福林在该期发表了《早期儒家政治理念中的“止民淫”与“见（现）民欲”——简本〈礼记·缁衣〉“上人疑”章补释》。文章指出，上博简和郭店简皆有《缁衣》之篇，可以与今本《礼记·缁衣》对读，为我们认识早期儒家思想的变化情况提供了非常宝贵的资料。对于民众的基本认识，早期儒家一方面看到了民众中有“淫”的因素，另一方面是强调在上位者关注民众的合理诉求，即“民欲”。简本“上人疑”章所提到的制止“民淫”与体现“民欲”，是早期儒家政治理念的重要论述。

马俊亚的《近代苏鲁地区的初夜权：社会分层与人格异变》认为，近代苏鲁地主对佃农拥有初夜权，这一权力的实施是社会结构异变的结果。这里的社会分化为占有大量土地的利益集团（大地主）与大量占地较少的贫民群体，社会结构演化为缺乏中间阶层的哑铃形而非金字塔形。掌握行政、军事和经济等各种权力的大地主，基本上不受程序化的法规制约，多沉湎于本能型的享受，无法追求高成就动机人格。一方面，他们利用国家优裕的政策，对贫民实施包括初夜权在内的各种超经济剥夺；另一方面，他们利用对下层民众的控制，经常策动成千上万的贫民反叛代表社会上层利益的国家，以获得更多的非法利益，他们的终极理想是成为享受更大肉欲的封建君主。

3 月 5 日，范曾在《文史哲》第 2 期发表《〈尔雅〉说略》。

文章写道：中国的文字训诂之学兴起于春秋战国时代，西汉之初始有“训故（诂）”之名，西汉末至新莽乃称“小学”，而《尔雅》作为小学之梁柱，经历了漫长的注疏、考证的成长过程。其间名著迭出、大师相望。至南宋朱熹乃将《尔雅》列为《十三经》之一，这是中国文字考据训诂学上一件大事。研读《尔雅》，理解字义，须参照历代名家注疏如郭璞《尔雅注》、郑樵《尔雅注》、邢昺《尔雅疏》、王念孙《广雅疏证》以及张揖《上广雅表》、段玉裁《广雅琉证序》等专论，以知其流变，明其要旨。

郑吉雄《试论子思遗说》一文指出，子思将西周政治理论的“天命论”转释为人性根源，并标举“中和说”以将“情感”与“德目”相联系，儒家学说遂能推极于自然而归本于人事。“五行论”则以《礼记·表记》为坐标，知子思以水火土比附于父母，但尚未有严格之“五行即五常”的思想。“仁义内外之说”可借《中庸》以窥子思“成、诚”尽性的学说，确立人性美善并得自然扩充、内外一贯、本末终始的体系，铺陈出严密的、动态的、内外相拓复相制约的人性论，为孟子性善之说奠立了重要基础。20 世纪初，王国维提出“二重证据法”，影响深远。近世学术界治古文字学及古文献学的学者，借此方法获得不少新结论。然而研究简帛佚籍之中的思想史问题时，因涉及抽象观念的分析、思想体系的比较以及思想流派的发展等三方面的问题，并非简单标举“以地下之新材料补正纸上之旧材料”即可，“二重证据法”能有多少效用就值得怀疑。若先就传世文献及思想史发展之大势考察子思的遗说，再一一检视出土简帛文献的内容，将可以更为慎重、精准地重新勾勒先秦儒家的思想谱系。

廖群的《简本〈老子〉与“阴阳两仪”思维范式形成再审视》指出，因

《老子》中有“万物负阴而抱阳”之句，学术史研究遂多将该书作为“阴阳”由背阴朝阳及阴阳二气上升为二元两仪范畴的始点，《易传》以阴阳解《周易》也自然被认定为是受到《老子》道家哲学的启发和影响。然《老子》中这唯一出现“阴阳”二字的部分却不见于成书于战国中期之前的郭店楚简本《老子》，而该简本已被不少学者认定为《老子》原始本，今本《老子》乃是战国中期之后的增补本。重新审视先秦“阴阳”范畴及其与《易传》《老子》的关系，可知“阴阳两仪”思维范式的形成不在春秋末而在战国中期前后，《易传》和今本《老子》是其标志，而它们都与《周易》的传播和影响有关。

靳桂云的《龙山文化居民食物结构研究》认为，龙山文化对中华文明作出过重要贡献，龙山文化居民食物结构的研究是龙山文化社会经济研究的重要内容。龙山文化居民的植物性食物以农作物为主，野生植物所占比例很低，农作物包括稻、粟、黍、小麦和大麦，可能还有大豆。其中稻和粟占主要地位，其次是黍，小麦、大麦和大豆数量都很少。野生植物包括紫苏、黍亚科的某些种、藜科、葫芦科等；动物性食物包括家畜猪和狗、野生的陆生动物如鹿类和水生的各类鱼、蚌等。龙山文化居民植物性食物结构存在区域差异，泰沂山以南地区稻占主要地位，东南沿海尤甚，而泰沂山以北地区粟和黍代替稻成为主要粮食，这种情况从沿海向内地逐渐加强，这可能与自然环境以及文化传统有关，胶东半岛地区的情况则不甚明了。与大汶口文化、北辛文化相比，龙山文化居民食物结构中新出现了小麦、大麦和绵羊，这可能与公元前第三世纪欧亚大陆的文化交流与融合有关。

漆永祥的《方东树〈汉学商兑〉新论》指出，《汉学商兑》四卷为方东树的代表作与成名作。是书自面世至今，已有二十余种版本刊行，但迄今尚无一校勘精良的善本。而学术界对该书的评价，亦褒贬不一，莫衷一是。通过对《商兑》全书详悉比勘版本与梳理文献，可知方东树当初并没有编纂《汉学商兑》向汉学家发难的动机，而是在广州受江藩、阮元等人的刺激导致的结果。《商兑》初编于道光四、五年间，至道光十一年完成并初刊，此前并无刻本行世，该书通行诸本以增入方东树《汉学商兑刊误补义》的望三益斋刻本最为权威也最为完备。方东树学宗程朱，排斥他学，有极深的门户之见，加上他轻言易忿、好战斗狠的性格，致使全书充斥着诟詈谩骂之词，令人难以卒读。全书虽征引繁富，但多出于二手材料，只是一部抄撮斗凑、大言自壮、毫无新见的百衲篇。后人谓《商兑》出而汉学熄，并起到了汉宋调和的导向作用，但事实是汉学衰微等与《汉学商兑》并无任何的直接关联。

5 月 5 日，《文史哲》第 3 期“重估儒学价值/贤能政治与民主政治”专栏发表一组论文。

此组论文包括贝淡宁的《“亚洲价值观”到“贤能政治”》、白彤东的《主权在民，治权在贤：儒家之混合政体及其优越性》、王国良的《儒家贤能政治思想与中国贤能推举制度的发展》。贝文认为，儒家的贤能政治理念起始于有教无类的假定，政治制度的一项重要任务便是挖掘出那些能力超常的领导者，并鼓励尽可能多的人才参政。新加坡的政治实践真正的创新性贡献在于它挑战了民主的普遍性。“贤能政治”的概念最为恰当地描述了新加坡的政治制度。政治理论学家已经对投票制度本身提出了质疑。贤能政治过去一直是，将来也仍会是中国政治文化的中心；民主是一种有缺陷的政治制度，贤能政治则有助于弥补它的一些缺陷；中国政治制度自 20 世纪 90 年代前期以来变得更加贤能化了。在过去 30 年左右的时间里，中国共产党已通过将自身塑造为一个更为贤能化的组织来完善其治理。白文认为，民主政体有四大问题，特别是它的一人一票机制。很多自由民主思想家也意识到这个问题，并试图给出内部修正。但是这些修正无法充分处理这些问题，而基于孟子思想构建的一个结合了民主与贤能成分的混合政体（本文称之为“孔氏中国”）能更好地处理这些问题。这个政体不预设狭义的儒家文化的主导地位，其设计是普适性的，是孟子主权在民、治权在贤思想的一个具体制度实现，也是儒家面对自由民主的回应（拥抱自由法治，修正大众参与）的一个具体制度实现。王文认为，选贤任能历来是儒家倡导的重要政治思想和政治主张，儒家人性平等的理论为贤能政治提供了坚实的理论基础。先秦儒家孔子、孟子、荀子系统总结了春秋战国时期出现的选贤任能的时代精神与社会思潮，对贤能政治的具体内容作出充分论述，对当时的社会进步与人才解放起到了极大的推动作用。儒家贤能政治的思想在后世逐渐演变为人才选拔的推举制度与考试制度。中国当今的贤能推举制度不断加以改进和完善，摒除传统贤能推举制度的弊病，借鉴当代世界人才选拔体系的优长，可以发展为具有中国特色和优势的民主制度。

黄万华的《战后中国左翼文学的三种形态及其文学史意义》提出，抗战胜利后是中国左翼文学发展最充分的时期，出现了三种不同的左翼文学形态，即随着“解放区文学”的迅速扩展而逐步进入“体制”的大陆左翼文学、处于政治高压下而以在野文学力量存在的台湾左翼文学和在“体制”外“自由竞争”状态中与右翼文学并存的香港左翼文学。左翼文学的性质决定了只有在各种社会环境中左翼文学不同形态的互为参照中才能更好地把握其运行机制及其内在蕴涵。战后台湾左翼文学对于鲁迅左翼现实主义传统和日据时期左翼文学“人民性”传统的继承和拓展，香港左翼“本土性”达到的文学现实关怀的高度，都使我们得以在与中国大陆左翼文学对照的反思中把握左翼文学的本质性存在，即从人民立场出发的人道关怀、坚持思想高度的现实批判和追求社会主义理想而不依附于政党现实性诉求的作家个人性写作，这种存在使得左翼文学以“人民的文学”丰富了“人的文学”并会最终归于“人的文学”，由此也更深入地了解跨越“1949”的中国现代文学转型的历史进程。

方朝晖的《人伦重建是中国文化复兴必由之路》认为，依据文化心理学的研究成果，中国文化从古至今是一种关系本位的文化，由此决定了人伦关系建设是社会秩序建设乃至中国文化复兴的基础。重建人伦关系有如下几个重要方面：其一，必须重新认识中国文化的核心价值是五常和忠孝，而非自由、平等、人权等西方价值观；其二，必须确立每个人“各遂其性”（即每个人的尊严和价值得以保障或实现）为中国文化的终极目的或最高理想；其三，社会教育重于学校教育，“风化”即社会风气改造是社会道德进步的必要条件；其四，道德教育必须走出国家主义和自由主义两个极端的误区，以人格的独立和健全为道德教育的根本任务。

许纪霖的《作为国族的中华民族何时形成》指出，族群、民族和国族是三个不同的概念，长期以来学术界不自觉地将它们混淆，遂形成了关于中华民族何时形成的种种争议。汉民族只是多元一体的国族中“多元”中的一元，绝非中华民族“一体”本身。无论从概念的严谨性还是历史的真实性而言，国族意义上的中华民族皆不可能出现于近代之前，作为民族的汉民族与作为国族的中华民族，既要看到二者之间的历史关联，又要尊重中华民族这一国族中其他民族和族群的历史存在与文化尊严。

7 月 5 日，李振宏在《文史哲》第 4 期发表《中国政治思想史研究中的王权主义学派》。

该文长达 4 万余字，对以刘泽华为首的学术群体的学术贡献进行了深入阐述。作者指出，刘泽华建树了一个王权主义的中国历史解释体系，并通过带学生的方式，培育了一个阵容可观的学术群体。这个学术群体有着强烈的现实关怀，以研究和剖析中国古代政治思想为职志，以王权主义历史观为分析工具，与现代新儒家有明显对立的学术立场，对中国古代政治思想文化抱持历史批判的科学态度；就其内部说有诸多学术共性，就其外部说显示出鲜明的学术个性，形成了在当代中国史坛有广泛影响的学术派别。这个学派的学术旨趣集中在中国古代政治思想史研究领域，而王权主义历史观是其解读中国古代政治思想的分析工具，故称其为“王权主义学派”。

陈嘉明的《外在主义与一致主义可否融合——对戴维森有关思想的回应》指出，戴维森一方面主张外在主义，认为直接的事实使得我们的语句为真，另一方面又主张与外在主义相对立的、属于“内在主义”的“一致主义”，将某一信念的真看作在于它与其他信念之间的“一致”关系。这方面的原因在于虽然戴维森认为感觉与信念之间具有因果关系，但由于它们之间并不具有逻辑关系，因此前者不能为后者提供确证。由于感觉所与实际上是具有概念内容的，它们在表现形式上与信念一样，都可以表现为某种命题的形式，尤其是在对于事实的感觉上，因此具有命题形式的感觉经验与信念之间是具有逻辑关系的，也就是感觉经验能够为其他信念提供确证。此外，戴维森曾试图将真理的符合论与一致论两者加以融合，这是有可行性的。但与戴维森的解释不同，“符合”可以作为“真”之充分条件，“一致”则是“真”之必要条件。在这个意义上，外在主义与一致主义是可以融合的。

李跃力的《革命文学的现实主义与崇高美学——由〈蚀〉三部曲所引发的论战谈起》认为，1928 年茅盾与创造社、太阳社等作家围绕《蚀》三部曲所展开的论争在革命文学发展史上具有里程碑式的意义。这场论战的焦点之一是革命文学与现实的审美关系问题，即革命文学应以何种法则、方式呈现“现实”，这种“现实”的质的规定性应该是什么，这实际上是革命文学的核心美学问题。由此浮出水面的“新写实主义”不仅是一种创作方法，更蕴含着一种根本性的美学原则。它提倡对“现实”作观念式的再现，由此揭示出一种逻辑意义上的“历史必然性”。然而，在这一原则指导下所呈现出的所谓“现实”，实际上是对实在“现实”的规避与放逐，其本质是“历史必然性”观念的美学映像，是一种主观的“现实”。除了将客观现实“逻辑化”，革命文学在审美关系上还强调主客体之间的矛盾冲突和根本对立，它追求“崇高”的审美理想，强调力量与情感在审美体验中的重大作用。它以冲突、动荡为审美特征，与和谐、静穆的中国古典美学截然不同。它促进并推动了中国美学的现代转型，在某种程度上实现了中国近现代文学对崇高的渴盼与追求；但与此同时，革命美学也难以掩饰其粗糙、偏执、暴戾与排他的反现代性的一面，它所追求的崇高也因强烈的夸张性和排他性而沦为了一种“伪崇高”。

卜宪群、刘杨的《秦汉日常秩序中的社会与行政关系初探——关于“自言”一词的解读》指出，秦汉国家的日常秩序包括行政和社会秩序两个层面。从现有的材料和研究看，秦汉日常秩序中的社会秩序，较之先秦时期，与国家间有了更多的、更紧密的联系；日常秩序中的行政秩序，较之先秦，规范更为细密。文献和简牍中普遍出现的“自言”一词，就是我们解读秦汉国家日常秩序的一个很好视角。“自言”一词出现于春秋战国之际并非偶然，这是当时社会变化的产物。秦汉时期，除了语词性的“自言”外，“自言”还构成了当时日常秩序中的一种规范性用词，涉及面广泛。从“自言”的起源、内容、形态、主体等层面，考察秦汉日常秩序下的社会与国家关系，可以见出秦汉社会秩序与行政秩序具有一元而非二元的基本特征。

9月5日，盛洪在《文史哲》第5期发表《天下文明——论儒家的国际政治原则》。

文章提出，在当今世界，儒家关于“天下”的文化传统依然能提供解决国际冲突和各国事务的文化资源，即将天下看作是一个有文化价值的天下，从而把道德原则作为划分人群的标准以及解决国家间、民族间和宗教间冲突的首要规则。挖掘、复兴和推广儒家的“天下文明”传统，将是实现世界永久和平与人类文明发展的重要途径。

高华平的《“三墨”学说与楚国墨学》指出，韩非子将先秦的墨家分为三派，即人们所谓“三墨”。但何谓“三墨”，历来众说纷纭。细致考察先秦墨学的发展，可以看出并不存在固定不变的所谓“三墨”，墨学在不同的发展阶段存在着不同的特点。同样，不同时期的墨学在楚国的传播，也存在不同特点。墨子本人曾多次至楚，楚国第一代墨者应是亲承墨子说教的鲁阳文君等人，第二代为死于楚国阳城君之难的墨者孟胜及其弟子，第三代则为《庄子·天下》篇所谓“相里勤之弟子五侯之徒”和“苦获、已齿、邓陵子之属”。楚国墨学的特点也可用《庄子·天下》篇中“俱诵《墨经》而倍谲不同，相谓别墨；以坚白、同异之辩相訾，以觭偶不仵之辞相应，以巨子为圣人，皆愿为之尸，冀得为其后世，至今不决”诸语加以概括。先秦时期的楚国，可谓“东方之墨”和“秦之墨”的交融点，为中国墨学的发展和交流起着重要的融通作用。

李若晖的《幽赞而达乎数，明数而达乎德——由〈要〉与〈诸子略〉对读论儒之超越巫史》认为，先秦诸子常思依附于权力，以至于为得君行道，主动扼杀精神之独立及思想之自由，为权力一统思想，多所谋划。董仲舒“罢黜百家，独尊儒术”，司马谈“同归而殊涂”，向歆父子“诸子出于王官”，使得诸子被重新纳入一统天下的官学架构之中，子学中超出相应官守执掌的天下之学遭到裁抑。与“同归殊涂”的沉沦之路相反，马王堆帛书《要》篇清晰地勾勒了另一“同涂殊归”的超越之路。巫、史、儒都以《周易》占筮，然而其方法与追求迥异。不拘执于具体事件而超越于巫，进入《周易》，通过卦爻的类型化理解，驾驭万事万物，是为史官一道家。不陷溺于烦琐的分类，而追求德义，便能超越于史，而成为儒。毋庸置疑，《要》篇虽然终归亡佚，其思想却死而不亡。

郭鹏的《“赋诗言志”与“诗言志”的理论内涵和职能演变——兼论“诗可以群”诗学作用的历史变迁》认为，“诗言志”作为古代诗学的纲领性命题，一直受到历代诗学家的重视，而“赋诗言志”则一直被当作一种古代的用诗方式去认知。实际上，“赋诗言志”在后世的诗学活动中仍是一种重要的交流方式，表现出了促进诗人间相互交流融通的诗学职能，同时也是古代诗学活动中最重要的诗学训练方式，对于古代诗人掌握必要的诗学技艺起到了重要作用。然而遗憾的是，“赋诗言志”的这些特点和诗学职能却在古代诗学研究的话语语境中被忽视了。结合对“诗可以群”在古代诗歌的长期发展过程中所起作用的历史考镜，对“赋诗言志”与“诗言志”的理论内涵和相互关系进行阐述，既是诗学史研究的实际需要，也是阐明诗社历史作用的一种需要。

11 月 5 日，彭林在《文史哲》第 6 期发表《儒家乐教与德性圆满》。

文章指出，乐教是儒家实现以德治国目标的良策。以道德立国，始于武王克商之后周公推行的新政。战国时代关于道德的讨论，已开始探究道德偏颇的问题。《尚书·皋陶谟》所述“九德”与《左传·襄公二十九年》所载季札论乐，都是对德性圆满的论述。孔子及其弟子承继这种传统，追求道德完美，利用音乐的教育功能，以雅乐施于教化，善化人心，克服人德性中的偏颇之处，从而成为达到完美道德境界的有效良途。中西方古先贤哲关于音乐教育的体系不同，切入的角度有别，但都极言音乐的教化功能，淡化其娱乐功能，视之为成人教育的必不可缺的重要环节。

李华瑞的《宋朝“积弱”说再认识》指出，宋朝“积弱”之说本自宋人，也是元明清乃至民国和改革开放以前较为一致的看法，并非因 20 世纪初中国受帝国主义国家欺凌才被特别提出。宋朝“积弱”并不意味着宋人不能打仗，实际上从战争的防御战角度来说，宋人反击辽西夏金元的“侵略”还是卓有成效的。但是为什么宋以后历代都说宋“积弱”呢？究其原因有三点：一是北宋和南宋均被金、元在短时间内灭亡。二是在所谓“和平”对峙年代与辽、西夏、金和蒙元的交往中（特别是南宋），又常常扮演乞求、赔款、苟且、退让等屈辱的角色。三是虽然宋打防御战颇有战斗力，但是宋的防御战都是对侵略者深入国境之内的顽强抵抗，也就是说，在第一时间并不能阻击侵略者于国境防线之外。一个常在国境纵深地区进行顽强抵抗侵略的国家，不论抵抗有多么的卓越，也不能不是“积弱”的反映。宋朝“积弱”不能简单地归咎为军事能力的强大与否，而是统治者主观运用客观实力水平较为低下的一种反映。

李治安的《蒙元帝国与 13～14 世纪的中国社会秩序》提出，蒙元帝国给 13～14 世纪中国社会秩序带来了一系列重要而深刻的变化。首次实施行省制和突破唐宋羁縻政策改而直接治理边疆，使中央统治深入到吐蕃等边疆地区；完成南北统一，不自觉地保护江南“富民”经济实体和农商繁荣的“风水宝地”；破天荒地从漕粮运输、军事和海外贸易三领域向海洋扩展；蒙、汉、色目等多元文化的并存融会，顺应了中华民族多元一体的历史潮流，有利于中华文化在多元刺激竞争中生生不息，发展繁荣；全民服役当差与君臣关系主奴化，又是汉人在社会关系本质方面所受到的“胡化”影响或发生的局部变异。

时胜勋的《文学学术离人文学科还有多远？——文学研究专业化症候及其问题》提出，21 世纪以来文学学术遭遇诸多危机，其中“如何做文学研究”和“为何做文学研究”是两个最突出的问题，而“为何做文学研究”涉及生存论、价值论，尤为重要。当前文学研究有两个维度：一是学院体制，二是职业精神。学院体制最重要的基础是“专业化”，并走向职业精神，但是当前文学研究的专业化状况却严重制约了学术发展。具体表现为：一是科学主义大行其道，使文学研究偏离了人文学科轨道；二是文学研究生教育沦为技能训练，而对何谓“职业精神”浑然不知；三是文学研究遭遇行政管理，使得学术研究沦为行政的附庸；四是学术资本争夺在文学研究领域愈演愈烈，最终使得学术研究不再具有生机和活力。上述诸多表现揭示的问题在于，文学学术研究如果不反思专业化症候和构建文学研究的职业精神，将不可能取得繁荣，也将与人文学科渐行渐远。

2014年

2月17日，习近平在省部级主要领导干部学习贯彻十八届三中全会精神全面深化改革专题研讨班开班式上的讲话中指出，要加强对中华优秀传统文化的挖掘和阐发，努力实现中华传统美德的创造性转化、创新性发展，把跨越时空、超越国度、富有永恒魅力、具有当代价值的文化精神弘扬起来，把继承优秀传统文化又弘扬时代精神、立足本国又面向世界的当代中国文化创新成果传播出去。

2月24日，习近平在中共中央政治局第十三次集体学习时的讲话中指出，要认真汲取中华优秀传统文化的思想精华和道德精髓，大力弘扬以爱国主义为核心的民族精神和以改革创新为核心的时代精神，深入挖掘和阐发中华优秀传统文化讲仁爱、重民本、守诚信、崇正义、尚和合、求大同的时代价值，使中华优秀传统文化成为涵养社会主义核心价值观的重要源泉。要处理好继承和创造性发展的关系，重点做好创造性转化和创新性发展。

10月15日，习近平主持召开文艺工作座谈会，指明了新时期文艺工作的发展方向，勉励广大文艺工作者从时代和国家的高度认识文艺的地位和作用，坚持以人民为中心的创作导向，努力创作更多无愧于时代的优秀作品，鼓舞全国各族人民朝气蓬勃迈向未来。

1月5日，赵经寰在《文史哲》第1期发表《形式美之根：如何回答马克思的“形式美三问”》。

马克思在1857年应约为《新美国百科全书》撰写“美学”条目，由于当时哲学、心理学和艺术史学资料缺乏，马克思提出了“形式美三问”之后，一直争论未果。该文尝试作如下回答：关于第一个问题，形式美的哲学根据。作者认为黄金律是可以见证的辩证法：依据黄金律数据画出的偏心涡状线和S线，反映了辩证法的全部规律，是美的两个典型图示，都属于一个立体的螺旋体（美的原型）。这一模型构成了形式美学体系的中心环节。第二个问题，美的形式分析。作者认为自然美的本质是对立统一的抽象形式美；著名的建筑、雕刻、文字、书法、音乐、诗歌和绘画艺术的全部形式要素，构成了美所呈现的黄金律辩证法。第三个问题，关于形式美的心理分析。作者认为审美过程中视觉对有效信息的“特征抽取”和大脑进行加工整合时都有主观参与，审美是主客观的统一。

刘敏的《从“冥神”到“畅神”——论佛教与魏晋审美精神自觉》指出，审美精神的自觉是魏晋追求超越的时代精神孕育的结果，是这一时期的宗教信仰对士人理论思维的提升和性灵情感的激荡。形神之辩将魏晋士人的精神探索推至显现存在本真的“冥神绝境”，返本求宗的修炼犹如柏拉图所谓灵魂回忆，是对圆融虚灵之精神极境的无限追求。“畅神”是返本求宗之信仰追求的审美表达，是对存在之家的归返，是对存在真理的触及而产生的自信与喜悦。绝对境界的寻求感召出魏晋士人新的主体性和新的精神力量，形成精神层面的人的定义：人是“精神我”；信仰的神圣力量使“精神我”的人在面对宇宙自然时内心具有一种超然而又亲切的气度，能够以清静之本心本性涵融万有，在自我超越的同时也带出万物的真。

李宪堂的《论类分思维与战国精神——兼论五行八卦模式的专制主义本质》指出，对天下秩序的探索、规划和想象是战国时期的统治者及其理论家实践与思考的重大课题，其主要内容是以天道为依据，以王权为原点为世界植入网格，赋予条理。这体现在建设和强化王权的社会实践领域，体现在时人关于完美秩序的理想和想象中，也体现在观念对抽象名物的类分与归纳中。以“以类行杂，以一行万”为旗帜的类分一类推思维方式建构的不仅是观念世界的秩序，也是生活世界的准则；作为宇宙秩序之模拟机制的八卦与五行模式则直观地体现着天道秩序的严正之美，并把一种来自绝对中心的有机秩序的观念播植到人类生活的每个层面。作为专制王权的盟军，这种思维方式同专制王权一起，体现了战国这个冷酷无情又乐观向上的铁血时代之精神。

李炳海《清华简〈耆夜〉与〈诗经〉相关词语的考释——兼论〈诗经〉科学阐释体系的建立》认为，清华简《耆夜》对篇题所作的解释，应以《诗经》中“耆”字的含义及《武宿夜》为参照，释为平定之夜。《耆夜》正文及注释涉及的“聿”“矞”“员”“云”，在《诗经》中都不是语助词，而是作为有意义的实词出现。“聿”“矞”表示迅速，“员”“云”表示下行态势的动作和变化。除此之外，“云”字还表示话语的表达。对于相关字词的训释考辨，并且找出它们在文本语境中的确切含义，是建立科学的《诗经》阐释体系不可或缺的基础，也是简帛文献研究应当有所突破的课题。

傅有德《希伯来〈圣经〉正义：观念、制度与特征》指出，希伯来《圣经》正义具有法律和道德双重内涵，是一种不同于西方政治哲学的宗教正义。《圣经》中蕴含的正义观系统，包括神的正义和人的正义两个层次，而后者又包括“因行成义”的一般原则、以《摩西十诫》为核心的律法，以及公正审判、公平交易、体恤弱者、善待异族等正义规则。与古希腊和近现代政治哲学相比较，希伯来《圣经》正义拥有超验与神圣性、综合性、泛法律性等特征，因此它对于古希腊哲学以及近现代非宗教正义论具有借鉴与补充意义。

3月5日，葛兆光在《文史哲》第2期发表《叠加与凝固——重思中国文化史的重心与主轴》。

文章指出，“中国”以及“中国文化”的复杂性促使我们在探索并重写“中国文化史”时，必须反思其重心和主轴到底是什么这个基本问题。这包括：第一，即使仅仅是汉族的中国文化传统，也是由各种源头不同、性质不同的文化杂糅起来的，不宜采取“一脉单传”的方式来书写中国文化史。第二，由于古代中国的文化在历史上曾经历了若干次“叠加”与“凝固”，中国文化史的主轴正应当在于书写这一凝固与叠加的复杂过程。第三，由于现代中国继承了传统中国，特别是清帝国复杂的族群血缘、领土疆域与文化传统，因此，什么文化才是“中国的”，这一点需要中国文化史格外重视。第四，由于中国经历了晚清民初的历史巨变，文化传统处在“断续”之间，那么，当前中国“认同”的文化基础是什么，即成为绝大的问题。所以中国文化史特别需要关注“民族”“疆域”“宗教”以及“认同”等问题，尤其是需要讨论，在历史中，“中国”如何形塑“文化”，“文化”如何塑造“中国”这样一个重心，并由此设定其叙述的主轴。

张广智的《中国史学：在与世界史学互动中前行——以国际历史科学大会为中心的考察》指出，国际历史科学大会诞生于欧洲，从 1898 年迄今已有百余年历史，它经历了从创立、发展到国际化三个发展阶段。其发展受到西方文化的浸润与熏陶，反过来也极为深刻地影响着现当代西方史学。中国历史学家与国际历史科学大会及其常设机构国际历史科学委员会，早在 19 世纪二三十年代就有联系，胡适于 1938 年 8 月参加了在瑞士苏黎世召开的第八届国际历史科学大会；此后中国与它若即若离，直至 1982 年重新入会。中国史学目前迫切需要走向世界，而国际历史科学大会作为一扇中外史学交流的窗口，可以让中国了解世界与国际史学，更让世界进一步了解中国和中国史学。重绘新的世界史学地图，它将会起到非凡的作用。

杨国荣的《中国哲学中的理性观念》认为，在中国哲学中，体现于“思”的理性，首先与“心”相关。心之“思”既展开为具体的活动，又以理、道等为内容。从思维的趋向看，中国哲学视域中的理性，更多地呈现辩证的性质。与之相关，在这种理性形态中，认知意义上对事（物）与理的把握以及评价意义上对价值的判断和确认构成了彼此相关的两个方面。与赋予认识意义上的理性（心之“思”）以认知和评价双重内容一致，中国哲学对实践过程中的合理性（rationality）也作了广义的理解，使之同时包含“情”与“理”双重含义。以上双重趋向从不同的方面体现了中国哲学对广义理性的理解。进入近代以后，传统哲学对理性的理解依然得到某种延续。在这方面，梁漱溟的看法具有一定的代表性，他对“理性”的诠释，可以视为中国传统哲学的理性观念在近代的回响。

张祥龙的《舜孝的艰难与时间性》认为，舜孝极其艰难，但对于理解儒家又极其重要，富含深邃的生存时间哲理。舜孝本身的艰难导致辨识此孝的真实性的困难，由此导致了尧测试舜的独特方式和时机化见地。舜孝的前提、实现与后果都与人的时间意识有根本性关联，而禅让与继位也可以通过孝意识的时间性得到一致的理解。

马新、齐涛的《试论唐代宗族的转型》认为，唐代宗族处在中国古代宗族的转型期，是中古宗族与近古宗族的交会之处：它在南北朝时期中古宗族衰变的基础上，基于隋唐社会环境的新变化，一方面继续着南北朝以来以世家大族为核心的中古宗族的衰变，另一方面又开启着宋元以后近古宗族的历史。其转型主要表现在四个方面：一是城乡宗族的分野日渐清晰；二是其居住形态从“聚族而居”发展为“宗族聚居”；三是宗族政治、军事功能的消退；四是近古宗族的萌发。

戚良德的《文章千古事——儒学视野中的〈文心雕龙〉》认为，在近百年的“龙学”历程中，《文心雕龙》的研究主要停留在文艺学的视野中，虽然取得了丰硕的成果，但在很多问题的认识上，离刘勰及其《文心雕龙》的实际越来越远了。刘勰的“文”乃是今天我们所谓“文学”和“文章”的总和，刘勰著《文心雕龙》的初衷是要对孔门四教之一端——“文教”进行研究。所谓“安有丈夫学文，而不达于政事哉”，正因为“文”与“政”原本是密不可分的，“文”的能力也就关乎“政”的能力，学文必然通向学政。因此，《文心雕龙》既是“文艺学”的、“文学概论”的，对所谓“文学创作”有着重要意义，同时又是“写作学”的、“秘书学”的乃至“新闻学”的，它着眼于一个人的文字、文化能力和修养，进而着眼于一个人的人文素养和基本能力，从而关乎一个人的人生境遇扣全部事业。无论在古代还是现代，《文心雕龙》都应该是我们的一部文化修养和文章写作的教科书。

陈祖武的《高尚之人格　不朽之学术——纪念顾炎武亭林先生四百年冥诞》认为，顾亭林先生是明清更迭的社会大动荡造就的时代巨人，是中国学术史上承先启后、继往开来的伟大宗师。先生对孔子所言“博学于文”“行己有耻”二语八字，引证群书，实事求是，作了具有深刻时代内涵的阐释。以言耻为先，将为人为学合为一体，不惟成为顾亭林先生的毕生追求，也为当时及尔后的中国学人，树立了可以风范千秋的楷模。在宋明理学向乾嘉朴学演进的历史过程中，顾亭林先生也作出了无与伦比的巨大历史贡献。他提出“理学，经学也”的主张，把理学纳入了经学的范围；他倡导开展经学史研究，从学术源头上确立兴复经学的学理依据，进而梳理演进脉络，把握异同离合；他主张“读《九经》自考文始，考文自知音始”，示范了训诂治经的方法论。先生始终如一的高度社会责任意识，后世学人归纳为“天下兴亡，匹夫有责”，更最具永恒价值。

5 月 5 日，《文史哲》第 3 期发表李泽厚、刘悦笛的《关于“情本体”的中国哲学对话录》。

文章写道：近年来，李泽厚先生呼吁“该中国哲学登场了”，实际上，他情有独钟的乃是晚期所力倡的“情本体”思想。这种源发自本土的情感哲学被认为具有“全球眼光”，并力求为“人类思考”。“情本体”就是一种对传统的“转换性创造”，由此可用“和谐高于正义”来应对西方主流政治哲学，以“情理结构”来吸纳功利主义与自由主义的精髓。“情本体”亦是一种对“儒学四期”的翻新发展，由此可以尊荀学为正统、返汉代制度儒学，从而继续发展“情欲儒学”而非心性儒学。“情本体”更是一种“西体中用”的拓展形态，由此可由“天地国亲师”的新内圣开出新外王，使得先验变成经验，最终走向孔颜乐处之“理性的神秘”。

郭延礼的《女性小说书写中的“以译代作”——兼论中西文化交流早期的一个倾向性问题》指出，20 世纪第二个 10 年，中国女性小说创作出现了“以译代作”的文本，它是在中国近现代文学转型的语境中新文体诞生初期的一种文学产物。当时一些女性在创作时，受到西方文学作品中故事情节、人物形象和表现手法的影响，自觉或不自觉地借鉴西方文学作品。这个过程经历了由模拟西方小说到“以译代作”的过程。这种现象的出现与“西学东渐”的深入发展和女性作家对西方小说阅读的深入密切相关。她们以阅读、翻译外国小说为手段，经过移植、过滤与改造，生成一种新的文本，并表现出本土化的特点。“以译代作”在思想观念上对近代女性小说具有一定的先导性和启蒙意义。它拓宽了向西方文学学习的渠道，有利于本土文学/文化的发展。此现象也曾出现于五四时期的新诗创作中。如果再往前追溯，在近代早期一些史地著作中亦见端倪。“以译代作”现象的出现，既是中西文化交流中一代知识精英积极主动地追求真理、学习西方的自觉的行为方式，又是在西方强势文化影响下拓展文化/学术视野、促进本土文化/文学发展的一种新的探索和实践。

李纪祥的《以“汉”为“书”——班固笔下的“一代”与“始末”》指出，一部历史文本，在作者设定中，必有其“始”，亦有其“末”；而在传世的文本物质样式上，例如册次、卷次、页次，莫不反映此种“始”“末”

上的序次编列。从孔子《春秋》开始，便对“始”与“末”的书写笔法赋予了高度的意义性。《史记》继承了这一书写的特性，班固笔下的《汉书》亦然。这个课题对班固而言，不只是一个历史问题，也是一个现在课题。班固如何思考他的“现在”？班固立于“东汉”如何呈现“西汉”于《汉书》的书写之中？过去学界对于“汉德”的研究，多从“五德终始”入手，这是受到“顾颉刚叙事”的影响。如果跳脱“近代史学”的场域，自“汉书本”《世经》入手，转向古今视野中的“编年”与“编统”，则可以勾勒出一条“孔子”→“司马迁”→“刘歆”→“班固”的系谱构成。

胡新生的《礼制的特性与中国文化的礼制印记》指出，中国古代“礼”概念包括礼节仪式、伦理道德、政治等级三层含义，三者虽有联系但各有特定的内容。作为中国礼制史研究的对象，礼仪、礼制都是特指“礼”的礼节仪式层次。礼仪包括民间礼仪与国家礼仪，后者即通常所说的“礼制”，亦即礼仪中具有国家背景和政治强制力的部分。礼仪制度有别于其他典章制度的本质属性在于其表演性、象征性和程式化、标准化。表演性、象征性使礼仪具有高于日常生活的特殊意义和广而告之的公示功能，程式化、标准化使礼仪具有高度的组织性、规范性以及维护和强化社会政治等级的功能。中国古代礼制的发达使礼仪的两种特性得以充分发挥，从而给中国文化烙下极度重视表演和程式的印记。

池田知久《〈老子〉的形而上学与“自然”思想——以北大简为中心》指出，以北大简《老子》为主要资料，参考郭店楚简本、马王堆帛书本、通行本（王弼本），可以探讨《老子》中所含形而上学（及以此为基础的政治思想）与“自然”思想（及以此为基础的政治思想）间相互矛盾、对立的关系。在综合、统一这些矛盾、对立之处，《老子》哲学与政治思想的真面目才能得以阐明。以北大简第十六章所见“积正”这个词语为线索，可以推测北大简《老子》的抄写年代应为西汉晚期。

曾振宇《“遇人便道性善”：孟子“性善说”献疑》认为，孟子人性论的基本观点为“人性善”或“性善”，业已成为“国民常识”。在这一常识的背后，隐伏着深度的误读。孟子从个体生命体验和形式逻辑层面反复证明的一个观点为人性有善端，仁义礼智“四端”源自天，存诸人性为“立命”，人性之善是与善恶相对之善，善不是绝对之善。但是，孟子从未否定“性”有恶端。研究孟子人性学说，在方法论上，应当遵循“以孟释孟”原则；在文本释读与思想诠释上，应当区别“善端”与善、“君子所性”与“性”两对概念。在“君子所性”层面，孟子刻意强调君子与禽兽的“几希”之别，君子在应然意义上当自觉以“四端”为性，而不可以“食色”为性；但在“性”或“人性”层面，孟子并没有完全否定“性”有恶端，“大体”与“小体”同在于人性。尽管君子在工夫论层面不将“味”“色”“声”“臭”称之为性，但芸芸众生之“性”还是蕴含“味”“色”“声”“臭”。秦汉以降，历代学人之所以对孟子人性学说理解不一，大多在于未厘清“善端”与善、“君子所性”与“性”两对概念的区别。

6 月 25 日，《文史哲》英文版 Journal of Chinese Humanities 创刊号在海外公开发行。

《文史哲》英文版的编辑、出版与发行，由《文史哲》编辑部与荷兰博睿学术出版社（Brill）合作完成。《文史哲》编辑部负责选题策划、组约稿件和编辑加工，荷兰博睿学术出版社（Brill）负责出版与发行。英文版的出版发行方式为数字出版，线上发行。英文版严格遵循国际学术规范，实行国际学术期刊界通行的匿名同行评审制度。编委会由余英时、王靖宇、安乐哲、池田知久、庞朴等 20 余位海内外一流学者组成。

《文史哲》英文版并非中文版的简单移植或精编，而是采取专题形式，每期集中一个海内外学界共同关注的问题。创刊号主题为“中国社会形态问题”，首期刊发中国学者文章 6 篇，海外学者文章 3 篇。

7 月 5 日，杨义在《文史哲》第 4 期发表《先秦诸子发生学》。

作者认为，研究先秦诸子根本的切入口是其发生学，在这里需要念一部“本”字经，探究原本、本质、本源。因此，对先秦诸子发生学的研究必须掌握三个关键点：其一，以《庄子》所表达的思想为例，深化对先秦诸子个体生命的认知；其二，以司马迁《屈原列传》和孙武《孙子兵法》为例，探究先秦诸子的知识来源；其三，通过考察《论语》的编纂过程，还原历史文化的形成过程。

陈来的《仁学本体论》指出，仁学本体论是以仁体统摄儒家传统的各种形上学观念，将仁发展为一本体的观念或发展为一仁的本体论。传统儒学“万物一体”的思想，既是一种精神境界，也指万物关联共生的整体，这种整体就是仁体。仁体论把传统儒学的一体之仁与生生之仁作了有机结合。仁本体与关联共生的万有是“全体是用，全用是体”的关系。翕与辟是生生之仁体的两个重要而根本的倾向。翕作为宇宙的本质倾向是仁的根源性表现，维系了生生的连续稳定性，使天道性理、伦理之善等价值得以安顿。仁是相恕，恕是他者优先，是平等而不会自我中心，恻隐之心是仁体的发见和显现，我与他者是一体共生的仁爱关系，因此群体意识和责任意识是仁本体的内在要求。我们今天需要在他人优先、仁爱优先的立场下重建仁学本体论，重建儒家哲学。儒家非宗教的人道主义即仁道，可以成为社会群体的凝聚力和道德基础而无须超越的信仰。

邓联合的《庄生非知道者——王船山庄学思想的另一面相》认为，王船山晚年所著《庄子通》《庄子解》积极评价庄子之学，并着力会通儒道，但这并非船山庄学思想的全部面相。因为除此二书，在其他著作中船山还写下了他随机评说庄子的大量言论，将这些言论与其庄学专书结合起来作一综观，可发现一旦脱离《庄子》文本而转到其他语境下，船山对庄子实际是以批评为主的。在他看来，由于庄子只求个体的逍遥而逃避人伦物理，故其学必然产生纵欲放诞之弊，乃至最终同流于利欲小人；而从历史上看，作为老子后学，庄子思想对王道纲常的危害亦甚为深重且绵延不绝。除了指斥庄子其人其学，船山还把批评矛头指向历史现实中士大夫群体所表现出的庄学化的人格特征：唯思一己之自安自适而弃绝其应有的道义担当。相较于此前的宋明道学，船山之辟庄虽于学理上并无根本性的突破，且存在着前后矛盾之处，但却体现出了其历经磨难的醇儒品格和坚贞的遗民心理。

9月5日，戴卡琳在《文史哲》第5期发表《墨家“十论”是否代表墨翟的思想？——早期子书中的“十论”标语》。

文章指出，现今的中国哲学史教科书几乎都以“十论”来介绍墨子的思想，即尚贤、尚同、兼爱、非攻、节用、节葬、天志、明鬼、非乐、非命。通过详细阅读并对照《墨子》与其他早期子书，可以得出与此不同的结论：其一，“十论”或许不是墨子思想的最初产物，而是在《墨子》编写过程中逐渐形成的；其二，周汉诸子在谈论墨家学说时，并非总是一致地以“十论”描述墨学，通常只提“十论”中的某几条标语。更值得注意的是，尽管唐宋以后的儒者与当代学者常以“兼爱”为墨子核心的主张，但早期诸子（除孟子以外）并不都认为“兼爱”是专属于特定思想家或学派的理论。如果我们留意古今学者在对墨家的认识方面所存在的差异，或许会重新思考我们对墨学先入为主的看法，并对早期墨学的面貌有不同的认识。

叶树勋的《老子“玄德”思想及其所蕴形而上下的通贯性——基于通行本与简帛本〈老子〉的综合考察》指出，“玄德”在老子学说中不仅具有多层域的丰富内涵，而且还蕴含着老子形而上学、政治哲学以及心性论之间的通贯性。在综合考察《老子》通行本和简帛本的基础上，通过相关语境的疏证与解析，渐可发现“玄德”思想的多重义理：形上世界的“玄德”意味着“道”对万物“生而弗有”的两面性作用；这一作用推衍到形下的政治生活，便是指圣人效法“道”而具备“以不智治国”的“玄德”；但圣人的效法又绝非外在模仿那么简单，其间还深蕴着“涤除玄鉴”的内向体认，“玄德”的工夫论意义也于此展现。发掘老子“玄德”的多重意涵，不仅使我们对此观念的义理具有更综合的认识，而且还可以为我们理解老子思想形而上下之间的内在关联提供新的参照。

朱汉民的《学术旨趣与地域学统》指出，地方知识传统是学者们普遍关注的研究领域。研究地方学术史要注意从区域的学术旨趣、学统两个方面及两者关系着手，这样能够对区域学术形态的地域特色与普遍价值有更深入全面的了解。儒学是一个延续两千多年并不断拓展的庞大学术思想体系，完全可以从不同学科（无论是西方学科分类还是中国传统学科分类）的知识来表述其丰富的内容。但是，如果解析儒学的学术旨趣，我们认为道、治、学三个要素是十分关键的。“学统”本来有“学术正统”与“学术传统”两种含义，而区域学统的含义则主要是“学术传统”的意义。那么，构成这种区域学统的传承一方面是指直接的学术师承关系，另一方面，也可以表现为某一区域中学术旨趣的传承关系，这两方面可以是统一的，也可以不一致。

沈长云的《从不同文明产生的路径看中国早期国家的社会形态》认为，如同恩格斯的论述，中国早期国家的压迫者阶级即社会的“主人”的产生，是由原始共同体内的社会“公仆”因其权力的异化发展而来的。这样一条阶级与国家产生的道路与古希腊罗马奴隶制国家是全然不同的。夏作为中国古代第一王朝，其“家天下”亦是禹治洪水的过程中因集中控制各部族的人力、物力，导致禹个人身份的这种变化而建立起来的。夏、商、周三代社会形态不是奴隶社会，亦非封建社会，或者可以用过去雷海宗提出的“部民社会”来加以概括。

11 月 5 日，李宗刚在《文史哲》第 6 期发表《父权缺失与五四文学的发生》。

作者认为，五四文学创建主体大都在童年或少年时代有着丧父的人生经历，其父权有一个从在场到缺失的过程。父权的缺失，使得中国传统文化的代际传承出现了断裂，约束“子”的外在规范失却了效能。没有了父权的规训，也就意味着由父权所承载的规则、秩序失却了存在的根基。在父权缺失中，促成子权张扬并最终确立的，是晚清政府主导下的新式教育以及嗣后科举制度的废除。父权的缺失，为这批“没有父亲的孩子”成长为中国传统文化的颠覆者以及五四新文化和新文学的建构者提供了历史的机缘。当然，五四文学的发生是众多要素共同作用的结果。通过考察五四文学创建主体的父子关系，分析五四文学的发生与父权缺失有着怎样的内在关系，以及父权缺失对五四文学的发生究竟起了怎样的作用，可以发现五四文学发生的特殊规律。

徐国琦的《试论“共享的历史”与中美关系史研究的新范式》指出，中外学术界在研究中美关系史时，一直强调中美两国文化的差异与历史背景的不同，侧重中美之间的冲突、对抗以及分歧。作为一种新的研究方法及视野，“共享的历史”方法则是强调中国人与美国人之间共同的历史经历和旅程在中美关系史中的重要意义。用“共享的历史”方法来重新检视中美关系史，可能是学术上的重大突破，让我们得以在研究中美关系方面另辟蹊径，可以读到一部见解独到的全新的中美关系史。

吴锐的《夏殷“直道而行说”质疑》指出，夏、商、周三代连续直线发展，是儒家的历史观，影响至今。夏族是姒姓，“姒”字的本字是“以”，“以”即“吕”。清人王引之已经指出“以”“允”二字相通，铜器铭文也证明“以”“允”通用。古籍所谓“允姓之奸”、俨狁，包括匈奴，都是姒姓，也就是夏族后裔。夏族发祥于西部渭水流域，虽然曾经扩张到东部，但并不意味着夏族一灭亡，商族才兴起。商族是子姓，发祥于东部，属于“鸟夷”。鸟夷族因以鸟为图腾而得名，在《尚书·禹贡》有两处记载，是一个极其庞大的族系，尧、舜、皋陶、殷人、秦人、赵人都是鸟夷族。鸟夷文明实为东亚文化的根基。殷礼以源远流长的鸟夷文化为基础，无须以夏礼为基础。孔子在找不到殷礼以鸟夷文化为根基的情况下，轻率地以本来就模糊不清的夏礼作为殷礼的基石，也是可以理解的。以思想创造为线索，回溯历史虽然是常见的历史研究方法，但这种方法是有局限的，运用时需要慎之又慎。

楼劲的《唐太宗贞观十一年立法研究——以〈贞观式〉有无之悬疑为中心》认为，唐太宗贞观十一年立法，所颁行的是《律》《令》《格》，但并不包括《贞观式》和《留司格》，以《旧唐书·刑法志》为典型的一组史料之所以发生贞观已有“《留司格》一卷”和“《式》三十三篇”的错误，是因为它们依据的是一个夹注混为正文的《国史》文本。两《唐书·刑法志》《新唐书·艺文志》和《册府元龟·刑法部》等处关于贞观十一年与《律》《令》《格》一起颁行了《式》的记载，都存在着因其所据文本有误而倒错了开元与贞观时代的问题，是断然无法成立的。正由于此，《唐会要》述当时只施行了《律》《令》《格》而不及于《式》，《唐六典》关于“皇朝”之《格》始于贞观而《式》则始于永徽的记叙，就更显其准确而值得采信了。贞观十一年确未制行过《式》，但以“式”来指称某些规范的习惯和对各种诏令的审定编纂，则出现了新的趋向，《永徽式》的制定和《律》《令》《格》《式》并行体系的诞生，即是承此发展的结果。

2015 年

5 月，《文史哲》编辑部联合《中华读书报》开展年度“中国人文学术十大热点”的评选活动。

8 月 23 日，第 22 届国际历史科学大会在山东大学召开。

9 月 3 日，纪念中国人民抗日战争暨世界反法西斯战争胜利 70 周年大会在北京天安门广场举行。

1 月 5 日，阎步克在《文史哲》第 1 期发表《一般与个别：论中外历史的会通》。

文章指出，“中外历史的会通”之意义重大，首先在于事物的特点是在比较中呈现出来的。其所涉样本至少在两个以上，超越个性的深层法则，便开始重要起来了。从理论上说，“中外历史的会通”的基础是一个共同框架，这样的理论框架的建构经常要超出历史学领域，进入相关的社会科学领域，甚至科学领域。在“会通”的实践中，也可能出现各种扭曲变形，若直接以一方为模板来剪裁另一方的话。现代学术曾给中国史学带来了革命性的变化，而所谓“现代学术”的具体内容，主要是以西方的历史经验为基础，在西方率先发展起来的。它提供了很多被认为是“普适性”的方法，但并未充分将更多民族、地区的历史经验纳入考虑。中国浩如烟海的典籍文物，留下了极为丰富的历史资料；中国历史进程无与伦比的连续性，也使人类社会的某些内在规律更鲜明地体现了出来。中国史所能为学人提供的学术灵感、学术创造、学术新知，足以为历史研究的“同一平台”增添砖瓦，这也给中国史学人的世界史素养和社会科学素养提出了更高要求。“中外历史的会通”任务需要几代人的持续努力。

李治安的《中古以来南北差异的整合发展与江南的角色功用》认为，由于疆域广袤、民族风俗多样，东汉以后，南北整合发展上升为中华文明内部诸地域子文明间相互关系的“主旋律”。首次南北差异整合发生在南北朝隋唐。北朝体制诚为隋唐立国之本或入口，南朝体制则是其演化趋势或出口。由“南朝化”起步的“唐宋变革”，就是革均田、租庸调、府兵等北朝三制度的“命”。元统一后的南北差异博弈整合，北制因素过分强大，总体上占上风。朱元璋、朱棣父子个人经历和政治文化心态等偶然因素，导致明前期的整合再次以北制占优势。明中叶以后南、北制因素的另一次整合，改而以南制为重心。重在革除徭役的“一条鞭法”，亦是南制因素压倒北制的“里程碑”。东汉以后的中国，先后发生“五胡乱华”和女真、蒙古等南下入主，黄河中下游的华夏先进的经济和文化曾经被中断两三次。万幸的是，华夏经济和文化借东晋和南宋南渡在江南得以延续。5 世纪以后的江南成为中国经济重心和文化主脉所在，成为中国“富民”和农商并重秩序成长发展的“风水宝地”，尤其是宋元明清的江南依然代表着社会经济的发展趋势。在唐宋前后南北地域差异的上述三四次博弈整合中，承载着中国经济重心及文化精英的江南地区，推动着华夏经济和文化在南北统一国度下总体上继续繁荣，最终避免了欧洲 5 世纪日耳曼蛮族南下中断或暂时毁灭希腊罗马文明而整体步入黑暗中世纪的悲剧性道路。中华文明 5000 年延续至今，总体上未曾中断，在世界范围独一无二，江南的历史性角色作用功不可没。

贾振勇的《文学史的限度、挑战与理想——兼论作为学术增长点的“民国文学史”》指出，近年来“重写文学史”波澜再兴。我们的文学史编撰在积累了丰厚经验的同时，也遇到了难以克服的瓶颈，实际存在的学术障碍和诸多热点问题的探讨，比如西方理论的“话语牢笼”现象、国民教育与意识形态的影响等，既凸显了“重写”行为的混乱与无序，又蕴含着创新的可能性与可行性。“民国文学史”是一个具有重大学术增值空间、富有包容性的开放性观念平台，凸显了尊重文学历史真实性、多维价值体系和历史发展的正义原则。当前的文学研究、文学史编撰，存在着过于偏离文学研究本身、学科内部分工过于细化、艺术和美学使命弱化、学术伦理意识薄弱等问题。只有回归“文学”基点，围绕发现、选择和品评杰作，统筹协调各项研究职能，才有可能实现“印证心灵，传承不朽”的学术使命。

陈怀宇的《冷战下中西史家的首次接触：1955 年莱顿汉学会议试探》指出，1955 年在荷兰莱顿召开了第八次西欧青年汉学家会议，中国应邀派出翦伯赞、周一良两先生参加。这是冷战开始之后，中华人民共和国史学工作者第一次与西方学者直接接触。翦伯赞不仅与秦瑞、谢诺等西欧共产主义学者在会上进行了交流，也对牟复礼等与会的美国学者表现得比较友好。会议着重讨论了中国历史分期问题、中国的学术自由问题、中国的人口问题、中国历史由谁来书写等问题。中国学者主张用马克思主义历史唯物论对中国历史进行分期。费正清认为中国存在着潜在的人口问题。西方学者在会议期间的讨论中也提出了一些带有政治色彩的论点，他们批评中国存在学术不自由的问题，并担心马列学者可能会将在历史上起过较大作用的胡适等人排除在中国历史书写对象之外。翦伯赞、周一良显然对这些问题主要站在政策性立场上进行坚决反击。揭示莱顿汉学会议作为冷战后东西方学者第一次实际接触的重要性，可以为了解冷战学术史上政治和学术之间相互影响的丰富性和复杂性提供一个鲜明的个案研究。

虞万里的《清华简〈说命〉“鹃肩女惟”疏解》指出，清华简《说命》形容傅说状貌时用了“鹃肩女惟”一词。对“鹃肩”之解释，人各异说。通过对简文“鍎”和“鸢”从甲金文、战国简文以及声韵上的关系比较论证，确定“鹃肩”即古文献中的“鸢肩”。以鸢肩喻人之状貌，是着眼于鸢鸱双翅收敛时高出颈椎的形象，与荀子形容傅说“身如植鳍”形状同义。因为“鴏”字甲骨文从“戈”，后世隶变成“载”，故又误作“戴肩”等词，以字形和声韵贯穿求证，均可迎刃而解。“鸢肩”一词在先秦已被形容为一种贪婪的恶相，但秦汉以后则被相术书和史家用为圣人之相，使人不明所以。清华简《说命》傅说“鸢肩如椎”一词出，使我们找到了秦汉而下以“鸢肩”形容圣人殊相说法的源头，进而更顺利、清晰地解释出一系列原被误解的词汇。

冯克利的《柏克保守主义思想的法学来源》指出，埃德蒙·柏克常被称为“现代保守主义之父”，这种广为流行的观点忽略了柏克早年所受法学教育对其思想的影响。柏克并不像很多教科书中所说，是现代保守主义的始作俑者。如果要给柏克重新定位，更恰当的评价是，他在观察和评论正在发生的政治事件、特别是法国大革命这一旷世巨变时，充分运用了自己在早年所受教育中打下坚实基础的普通法知识，尤其是其中的一种历史观，使保守主义在此后的政治话语中成为具有高度自觉性的意识形态。从思想史的角度说，这已经是一项了不起的成就。只有基于这一普通法的历史背景，才能对柏克思想在现代保守主义这一复杂谱系中的特点作出明确的判别。

3 月 5 日，刘梦溪在《文史哲》第 2 期发表《马一浮的“义理名相论”》。

文章指出，马一浮的《泰和会语》和《宜山会语》两部论著，分别有两篇和六篇以“义理名相”的副题来标谓。虽然这部分内容仍属于“六艺论”的范围，但在理念和方法上，实际上是马一浮建构的融通儒佛而又辅以因明之学的新义理学说。如果说“六艺论”的旨趣在于追溯中国学术思想的经典源头，祖述与重建先秦儒家学说的思想结构，“义理名相论”则是马先生独自发明的可以施之于教的对“六艺”义理的阐扬与发明。宋儒的学说就是义理学说，所不同者，宋儒辟佛，马先生不仅不辟佛，反而认为融佛是释儒的不二途径，故以新义理学说称之。“六艺之道”“六艺之教”和“六艺之人”，是马一浮“六艺”学说的义理内涵及功能构成。“六艺之教”的教化与化成的过程是怎样具体展开的，以及如何运乎一心而能够更好地为受教之人所接受，亦即怎样施教才能育成“六艺之人”，这是“义理名相论”所要回答的问题。

姜生的《汉代列仙图考》指出，汉墓画像中保存着现知最早最可靠的汉代列仙图谱形态。汉画所见不同时代历史（传说）人物共事一堂的“不合理”情景，以及大量超出世俗经验的奇观异景，都暗示了图像所指示的空间对世俗时空秩序的超越特征。以武氏祠东壁、西壁及后壁为中心，综合考察各类画像石图像可以发现，汉代墓葬画像背后实际隐含着一套宗教的价值评判标准：帝王、贤相、能将及刺客类图像，反映了“自三代以来贤圣及英雄者为仙”的成仙标准；忠臣、孝子及列女类图像则表明，在汉代，生前为忠、孝、节、义之典范者亦得死后成仙。汉画中内在有序的人物图像内容应作为汉代仙传谱系来看待。神学化的儒家道德伦理，重武尚侠的社会风尚与历史上长期积淀的神仙思想相结合，乃是汉代“仙谱”所据以形成的思想基础。

汉画所存仙鬼谱系乃汉代宗教信仰结构之反映，亦伴随汉晋价值观之遽变而发生转变。将汉墓画像系统与道书文献相互印证研究，不仅可在一定程度上还原汉代“仙谱”的基本面貌，更可揭示当时的成仙标准，这对于研究汉代宗教形态和初期道教的起源问题将具有钩沉起蔽的重大意义。

方辉的《论史前及夏时期的朱砂葬——兼论帝尧与丹朱传说》认为，我国史前先民对于朱砂的使用可追溯至距今6500年左右的仰韶时代早期。大约从距今6000年的仰韶时代中期开始，朱砂以人骨涂朱、随葬品涂朱和撒入墓圹填土等方式被使用在贵族丧葬仪式中。以朱砂铺设墓底作为贵族葬仪中不可或缺的程序是在龙山时代的陶寺文化中确立的，并为此后的二里头文化或夏时期文化所继承，成为商周墓葬制度的重要组成部分。陶寺文化族属为陶唐氏帝尧集团，文献传说中帝尧与丹朱既是父子又充满矛盾乃至战争的奇特关系，反映了陶寺文化创造者与盛产朱砂的长江中游以及江汉地区史前先民既联合又斗争的史实。对于中原地区而言，朱砂因其资源的稀有，以及为了获得此种原料所付出的代价，成为陶寺及二里头社会精英所着意控制的对象。在早期国家王朝社会内部，祭司阶层通过宣扬朱砂在葬仪中的重要性，并通过对这一战略资源的垄断及再分配提高了自身的社会威望。祭司及统治者通过在葬仪中不断增加新的内容而增强仪式的复杂性及专业性，从而有利于维系政权的延续与社会的稳定。

程尼娜的《明代女真朝贡制度研究》指出，明代女真朝贡制度一经建立便很快进入全面发展时期，先后经历了建构、发展、整顿、破坏以及由女真羁縻卫所朝贡制度演变为敕书朝贡制度的不同阶段。明朝将女真朝贡制度纳入王朝政治体系，由中央礼部、兵部和地方辽东都司、奴儿干都司（明前期）共同管理女真朝贡制度。其全力经营女真朝贡制度的主要目的在于：一是为营建“大一统”的国家规模；二是将女真朝贡制度纳入东北边疆的防御体系，防范和牵制北方蒙古部。从女真朝贡制度运作过程看，政治功能占主导地位，经济活动居次要地位，因此将女真朝贡活动简单地定位为女真朝贡贸易活动是不准确的。

张宁的《论鲁迅的“政治学”》指出，鲁迅“政治学”指鲁迅的政治思想（显性鲁迅）和鲁迅著作、行迹中体现出的政治学趋向（隐性鲁迅）的综合体。尽管鲁迅一直被认为是“政治性作家”，但他却与实际政治经常处于

“不即不离”的状态。他始终是一位“革命者”，却又总是估量着牺牲的价值。这与个人勇气无关，却与他独特的革命观和历史观相关。因而，尽管鲁迅的政治思想也可纳入“学科”进行分析和研究，譬如将他归纳为一位民权主义者、社会主义者和开放而内省的民族主义者，却无法抵达鲁迅政治意识的根底。存在于这个根底处的，是一种独特的感觉结构：业已觉醒为“人”，却无时无刻不将自身感觉为“奴隶”，形成一种独特的“奴隶—人”意识。这种意识并非只针对外在社会政治制度，更针对由主客体共同构成的整个历史的“主奴结构”，并只有通过作为个体“失败”的存在论经验（相对于“正常”年代的“成功”）或作为群体“失败”的历史经验（相对于“革命”时代的“胜利”）才能获得。这正是鲁迅常常让人感到晦涩或费解之处，但却奠定了鲁迅“政治学”的基础。他因之而发展出“非政治”的政治性，让民众成为“政治主体”而非统治的对象或“得民”的材料的政治意识，以及“从下面看”的视野，并生成“无穷的远方，无数的人们，都和我有关”的自觉。

5 月 1～2 日，“《文史哲》杂志人文高端论坛”之五“‘性本善’还是‘性本恶’——儒学与自由主义的对话”暨“2014 年度中国人文学术十大热点”发布仪式在济南举行。

来自台湾慈济大学、复旦大学、上海师范大学、清华大学、中国人民大学、北京航空航天大学、首都师范大学、四川大学、山东大学等高校的近 30 位知名学者济济一堂，分别围绕“自由主义的困境与儒家政治探索”“人性与政治”“人性论：善恶之间”展开密集而热烈的对话。学者们通过对话达成一项基本共识，即政治制度设计无关乎人性的善恶。长期以来，人们普遍认为，“性善论”是儒家式“德治”或“人治”的基础，而“性恶论”则构成西方自由主义式“法治”的基础，与会者通过具体而微的中西文本比较指出，如果从持续的时间性来看，“性恶论”反而构成儒学史的大流，而对于西方自由主义来说，“性善论”思维亦绝非可有可无。

此外，与会者还围绕“自由”概念、“责任政治与权利政治”“现代社会的个体本位观念”“儒家君主困境”等话题展开激烈论争。

本届论坛的一大亮点是举行“2014 年度人文学术十大热点”发布仪式。十大热点评选活动由《文史哲》编辑部与《中华读书报》杂志社联合举办，这也是国内首次进行的、评选范围仅限于文、史、哲等人文学科的人文学术热点评选活动。发布仪式以“热点标题+热点扫描”形式进行。热点选题本身以及发布辞的切入角度，引起与会学者的浓厚兴趣。在十大热点发布之后随即举行的点评会上，学者们普遍认可本次评选活动的人文性与学术水准，认为在不回避和意识形态密切相关的大事件与大话题的同时，评选方真正做到了从注重学术思想含量的角度推介相关选题。发布会上，《文史哲》杂志王学典主编和《中华读书报》王玮总编表示，在获得学界广泛支持与认可的基础上，将再接再厉，争取将“年度人文学术十大热点”做成一个深具学术公信力和权威性的品牌。

“2014 年度人文学术十大热点”是：

1. 马克思主义与儒学的关系引起空前关注

20 世纪的中国是在反传统中度过的，反孔批儒是这个时代的基调，“文革”中的“评法批儒”将此一基调推向极端。近 30 年来，如何看待儒学在当代社会的存在和地位，主流意识形态的态度始终暧昧。习近平在纪念孔子 2565 周年诞辰国际学术研讨会上发表长篇讲话（以及他的系列讲话），终结了这一局面，标志着中国共产党人对儒学认识的历史性转折。

中国已经走出剧烈动荡的激进年代，和平崛起的历史任务内在地要求主流意识形态向更具包容性与建设性的方向演进。以儒学为代表的传统文化，潜移默化地塑造了中国的世道人心，乃是重塑精神世界与道德秩序的基础性资源。2014 年，儒学复兴呈星火燎原之势，以往的思想藩篱得以突破。马克思主义与儒学的关系问题遂引起空前关注。

2.《21 世纪资本论》中译本出版，以《资本论》为代表的马克思主义重回学界视野

资本是一把“双刃剑”：在创造了巨大的物质财富并推动全球化进程的同时，又造成了世界范围的不平等格局以及人与自然关系紧张等问题。政治“利维坦”被解构之后，经济“利维坦”来临，即资本及其逻辑的

扩张与宰制。

马克思所揭示的劳动同资本之间、生产的社会化同生产资料的私人占有之间的内在矛盾并没有真正解决。马克思终生从事的政治经济学批判工作并未过时，他所开辟的资本批判传统必须后继有人。面对占领华尔街运动、反全球化运动、世界金融危机的爆发等背景，转型中的中国如何既充分利用资本，同时又规避资本逻辑的基因缺陷？2014 年 9 月，法国经济学家托马斯·皮凯蒂《21 世纪资本论》中译本问世，以《资本论》为代表的马克思主义重回学界视野。

3. 习近平在文艺工作座谈会上的讲话：文学艺术发展出现方向性转折

改革开放以来，我们的文学艺术创作和研究摆脱了过去那种庸俗社会学的束缚，使审美创造及其反思实现了向自身的回归，涌现出一大批优秀作品，适应了时代的需要，满足了广大人民群众的精神诉求。与此同时，若干消极倾向也在滋长，甚至在逐步主流化。庸俗、媚俗和低俗，是其中的一种倾向；另一种倾向的表现是，迎合西方读者的审美趣味，满足“他者”的猎奇需求，文学艺术的创作变成对异域风情的展示。这两种倾向的根源，是拒斥价值负荷，放弃人类灵魂工程师的责任，远离国家崛起、民族复兴的宏大叙事。

2014 年 10 月 15 日，习近平在文艺工作座谈会上发表讲话，强调文艺不能做市场的奴隶，要引领时代、彰显崇高之美。讲话之后，反响强烈。文学艺术遂逐步在新的语境中发生方向性转折，经典现实主义正在重新成为众多文艺工作者的选择。

4. 从“燕京学堂”事件到“新清史”论争：西方学术话语体系能否准确呈现中国？

2014 年 5 月，北京大学启动“燕京学堂”计划，引发了广泛的质疑和异议声浪。质疑的核心在于“中国学”这一欧美汉学界研究中国学问的特定概念，是否适用于本土学者对自身历史文化的研究。西方学术话语能否准确地呈现中国，以及如何确立民族文化主体性，是这一事件的本质。学界围绕孙康宜、宇文所安的《剑桥中国文学史》和以欧立德的《乾隆帝》为代表的“新清史”研究所展开的热烈讨论，其关注焦点依然是能否把西方话语体系套用于中国历史与文学研究之中。基于同样的学术冲动，张江提出“强制阐释”这一概念，对当代西方文论的正当性进行了有力质疑。针对确立民族文化主体性的热议，一些人对其背后可能潜藏的文化保守主义和民族主义情绪进行了反思。

5. 民国学术评价问题引发热议

2014 年，一部关于 20 世纪 30 年代“文学洛神”萧红的电影《黄金时代》，让持续多年的“民国热”再度放大为公共舆论焦点。民国是否为近百年中国学术史上的黄金时代？长久以来，民国学术史研究的基本动机在于为当下寻找某种“伟岸”学统，“今不如昔”的价值判断主导了对民国学术的估量。针对这种“回到民国去”的倾向，葛剑雄等学者提出异议，认为民国学术既未在整体上超越清代，其总体水平也不及当下。此言引起了学术界的巨大争议。

6. 简帛文献等新材料的整理与研究进一步深入

从 20 世纪 90 年代郭店战国楚墓竹简的发现和研究开始，简帛研究成为学界关注的热点。2014 年持续了这一热潮并有标志性成果出现，主要集中于清华简、北大简的相关研究以及马王堆汉墓帛书的重新整理。2013 年末出版的《清华大学藏战国竹简》第四册中，所刊布的《筮法》及《算表》等文献得到充分讨论，同时前三册内容也获深入研究，由《说命》等篇反思伪古文《尚书》，促进了《尚书》学的发展；北大简弥补了以往发现的汉代简牍在时间序列上的缺环，有助于加深学界对古书体例和流传问题的认识；经过六年的努力，《长沙马王堆汉墓简帛集成》于 2014 年 11 月出版，引发了新一轮的帛书研究热潮。简帛之外，清末至民国时期的“龙泉档案”的研究，成为 2014 档案学研究的热点，并为社会所关注。

7. 政治儒学与陆台新儒家之争

2014 年“康有为与现代中国的建构”（4 月 26～27 日，江苏太仓）、“康有为与制度化儒学”（6 月 26～27 日，广东南海）等学术会议相继召开，中国大陆“政治儒学”渐成气候，“回到康有为”成为一时焦点。康有为思想的启发性在于，古典时代的制度资源有必要作为“政治准则方面的考量”加以援引。

台湾学者李明辉则表示不认同“大陆新儒家”。作为港台师辈新儒家直接拥抱自由民主制度的调整方案，李明辉从儒家具有社会群主义因素、民主制度需要与原来文化相调适的角度，继续主张儒学与自由主义联盟。相形之下，大陆新儒家似乎野心更大。在抽象地析出“现代化”问题之后，他们试图直接回归儒家政教传统而另起炉灶。“公羊学”而非“自由主义”，成为最值得借鉴的儒家制度理论之大宗。

8. 明清钓鱼岛文献与甲午战争诗歌研究

钓鱼岛的归属问题与中日甲午战争具有内在联系。甲午之年，中国学术界的研究目光必然对此形成一定聚焦。这一聚焦性研究既有正本清源，确证领土主权归属的现实意义，也有在近世文学史和历史发展大脉络中进行反思、鉴而戒之的深远意义。

2014 年钓鱼岛问题研究的论文有百余篇，不少学者注重发掘新的文献史料，颇有收获。这一年，中国古代文学学者也参与了该讨论。中国第一历史档案馆对清宫甲午战争档案进行了系列性发掘与出版。古代文学研究界将甲午战争作为“不能回避的重要领域”，《文学遗产》2014 年第 4 期发表了关爱和与左鹏军的两篇论文，展现出民族诗史的研究视角。相信甲午之年这种“以史为鉴”表达“现实关怀”的研究指向，会在未来的人文社会科学研究中产生重要影响。

9.“历史虚无主义”概念引发普遍关切

在中国大陆学界，以“历史虚无主义”来指称一种研究取向由来已久，受到批评的这种取向被认为主要集中于中国近现代史领域。2014 年，相关讨论更趋激烈和密集，尤为引人瞩目的是受到批评的一方开始发声，起而作自我辩护。其中最具代表性的当属围绕着《炎黄春秋》2014 年第 5 期所刊发的三篇有关“历史虚无主义”的笔谈，以及杨天石之蒋介石研究与评价展开的论辩。上述讨论的焦点在于“历史虚无主义”的概念问题，即何为“历史虚无主义”，评价标准何在等等。“历史虚无主义”源自哲学上的“虚无主义”概念，多为马克思主义学派所使用。批评者将对主流意识形态、马克思主义历史观、中国近现代革命史、社会主义方向及其成就等的质疑和解构视为“历史虚无主义”；被批评的一方则坚持，只要有文献依据或事实依据，学术研究便没有“虚无”可言。相关论战迄今仍未止息。

10. 汤一介、庞朴、田余庆等著名学者辞世，古典学术传承问题备受瞩目

2014 年前后，随着汤一介、庞朴、田余庆等多位著名学者的辞世，让古典学术传承潜在的危机，再一次进入了人们的视野。包括姚奠中、宁可、来新夏、吴小如、方立天、汤一介、田余庆、庞朴等在内的这一代学人，不仅是各自研究领域的泰斗级和国宝级学者，更是古典与现代学术转折中的枢纽性人物：他们既有很高的马克思主义理论素养，又有深厚的古典学术造诣，因而可以集文化传承与时代创新于一身；他们前承古典时代的学统，后启现代学术研究范式，因而成为承上启下的关键一代。正是经由这一代学人，中华民族的文化慧命得以存续，民族根基也因此更加坚实。随着中国的崛起，如何在传承他们的学统和路数的基础上完成人文学术更高层次的本土化，进而把这一本土化学术上升为普世性叙事，是时代赋予当今人文学者的使命。而这一代学人的陆续离世，令这一使命更显紧迫。

5 月 5 日，杨义在《文史哲》第 3 期发表《重绘中国文学的历史地图》。

文章认为，“重绘中国文学的历史地图”，是一种实践性很强的学术理想。这需要在反思百年文学史写作中发现其软肋。由此提出富有针对性的重绘文学地图三原则：一是在原本比较重视时间维度上，强化空间维度；二是在文化中心动力的基础上，强化“边缘的活力”；三是从文献的验证中，深入到文化意义的透视。其中有两条重要方法：一曰破解精彩，一曰追问重复。由此所重绘的文学地图，是一个现代东方大国与世界对话和交往的升级版的文化身份证。

晁福林的《观念史研究的一个标本——清华简〈保训〉补释》指出，上古时代社会观念的形成和演变多经历较长的时段，分析不同时段的社会观念的特色，对于认识那个时段的社会思想有重要意义。清华简《保训》为我们提供了关于“中”这一观念从舜到周文王时期的简要演变情况，是一份不可

多得的标本式的宝贵材料。《保训》简文的“中”皆文王述舜及上甲微之事时所提到，文王自己并没有直接讲到“中”。文王所述舜时顺民欲、测阴阳为“中”，上甲微时得族众为“中”，不仅与上古史实颇相符合，也与商周之际正处在由作为实体形态的“中”向作为观念形态的“中”转化的阶段相符合。周文王之时，尚没有“中正”“中和”之辞，但其发展方向则是要开掘出“中”所蕴含的这些意义。《保训》简文正是有了这种意识而尚未出现“中正”“中和”词语情况的反映。我们若谓周文王已经有了《礼记·中庸》“致中和”那样的思想，则似失于过早。直到周公的时候，作为意识形态的“中”的观念方正式形成。从观念史演变的角度来审视《保训》释读的难点问题，可能会有较为满意的理解。

陆扬的《陈寅恪的文史之学——从 1932 年清华大学国文入学试题谈起》指出，1932 年 8 月清华大学入学考试，陈寅恪以对对子作为国文考试题引发争议。他本人也在事后提出完整的“对对子”理论，指出对对子可以测试考生四种能力，尤其是其中的第四种能力，即思想能力，在陈寅恪看来是能否创造出最高境界的对子的关键所在，他用黑格尔逻辑中的“正反合”之说来加以说明。对于这一争议的意义，当代学界有诸多分析，但对于陈寅恪的“对对子”观中代表对对子最高境界的所谓“正反合”之说的含义，以及具体试题如“孙行者”如何体现这种“正反合”之说，则缺乏讨论。对这一问题的考察不仅可以帮助我们更精确把握陈寅恪文史之学的特点，也使我们认识到陈寅恪在清华国文考试前后的学术转型的意义。推动此转型的一个重要因素是胡适的学术研究对陈寅恪的影响，尤其是胡适佛教史方面的研究，催生了陈寅恪的诸多学术篇章，并且在方法论的层次上也刺激陈寅恪更递进一步。陈氏对《西游记》和禅宗的研究与胡适的同类研究有密切关系，可能是促使他在国文对子试题中将“孙行者”与“胡适之”联系起来的内在因缘。“孙行者”和“胡适之”这一对子实际是带有敬意的游戏。相较于胡适着重做禅宗历史的史实层面的证伪工作，陈寅恪更注意禅宗等佛教思想观念演变的内在轨迹及其与中古思想社会的关联。在共同纠正“整理国故”实践以真伪评判价值的偏颇上，陈寅恪对冯友兰的《中国哲学史》的理路颇为推许。陈寅恪对对子说和他的文史之学直接相关。他重视骈俪，主要并不在于其绮丽的语言表现形式，而在于骈俪文字能通过巧妙用典等手段呈现出沟通古今的历史意识，延展人的想象空间，以及特殊的感染力。但要真正能做到这一点，作者需要有独立的思想。在这个意义上，对对子是通往那些目标的一个步骤。独立的思想和通过用典等古典语言体现的叙事力和想象力，恰恰也是构筑不朽史学的三种必备条件，可以说它们就是陈寅恪文史之学的精髓。

如何对数目庞大的小令词牌进行合理的分类？如何梳理清楚它们之间的关系，从而揭示小令发展演变的轨迹？这历来是论词家所面临最棘手的问题之一。蔡宗齐的《小令词牌和节奏研究——从与近体诗关系的角度展开》认为，由于小令在很大程度上是近体诗之“变”，从与绝句、律诗的关系角度来梳理小令词牌和节奏，分门别类，加以分析，将有助于我们获得对小令艺术形式的新认识。为了研究的方便，可将 311 种唐宋小令词牌分为五大类：（一）完全沿用近体诗体式的词牌；（二）绝句、律诗的长度稍加增减而成的词牌；（三）以五、七言句为主的词牌；（四）以三、四、六句为主的词牌；（五）以三种以上不同字数句混合而成的词牌。在完成词牌的分类和初步分析之后，进一步勾勒小令节奏从近体诗模式到词本色、从“齐”到“杂”的发展过程，分析归纳出小令节奏的七大特点，并在更加广阔的诗歌史语境中评价小令节奏的审美意义。

丁为祥的《儒佛因缘：宋明理学中的批判精神与排拒意识》指出，宋明理学的崛起与来自佛老超越追求的压力始终存在着分不开、割不断的联系，但作为儒学，其与佛、老在人生价值观上的对立又使它不能不以辟佛排老标宗。这样一来，理学在吸取、借鉴其超越追求精神的同时，也就不能不对佛、老二教表现出一定的排拒意识。如果说批判精神总体上体现着理学的一种超越、拓展之自我提升的指向，那么所谓排拒意识也就只能成为从儒学与佛老在价值观层面的对立到最后完全演变为理学内部“宗派意识”或“门户意识”的根源了。在理学从宋到明的发展中，随着其道统意识的不断强化，理学总体上显现出一种不断地将其对佛老的批判精神转化为理学内部之排拒意识的趋势，这就在一定程度上显现出理学自身理论规模的缩减与创造性资源的枯竭。在以往的研究中，人们往往以辟佛排老概括宋明理学的基本精神，但却没有看到其辟佛排老中所蕴含的排拒意识，更没有看到这种排拒意识对当今学术研究与学风建设的消极影响。

贺来的《“陌生人”的位置——对“利他精神”的哲学前提性反思》指

出，“利他精神”成为可能的前提是“自我”和“自己人”之外的“陌生人”在价值伦理体系中获得应有的位置。“利他精神”的缺乏，正是我们的文化和社会所存在的最大缺陷之一。无论是在传统社会和文化中的“维系着私人的道德”，还是不完善的“市场经济”所催生的“自我主义”中，“陌生人”一直被边缘化，因而长期以来没有获得其应有的位置。二者之所以对“陌生人”采取拒斥和排挤态度，思想根源在于它们所坚执的“实体主义”的思想原则和“总体化”的思维定式；前者把抽象的“共同体”实体化与总体化，后者则把抽象的“自我”实体化和总体化。只有确立“为他人”的“个人主体性”观念，形成对人的全新的自我理解，我们才能在根本上拆除“自我”与“他人”之间的藩篱，把“自我”的存在及其生存意义和幸福与“他人”内在地关联在一起。对“陌生”的“他人”的开放、尊重、承认与爱，是形成和塑造每一个“自我”主体人格的根本动力，也是构成其道德的深层源泉。以此种观念为基础，“利他精神”才能获得坚实的根基。

5 月 6 日，《中华读书报》发表邹晓东撰写的《“该人文学者登场了”——“2014 年度中国人文学术十大热点”发布会学者评议实录》。

文章摘录如下：

王学典(《文史哲》主编)：“2014 年度中国人文学术十大热点”的评选活动是由《文史哲》编辑部和《中华读书报》社两家联合主办。这一活动的初衷就是推动大家对人文学术的高度关注。

我个人有一个稍微大一点的观察，那就是最近两三年以来，整个人文研究的精神气候正在重构。我的判断是在未来一段时间之内，社会科学高速发展的局面将盛况不再。与社会科学高速发展 30 年的终结相对应，人文学术重新主流化的局面会出现。正因如此，我们认为启动这项活动的时机非常成熟。至于如何保证这个评选活动的权威性，我们两家编辑部非常广泛地征求了各界学者的意见，最初选出了 50 个学术热点，然后经过一轮评审淘汰掉 30 个，最终才评定了现在大家所看到的 10 项学术热点。

王玮(《中华读书报》总编辑)：中国的人文学术离开我们社会生活的中心舞台已经很久了。在一个崇尚物质的时代，人文学术被边缘化是必然的。现在中国的经济发展、社会发展已经到了我们开始很有信心谈论中华民族伟大复兴的时候，我觉得民族复兴的一个重要标志就是中国的人文理想、价值理念能否被世界认同，也就是说，中国的人文价值追求、中国的发展道路是否能够成为世界的人文价值理想、世界的发展道路。如果这一点做不到，说“伟大复兴”，恐怕不够。

中华民族伟大复兴的使命最终要由人文方面的建树来实现，所以王学典教授提出来做这个活动我们觉得非常好。我们两家的合作也是想推动中国人文学术的进步，为中华民族伟大复兴的实现作出自己的一些贡献。希望大家多多指点，帮助我们把这项工作做好，一年一年坚持下去，做成一个品牌。

高全喜(北京航空航天大学人文与社会科学高等研究院院长)：我觉得最近关于何为中国、边疆地理这一方面关注得比较多，应该入选“十大热点”。

王学典：我们的评选寻找的是一些带有标志性的东西——它的研究一直在持续，而这一年度恰好有某些标志性的东西，以此来作为当年入选的理由。如果一项研究一直很热，但是没有标志性的东西，我们也无法把它选入其中。

萧功秦(上海师范大学历史系教授)：我觉得里面特别精彩的就是把“历史虚无主义”作为一个话题提出来，非常有价值。因为这本来是一个意识形态问题，把它转化为学术问题，把两种思想平衡地放在这里，表明批评与反批评的合法性，我觉得这样一种表达方式是非常不错的。另外，我想强调一点，第十条当中“国宝”“大师”“泰斗”这样的评价过高了，能够认可这一说法的估计 20% 不到，80% 的人不会认同，因为他们的缺陷太大了。我认为他们只是一些处在旧的范式和新的范式的转变当中的过渡性人物，有很多的弱点。这里对他们的评价降低了我们对“国宝”的标准，隐性成本极高。

陈明(首都师范大学哲学系教授)：当年张岱年被称为“国宝”的时候，我就对《南方周末》的记者发表了一个看法：一个国家可以没有国宝和大师，但是不能没有国宝和大师的标准，因为那只会意味着永远失去了产生国宝和大师的可能。像田余庆先生是我的同乡，我对他的敬意是很多的，但他完全是在陈寅恪所开创的路数之下从事研究。那些人成为大师，陈寅恪该怎么办？不过，作为媒体这样说也可以，因为如果太较真就犯了我当年的错误。当时因为这样说，好多人说我不厚道。

林安梧(台湾济慈大学宗教与人文研究所教授)：我个人的看法是，像这样一个提法提出来，大家变成一种话语来讨论就是很有价值的。至于国宝或者大师的标准，我也不认为他们的古典学术就是好，现在古典学术好的也有一些人。

关于政治儒学的讨论用这个方式提出来是不错的，我觉得那不是港台和大陆的问题，因为我不认为李明辉应该代表港台，太老旧了。这样的 10 个热点提出来以后，诸多评论再引申出来，这个意义是很大的，包括刚刚谈到的那些争议。我也看到现在年轻一辈在古典学术上真的成长起来了，所以他们这一代人是被牺牲的，他们的古典能力和上一代差太远，跟下一代比，我想又有差距，这是真的。

王学典：2014 年关于“历史虚无主义”一个重大的标志性事件，就是杨天石先生站出来自认为指称的是“我”。在这之前，即便受到批评也无人反驳。但是 2014 年这一点被突破了——你说我是历史虚无主义，我认为一切从文献出发，从事实出发，“虚无主义”这个帽子戴不到我头上来，这就是 2014 年我们历史学界的一大事件。

高全喜：因为热点问题毕竟不是纯学术研究以及成果的展示。我觉得这 10 条还算是学术层面的热点，它倒并不标志着学术层面的代表作。有一些很好的研究，但没有变成话题。

王学典：学术热点与学术水准严格说来是两个问题，或者像林先生刚才说的，我们是想从中锻造公众学术话题。选出的这 10 个，如果有两三个能够变成公共学术话题，变成 2015 年的话题或者今后几年的话题，我们的目的就达到了。

原祖杰(四川大学历史文化学院教授)：我有点感慨，这么重要的工作怎么现在才做。你们这个点子确实非常好。“十大热点”中的第一条的提炼是一个新的方法。我们提出一个热点，要么是新观点，要么是新方法，要么就是新材料。我看到这些“热点”以后，一个是感到这个工作的必要性，另外一个就是反映中国的一些问题，真正能够体现新方法、新观点的问题，这种热点太少了。

谢文郁（山东大学哲学与社会发展学院教授）：我基本上是对这次选出的“十大热点”表示赞赏，会有很好的影响。刚才陈明强调了港台儒学和大陆儒学时间上的先后关系，我觉得目前我们在阐述这些热点的时候非常强调“和谐”。港台深受西方所谓自由民主的影响，这一话语体系大大限制了它，寻找中国未来政治制度的时候一定要在西方的框架之内；而我们目前所谈的是，应该就在符合中国历史传统的政治气氛里面去寻找，我们的根基应该从我们的传统里面去找。我认为这是两种非常核心性的、本质上的不同，不是纯时间上的问题。

陈明：谢老师所讲的内容在我来说是包含在一个现代和当代的概念下面。现在是一个后“五四”的时代，是在中西的语境里面讨论问题，来为中国的哲学或儒学作正当性的辩护。我说过，实际上一个文化的正当性不能经由与某种外在的体系的相符或者不相符、相通或者不相通来得到证明，而应该经由对使用这套文化符号系统的这个族群、这个社会的功能有效承担与否来得到证明。新儒家在文化思考上使用的是和科学不冲突的、和民主是相通的这样一种修辞方式；而我们当代儒学是以我们自己的政治目标、我们的政治诉求或者生活的愿景来作为一个承诺。

孙向晨（复旦大学哲学学院院长）：首先表示祝贺，这是非常好的十大话题。我以前也参与过一些热点评选，平心而论，这个评选还是比较好的，起码从我的角度来讲是这样。热点的评选要真正能反映出这个时代的状况，无论这些话语是在体制之内还是体制以外，是在核心刊物上的还是在辑刊上的。只要形成了人文领域中的热点，就应该加以反映，不管是通过哪个载体表现出来的，要有这个眼光。在咱们这个之外，另外也有些评选可能太注重学界内部重要学者的意见，提出的内容太体制化了，对于很多社会热点把握得还不够，不能反映出社会的真实状况。我自己是做近代西方哲学研究的，从培根到笛卡尔，从霍布斯到休谟，从帕斯卡尔到斯宾诺莎等等，所有这些时代的开创性人物都是在当时的大学之外的，是他们，而不是当时大学的那些教授们，才是时代精神的真正体现者。我们要注意到转型时代的特点，一定要真正体现整个社会的热点，包括体制外的、以各种方式呈现出来的东西，只要它是一个真正有生命力的、鲜活的东西。祝贺《文史哲》和《中华读书报》的评选能够反映出这个时代的热点。

王学典：非常感谢大家的意见，我们感到收获非常大。第一次做这个活动，在准确性上存在很多问题。因为这个活动上马很仓促，包括活动的安排都是临时的打算。好在得到了这么多先生的支持，使我们也富有底气；大家对这项活动的肯定，也坚定了我们继续做下去的信心。

刚才也跟各位说了，最近人文学术、人文学者非常忙。当然，社会科学家同样忙，经济学家也到处被请，但是人文学家被请的频次越来越高。这就意味着人文学术重新主流化的时代已经到来。我个人认为，社会科学，包括经济学、政治学、法学，它们背后所有的预设都是自由主义，都是西方价值，很难在基础理论研究方面有所推进，这样人文学术的地位被空前地突出出来了。加上王玮兄所说的，我们国家的建设也达到了这个层次，人文学术精神的重建历史性地被提上日程。这两方面共同把人文学术推向焦点。所以我们发布“2014 年度中国人文学术十大热点”，想火上浇油，进一步把这个趋势向前推进。对在座的诸位热心于这项活动，给予我们这么多建议表示由衷的感谢，也希望随着人文学术的主流化，大家会越来越忙；大家越忙，这个时代会越正确。如果都是政治学家、经济学家，都是林毅夫、吴敬琏、厉以宁在发言的话不行，事实上他们已经说了 30 年了，现在该人文学者登场了！

5 月 13 日，《中华读书报》发表特约记者邹晓东撰写的《自由主义从激进转向保守——第五届〈文史哲〉杂志人文高端论坛侧记》。

文章写道，与会学者感谢论坛组织者选择了这么好的题目，认为会议主题是从很多学术观点与学术现象中提炼出来的，会议选题体现了《文史哲》杂志的学术洞察力。

7月5日，《文史哲》第4期组织“儒家传统的开放性新探：孝—慈现象分析”笔谈。

这组文章包括蔡祥元的《亲—亲之爱：为仁之本与人之为人》、黄启祥的《亲子之情探源》、王珏的《孝何以是一种德性？——在德性伦理学的视域下重审亲亲之爱》、张祥龙的《对亲子关系的哲理讨论的说明和阐发》。“编者按”云：儒学复兴不等于简单复古，而是需要重新激活并释放其核心议题的生命力。一方面，经历了一轮又一轮的“以述（本质上是一种解释）代作”之后，传统立场与传统立论本身有待澄明。比如：解释者们在“孝—慈”之间通常下意识地侧重“孝”，那么“慈”是否真的无足轻重？宋明儒学主流将“孝悌”视为具体德目而低“仁”一头，那么“孝悌”是否果真没有充当“仁之本”的理论可能？与此相关，另一方面，澄清传统不可避免地引发新的根本性问题。例如：“孝—慈”若具有本体性地位，那又如何解释社会观念影响亲子之情这一现象？一种将家庭关系抬举到根本性地位的思考，终究会引发出怎样的哲学理路？如何表达这种深具中国气派的哲学思路？据此又可以对西方哲学作出怎样的点评与回应？本期推出的“孝—慈现象分析”笔谈，可以说提供了一个传统议题“撕开”来谈的范本，愿能为当代儒学研究注入某种深沉的活力。

李纪祥的《〈春秋〉中的“空白”叙事：“阙文”与“不书”》指出，“阙文”与“不书”为《春秋》中“空白叙述”的两种表述形态，前者是一种“待书写”，后者则是指向“空白”的“已书写”，而非“未书写”。“待书写”“已书写”“未书写”，作者实已对《春秋》本文作出对于“空白”三态之区分。“阙文”语出《论语》，被孔子用来指称史官、书写与传统的关系；“不书”则系出于三《传》，用以解释《春秋》中的“赋义”何以与无形之文的“空白叙述”有关。因此，《春秋》中的“空白”状态是可以被解释的，三《传》后学能在“不书”与“阙文”之间进行“空白”态为“待书写”或是“已书写”的意义认知转换，就是最好的例子。自书写学上对《春秋》本文中“空白”形态的研究是重要的，不仅是对“空白”三态的区分，尤其是对“阙文”与“不书”的区分，它暗示了早期有一种书写行动，在这行动中有一种“空白”意识之察觉，却没有诉诸“文字”之有形；它更是一种特殊的“书写”立场：一旦我们在《春秋》上下文间揭示出一种“空白叙述”时，“空白”也就与有形符号一样，也是一种书写符号，必须加以阅读及解读。

王晖的《古“凿齿民”写照：史前獠牙人头像玉雕属性考——兼释史前东南方拔牙习俗与古“凿齿民”形象之矛盾》指出，主要分布在山东中南部的大汶口文化、山东龙山文化、苏南浙北以及皖鄂一带的良渚文化墓葬中出土人骨标本中常见被拔牙的情况，许多学者将这种现象与古文献中所说的“凿齿民”相对应，认为其族属为“凿齿部族”，其地域分布也就在古代的东夷部族。但古文献中“凿齿民”的古训注还说“凿齿民”有五六尺或三尺的长牙。今学者多对此加以否定，认为是误传。但根据出土于山东龙山文化或传世的玉雕人头像中，往往在口部有很长的上下獠牙形状，作者认为这种獠牙人头像玉雕正是古代传说中的“凿齿民”：拔牙习俗与“凿齿”的名义相呼应，而拔牙或“凿齿”后是为了在拔牙的部位装上动物的长獠牙。这种刻有上下长獠牙的玉雕人头像，反映了鲁中南苏北大汶口文化、山东龙山文化等地区拔牙习俗的居民的形状特征，这些居民亦即古文献中所说的被东夷羿部族打败后南迁的“凿齿部族”。

渡边义浩、仙石知子的《论东汉“儒教国教化”的形成》认为，由于在东汉形成了“儒教国家”，“儒教的国教化”得以完成。“儒教国家”形成的指标应包括四点：（一）作为正统思想的儒教体制的形成；（二）儒教一尊体制的确立；（三）儒教渗透到中央及地方官僚阶层并为他们所接受；（四）儒教统治的形成。在这四个指标中，第一个和第四个指标是在章帝时期举行的白虎观会议上确立的；第二和第三个指标则是在东汉初期就已经确立。换言之，东汉时期“儒教国家”的形成可以从章帝时期的白虎观会议上找到答案。“儒教国家”通过重新解释其所依据的经义来适应时代的变化，皇帝由儒教得到其支配正统性，并利用具有儒教教养的文人官僚和与他们同样出身的在地势力来进行统治，这种传统中国固有的国家支配体制一直延续至道教、佛教隆盛之后。东汉“儒教国家”的支配体制与儒教的关系，是传统中国国家支配的理念基础。

9月5日，葛兆光在《文史哲》第5期发表《预流的学问：重返学术史看陈寅恪的意义》。

文章指出，关于陈寅恪先生的学术史意义，只有置之于20世纪上半叶中国学术转型，以及当时的国际学术特别是东洋与西洋“东方学”（“东洋学”）及“中国学”的大趋势中，才能够得到深入理解。晚清民初即陈寅恪先生进入学术世界前后，中国学术尤其是历史学领域，出现了“历史缩短”“空间放大”“史料增多”的新趋势，现代中国学术正是在这样的趋势中，同时在西洋与东洋的“东方学”（“东洋学”）或“中国学”的刺激下，才出现了巨大变化。陈寅恪与他的学术同行不仅在学术上能够“预流”，即在重大历史问题上与国际学界进行对话与竞争，同时也站在“中国”与“世界”之间，促使20世纪上半叶的中国学术界尤其是历史学界重视新问题、发掘新资料、探索新领域，突破传统汉族中国历史空间，呈现出中学与西学汇通的新取向。

林建德的《道家消长律与佛教缘起法之哲学比较——以〈老子〉与〈中论〉为主的考察》认为，道家与佛教皆被视为有智慧的哲学学派或宗教，但两大传统的核心思想之间，到底有什么样的相同与相异之处呢？将《老子》之“道”所呈现的两两消长之律，以及《中论》的“空”所要展现的缘起中道作一对比，可以析探早期道、佛核心义理系统各自的特色。就《中论》而言，万物间皆是因此故彼的因缘和合，就《老子》来说，万物皆在此彼的盈虚消长之中。佛教的因缘理论与道家的消长之道，虽然在表面上可有相似之处，如共同指出无常变化为世间的现象，但细部而论，佛教的此有彼有的因缘法则、因果律，与道家的此有彼无的消长律，实则并不相同。《中论》上承阿含、般若等思想，表达印度佛学中道不二的意旨，使能舍离二边而从苦难中解脱；其所谈的因缘，牵涉到的法义是四圣谛、十二因缘、空、假名、二谛等。但《老子》象征中国哲学的思想传统，与《庄》《易》等书开展出阴阳、有无等的两仪、两极、两全或两行之道，重视两两关系间的变化、辩证以及和谐、统一等，所论的消长之道，关联或延伸的哲学概念，乃是道、自然、天人、刚柔、动静、阴阳、虚实、有无等。就此而言，中国老学及道家哲学的两两、两仪之道，与印度中观学和佛教思想的不二中道、不二法门，各自成为不同面向的智慧典范，以因应人生的不同课题。

倪梁康的《东西方意识哲学中的“意向性”与“元意向性”问题》指出，东西方意识哲学中都可以发现或多或少的对“意向性”问题的讨论，也都可以发现或强或弱的在“元意向性”方面的要求。“元意向性”意味着一种异于“意向性”但同时也可以包容“意向性”的东西。它被用来描述一种追求原初性、彻底性、超越性和深邃性的思维方式与思想取向。无论是西方哲学的现象学，还是佛教唯识学或儒家心学，它们都不满足于各种意义上的常识或俗谛，试图以各自的方式来扬弃和克服“意向性”。由此也可以重新理解东西方思想中各种意义上的本体论和工夫论主张。

陶礼天的《知音与知味：论〈文心雕龙〉的知音批评模式》指出，“知音批评”模式，是构成《文心雕龙》批评范式的四大模式之一。通过“知音”语义分析，可知其内涵既具有直觉的、感性的特点，又具有分析的、理性的特点。检讨“知音”故事的文献材料和思想背景，发现已有的代表性研究论著，严重忽略了《吕氏春秋》记载这个故事是嵌入在一个“知味”故事框架之中的意义。《吕氏春秋》记载钟子期不但“善听音”，而且他还有一套理论，其基本观点与《荀子》中的《乐论》篇和《礼记》中的《乐记》篇等儒家音乐思想是一致的。刘勰《文心雕龙·知音》总结出的“六观”论，是与《礼记·乐记》以及嵇康《声无哀乐论》等这样的音乐理论文本分不开的，因为这些音乐理论文本才有对如何“知乐”的具体分析。刘勰《文心雕龙》不仅采用“知音”这个概念来作为讨论文学批评具有重视直觉审美体验的内涵，而且是体现了与“六观”方法融会相洽的“知味”批评方法的。知音批评模式中既包括了“六观”论这样的具有客观性的文本细部批评意蕴，也包括重视作品之美“味”的整体性体验与品评的批评理念，这种批评精神和方法贯彻《文心雕龙》全书。

9月27日，在孔子故里山东曲阜举行的第七届世界儒学大会上，山东大学儒学高等研究院、《文史哲》编辑部联合发布《近年儒学研究十大热点报告》。

报告指出，中国和平崛起，中国人文社会科学研究也正大规模地朝着本土化转向。从官方到民间，儒学以各种形式“热”遍中国大地。国际儒学研究亦呈现出诸多新气象，“儒耶对话”“儒学与自由主义的对话”风起云涌，儒家哲学与古典研究中的一些“短板”，开始得到重视，各种文化深耕工作正陆续启动。总之，近年的儒学研究正发生深刻变化，显示出一系列特点，值得及时予以思考和归纳。

十大热点是：

1. 中国共产党正面肯定儒学，马克思主义与儒学的关系引起空前关注

20世纪的中国是在反传统中度过的，中国共产党新一届领导集体履职以来，先后就儒学及中国传统文化发表一系列肯定性讲话。其中，习近平2013年11月视察曲阜孔子研究院的讲话，以及2014年9月在纪念孔子2565周年诞辰国际学术研讨会上的长篇讲话，引起学界和社会各界的广泛关注。这些讲话着重从儒学资源出发，阐述对当代中国及世界问题的认识，标志着中国共产党人对儒学的认识发生了历史性转折。

中国已经走出剧烈动荡的革命年代，和平崛起的历史任务内在地要求主流意识形态向更具包容性与建设性的方向演进。以儒学为代表的传统文化，潜移默化地塑造了中国的世道人心，可以看作重塑精神世界与道德秩序的基础性资源。儒学复兴在民间与学界呈星火燎原之势，而正统学者则对此深感忧虑，马克思主义与儒学的关系遂引起空前关注。

2. 陆台新儒家之争：不同进路的儒学研究如何共处？

2015年初，彭湃新闻网发布题为《我不认同“大陆新儒家”》的台湾儒家李明辉专访，矛头直指大陆正在出现的“政治儒学”，特别是“公羊派儒学”，认为其在学理上站不住脚。但因标题指向全体“大陆新儒家”，网帖一出，舆论哗然。大陆学者干春松、白彤东、陈明等迅速回应，反唇相讥港台新儒学过分汲汲于现代西方民主、科学，未必切近大陆现实。

实际上，“大陆新儒家”与“港台新儒家”各具多面性。如大陆学者李存山就不认同“政治儒学”，台湾学者林安梧则认为“直接拥抱西方现代民主与科学”的儒学思路已然陈旧。张新民教授指出，港台儒家曾反哺大陆思想文化界，大陆新儒家与台湾新儒家理应保有相互了解与尊

重的温情敬意，凝聚更多共识和资源重建儒家道统和学统。

3.“政治儒学”渐成气候，“新康有为主义”浮出水面

“五四”以来，儒学和儒家长期被视为所谓“封建主义”意识形态和“君主专制”的帮凶。近年来提出的儒家宪政主张，则试图开发传统儒家限制王权的维度，一方面回应西方宪政制度，另一方面突破新文化运动以来形成的思想理论格局。

因晚年倡立“孔教会”而一度饱受批判的康有为，2014 年被重新界定为“返本开新”的标志性人物，学界于是出现了一股“重回康有为”“新康有为主义”的思潮，“政治儒学”渐成气候。康有为重被提出，与当代社会的信仰缺失密不可分。而回到康有为能否解决中国的问题，蒋庆等人基于儒学资源的政治设计，能否成为中国未来政治制度的选择之一，这些都需要时间来检验。

4. 未来的人类社会如何组织：儒学与自由主义对话日趋深入

2015 年，贝淡宁出版《贤能政治与中国道路》，罗斯文出版《反对个人主义》，《文史哲》杂志举办“儒学与自由主义的对话”人文学术高端论坛，儒学与自由主义之间的对话渐次展开。贤能政治与选票政治、国家干预与自由市场、个人主义与社群主义、三权分立与党的领导等方面的思想交锋，已成为当下国际政治思想界的重要议题。

儒学能否获得世界性地位而成为国际思想界的主流之一，看来只能取决于它与西方占主流地位的自由主义深度对话的成效。在社会主义和自由主义的对话当中，西方自由主义咄咄逼人，而正在展开的儒学和自由主义的对话则胜负难料，未来的人类社会到底按照自由主义的原则还是按照儒家的基本原则来组织更好，目前尚难判断。

5. 大批专家走出书斋，民间儒学蓬勃发展

知行合一是儒学的生命。近年来，大批专家走出讲堂与书斋，投身社会和民间。他们推动的“乡村儒学”“社区儒学”，以及各种形式的书院、读经班、国学班、夏令营等，如雨后春笋，破土而出。这些活动旨在重新激活蕴藏于民间的儒学遗存，进而打造一种长幼有序、兄友弟恭、父慈子孝、温情脉脉、讲信修睦的生活形态。事实上，儒学要想摆脱游魂状态，获得永久性生命力，成为 21 世纪的主导价值观之一，就必须在

自己的基本原则基础上创造出一种既融会平等追求又高于自由主义的更健康、更符合人性的生活方式。

6. 汤一介、庞朴等世纪学人辞世，儒学研究的过渡时期终结

近年来，刘起釪、姚奠中、宁可、来新夏、吴小如、方立天、田余庆等多位世纪学人陆续辞世，特别是汤一介、庞朴的逝去，意味着儒学研究史上一个特殊时代的结束。这批在中华人民共和国成立前便接受了系统教育的学者，融深厚的古典学术造诣与马克思主义理论素养于一身。他们的学术旨趣与风格路数，介于马一浮、熊十力、梁漱溟等老一代学人与成长于新时期的当代学者之间，既前承民国时期的学统，又后启当代儒学研究范式。在他们离去之后，儒学研究将完全由新一代学者所主导。随着中国的崛起，在汤一介、庞朴等已有研究的基础上，完成人文学术的本土化转向，把儒学研究升华为普世性叙事，乃是时代赋予当今儒家学者的历史使命。

7. 中国哲学淡出美国顶尖哲学系，国际哲学学院年会则增设“中国哲学”专场

自 20 世纪中叶冯友兰《中国哲学史》翻译出版以来，包括儒学在内的中国哲学研究开始在密歇根、斯坦福、加州伯克利等美国顶尖哲学系立足。然而，随着活跃于 70～80 年代的老一辈中国哲学专家荣休，中国哲学研究已经淡出美国顶尖哲学系，儒学在国际哲学界的处境变得更加艰难。

与此同时，随着中国国际影响力的日益增长，包括儒学在内的中国哲学研究，开始引起国际学界更大规模的关注。2015 年 9 月 16～19 日，国际哲学学院（IIP）年会在北京召开，史无前例地增设了“中国哲学”专场。2018 年，五年一届的世界哲学大会将在中国召开，颇具儒家底蕴的“学以成人”命题被选定为大会主题。这些异乎寻常的动向的出现，无疑将促进国际同行对中国哲学特别是儒家哲学的理解与接纳。

8. 以“十三经”为代表的古籍西译更新换代，“文本批判”技术全面升级

150 年前诞生的理雅各《中国经典》（1861～1872），至今仍是西方儒典译注的标准版本，其中或明或暗的基督教因素则越来越令人不安。

西方哲学流派对儒学研究与中国经典意义的“扭曲”问题，也愈发引起中国哲学史专家的关注。近年来，《论语》《孝经》《中庸》新译本陆续问世，《墨子》《孙子兵法》等经典翻译亦推陈出新。多数译者基于更自觉、系统的哲学考量，试图更准确地传达中国经典不同于基督教和西方形而上学的思维特质。

在此背景下，德国知名学者瓦格纳（Rudolf G. Wagner）则在其《王弼〈老子注〉研究》中文版序言里指出：西方的中国经典研究与翻译，在技术上与西方古典学仍有较大差距，国际汉学与哲学界理应在借鉴西方“文本批判”技术的基础上，推出堪与西方古希腊乃至圣经研究相匹配的、值得信赖的“批判性版本”。这一倡议正在得到回应，西方的儒典考订与编译技术开始全面升级。

9. 儒家德性伦理学已具声势，角色伦理学开始与之争锋

1958年，英国哲学家安斯康（G. E. M. Anscombe）发表《现代道德哲学》一文，认为伦理学应建基于“德性”概念之上，由此促成亚里士多德的德性伦理学复兴，并进而发展出休谟传统的德性伦理学、儒家德性伦理学等分支。目前，从德性伦理学角度研读儒学经典，正渐渐成为国际上儒家哲学研究的主导模式。

以罗斯文、安乐哲为代表的部分儒学研究者，则批评“德性伦理学”仍然具有“个体主义”本位，他们提出“角色伦理学”，尝试将儒学对家庭和人伦的重视与社群主义对集体和关系的强调熔于一炉。作为自由主义基石的“孤立个体”概念，被认为在哲学上站不住脚，而儒学则被视为“角色伦理学”的基础性资源。

10. 儒耶在对话中融合，波士顿学派引人瞩目

中国日益增长的国际经济、政治影响力，不断提振着世界各国了解以儒学为主干的中国传统文化的兴趣。以“对话派”著称的美国波士顿儒学，其“北派”注重儒学与伊斯兰教等东方文明的对话，“南派”侧重儒学与基督教的对话。中国本土对此有热烈回应。近年来，中国大陆、香港等地不断推出高级别的相关学术会议，其中，第一届尼山世界文明论坛即以“儒耶对话”作为主题，2016年举行的第四届尼山世界文明论坛则以“儒学与伊斯兰教对话”为主题。以杜维明为代表的儒家学者，

着力批评宗教上的排他主义。而一些西方基督教学者则欣赏儒学的“多元主义”倾向，主张打造一种“能够认可多元主义”的新的基督教神学。人类不同文明间的对话，因此进入一个崭新的历史阶段。

该报告由王学典、李梅、邹晓东执笔。

11 月 5 日，原祖杰在《文史哲》第 6 期发表《东方与西方，还是传统与现代？——论“东西方”两分法的历史渊源和现实误区》。

文章指出，当今中国普遍流行的“东西方”划分让人们的思维方式格式化了，以至于我们的教科书中充斥着戴有“西方”帽子的学科领域。笼统地划分中学、西学，所犯的一个简单错误就是将不同时期的文明成果混淆到一起。而事实上，是“地理大发现”之后的文明接触才激发了欧洲的思想变革，催生了现代世界。这个现代世界既不同于传统的亚洲，也与传统的欧洲没有多少必然联系。然而，当现代性被强加于中国等非欧洲国家时，却是以西学的面目出现的，因此造成了“现代即西方”“现代化即西方化”的误解。中国知识界从晚清以来围绕中西文化、传统与现代进行了多次论争，由于不能区分西方与现代，无论是西化派、本土派还是互补派，都难以产生压倒性影响。正确的思路应该是摈弃“东西方”两分法，戒除动辄诉诸传统的思维习惯，在实现充分的现代化的基础上，引领“全球共同体”的建立。

彭卫的《秦汉人身高考察》指出，秦汉人的身高延续了新石器时代以来的基本态势，呈现出北高南低的基本状况。秦汉时期黄河流域和以北地区成年男性的中等身高大约为 166～168 厘米，成年女性的中等身高大约为 150～152 厘米。长江流域和以南地区成年男性的中等身高大约为 161 厘米，成年女性的中等身高大约为 150 厘米。秦汉人的身高可能因经济状况和社会地位的不同而有差异，家境较为富裕或社会地位较高的群体，一般来说其平均身高可能要高于家境较为贫寒或社会地位较低的群体。在成年人的确认中，年龄是最重要的因素，身高意义有限。尽管秦汉社会重视人的体貌，但身高与爵位的获得以及官吏选拔之间并不存在制度上的特定联系。商周时期人群的中常身高较之新石器时代的居民可能降低了 2 厘米以上，秦汉时期居民的中常身高则有所回升，这种情形可能与产业结构以及由此导致的食物获取内容的改变有关。有资料显示，唐宋时期某些地区居民的平均身高较之汉代持续下降，这个现象是否具有普遍性还需进一步研究。

陈斐的《陈宝箴为慈禧密旨赐死说再考辨——从陈三立“门存”诗谈起》指出，关于陈宝箴的死因，有慈禧密旨赐死说和“忽以微疾卒”两种说法。陈三立“门存”诗“伶俜余吊属镂魂”“掌梦难招负石魂”，乃用《左传》吴王夫差赐伍子胥属镂剑自刎和《史记》屈原“怀石遂自投汨罗以死”典，暗指陈宝箴系被最高统治者赐自尽。又，陈宝箴卒前三四个月，光绪二十六年二月二十一日《清议报》披露“西后现降密谕”捕拿陈宝箴。三月，宋恕《致孙仲恺书》云：“荣、刚又下密电于江西，着将陈宝箴中丞就地正法。”此均与戴远传《文录》所记“宣太后密旨，赐陈宝箴自尽”之说若合符契。系统分析与陈宝箴死因相关之诸种文献的内容、文体属性、功用、来源和相互关系等等，可以认为陈三立所撰《行状》云其父“忽以微疾卒”乃微言，陈宝箴之死的真相，当以《清议报》和宋恕《致孙仲恺书》披露、戴远传《文录》记载、陈三立诗歌（特别是“门存”诗）流露的被慈禧密旨赐死说为是。

柯鹤立的《巽之祟》指出，在中国古代的占卜中，生育或社会繁殖是其中重要的内容。新近面世的清华大学藏战国竹简第四册《筮法》篇，为了解古老的生育习俗提供了新的材料。在战国晚期与汉代对八卦的一些解说中，“巽”卦可以代指家庭中“长女”的角色，《筮法》则暗示了其与分娩有特定的关系。

代国玺的《由“记王言”而“代王言”：战国秦汉人臣草诏制度的演生》认为，人臣草诏之制是中国古代的重要政治制度，这一制度并非始自先秦，而是到东汉初期才完全确立。春秋以前，王命一般用口头方式发布，所以不存在人臣为君王起草文书的现象。到战国时期，由于文字的广泛传播和官僚体制的确立，文书行政机制正式确立，形成了人臣“记王言”的制度。这种制度在秦汉大一统帝国建立之后，仍持续了一段时间，直至东汉时期帝国体制发展到了较成熟的阶段，才最终被人臣“代王言”的制度所彻底取代。学界以往之成说，即西汉时期由御史或尚书负责草拟诏文，不能成立。

张立荣的《论宋初白体七律诗风的演变》认为，白体在晚唐五代开始流行，宋初为盛。分为两个层次、三种形态。第一层次为五代入宋的诗人，以徐铉、李昉为代表，其七律诗风为典型的闲适唱和型宫廷诗风，但徐、李二人亦有明显差异，产生差异的原因为二人所处的地域及入宋后的仕途经历不同。第二层次为太宗朝成长起来的新一代诗人。这一阶段其七律诗风又表现出两种形态：一种为颇有气节的士大夫诗风，代表诗人为王禹偁、田锡、张咏；另一种为纯议论说理式诗风，代表诗人为宋太宗、晁炯。政权交替、社会环境、士人心态等是白体在晚唐、宋初流行的原因。之后，西昆体七律正是在对白体诗风写意说理的继承及对晚唐体七律技巧的探索中，融合李商隐的典实丽密而形成的，江西诗派七律则是对三者的吸收与改进。

2016 年

5 月 17 日，习近平在京主持召开哲学社会科学工作座谈会并发表重要讲话。他强调，一个没有发达的自然科学的国家不可能走在世界前列，一个没有繁荣的哲学社会科学的国家也不可能走在世界前列。坚持和发展中国特色社会主义，哲学社会科学具有不可替代的重要地位，哲学社会科学工作者具有不可替代的重要作用。坚持和发展中国特色社会主义，必须高度重视哲学社会科学，结合中国特色社会主义伟大实践，加快构建中国特色哲学社会科学。

7 月 1 日，习近平在庆祝中国共产党成立 95 周年大会上指出，文化自信，是更基础、更广泛、更深厚的自信。在 5000 多年文明发展中孕育的中华优秀传统文化，在党和人民伟大斗争中孕育的革命文化和社会主义先进文化，积淀着中华民族最深层的精神追求，代表着中华民族独特的精神标识。

1 月 5 日，左东岭在《文史哲》第 1 期发表《我们需要什么样的学术史——以中国古代文学研究为中心》。

文章指出，中国近 20 年的学术史研究取得了突出的成就，但也存在着种种缺陷，需要进行系统的理论反思。要撰写出为学界所真正需要的学术史著作，应遵循《明儒学案》所提出的“明宗旨”与“别源流”的基本原则，具备“宗旨”明确、评价允当与预测学术增长点的基本内涵，而要实现这一目标，研究者应具有较高的学术素养与丰富的专业研究经验。

本期杂志推出“儒学、自由主义的人性论与政治观”笔谈，包括萧功秦的《儒家乌托邦传统与近代中国的激进主义》、方朝晖的《人性善恶与民主、专制关系的再认识》、高全喜的《自由主义的人性论问题》、谢文郁的《权利政治与责任政治》、何中华的《儒家与自由主义：人性论分野及其历史文化后果》等文章。“编者按”云：2015 年 5 月初，《文史哲》编辑部举办了“‘性本善’还是‘性本恶’：儒学与自由主义的对话”人文高端论坛，这组笔谈就是在当时发言基础上撰写的。萧功秦批评儒家过于乐观的人性论预设强化了道德建构主义思维，而当代中国自由主义与新左派学人仍在继承这种“道德理想国”的乌托邦传统。方朝晖则指出：以性善论为儒家人性论的主流，并不符合历史事实；此外，西方历史上主张君主专制的学者多主张人性恶，而主张自由民主制度的学者则倾向于人性善。高全喜认为，就政治事务（即如何构建一个正义的社会制度）而言，性恶预设要比性善预设更有助于限制公权力私用；儒家有必要从人性论（特别是性善论）的一竿子到底的逻辑定式中走出来，自由主义则应当更加包容中国传统。这是儒学现代转型与自由主义进一步扎根当代中国的必由之路。谢文郁则提出权利政治（西方宪政）与责任政治（儒家仁政）的区分，指出：前者诉诸宪法和法律规定并保护公民基本权利，其瓶颈在于难以驾驭不计社会后果的权利意识；后者则强调社会成员责任意识的培养，但不明文规定哪怕已经得到公认的基本权利，权利难免以责任的名义遭到践踏。未来中国政治必须拥有充分而平衡的责任意识和权利意识。

刘培的《新学独尊与两宋之际的颂美辞赋》认为，专制政治与歌颂文学是一对孪生兄弟，政治上的集权专制需要高度一致的意识形态作保障。较之其他学术，王安石所倡导的新学更具专制主义政治品格。两宋之际的新学独尊期间，专制主义政治进一步强化，歌颂文学大行其道。皇权源自暴力，但统治者更愿意让人们相信其权力是上天赐予，具有不容置疑的合法性和唯一性。当时的颂美辞赋许多是为此服务的。王朝气势是一个国家对自己的认知。两宋之际的颂美辞赋表现的王朝气势不仅仅是作家个人的感知，它还代表意识形态发声，表现的是权力对王朝气势的塑造。当时有些辞赋还直接歌颂圣王美政，积极为其寻求理论支撑。颂美辞赋不能简单地理解为文人向极权政治展示无限雌伏、无限谄媚的心理状态的工具，它还可以构造虚假民意，图解政治意图，强化意识形态，以此向极权献忠纳诚。

孙正军的《魏晋南北朝史研究中的史料批判研究》认为，史料批判研究是近年来魏晋南北朝史研究中较为流行的一种研究范式。这种研究把以往多视为客观记录的历史文字看成是融入了史家的有意识书写，注重探求历史文献的构造、性格和执笔意图。史料批判研究的兴起除得益于传统史料处理方式的进一步发展外，后现代史学的“文本”观念也起到了推波助澜的作用。而作为一种潮流的史料批判研究，吸引了一批年轻研究者参与其间，产生了大量颇具启发性的研究成果。但该研究也存在着一些不足，如推测成分较多，“破”有余而“立”不足，对历史文本的怀疑有时也会有过度之忧，这都是需要反省和警惕的。

3 月 5 日，洪汉鼎在《文史哲》第 2 期发表《横跨中外通达古今——诠释学与中国传统哲学现代转型的反思》。

文章指出，西方与东方、“古代与现代”的关系，是中国对外文化交流特别是哲学研究的重要问题。一种流行观点认为，借鉴西方哲学来发展中国哲学，乃是在按照西方模式建构中国哲学，而对古代经典进行诠释，则是强迫古代经典现代化。这是一种错误的看法。实际上，不论中外关系，还是古今关系，凡“学”都是学“共相”，学优于自己的东西，从观念的进展来看，都是一种融合过程。当代诠释学的宇宙恰好包含这两个主题，它既横跨中西，又通达古今。从诠释学角度探讨中国哲学的“中西”与“古今”之争，可以得出这样的结论：人类心灵的共振既能够逾越中西，又能够通达古今。

王瑞来的《狸猫换太子传说的虚与实——后真宗时代：宋代士大夫政治下的权力博弈》认为，撇去表面荒诞无稽的浮沫，从各种戏剧作品讲述的“狸猫换太子”传说背后，洞察到的将是一个时代历史的大真实。宋真宗在位 26 年，刘太后继而临朝 12 年，初期的士大夫政治经历了正常时期，也经历了非正常时期。其间还伴随着党争的风起云涌。这可以称得上是一种全经历，短短几十年的初期士大夫政治便把此后几百年的政治梗概全面演习了一遍。真宗时代与后真宗时代，便成为此后宋代历史的“故事”与先例。那一时代仅仅一两代士大夫的短期作为，引导了长时段的历史走向。此后的北宋与南宋，又有过多次皇太后或太皇太后的临朝。刘太后临朝时期在士大夫规制下的种种言行，都成为祖宗之法，成为他们效法和遵守的规范。而这一切，都是“狸猫换太子”传说背后所潜藏的真实。

4月13日，《文史哲》杂志和《中华读书报》共同评选的“2015年度中国人文学术十大热点”揭晓。

“2015年度中国人文学术十大热点”是：

1. 世界学术文化重心东移，国际历史科学大会走进亚洲

近30年来，伴随着国力的强盛，中国的文化影响力也在不断提升，一个显著的标志便是中国在国际顶级学术和文化盛事中，开始日趋频繁地扮演“东道主”的角色。2015年，第22届国际历史科学大会在济南召开，这一被誉为“史学奥林匹克”的大型学术会议首次走进亚洲；第24届世界哲学大会也即将于2018年在北京举办。这些无不见证着世界学术文化重心持续东移的进程。

本届国际历史科学大会由中国史学会和山东大学承办，2015年8月23～29日在济南举行，共有来自88个国家和地区的2600余名代表与会。“展示历史学家们在摆脱欧洲中心主义或称西方中心主义的研究框架方面所取得的成果”，被认为是此次大会最重要的进展。围绕着大会的第一主题“全球化视野下的中国”，14位学者分别就历史上的中国与世界的相互联系和影响、中国在全球化进程中的重要作用等作了阐述。近年异军突起的“情感史”研究，以及现今信息化时代背景下历史学的“数字化转向”议题，同样得到了大会的高度重视。国家主席习近平为大会的召开专门发来了贺信，强调“历史是人类最好的老师”，“历史研究是一切社会科学的基础”。本次会议的召开和习近平的贺信，将本年度的历史学研究推到了更加引人瞩目的地位。

2. 儒学研究呈分化态势：“宋学”本位，还是回到“汉学”？

在儒学研究领域，汉学重“五经”，宋学崇“四书”。近年来的儒学研究，又呈现出“宋学”与“汉学”的轮回。“宋学”是数十年来“新

儒家”的出发点，以“四书”为核心经典，以心性、伦理为主要关注，致力于本体论的建构，其近现代学脉可追溯至冯友兰、牟宗三等先哲。秉持“汉学”立场的学者，则以政治、制度为主要关注，试图为中国的社会变迁提出一套基于儒家立场的治理体系，他们认为宋学由汉学而来，主张回到源头，偏重与政治制度更为密切的“五经”研究，此一倾向以近年来大陆兴起的制度儒学、政治儒学为典型代表。

辛亥革命后，经学退出政治舞台，主要以经学史的形式存在于学术领域，其基本出发点是将经学作为过时的学问，并不重视经典本身所蕴藏的价值。这一现状引起了部分学者的不满。2015 年，刘梦溪由马一浮研究切入，认同马一浮“国学为六艺之学”的主张，旨在引起学界对“六经”的重视；朱汉民提出“重建经学”的主张；干春松、陈壁生主编的《经学研究》第三辑则呼吁“重新开启经学研究”。“宋学”与“汉学”因此发生激烈碰撞。然而，经学能否对现代政治发生切实的影响，重返现代生活，仍需时间的检验。

3. “一带一路”倡议引起学界热烈呼应，中外文化交流研究更加深入

2013 年，中国政府提出建设“新丝绸之路经济带”和“21 世纪海上丝绸之路”的战略构想。这一构想迅速得到人文学界的热烈呼应，刺激和推动了中西文化交流史的进一步研究，历史学、考古学、语言学乃至文学等研究领域，在东西方文化与文明交流视域下，呈现出诸多新气象。

丝绸之路起始于古代中国，是连接亚洲、非洲、欧洲的交通大动脉，素有“人类文明运河”“世界史发展的中心”“世界主要文化的母胎”之称。中国学术界对于丝绸之路的研究，自岑仲勉、冯承钧、张星烺、黄文弼、汤用彤、向达等起，已有近百年的深厚积淀。2015 年，葛剑雄的相关论著与演讲、荣新江的《丝绸之路与东西文化交流》、刘迎胜的《丝绸之路》、杨巨平的“希腊化文明与丝绸之路”研究、侯杨方对“丝绸之路”的还原等，都是这一领域的最新成果。

4. 历史是如何被书写的：史料批判冲击传统史学研究

史料是古典学术的研究基础，古典学术的重大突破，往往与新史料的出现或史料处理范式的转换直接相关。近年来，在简牍、碑铭、文书

等新史料层出不穷的同时，史料处理范式的革新也初见端倪。“E考据”即在史学考证中运用数字化、网络化等方法，以求得穷尽掌握和细致分析相关史料，已经近于成熟。黄一农教授出版于2015年7月的《二重奏：红学与清史的对话》，就是一个成功运用“E考据”的典范。更为引人瞩目、正受到学界越来越多关注的，是“史料批判”研究的异军突起。

史料批判研究又称“史料论式的研究”，是一种以正史为主要研究对象的史料处理和史学研究范式。该范式远源古史辨、史源学和后现代史学解构方法，高度重视解析史家的“执笔意图”，主要探讨“史料为什么会呈现现在的样式”，即历史是如何被书写的。目前以中日秦汉史、魏晋南北朝史学者运用较多。2015年10月，辛德勇教授《制造汉武帝：由汉武帝晚年政治形象的塑造看〈资治通鉴〉的历史构建》一书出版，指出《资治通鉴》所记载的汉武帝晚年的政治形象，主要是司马光出于主观需要而“塑造”出来的，司马光所依据的《汉武故事》等史料，存在着严重的问题，并由此对田余庆先生的名篇《论轮台诏》进行了回应，否定了汉武帝晚年政治路线转变的史学定论。该书出版后立即引起了较大的学术反响，相关论争正在持续展开之中。

5. 危机与新生：“中国哲学”学科在国际学界的重要变动

近年来，狭义的“中国哲学”学科危机与新生并存。2006年，著名哲学博客Leiter Report Blog贴出“中国哲学博士培养危机”的博文，《美国哲学学会通讯》（APA Newsletter）进而于2008年秋推出相关专辑予以全方位评估。多方面信息表明，随着20世纪七八十年代活跃于斯坦福、加州大学伯克利分校和密歇根等美国顶尖哲学系的老一辈中国哲学专家荣休，中国哲学研究开始淡出分析哲学主导的美国哲学界。中国哲学在国际学界的存在遭遇断层危机。

与此同时，随着中国整体实力的增强，中国哲学的独特内涵重新获得了国际学界的普遍重视，一大批兼具中西哲学素养的学者正在为强化中国哲学的分析品质而努力。2015年9月16～19日，国际哲学学院2015年院士大会在北京召开，且史无前例地增设了“中国哲学”专场。2018年即将在中国召开的第24届世界哲学大会亦于2015年发布第一、二轮通知，深具儒家底蕴的“学以成人”命题被正式确立为大会主题。

一方面是海外优质研究力量的匮乏，一方面是国际学界给予的空前关注，这两种相反的动向意味着“中国哲学”学科未来一段时间内势必会经历一场重要变动。

6. 坚守启蒙，还是光大传统：学界纪念《新青年》创刊100周年

1915年9月15日，陈独秀在上海创办《青年杂志》。1916年9月1日第二卷第一号起更名为《新青年》。为五四运动作了思想上的准备，激烈批判“吃人的礼教”，引介和传播马克思主义，倡导新文化新文学，促进人格独立个性解放等等，是《新青年》杂志长期以来得到人们普遍认可的意义和价值。而在当今传统文化尤其是儒学全面复兴的大潮之下，持续了一个世纪的“反传统”基调，包括新文化运动和五四运动“启蒙”的合法性，都受到了反思与质疑。

2015年秋，值《新青年》创刊100周年，北京、上海、广州、安徽、河南等地纷纷召开学术会议，研讨《新青年》和新文化运动对于中国近代史尤其是近代文学、思想、文化的价值与影响，新文化运动此前似已发生问题的传统和遗产借这一时机得到了新一轮的正面梳理和阐述，形成了对抗儒学复兴的另一声音。如何估量“启蒙”以及20世纪“反传统”的历史进程？在未来的国家和学术文化建构中赋予传统文化以怎样的地位与功用？就目前意见分歧的状况来看，思想界已经进入了一个多元博弈的新时期。

7.“抗战文学”研究焕发活力，学术视野更加开阔

2015年是中国人民抗日战争暨世界反法西斯战争胜利70周年，抗战文学重新引起学界关注。国内举办了多场以抗战为主题的学术研讨会，多家期刊辟有专栏，发表了上百篇学术文章。其中既有新的史料发现与整理，如张中良的《〈义勇军进行曲〉的背景与渊源》和张业松的《战区“风景”与文本三重性——东平佚书〈向敌人的腹背进军〉发掘报告》；又有新的理论视角与阐发，如《抗战文化研究》和《破碎与重建：1937～1945抗战时期的中国文学研究》两书中有关抗战文学的正面战场与沦陷区殖民研究、大后方与解放区研究以及李永东的《小说中的南京大屠杀与民族国家表达》。

抗战文学兴起于日寇侵华的民族危亡之际，十数年间繁盛一时。中

华人民共和国成立后，作为红色记忆的重要组成部分，抗战文学研究受到了意识形态的双向影响，盛于斯亦囿于斯。近年来，国内思想环境与研究视野更趋自由和开阔，民族主义、殖民主义等理论被大量引入，抗战文学研究重新焕发出旺盛的活力，并获得了许多新的理论突破与学术增长点。2015 年作为中国人民抗日战争暨世界反法西斯战争胜利 70 周年，既是抗战文学研究获得突破发展的一个新契机，也是抗战文学研究成果的一次大检验。

8. 宏观整体研究重回视野，“全球史”取向渐次落地

近 20 年来，作为国际学界主流知识趋势的“全球史”（Global History），在大陆史学界一直多以理论、话题的状态盘旋于具体史学实践之上。眼下，这一取向已呈落地之势。“全球史”所倡导的宏观、整体的方法和视野，对于目前盛行的注重微观、细节的碎片化研究，无疑是一种纠偏和克服。

2015 年，在山东济南举行的第 22 届世界历史科学大会将“全球化视野下的中国”列为会议四大主题之首。在首都师范大学全球史研究中心庆祝成立 10 周年之时，北京外国语大学、华东师范大学、山东大学的全球史和跨区域文明研究机构也在密集设立或筹建之中。近期在国内持续发酵的“新清史”讨论，同样体现着本国史既有范式与全球史等不同学术视野的对话、碰撞甚或某种紧张。在世界经济、文化一体化日趋加剧的今天，如何处理这种不断加强的一体化趋势与自身国家认同、文化主体性的关系，如何把中国史叙事真正纳入全球比较的框架之中，将是中国史学研究在未来相当长时期内面临的一个重大问题。

9. 杨义还原先秦诸子经典，引起学界广泛关注

先秦时期是中国思想的“轴心突破”时代，诸子百家各以其思想创造力和穿透力，驰辞骋辩、著书立说，铸就了中华民族世代延续的文化血脉。研究先秦诸子，就是探索中华文明的原初过程，解码中华民族的文化基因。然而 2000 年来的诸子学和经学研究，一直存在着很多缺陷、盲点和误区。

杨义数年来通过梳理、分析、阐释先秦诸子经典文本和多种文献史料，从发生学的角度对诸子进行了思想溯源。2015 年出版的《论语还

原》，以及此前的“诸子还原”系列（包括《老子还原》《庄子还原》《墨子还原》和《韩非子还原》），都在试图剥落后世附加于诸子原典的虚饰，还原经典文献和史实的初始状态，探寻传统思想发生的起点及其当代价值。这一路数在学界引发了普遍关注，可谓是继 20 世纪 20 年代“古史辨”派之后对先秦诸子和经学一次新的清理和解读。

10. 陈来获“孔子文化奖”，新生代儒学隆重登场

2015 年 9 月 27 日，清华大学哲学系教授、国学研究院院长陈来在第七届世界儒学大会上获“孔子文化奖”。“孔子文化奖”2009 年由国家文化部牵头设立，是儒学研究领域的最高奖项，主要表彰奖励对全球孔子儒学、中国传统文化研究传播作出突出贡献的团体和个人。此前获奖的大陆学者，包括庞朴、汤一介等都是在中华人民共和国成立前后接受系统教育的老一代学人，而陈来的获奖，则标志着改革开放时代成长起来的新一代儒学研究者的隆重登场。

由于时代背景的不同，新生代儒学学者与老一代学人在知识结构、问题意识、关注焦点等方面有着诸多差异。老一代学人大多对于传统经典幼而习之，古典学修养相对深厚，以此为基础又接受了西方学术理论的熏陶，在新旧鼎革的时代变迁中，对于儒学，他们经历了由质疑与反思到回归与弘扬这样一个过程。他们既是一代学人，也是一代哲人。改革开放时代成长起来的学者，大多是在分科治学的现代学术分类体系中接受了最初的学术训练，更多地以知识论的眼光分析古典学术。在中国文化主体性诉求的背景下，他们大都是比较坚定的文化保守主义者，更着意于体系的建构。儒学能否创辟出适应 21 世纪中国的新局面，端赖于新一代学者的努力。

5 月 5 日，张师伟在《文史哲》第 3 期发表《濡染与改造：现代民主思想中国化过程中的民本观念》。

该文指出，中国现代民主思想的形成，既离不开外部政治条件的刺激和思想资源的输入，也离不开传统思想资源的现代化转换。在众多的传统思想

资源中，民本观念在中国现代民主思想的形成和发展中起着支撑性的重要作用。中国现代民主思想的形成和发展在某种程度上就是民本观念接纳、濡染和改造西方民主观念的过程。现代中国民主思想的成熟，既取决于传统民本观念的现代化转换，也取决于民主思想对民本观念的实质性超越。一方面，传统民本观念的现代化转换是民主思想形成的观念前提；另一方面，民主思想只有实现了对传统民本观念的实质性超越，才会真正实现民主思想体系的中国化，形成中国特色的现代民主思想。

刘梦溪的《论和同》提出，人与人之间的差异，包括东方人和西方人的差异，真的有那么大吗？从学理和心理上看，差异应该是第二位的，相同之处是第一位的，所以《易传·系辞下》引孔子的话写道：“天下同归而殊途，一致而百虑。”尽管思考的方式和所选择的途径不同，人们终归要走到一起。《易》上经第十三卦《同人》，就是直接演述“同”“和”义理的专卦。孔颖达疏解“同人”为“和同于人”，可谓深明《易》理。孔子将和同观念精要地概括为“君子和而不同”，比《同人》对和同的追寻，在理念上又跃升一步，即认为“和”是包含有诸种诸多不同的多样统一的状态，《国语·郑语》记载的史伯指陈衰周之弊，提出“和实生物，同则不继”，则是对“和同”之义作哲理提撕。即如果“去和而取同”，只想用“同”来给自己提供助益，就什么也得不到了。而不同所以能够走向同和，人情物事的心同理同是关键。无视人类的“同”，夸大人类的“不同”，以不同为由拒绝走向和同之境，是学术的误区和思想的陷阱。“己所不欲，勿施于人”是孔子给出的另一思想定律，它代表的是儒家的恕精神，反映出中国文化的异量之美。此一定律给出了人类的理性相处之道，是处理人类的不同的最合乎人类本性的理性方式，“和而不同”“己所不欲，勿施于人”，孔子这两句话所蕴含的哲学思想，是中华文化解决人类生存之道的一种大智慧。

顾明栋的《“离形去知，同于大通”的宇宙无意识——禅宗及禅悟的本质新解》提出，“禅”这一本来是东亚特有的宗教哲学思想，现今已成为一种全球性的文化现象。虽然世界上众多思想家对禅宗和禅悟发表了很多见解，但所持的共识仍然是东方神秘主义的不可知论。通过对禅宗从历史、心理、语言、哲学和主体间性的多重视角进行深度探索，可以对禅悟的本质提出一个为前人所未道的见解：禅悟是主体对出生前的身心状态的某种回归，胎儿在母体中感知世界的心理活动是一种最原始的无意识，但这种原初的无意识却是宇宙性的，其心理状态就是庄子所说的“天地与我并生，而万物与我为一”，这种物我为一的出生前感知堪称“宇宙无意识”。人一旦出生就无法回到出生前的身心状态，但通过修炼可以达到向这一身心状态的瞬刻回归。禅悟的本质就是宇宙无意识在特殊情况下的瞬间回归，因此，禅悟不是深刻认识自我和世界的大智慧，而是一种回归生命原初本真的无智慧。

袁世硕的《并非新说：美是生命活力的表征》认为，20 世纪 50 年代，我国美学界发生了关于“美的本质”问题的大讨论，参与讨论的学者各陈己说，他们把美的本质问题直接与哲学本体论挂钩，缺乏实践意识，这就妨碍了对美的本质问题作实际的研讨。虽然相互批评指责，实际上却是明争暗合，又一致地否认美是事物的客观属性。车尔尼雪夫斯基的“美是生活”的定义、黑格尔论自然美和艺术美都是把美视为事物的客观属性，黑格尔的“生命与自由是美的概念的基础”的命题是对美的本质问题的最深切的答案，这个命题可以更通俗明白地表述为“美是生命活力的表征”。

7 月 5 日，辉明在《文史哲》第 4 期发表《从近代美国文献看南海诸岛的主权》。

该文认为，自古以来我国海南渔民就已在南海诸岛从事生产开发活动，是南海的开发者和经营者，也是南海诸岛唯一的主人。这不仅为中国史籍所记载，也为包括美国官方文献在内的大量西方文献所证实，中国对南海的主权有着充分的历史依据。20 世纪之后，中国政府多次对南海诸岛进行巡视，宣示主权，并对南海诸岛重新命名，从而在法理上确立了对南海诸岛的主权。美国官方文献承认南海诸岛是中国的领土，并采用中国政府的命名，实际上反映了当时美国对中国有效管辖南海诸岛的认可。

李纪祥的《〈四书〉本〈大学〉与〈礼记·大学〉：两种文本的比较》认为，朱熹释“大学”为“大人之学”，郑玄释“大学”为“太学”，前者指学问，后者指学宫。对早期传教士身份的汉学家而言，翻译此书时是追随朱熹的观点，因此从马士曼、马礼逊到理雅各，俱以“Great Learn－ing”而非

“Tai School（太/泰学）”来翻译《大学》篇名。朱熹关注的是《大学》的作者问题，“经、传之分”也是从此思考而出现的章句做法；郑玄与孔颖达关注的是“从戴德到戴圣”的编者问题，从《汉书·艺文志》、郑玄《六艺论》、《三礼目录》到《隋书·经籍志》可以作为一种书目线索。近现代学人讨论《四书》本《大学》或《礼记·大学》的作者与成书/成篇年代，包括使用郭店儒简文献时，都已受到朱熹的影响而不自知。朱熹提出的三纲领，在孔颖达那里只称为“二在”；朱熹提出的八条目，在郑玄那里是不成立的概念，而在孔颖达视域中的《大学》本文结构，确然并无后世所谓的“八条目”。郑玄认为在“太学”中所学的是一种“博学可以为政”之“学”，因此，“自天子以至于庶人壹是皆以修身为本”，反映的正是戴圣编辑《礼记》的理想：以礼治国。而这也正是郑玄在《三礼目录》中将《大学》分类为“通论”的原因。

谢文郁的《文本诠释与哲学史研究》认为，受西方学术影响，中国哲学史研究自新文化运动以来采取了“观念先行”的治学原则。人们用某种观念统辖中国哲学文献，呈现了一种与中国人的生存和思想若即若离的中国哲学史述说。胡适的史料批判法、冯友兰的逻辑分析法、陈寅恪所谓“了解之同情”，确立了这种哲学史研究的最初范式。中国哲学史研究方法需进一步与中国传统阅读习惯接轨，陆九渊所谓“六经注我”典型地表达了这种传统读书经验。对文本诠释这个活动进行生存分析发现：阅读是在问题意识、情感倾向和概念体系中进行的，哲学史研究需充分顾及读者和文本之间的情感思想纽带。

9月5日，萧功秦在《文史哲》第5期发表《华夏国家起源新论——从“猴山结构”到中央集权国家》

文章指出，用“五种生产方式”范式来解释中国早期国家起源，难以自圆其说。“亚细亚生产方式”理论从“国家—村社”结构来解释公共职能的需要对于国家形成所起的作用，虽然别开生面，却无法解释中国早期国家起源。解释中国的国家起源，必须从《史记·五帝本纪》等先秦文献入手，但单纯研读这些文献，难以通过直接归纳，拼接出一个完整的国家形成的历史图景。13 世纪蒙古草原游牧共同体显现出来的“庇护—扈从”组织结构，恰恰为我们理解从三皇五帝到夏商周的国家形成过程，提供了全新的启示与思路。从《史记》的《五帝本纪》《夏本纪》等文献中，可以发现类似于游牧社会强者提供保护、弱者提供扈从效忠的“猴山结构”，这种上位者与下位者基于双方利益的结合，实现了小共同体从分散状态向集中状态的最初转变，以此关系结构作为解释框架，可以形成中国国家起源的新假说。夏商时代的中国，从“猴山结构”的松散联邦，经由作为分封制前身的“因故土而封之”的“羁縻制”，再发展到西周的分封制；到了春秋战国，分封制下的诸侯纷争，导致了中央集权化的变革，最终发展为秦汉帝国。在这一历史轨迹中，可以探知中国早期国家形成过程的完整链条。中国早期国家既不是经由西方古典奴隶制的路径，也不是简单地经由亚细亚生产方式所指的东方专制主义的路径，而是在华夏小共同体的“庇护—扈从”关系上，经由酋邦联盟、羁縻制、分封制等前后相继的历史阶段，在华夏民族的集体经验中演化而来，并最终走上了中央集权的专制主义道路。

李若晖的《中国古代对于君主专制的批判》指出，关于中国古代是否专制社会的讨论，君主是否专制为其中重要关节点。目前在学界比较流行的观点是，中国古代并无君主专制。这一观点的重要支撑点，即是中国古代并无君主专制的自我批评。具体而言，对“中国古代并无君主专制的自我批评”又有两种不同的认识：一是“专制”固然是黑暗的，但是中国古代并未将“专制”用于君主，即中国古代并不存在“君主专制”的事实；二是中国古代认为君主就是应该“专制”，即中国古代虽然存在“君主专制”的事实，但在古人的自我认识中却给予了正面评价，“专制”的批判性仅仅针对臣下对于君权的侵夺，换言之，是在维护“君主专制”。通过对古代文献的仔细梳理，可发现数例将“专制”一语用于君主，并对“君主专制”进行抨击的论述。这说明在中国古代的自我认识中，中国古代不但存在“君主专制”的事实，而且还存在着对于“君主专制”的批判。中国古代对于“君主专制”的批判，包含两方面的内容：一是中国古典政治哲学的根基，即是以天下为天下人之天下，而非君主一人之私有；二是为了确保第一点不沦为空论，确立了君相分权的政治制度。君主如不经过宰相（中书省）擅自发布诏命，即是肆意妄为，以天下为一己之私有。

白彤东的《中国是如何成为专制国家的?》指出，传统中国专制说之所以流行，盖因西方普遍流行“东方主义”态度并对中国缺乏理解，而通过日本，该观念成为迫切寻求救亡之道的中国学人的主流观点。然而，上述观点无法解释为何在欧洲对中国充满好感的时代，孟德斯鸠提出了中国专制说。因此，欲反驳传统中国专制说，必须对始作俑者孟德斯鸠的中国专制说进行批判性考察。实际上，中国专制说误解了传统中国政治，而近代中国基于这种误解的各种错误行动，恰恰可能为传统中国政治崩溃后中国走向专制埋下了伏笔。此极具反讽意味地命中了孟德斯鸠关于专制的理解。

陈祖武的《〈清代学者象传校补〉举要》指出，叶衍兰先生与叶恭绰先生祖孙二位合著之《清代学者象传》是一部未竟学术文献。该书第二集有象无传，业已过去半个多世纪。本文作者历时六年有余，完成《清代学者象传校补》。此次选取其中之《校补缘起》《校补凡例》《校勘举例》，以及山东籍学者赵执信、孔广林、丁以此补传三篇，联缀为文，先行问世，借以窥见全书之大要。

马俊亚的《用脚表述：20世纪二三十年代中国乡村危机的另类叙事》指出，20世纪二三十年代，对中国乡村危机的论说达到了惊人的数量。但对乡村危机的描述，相当部分集中在中国经济最发达的江南地区。这些叙述把世界市场带来的暂时性经济波动视为社会不可消除的终极矛盾。事实上，即使是危机时期，近代江南工商业经济仍蕴藏着无穷的活力。中国乡村社会真正的危机，不是苦于世界市场的波动，而是苦于与世界经济的隔绝。在一些灾患较少的农耕地区，农家经济确实苦于内卷化；而灾患深重地区的农民，则更苦于不能内卷化。农民通过脚来表述的20世纪二三十年代的乡村危机，更加真实地揭示了中国地区性社会经济发展的不平衡及中国乡村社会的本质矛盾。

吴英的《世界体系理论方法论的启示意义》认为，世界体系理论是一种以世界体系为框架、长时段地分析全球资本主义发展、演进的理论，为我们对现代资本主义作整体、动态认识提供了新的视角和方法。自创立以来，世界体系理论在不断扩展其影响的同时，也遭到来自各方面的批评。针对来自韦伯主义、正统马克思主义、大卫·李嘉图倡导的“比较优势规律”的拥护者、新欣策主义和后现代主义对世界体系理论所提出的各种批评，沃勒斯坦作出了有力回应，并在新近出版的《现代世界体系》第 4 卷中对以前没有涉及的资本主义意识形态的形成与影响进行了系统考察，由此更全面和深刻地展现出世界体系理论的方法论内涵及其对当代社会科学研究的启示意义。

刘光裕的《子书崛起与书籍变革》认为，官书是商周时期史官文化的产物，史官文化是为商周政教合一服务的、以垄断为宗旨的宗教文化，故而官书具有三个特征：一是不准公众传播（不准公之于众）；二是作者不署名（作者没有著作权）；三是书无定本。子书兴起于官书之后，其兴起的历史动因是春秋战国年间从政教合一演变为政教分离的伟大变革。诸子学说与子书鼓吹政教分离，倡导世俗政治与世俗文化，是史官文化的反叛者，然而诸子师徒从事文化活动时离不开历史传统的制约，在官书三特征的影响下，文字不能成为交往与交流的媒介，口述文化盛行不衰，这使诸子特别是前期诸子向公众传布学说，必须师徒相传或以师徒相传为主，其传承方式以口传居多。在官书传统影响下，汉以前子书作者概不署名，说明汉以前我国从未建立著作权，故而子书作者写作不受著作权的约束，作品无有真伪之别。子书崛起，一方面以阅读文化取代口述文化，另一方面逐步变革官书三特征，终于到汉代带领我国书籍实现从不向公众传播到面向公众传播的根本转变，导致出版的诞生。从文化史看，官书到子书是从王官之学到民间著述，从宗教一元文化到世俗多元文化，从垄断到自由的历史跨越，从而开启了秦汉以来两千年文化繁荣昌盛的大门。

于赓哲的《弥漫之气：中国古代关于瘟疫“致”与“治”的思维模式》提出，形象语言的特性决定了中国古代思维模式强综合、弱分析以及强调整体性、直觉性的特点，瘟疫“致”与“治”的观念中“气”观念就是其产物。借助“气”大范围存在且具流动性的特点，瘟疫的各项特质可以得到解释，而且可以实现与荣卫气血思想的无缝衔接。早期人体外的气多指气候，而隋代注病观念注意到了邪气的人际传染，有了初步的细分、精分思想，但宋代以《圣济总录》为代表的官方医著用五运六气学说预言未来疾病，却是个机械的退步。明代吴有性的戾气论突破伤寒和五运六气成说，并明确指出了口鼻为传染渠道，使得治疗更有针对性，这是逻辑思维发展的体现，但仍然归属在“气”的概念之下。“气”的内涵不断被阐释、被置换，被加以正反两方面的利用。水、火、德行等具备弥漫性特点的物质或秉性往往也成为抵抗瘟疫的手段。围绕瘟疫问题上弥漫性物质（秉性）的左右逢源，充分展现了中国传统思维模式的特点。

11 月 5 日，张新民在《文史哲》第 6 期发表《儒释之间：唐宋时期中国哲学思想的发展特征——以儒学的佛化与佛教的儒化为中心》。

作者认为，佛教传入东土以后，中国固有学术传统得其裨助，经过自唐迄宋的消化吸收，遂有儒家理学与心学别开生面的崭新发展。由此，不仅儒家自身彻上彻下的形上哲学义理世界得以建立，儒、道、释三家和合互动的学术生态格局亦逐渐形成，中国文化力求妥善安顿人之精神生命的特征与能力进一步强化。两宋大儒多与宗门禅德相往返，禅学实际上成为他们体道、证道的入门初阶，这既是当时“三教合一”历史潮流的具体表现，亦反映了华夏传统学术作为人类体认宇宙人生真谛之智慧成就在心灵安顿乃至宗教层面的文化调适功能。

翟奎凤的《心性化与唐宋元明中国思想的内转及其危机——以禅宗、内丹、理学为线索的思考》认为，佛教的传入深刻地影响了中国思想的演进，魏晋南北朝时期，人们普遍的生命困顿与心灵焦虑使得佛教蔚然盛行。汉唐时期，中国思想经历了从重视宇宙论，到重视本体论，再到重视心性论这一转变，心性论的凸显促使唐宋元明时期中国思想文化整体性内转。佛教本身就是一种内向型的关于心性的宗教，唐代禅宗的出现标志着佛教中国化运动的完成，佛教完全变成了一种关于内心如何觉悟的宗教。在佛教与禅宗心性论思想影响下，唐宋道教完成了由外丹向内丹的转型，宋明新儒学也从主张“性即理”到主张“心即理”，变成了一种注重内在超越的心性化儒学。内在化、心性化一定程度上增强了人们的个体化独立意识与人格的尊严意识，对人们思想的解放与自由、民主、平等意识的觉醒起到了推动作用，这在禅宗与泰州学派那里都有着鲜明体现。但是内在化心性思潮过于强大也在很大程度上遮蔽了人们对天道自然、机械技术的好奇与探索精神。明代中期以后，儒、佛、道在心性思想方面的汇通达到一种平衡，出现三教合一的局面，中国思想全面僵化。明末西洋历算击败中国传统历算，天学的失落意味着中国文化的深层次危机。晚明传入中国的西方天主教与自然科学都有明显的外向性，西方文化推动了中国思想的外转。在内外之间，寻求一种中道，是未来中国文化发展的方向。

罗志田的《飞鸟之影：浅议历史研究中的以静观动》指出，对历史作切片式的静态观察，还是尽可能从静止的史料中探索贯注于其间的生命跃动，是两种不同的研究取向。从操作层面而言，具体的研究基本是也只能是切片式的考察，但最好避免切片式的思考，尽可能呈现历史本身的动态。“飞鸟之影”类似于快速运动中紧急刹车式的静止，现象虽似凝固，但仍可透视到动的姿态和精神。从影子看飞鸟，是一种以静观动的侧面进入之法。基于动态的观察，还要在表述时尽可能体现那种动中有静、静中有动的“若行若止”意态。

陈丽桂的《黄老思想要论》认为，黄老之学缘起于战国田齐稷下学宫，它兼糅并包、涵融各家，以黄帝为标帜，以《老子》思想为素材，目标在于经世、治事，策略则是道、法兼容，天道、政道一体，治国、治身一理。黄老学者承继并转化了《老子》的虚无、柔弱哲学，结合法家的“刑名”考核方案，提炼出“虚静因循”之“术”，以此实现既积极高效又和顺温润的统御术。而通过参采观天授时的阴阳说，黄老学者架构出明堂月令的天人政纲，并在西汉初期大致完成理论建构，由“体”入“用”，成功地落实为高效的“黄老之治”。在深层次学理方面，黄老思潮放弃了《老子》论“道”重视“本体”的特点，转而试论“道”的“创生”，以“气”代“道”，详述宇宙万物的生成过程，最终架构起战国秦汉以下影响深远的中国传统气化宇宙论的基本模式。由此进一步开展出来的传统中国“精气”养生说，则成为中国传统医理的基本纲领与方技文化的主要源头。此外，黄老之学还兼采儒、墨，以民心作为法令产生的根源，并且以人君作为法令约束的第一对象，最大限度地避免了法家式的刻薄阴鸷弊端。

董京泉的《论老子哲学思想与当代全球性哲学问题》认为，现在人们通常说的当代的全球性问题，都属于形而下的实际问题。从哲学的或形而上的层面看，这些问题大体可归纳为以下几个问题：在经济高速发展的情况下，如何处理人与自然的关系；在科学理性与价值理性严重失衡的情况下，如何纠正科学主义的偏颇；在市场经济条件下，如何处理个体与群体的关系和个体之间的关系；在生活节奏越来越快的情况下，如何缓解人们心理上的焦虑；在物欲横流的情况下，如何重建人们的价值世界或意义世界。老子是站在作为天地万物及社会人生的形而上的存在本体和价值本体的“道”的高度，俯瞰整个宇宙和全人类的，所以他对自然界、人类社会和人的身心问题的观察和思考必然具有对于时空的超越性。因此，老子哲学思想对于我们研究解决当代全球性哲学问题，能够提供新的思路和重要思想资源。

2017年

1月25日，中共中央办公厅、国务院办公厅印发《关于实施中华优秀传统文化传承发展工程的意见》。

4月21日，国务院总理李克强视察《文史哲》杂志编辑部，勉励编辑部“要汲取传承优秀的人文精神，为当今所用，为后世续航”。

7月，郭新立担任山东大学党委书记，樊丽明接任山东大学校长。

10月18日，习近平在中国共产党第十九次全国代表大会上指出，要“深入挖掘中华优秀传统文化蕴含的思想观念、人文精神、道德规范，结合时代要求继承创新，让中华文化展现出永久魅力和时代风采”。

1月5日，陈来在《文史哲》第1期发表《从道德的“抽象的继承”转向“创造的继承”——兼论诠释学视野中的文化传承问题》。

作者指出，回顾以冯友兰为中心的关于传统文化继承问题的思想讨论，结合哲学诠释学的视野，可以清楚地看到，当代中国文化传承发展的关键是从“批判的继承”转变为“创造的继承”。通过对传统文化的“创造性诠释与应用实践”，达致在扬弃中继承、在继承中发展、在发展中创新的目的，使中国文化在保持认同的同时不断发展创新。文化传承是继承和发展的统一，只有通过创造性地继承和有继承地创造，才能在文化的发展中使文化的连续性和创新性得到统一。历史传承的文本在每一时代都面临新的问题、新的理解，而需要不断更新其意义。当代的文化继承，不能仅仅停留在文本的训诂层次，而应使文本积极地向新时代开放，把文本的思想与我们自己的思想融合在一起，成为过去与现在的视界融合。当代的文化传承，不是把古典文本的意义固定化、单一化，而是让今人与历史文本进行创造性对话，对典籍文本作创造性诠释，对传统文本的普遍性内涵进行新的诠释和改造，以适应当代社会文化的需求。

肖强的《当代大陆新儒家批判——以蒋庆、康晓光、余东海、陈明、秋风为例》指出，当代大陆新儒家具有强烈的自我归属意识，他们将自己定位为儒家思想因应时代的阐发者，而非钻故纸堆式的研究者，有将理论运用于现实并指导现实的强烈诉求。蒋庆、康晓光、余东海、陈明、秋风是这个群体的代表性人物，他们的思想差异极大，却共同认为，大陆新儒家之所以区别于港台新儒家，是因为他们主张的是政治儒学，而港台新儒家主张的是心性儒学。大陆新儒家具有相似或相互可沟通的政治主张，并自办学刊，是一个相对紧密、日益壮大的民间学术群体，左、右两派都有思想人物向其靠拢。那么，在当前的中国大陆思想市场中，以上大陆新儒家的主张意味着什么？他们对未来中国政治重建和道德重建能起到怎样的作用？大陆新儒家思想是否符合中国未来政治走向？他们的主张是否符合儒家的根本精神？儒家思想如何才能除旧布新，实现转换性创造？这些问题只有在对大陆新儒家进行系统性述评、批判之后，才能作出进一步回答。

陈怀宇的《国际中国社会史大论战——以 1956 年中国历史分期问题讨论为中心》写道：1948 ～ 1972 年，西欧中国学家们组织了每年一度的学术会议，轮流在欧洲各个城市举行，发表论文交流学术信息。这一会议最初由西欧学者主办，后来扩展到苏联、东欧乃至全世界，基本形成了一个中国学全球共同体。1955 年、1956 年中国学者两次应邀参加，先后有翦伯赞、周一良、夏鼐、张芝联四位学者参加。他们不仅在会上发表论文，介绍中国近代史研究，还组织了中华人民共和国考古成就展，吸引了广大中国学家们的注意。其中最有意义的中外史学交流是 1956 年巴黎会议上发生的国际中国社会史大论战。会议的主题是中国历史分期问题，中国学者介绍了基于马克思主义史学的历史分期理论，适逢欧洲学者受到马克思主义影响也热衷于经济社会史研究思路，遂引发了国际大论战。这次论战参与者包括当时欧美地区知名中国学家如蒲立本、史华慈、傅吾康、白乐日、齐赫文斯基等，甚至连法国年鉴学派代表人物布罗代尔等也注意到这次大论战，可谓20世纪学术史上中国史学影响最为广泛的一次国际大讨论。这样的大论战不仅是学术全球化的结果，也是冷战初期欧美知识界深受左翼思潮影响的必然产物。换言之，这次大论战的出现受到冷战初期全球政治、思想、学术多重因素的综合影响。

3 月 5 日，刘梦溪在《文史哲》第 2 期发表《论国学的内涵及其施教——马一浮国学论的立教义旨》。

文章指出，在马一浮看来，“国学”应该是指“六艺之学”，也就是《诗》《书》《礼》《易》《乐》《春秋》六经。把国学定义为“六艺之学”，是马先生的学理发明，是大学者的高明之见。因为“六艺”或曰“六经”，是中国学术的经典源头，是中国文化的最高型态，定义“六艺之学”为国学，可以使国学成为中国固有学术的经典之学。如果我们能够认同马先生的国学定义，以“六艺之学”作为国学的基本义涵，具体包括经学和小学。那么，大学的国学院应该有三部的设置：经学部、小学部和国学教育部。百年来的国学与现代学术分科的纠结，便可以迎刃而解。马一浮国学论的另一贡献，是发现《论语》里面有“六艺”。《论语》是可以直接通“六艺”的，《论语》反复讲述的义理，就是六经的基本义理。因此，欲学“六艺”不妨从《论语》开始。

梁涛的《北宋新学、蜀学派融合儒道的“内圣外王”概念》认为，北宋时期是“内圣外王”概念由道家用语向儒家术语演变的重要时期，其中，北宋新儒学天道性命与礼乐刑政并重的整体规划及其概念表达是“内圣外王”概念受到重视的根本原因。而新学、蜀学派学者以庄补儒，会通儒道，将道家的天道自然与儒家的礼乐刑政相结合，则是其较早使用“内圣外王”概念表达儒家价值理想的直接原因。新学、蜀学派的“内圣外王”概念，既有道家的内涵，也有儒家的因素，是融合儒、道的产物，在“内圣外王”语义的演变史上占有重要地位。

叶树勋的《早期道家宇宙观的人文向度——以物德论为中心的探讨》指出，物德论作为道家哲学中德与万物的关系理论，为探讨道家宇宙观的人文向度提供了新的论域。在这一论域里，原为人事概念的“德”被拓展到宇宙场景，与万物的话题发生了多个层次的义理关联。在万物生成论里，物德话语对相关情况作出善的评价，凸显了“道”的正当性，从根本上解释了宇宙秩序何以能指导人事的问题。关于物性所由来，道家有一种动态的考虑，物德不同于物性，前者作为万物潜蕴的本根之全体，是通贯形而上下的关键，从宇宙论层面确认了人可以悟道的资格。自然之道被运用于人世社会需要一定的落实途径，物德是这种途径的重要基础，道家由此确立起公共生活的总目标，希望将社会秩序导向与之契应的德政秩序。统而言之，道家物德论在不同的语境里具有不同的表现形态，从多个方面反映了早期道家宇宙观所特有的人事关怀。

4月15～17日，“《文史哲》杂志人文高端论坛”之六“贤能政治的可行性及其限度：儒学与自由主义的对话”在济南举行，论坛期间举行了“2016年度中国人文学术十大热点”发布仪式。

山东大学政治学与公共管理学院院长贝淡宁教授作了题为“贤能政治：为什么尚贤制比选举民主制更适合中国”的主题发言。贝淡宁从“国家的规模”“国家的历史背景”“30年来中国已经初步形成了选拔、提拔领导的有效机制”“实证调查表明多数中国人更认同贤能而非西方式民主政治”“用一人一票的制度来选拔高层领导可能会破坏贤能政治的优点”“贤能政治比刚性的社会制度更能适应快速变化的当今社会”六个角度，论述了“贤能政治”是比较适合中国的好的政治标准。上海交通大学凯原法学院高全喜教授、清华大学人文学院历史系方朝晖教授、清华大学政治学系任剑涛教授、山东大学儒学高等研究院黄玉顺教授分别作了“贤能政治与优良政体的异与同”“德治、人治与中国治理之道”“超越民主的浪漫想象：以《贤能政治》为例”“贝淡宁‘贤能政治’论”的发言。在分组讨论环节，学者们分别就儒法之争、政统与治统、治人与治法、责任政治的宗教性维度、儒家权力观、儒家的“象贤”之说、现代“乡贤”的可能性、人伦与制度、贤能政治与个体自治等议题各抒己见。

论坛期间发布了“2016 年度中国人文学术十大热点”：

1. 哲学社会科学工作座谈会召开，“本土化”渐成人文研究之主流取向

近 40 年来，中国以独特的道路和方式实现了大国崛起，制度安排、社会结构、发展路径等等在很大程度上溢出乃至颠覆了基于西方历史经验得出的诸多以往被认为具有“普适性”的社会科学结论。伴随着这一历史性的变化，一方面是西学范式和框架对于中国经验与现实的解释效能愈见式微，中国人文社会科学各领域渐次转向尊重自身的事实和特点，从学理上发现并阐述“真实的中国”、锻造尊重本土经验的理论模型；而另一方面，中国也亟须在世界范围内形成与其经济实力和地位相匹配的思想、学术、文化上的话语权与软实力。

2016 年 5 月 17 日，哲学社会科学工作座谈会在北京召开，习近平在会上强调，哲学社会科学工作要着力构建中国特色哲学社会科学体系，提炼带有中国标识的概念范畴，集中反映出意识形态对于学术本土化的期待和推动。学术本土化思潮因此席卷当下的整个人文社会科学领域。

2. 摆脱“影响的焦虑”，中国当代文学的经典化追求逐步实现

2016 年 4 月，曹文轩获颁“国际安徒生奖”。这是继莫言获 2012 年诺贝尔文学奖，阎连科获 2014 年度卡夫卡奖，2015 年刘慈欣凭借《三体》获第 73 届雨果奖最佳长篇小说奖之后，中国作家再度斩获世界文坛重量级奖项。西方主流文学界的认可，使中国当代文学开始摆脱“影响的焦虑”，上述获奖作家及其作品也具备了进入经典之林的可能性。当代文学的经典化问题由此成为本年度文学研究的重要议题。众多作家和学者围绕中国当代文学的经典标准、历史定位、现实问题、未来愿景等展开讨论，《文化的转轨——“鲁郭茅巴老曹”在中国》《材料与注释》等著作的出版，即彰显出此一方向的努力。中国文学日益深入地走向世界，进一步凸显出当代文学史书写所面临的民族性与世界性之间的矛盾。

3.“知行合一”思想备受关注，新“心学时代”或将到来

2016 年，随着首届“人类智慧与共同命运——中国阳明心学高峰论坛”等会议的相继召开，阳明学研究机构在各地也陆续成立，强调“知行一体”“知而不行，只是未知”的阳明心学熠熠重光。在共和国早期学

术史上，王阳明曾作为“主观唯心主义”的典型代表饱受非议；然而以“心”为本实则是打通“知”“行”关系的关键所在，心学因此获得了较之理学更为突出的实践品格，以至于有学者断言“王阳明的心学就是实学”。20 世纪 80 年代以来，林林总总的思潮在中国大地上交相激荡，在活跃思想氛围的同时，也带来了诸如“价值观迷失”“理论脱离实际”的弊病。缺乏实学品格的理论空谈无法支撑起现实的繁荣，国家的复兴有待“在事上磨练”的心灵推动，生活的福祉亦需在“知行合一”的实践中持续开拓。作为儒家经世致用精神的哲学升华，阳明思想复起于当下，预示着一个新的“心学时代”即将到来。

4. 瞩望鲁迅遗产，再续启蒙传统

2016 年适逢鲁迅 135 周年诞辰、逝世 80 周年，鲁迅纪念活动因而成为本年度的文化热点。这是鲁迅作为前 30 年革命意识形态的文化符号被解构、亦即所谓走下神坛以来首度成为学术界、艺术界、媒体全领域话题。民间主导、学院搭台，现实针对性突出，回应当代问题取向鲜明，是本次鲁迅纪念活动的特点。这显示着自 20 世纪末所谓“思想淡出、学术凸显”以来，鲁迅所代表的现代知识人从学理高度观照社会人生、参与现实变革的思想和治学传统并未被彻底消解。其间，有关中国道路的鲁迅与现代革命以及共产主义、有关文明复兴的鲁迅与民族主义和传统批判、有关文明交流的鲁迅与“拿来主义”和“世界人”诸问题，在相关纪念文字中备受关注。整个纪念活动从文明交流互鉴意识出发，反思鲁迅研究百年传统，正视异域文明的价值，检讨传统文化的弊端，显然是对不绝如缕的现代启蒙传统的赓续。

5. 上海儒学院成立，儒学与市场的博弈进入新阶段

2016 年 9 月 3 日，上海儒学院在复旦大学哲学学院揭牌成立，因其独特的地理位置而在学界引发巨大反响。商业被视为现代性的两大引擎之一，儒学中则素有“正其谊而不谋其利”的理念，马克斯·韦伯等学者认为儒学缺乏与市场经济相联系的中间环节。20 世纪 80 年代以来，中国特色市场经济获得了长足发展，与此同时，世道人心却日益渴求儒学等传统文化的安顿，重新定位儒学与市场的关系因而成为一个时代课题。上海是中国大陆西化与现代化最突出的城市，向有“十里洋场”之称，

改革开放以来更是中国大陆现代化进程之先锋，资本的逻辑与权利的意识早已融入其城市文化的血脉之中。作为中国大陆市场化最彻底最发达的现代化大都市，上海大张旗鼓地在其最高学府设立带有地标性质的儒学院，具有强烈的象征意义，意味着儒学与市场的互动将在中国掀开新的篇章。

6. 自由主义遭遇大面积质疑，学术气候正在发生重大变迁

20 世纪 80 年代起，新自由主义开始成为西方国家的主流思潮。然而，近年来以自由主义理念为根基的社会治理实践所映射出的制度失效与合法性受损，使得自由主义价值观在世界范围内遭受前所未有的信任危机。本年间的英国脱欧公投、唐纳德·特朗普当选第 45 任美国总统，以及难民问题在德国持续引发混乱，均可视为新自由主义主导下的全球化受挫的集中表现。

这一动向映现到国内思想界和学术界，表现为自由主义思潮在社会科学各学科的支配性影响遭遇阻遏，作为社会科学基本预设的自由主义在中国的“学术殖民”现象受到越来越多的质疑和批评。而且，这种质疑和批评正在从社会科学领域向人文学术领域延展，显示出当下学界正发生方向性转折，人文社会科学诸多学科也因此面临“预设调整”和“规范重建”的历史性任务。

7. 贝淡宁《贤能政治》出版，政治治理的中国模式再引全球热议

改革开放以迄 21 世纪初期，中国经历了一个快速工业化、市场化和城市化的进程，经济实力高速崛起，引发国际社会的强烈关注，人们怀着浓厚的兴趣，试图一探崛起背后的根由，中国特殊的政治治理模式因之成为全球瞩目的焦点。与此同时，以“普选”为特征的欧美政治近年来出现异动，民族主义与民粹主义大行其道，一人一票的西方民主模式的正当性遭遇空前挑战。在此背景下，加拿大籍政治学者贝淡宁所著《贤能政治——为什么尚贤制比选举民主制更适合中国》英文版于 2015 年出版，中文版也于 2016 年推出。作者旗帜鲜明地指出，根据广泛认同的善治标准，选举民主不一定比现行的尚贤制的表现更好；由传统政治文化而来的政治尚贤制比西方民主制更适合像中国这样的大国，它能够有效地规避民主选举制的缺陷。此论一出，旋即在国内外引起关于“贤能政

治”与民主政治孰优孰劣的激烈争议，中国政治治理模式的前景也因此吸引了全球更多的注意力。由于“尚贤制”的理念前提根植于深厚的儒家文化土壤，随着《贤能政治》的热销，儒家学说的政治思想遗产亦引起广泛关注。

8.《两岸新编中国近代史》面世，超越特定立场的历史书写何以可能

历史，都是被特定的人书写出来的。客观性是历史书写取信于人的保障，但客观性难以逃避主观性更强的特定立场的左右。同一段历史，由于书写者特定立场的不同，所呈现出来的面貌，就可能完全不同。海峡两岸以往对中国近代史的迥异书写，就是如此。近期以来，在数十年共同研究中国近代史的学术基础之上，海峡两岸则开始了共同书写中国近代史的尝试。社会科学文献出版社推出的《两岸新编中国近代史》，就是由中国社会科学院与台北“中央”研究院两家权威近代史机构共同主编、两岸学者们合作撰写的第一部《中国近代史》。该书既凸显两岸学术共识，又保留表述差异。国民党史部分，主要由台湾学者负责；共产党史部分，则由大陆学者主笔。两岸观点求同存异，既能相互补充，拼成一幅较为完整的历史图像，更能互相趋近，在抗战史等部分，达成了诸多共识。通过允许差异化的历史书写和搁置尚无共识的历史问题，《两岸新编中国近代史》初步展现出了两岸超越特定立场的历史书写、构建共同“中国史观”的现实可能性。

9. 南昌西汉海昏侯墓墓主身份确定，公共考古学浮出水面

南昌西汉海昏侯墓结束了历时五年的考古发掘工作，出土遗物1万余件，包括大量工艺精湛的器物及5000余支竹简，其墓主人也确定为西汉第一代海昏侯刘贺。海昏侯墓的多项发掘成果具有独一无二的价值，其中尤以佚失1800余年的《齐论语·知道篇》的发现最受瞩目。

与此前的考古工作沉寂在象牙塔中不同，海昏侯墓的发掘不仅在学术界掀起讨论的热潮，更成为全社会瞩目的文化事件。通过新闻媒体的持续跟进、及时的成果发布会和高水平的公众展览，海昏侯墓“边发掘、边展示”，使考古发掘的成果在第一时间、在更广阔的平台上被公众所了解，及时满足和引导了全民的文化热情。海昏侯墓考古工作已成为近年

来逐渐浮出水面的“公共考古”的典型案例，证明优质的考古资源通过公共考古活动，能够有效兼顾专业学术开展和社会文化需求。海昏侯墓考古在公共考古上的积极探索，昭示着考古学走向大众的新的开始。

10. 新工具还是新范式？“大数据”走上人文研究的前台

随着古籍数字化的推进、各种专业数据库的建设与其他数据处理技术的提升，人文研究对于“大数据”“云计算”等新兴信息技术理念的运用，已告别倡导阶段，正朝着学术研究的深处延伸。2016年，包括“北京大学数字人文论坛”“数字人文与清史研究”“首届新史学青年论坛：大数据时代的史料与史学”等多场学术会议聚焦于此，显示出学界关于“大数据”时代人文研究的实践与反思正走向深入。已有的研究成果表明，“大数据”的分析方法有助于解决以往难以措手的长时段、大跨度的历史问题，纠正史学研究中的“碎片化”倾向；其共享性等特点，亦可推动人文学者的大规模协作与跨学科研究。当然，仅仅依靠数据分析方法也可能导致人文关怀缺失、个体特征消失、创新思维被忽视等后果。除了提供新工具与新方法，“大数据”能否像许多人所期待的那样，会带来人文研究范式的根本转变，尚有待观察。

4月21日，国务院总理李克强视察《文史哲》编辑部。

李克强寄语编辑部“要汲取传承优秀的人文精神，为当今所用，为后世续航”。《文史哲》杂志主编王学典认为，李克强视察《文史哲》编辑部，是在中国传统文化复兴的背景下，传递的中国政府对弘扬传统文化、研究古典学术等文化工作支持与鼓励的信号。

5月5日，商戈令在《文史哲》第3期发表《图像、丛生与间性——探源中国哲学的新路径》。

文章指出，孟旦在其中国古典哲学研究中，创造性地运用了“图像”和“丛生”这两个概念。基于这两个概念的解释方案，不但适于展示中国哲学之特质，而且较之当代西方哲学中诸如隐喻、诗化哲学、图像修辞、异延等众说纷纭的新尝试更为简朴，在哲学上具有进一步开发和提炼的前景。实际上，“图像”和“丛生”概念所揭示或反映的，不是传统西方哲学意义上的实体或本体，而是“间性”（interality），亦即非实体的现实。尽管在早期文献里找不到专论间或间性的例证，似乎也没有将间性抽象为哲学范畴的明确努力，但是“间”字在古典文献中的使用却绝不罕见。如何认识和对待现前的间性状态，如何遵循和建设理想的间性条件，实为古典中国哲学的核心关注。正是蕴含在“图像”及“丛生”概念中的间性（论）视角，使得中国先哲发展出了一种不同于西方的哲学路径与话语系统。

范兆飞的《北美士族研究传统的演变——以姜士彬和伊沛霞研究的异同为线索》指出，北美学人关于中国中古贵族制研究传统的演变，是美国中国学研究在中古问题上的投影。英文世界的士族研究是不容忽视的重要组成部分。姜士彬和伊沛霞是其中影响最大的两位学者。北美学人研究中古精英阶层的流派，大致以伯克利大学和哥伦比亚大学为代表，当然也有哈佛大学、斯坦福大学等高校的学者参与其中。北美学人研究士族的优劣利弊，如从人类学视角研究士族的身份认同，以及试图回应中古大族和近世宗族的异同等方面，为中国学人研究士族问题提供极为有益的借鉴。他们关于中古政治社会底色、士族政治地位的基本认识以及关于士族研究的基本路径和理论等方面，大致分化成两个截然对立的学术阵营——主张贵族制者和主张社会流动者，两者相互交叉，相互影响。北美学者研究士族的学术渊源，主要来自日本学界的唐宋变革论和个案研究方法，本土人类学和社会学的士绅精英和宗族研究理论，同时受到华裔汉学家的直接影响，进而融会贯通，形成与中日学者有所区别、独具特色的学术传统。

胡新生的《先秦政治思想史上的道义与功利之争》认为，先秦政治思想领域一直存在着重道义和重功利两种思想的对立。这种对立在商代表现为商王朝崇尚严刑峻法和周邦倡导明德慎罚的不同，在西周表现为鲁国“亲亲上恩”和齐国“尊贤上功”的不同，在春秋表现为“道之以德，齐之以礼”和“道之以政，齐之以刑”的不同，在战国则集中表现为推崇礼治的儒家和推崇法治的法家之间的激烈交锋。两派思想的对峙与冲突不但贯穿了先秦政治思想史的始终，还从根本上决定了当时政治思想的局面和进程。两派政治思想对立关系的形成，与中国早期国家的特殊形态即宗族国家形态密切相关。宗族组织与国家机器的紧密结合，家族伦理与政治伦理的高度一致，首先促生了代表宗族势力、富于宗法与亲情气息、带有浓厚中国文化特色的道义派政治思想，而作为代表国家势力的一端，注重政治与法规建设、看重行政效率和国家实力的功利派政治思想也相伴而生。道义与功利之争在中国古代政治思想领域反复出现并产生广泛而深刻的影响，这是中国古代家族组织、家族文化和宗法意识特别发达的社会政治现实必然导致的结果。

孙向晨的《现代个体权利与儒家传统中的“个体”》认为，个体之于现代社会具有根基性意义。个体自由概念在历史上发展出了个体权利和个体自律双重意义。尊重个体权利是现代社会的基石，但个体权利的扩张亦会延伸出个体本位的消极后果；在西方社会，这需要西方文化传统的制衡，并辅以道德性的个体自律思想的建立。儒家传统缺少作为现代社会之基础的非道德性的个体权利观念，儒家传统与现代社会的结合点并不在于重视个体权利，而在于儒家心性之学传统中的个体自律思想。在近代中国社会，个体自律的思想反复使知识分子从重视个体权利滑向整体主义，从而使得个体权利的观念始终没有在现代中国真正建立起来。从本质上讲，重视个体权利的现代社会大前提一旦在现代中国确立，则儒家传统中的个体自律意识反而会在现代中国更有生命力，从而成为抵御个体主义消极后果的利器。

李若晖的《亲亲尊尊之间的断崖——由韦刘庙议重估西汉经学政制》指出，汉代制度对汉以后两千年的中国历史有着深远的影响。对于汉制的研究，以往学者多注目于法律的儒家化，而忽视了西汉儒者以礼更法的努力。今古文礼学的实质性区别不在经书本身，也不是儒生争名夺利，而是以何种天子礼奠定国家之政体。其要即在于天子是否超绝于万民之上。由韦玄成与刘歆庙议可见，西汉今文儒生仅受士礼熏陶，习于推士礼以至于天子。但是在今文儒生真正构建经国大典时，只能局促于亲亲之爱，无法跨过亲亲与尊尊之间的断崖，义而能断，构建足以为经国大典之天子礼。于是古文经学乘隙而起，由攻驳今文经学之天子礼入手，提出并逐步完善自身的天子礼。这实质上是向秦制靠拢的过程，背弃了汉儒过秦的初衷。儒学究竟应如何构建经国大典，甚至儒学是否有能力建构经国大典，成为千年追寻。

5 月 18 日，《光明日报》发表记者赵秋丽、李志臣采写的报道《为当今所用　为后世续航——山东大学〈文史哲〉杂志的特色办刊之路》。

7 月 5 日，张峰屹在《文史哲》第 4 期发表《两汉谶纬考论》。

文章认为：谶与“纬”的思想观念，在两汉时期有一个由分立而化合的过程。古今学人往往笼统讲说汉代“谶纬”，并不符合实际。谶验观念始自远古，至汉末一直存续，从未间断。谶至汉初，伴随着经学兴起而发生了新变——以谶辅经，以谶释经。此一现象肇始于文帝时，至汉末一直存在。东汉明、章之后，以白虎观经学讨论会所形成的《白虎通》为标志，确立经、谶互释为正统思想。而其远源，实在汉初。考察谶、纬之发生演变史，实际上有谶而无纬。东汉后期出现的所谓“纬”，实际就是谶，其实质是以谶“纬”经。历来通行的“谶纬始自哀、平之际”的论断，不仅曲解了张衡，也淆乱了“谶”“纬”的概念，更与西汉思想发展实际不符。

张金龙的《魏官品、“晋官品”献疑》指出，《通典》所载“魏官品”和“晋官品”是今人所见有关魏、晋官品的最完整的记载，其来源在现有历史文献中难觅踪迹。“魏官品”与曹魏实际制度多有不合，或谓其颁布时间在曹魏灭亡前夕。曹魏《品令》（《官品令》）当在魏明帝朝法令修订时制定，魏末晋初贾充等人所撰《官品令》为《晋官品令》，均非《通典》所载之“魏官品”。《隋书·经籍志》著录的多部魏晋官制文献中未见《官品令》，唐初修撰《晋书》时所见《魏晋官品令》并非原始文献，而是转述相关文献所见魏、晋时期的官品令文，难免会有不合实际制度之处。晋代官分九品明载于《晋书·食货志》，而《职官志》中职官等级则是用“品秩”和“石”来表示的，“品”代表官位高低，“秩”体现俸禄多寡，“品”“秩”结合方体现官员地位之整体面貌。《宋书·百官志》关于职官秩次的记载较多，包括汉代以降至刘宋制度，通过比较可知，魏晋刘宋时期职官等级制度的表现形式仍与汉代相近，“秩〇〇石”为表示职官等级的重要方式。《隋书·百官志》载，梁初定制，有明确对应关系的“秩”与“品”构成职官等级制度的两个基本要件。而同卷所载陈代品秩，秩次仅与具体职官对应，并不反映其品位之上下或位次之前后。仅据将军名号即可断定，《通典》所载“魏官品”未能真实反映曹魏现实制度，也与晋初制度多有不合，称之为“魏官品”名不副实。“晋官品”与西晋或东晋现实制度也有较大出入，可断定非晋代某一时期的原始《官品令》，以“晋官品”作为两晋全期或某一时期的制度亦属牵强。沈约《宋书·百官志》文末附载比较简略的官品表，实为东晋制度，也与刘宋制度相符，是为现存文献中记录时间最早的一个官品表，《通典》所载“晋官品”不排除以之为蓝本编撰而成的可能性。

葛焕礼的《〈左传〉学与纪事本末体之源起》指出，与编年体、纪传体并列为我国古代三大史书体裁的纪事本末体，有一个历史性的生发源头，即《左传》学中的纪事类编学。由于《左传》叙事存在“隔断”，在六朝至宋代极为流行的《左传》学中，出现了类编《左传》纪事的系列著作。在南宋前期治史为鉴的思潮下，这一《左传》纪事类编学与逐渐兴起的《资治通鉴》学相结合，产生出被清四库馆臣称为纪事本末体典范和创例之作的袁枢《通鉴纪事本末》，徐梦莘撰著《三朝北盟会编》，亦受其影响。此后，纪事本末体史书编纂续成传统。鉴于《左传》纪事类编学形成更早，四库馆臣所谓袁枢《通鉴纪事本末》“创纪事本末之例”，当是误说，但在史学著作范畴内，袁枢此书可视为史书纪事本末体的创始之作。

9 月 5 日，黄玉顺在《文史哲》第 5 期发表《“贤能政治”将走向何方？——与贝淡宁教授商榷》。

文章对贝淡宁贤能政治说提出有力驳诘，指出“精英主义”原是西方现代民主制度下的一种政治现象和政治倾向，贝淡宁却将它强加于古代儒家与当代中国，谓之“贤能政治”。贝淡宁所倡言的“贤能政治”是一种反民主的政治理论，且充满着逻辑矛盾：它时而是民主制的对立物，时而又是民主制的补充物；时而坚决拒斥民主，时而又需要民主机制来保证其合法性。贝淡宁对民主政治的批评在理论上难以立足，对“贤能政治”的辩护也多似是而非。“贤能政治”的要害不仅在其关于民主的工具理性思维方式，从而否定人民主权，更在于它在本质上是一条回归前现代之路。

罗志田的《讲堂论学：梁漱溟特有的论学模式》指出，“五四”前后，中国新的学术典范大体定型，开始确立从提问到表述的一整套“规范”。梁漱溟恰于此时开创了一种与众不同的讲堂论学模式，即在“再创宋明人讲学之风”的意义上采用西来的“公开演讲”新方式。他了解以说服与证明为要项的新论学方式，但尝试了一种经演讲而成书的模式，因口头讲述而简化新论证规范，往往不经“证明”而直抒见解，实际挑战了形成中的学术典范。这样一种介乎于学院和“社会”之间的言说方式，虽与学界对话，却不遵循“为学术而学术”的现代诉求，而带有化民成俗的遗风，揭示出过渡时代里天下士与知识人身份定位和职责的紧张。

孙晓春的《韩愈的道统学说与宋代理学家的政治哲学》认为，韩愈是秦汉以后儒家思想哲理化过程中的重要环节。韩愈的道统学说与两宋理学家的政治哲学有着不可否认的渊源关系，之于“道”的理解及其“性三品”说，对宋代理学家有着十分重要的启示意义。由于形上素养的不足，韩愈的道统学说也存在着明显的理论局限，宋代理学家对韩愈的道统学说虽然多所称道，但也作出了十分重要的理论修正。这是宋代理学家不肯承认韩愈的道统学说是道学的源头的根本原因。

9 月 20 日，由《文史哲》编辑部王学典主持，邹晓东、李梅、李扬眉执笔的“2015～2017 年儒学研究十大热点”在曲阜第八届世界儒学大会上发布。

“十大热点”是：

1. 中共中央办公厅、国务院办公厅印发《关于实施中华优秀传统文化传承发展工程的意见》，以儒学为代表的中国传统文化复兴正式升格为国家战略

经过近 40 年的高速发展，当代中国在物质上早已解决温饱问题，与此同时，“心归何处”的问题开始变得格外突出。作为填补信仰缺失、重建精神家园的努力，进入 21 世纪以来，以儒学为代表的传统文化在学界和民间日益呈现出强劲的复兴态势。在此背景下，以习近平为核心的中央领导集体，先后通过视察曲阜中国孔子研究院等一系列行动和讲话，

向全社会释放出鼓励优秀传统文化复兴的信号。

2017 年 1 月，中共中央办公厅、国务院办公厅印发《关于实施中华优秀传统文化传承发展工程的意见》，“着力构建中华优秀传统文化传承发展体系”被确立为“建设社会主义文化强国的重大战略任务”。至此，复兴传统文化正式升格为执政党和中央政府的整体战略，一个世纪以来“反传统”倾向占据主流的局面就此终结。

2. 重建中国的政治哲学，“贤能政治”引发全球热议

改革开放以迄 21 世纪初期，中国凭借特有的政治治理模式，以令世人瞩目的步调推进了工业化、市场化和城市化转型与发展。而以“普选”为特征的欧美政坛近年来却异动频现，民族主义与民粹主义大行其道，“欧洲一体化”等“全球化”理念遭遇空前挫折。在此背景下，加拿大籍学者贝淡宁《贤能政治——为什么尚贤制比选举民主制更适合中国》一书的英文及中文版于 2015 年、2016 年相继面世。作者指出，源自传统的政治尚贤制更有助于中国这样的大国有效规避普选民主的“反智主义”风险。此论一出，旋即在海内外引起“贤能政治”与“民主政治”孰优孰劣的激烈争论。支持者认为，必须以儒家原则为基础彻底重建中国的政治哲学，儒家思想“尊重人的差异性并强调人的可塑性，从而为贤能施教预留了充足的空间”。“贤能政治”能否最终提供一种全面替代“民主政治”的制度设计，人们拭目以待。

3. 钩沉逝去的礼制礼俗，为儒家古礼再返现代生活重新奠基

传统中国在儒家思想的主导下，形成了一整套丰富而成熟的礼制与礼俗。然而近代以降，随着西风东渐与现代化进程的不断加快，中国社会一方面在各种场合几乎尽数移用西式礼节，另一方面却又因信仰门槛而无法照搬西式宗教礼仪。传统礼仪尤其是丧葬祭祀之礼的沦丧，已经在中国人的精神和生活世界造成了巨大的缺失。

近年来，婚丧嫁娶、祠堂祭祀等传统礼仪开始重新回归中国人的日常生活。与此相应，浙江大学、清华大学、北京大学、中国人民大学等高校相继成立礼学研究中心，分别从文献整理、古礼复原、中西比较、跨学科研究等进路组织学术活动，推动礼学研究的全面恢复。上述研究虽尚未进入“制礼作乐”的实践阶段，但作为守先待后的古礼钩沉和具

有理论深度的当代解释，无疑有助于儒家古礼再返现代生活，进而重铸中国社会文化的独特风貌。

4. 安乐哲《儒家角色伦理学》中译本出版，西方学界呼吁“第二次启蒙”

现代西方是一个个体主义大行其道的世界，社群与人际关系被视作人之为人的非必要条件。一段时期以来，经济上的自由放任导致贫富不均在全球范围内不断加剧，追求自我实现的人生观则消解着家庭的传统功能。有鉴于此，美国学者安乐哲等人呼吁在当代世界进行“第二次启蒙”，“儒家角色伦理学”在许多人看来有望成为取代“个体自由主义”的可靠选项。

安乐哲《儒家角色伦理学——一套特色伦理学词汇》一书的中译本于2017年问世。该书通过开掘儒家传统所强调的“人际关系赋予当事人以具体的社会角色”这一基本事实，尝试发展一种“基于直接经验的具有整体性的伦理生活观”。赞赏者认为该书为解决全球性伦理困境提供了重要的思想资源，批评者则认为过于强调具体角色反而会遮蔽儒学的普遍性与终极性。“儒家角色伦理学”是否足以为西方世界“第二次启蒙”提供充分的学理支撑，还有待于时间的检验。

5. 国际学者对中国哲学方法论进行阶段性反思，中西比较在角力中前行

长期以来，笼罩在“中西比较”范式之下的海外中国哲学研究，时常被质疑能否准确呈现“中国哲学”的基本特质。而在汉语学界，随着本土化意识的日渐增强，中国哲学研究者开始不断对“反向格义”表达不满。如何处理中国哲学与世界哲学、汉语学界与国际学界的关系，成为一个突出的方法论问题，一大批海内外中西哲学史研究者就此进行了阶段性反思。总的来说，学者们一致反对“观念先行”（尤其是特定的西方哲学观念先行）的研究路数。在强调中西比较对等性前提的同时，学者们亦不得不正视在西方世界从事中国哲学研究所面临的“需切入西方哲学研究主流”等多重约束。尽管如此，若干学者仍然试图凭借传统中国哲学资源，作出独树一帜的世界性贡献。基于对西方哲学某些困境的诊断，“德性伦理学”“孝慈现象学”等带有中国传统思维色彩的新概

念、新命题正在国际学界崭露头角。

6. 学界争夺“大陆新儒家”定义权，儒学研究应否允许多派并存？

近年来中国传统文化复兴势头高涨，从不同立场认同儒学的大陆学者群体不断壮大。出现于20世纪90年代、原本在批评意义上命名的“大陆新儒家”概念，日益转变为一个光荣的头衔，究竟谁才是“大陆新儒家”之代表或正统的问题，开始浮出水面。

在2015年的“陆台新儒家之争”中，李明辉仍将蒋庆、陈明等人视为“大陆新儒家”之代表，这种“窄化定义”深深刺激了大陆其他儒学研究者的学术自尊。有学者拒绝将“大陆新儒学”与“大陆新儒教”画上等号，也有学者从自身立场出发检阅大陆儒学的研究成果，试图据此“为大陆新儒家正名”。上述争鸣的实质在于争夺当代儒学的主导权与正统地位，但问题在于，儒学研究是否只有在某种一尊独大的局面下才能走向繁荣，还是应当充分容纳多元？在儒学尚未真正复兴之时，儒家内部的党同伐异又将对复兴大业造成何种伤害？值得学界深思。

7. 儒学所主导的社会形态再定性：“传统中国专制说”是否成立？

新文化运动将近代中国落后挨打的局面归咎于传统儒学所捍卫的“封建专制”制度，“打倒孔家店”、否定传统儒学与批判专制制度、倡导社会革命，长期以来一直被视为一体之两面。

在中国人文学术本土化转向不断加剧的背景下，学界围绕“传统中国专制说”掀起了新一轮的争鸣。反对者将此说判定为典型的“学术殖民”和“自我殖民”话语，并指出，儒学素怀“天下为公”之理想，“君相分权”等制度设置不乏制约君主专权之功效；“传统中国专制说”的提出者孟德斯鸠认为“贵族可以制衡君主”，与之相较，传统士大夫虽无世袭封邑，然其制衡君主的角色与功能却堪比西方贵族。因此，传统儒学不仅不是专制制度的设计者或帮凶，而且还是培养士大夫自主人格的基本凭依。“专制说”的支持者则围绕制衡机制究竟是否真的有效提出争辩，儒学所主导的社会形态再定性问题正在进入新一轮的拉锯战。

8. “五经”“四书”何者为本？“汉宋之争”进入新的轮回

在儒学史上，汉学重“五经”，宋学崇“四书”。进入现代之后，新儒学所处理的是宋学延续下来的学术命题。与此同时，经学在辛亥革命之后退出政治舞台，遁化为学术领域内的经学史研究。其经世的旨趣和抱负基本被抛弃殆尽，思想与社会影响力也远逊于有着“现代宋明儒学”之称的现代新儒家。

尽管“宋学”在现代儒学史的第一个轮回中压倒了“汉学”，但就原始性与丰富性而言，兼含义理与制度的“五经”之学似乎更接近儒学本原。刘梦溪主张“国学为六艺之学”，便旨在强调“五经”的原发性地位。在当今中国拒绝照搬西方制度而趋于复兴传统的情势下，经学中的制度内容重新引起学人关注。受政治儒学与制度儒学思潮激荡，试图从“五经”中抽绎出现实治理之道，构成了新经学研究的基本动力。“回到经学去”的呼声一时高涨，“汉学”“宋学”之争由此进入新的轮回。

9. 王阳明研究迅速升温，“知行一体”的心学思想被用来针砭空谈流弊

2016年以来，“人类智慧与共同命运——中国阳明心学高峰论坛”等会议相继召开，阳明学研究机构在各地陆续成立，强调“知行一体”的心学思想熠熠重光。中华人民共和国成立初期，王阳明曾作为“主观唯心主义”的典型代表而饱受诟病。但实际上，以“心”为本乃打通知行关系的关键所在，心学因此获得了较理学更为突出的实践品格，一度成为针砭朱学“知行分离”弊病的良方。有学者据此断言，王阳明的心学就是实学。

20世纪80年代起，林林总总的思潮在中国大地上交相激荡，在活跃思想氛围的同时，也带来了诸如“理论脱离实际”的弊病。缺乏“实学”品格的理论空谈无法支撑起现实的繁荣，国家的复兴有待“在事上磨炼”的心灵不断推动，生活的福祉亦须在“知行合一”的实践中持续开拓。作为儒家经世致用精神的哲学升华，阳明思想遂复起于当下。

10. 部分马克思主义学者强调“儒马之辨”，儒学在意识形态领域的地位有待进一步厘定

中共十八大以来，以儒学为代表的传统文化日益成为治国理政的重要思想资源，并为思想宣传工作和社会整合提供了新的力量。上述动向一度给思想界造成一种印象，即儒学将被接纳为主流意识形态的组成部分。

但近两年来，这一印象有渐趋模糊之势。尽管有学者或指陈马克思主义与儒学在诸多方面存在深刻的相通之处，或主张两者完全可以二元并存、相辅相成，但鉴于部分儒家学者在论述中存在“复古更化”的倾向，一些马克思主义学者还是对儒学采取了非常严厉的批判态度。他们强调，马克思主义中国化不等于马克思主义儒学化，儒学在当代中国只能从属于马克思主义。如何进一步厘定儒学在意识形态领域的地位，以便充分发挥以儒学为主干的中国传统文化对于国家建设和改革的积极作用，已经成为当下思想文化领域一个尖锐的理论问题。

11 月 5 日，闾小波在《文史哲》第 6 期发表《保育式政体——试论帝制中国的政体形态》。

文章认为，帝制中国是封建社会与专制政体，似乎早已成为政治常识。然而，生成于特定的历史时期的常识难免有其历史的局限性。帝制中国的“专制政体说”产生于清末，源自外部对中国政体的观感与指认，进而被国人所广泛接受。“专制政体说”经由地方性知识到一般性知识的转换，使得帝制中国政体的独特性被忽略，且难以解释帝制中国与现代中国的特殊性及接续性。从地方性知识出发，重新考察帝制中国的政体属性，“保育式政体说”也许更能反映帝制中国政体的特质，且有助于摆脱长期以来中国学术界“削足适履”的思维习性。

周炽成的《儒家性朴论思想史发微：从先秦到西汉》认为，人们习惯于以荀子为性恶论的代表，但实际上他是性朴论的代表，性恶论为荀子后学所持。刘向编《荀子》时把《性恶》夹在显然属于非荀子作品的《子道》和《法行》之间，这一历史细节非常重要。孔子所谓“性相近，习相远”亦显示出性朴论的取向。性朴论与性恶论尖锐冲突，无法协调。主张“性者，天质之朴”的董仲舒，是西汉性朴论的最重要代表。在他之前的贾谊和与他同时的韩婴也持性朴论。引入“性朴论”这一概念研究中国人性论史，可以产生很多新的、富有启发性的看法，同时也可澄清历史上的一些误解。

曹峰的《〈老子〉生成论的两条序列》指出，仅仅从“道”生万物的角度去理解《老子》的生成论是不够完整的，《老子》的生成论可以分为“生”论和“成”论两个序列。老子不仅关注万物的发生，也同样关注万物的成长。“道”和“德”在生成论中分别担当着不同的角色，发挥着不同的功能。只有从这种独特的生成论出发，我们才能把握老子强调“玄德”和“无为”的重要性，才能明白道家突出“自然”和“自生”的必要性。准确理解《老子》所开启的道家独特的生成理论，是准确理解道家哲学的关键。

2018 年

3 月 14 日，《文史哲》主编王学典当选十三届全国政协常委。

3 月 20 日，习近平在第十三届全国人民代表大会第一次会议上指出，我们要以更大的力度、更实的措施加快建设社会主义文化强国，培育和践行社会主义核心价值观，推动中华优秀传统文化创造性转化、创新性发展，让中华文明的影响力、凝聚力、感召力更加充分地展示出来。

4 月 21～23 日“《文史哲》杂志人文高端论坛”之七“个体与社群孰先孰后：儒学与自由主义的对话”在曲阜举行。

6 月 15 日，《文史哲》编辑部在曲阜召开“如何构建中国特色哲学社会科学体系专题研讨会”。

1 月 5 日，《文史哲》第 1 期发表“‘新天下主义’纵论”笔谈。

这组笔谈包括赵汀阳的《“天下”的外运用与内运用》、任剑涛的《“天下”：三重蕴含、语言载体与重建路径》、许章润的《“家国天下”：中国与世界的和平共处》、关凯的《何为“天下”?》。

编辑部为该组笔谈加了编者按云：近年来，学界对于中华文明之天下情怀的讨论，新见迭出，方兴未艾。那么，展开对于“天下”文明的讨论，其意义究竟何在？当下时代，民族主义思潮在世界范围肆意泛滥，人们不断用民族主义视角看待和分析世界。整个人类文明，正踯躅彷徨在危险的十字路口。此时此刻，适值“中华文明再出发”的前夜。从 1840 年走到今天，中华文明终于能够理性地重新检视自身文明遗产，筹划自己的未来，重启足可对人类有所贡献的文明精粹。在文明论意义上，中华民族，其心智与心性，究竟对此世界有何贡献？通过对中华文明之“家国天下”概念的创造性阐释，是否会有化解文明冲突、救济当今世界体系之处？超越了现代性的普遍化技术系统在“新天下主义”中充当何种角色？概言之，“天下”情怀是否具有某种超越时代的全球治理的普遍意义和价值？有鉴于此，本刊特邀赵汀阳、任剑涛、许章润与关凯诸先生，围绕“新天下主义”予以深入研讨。通过此组专题笔谈，相信会对“天下”文明的研究有新的推展。

美国学者艾兰在本期杂志发表《对公元前1920年积石峡洪水与古代中国洪水传说的初步思考》。文章指出，在发表于2015年8月5日《科学》杂志的文章中，吴庆龙及其考古学团队将公元前1920年在黄河上游大规模洪水溃决与传统上认为夏朝奠基者的大禹治理的那场洪水联系起来。而将两者相联系的关键问题在于，古代文献典籍中并无记载说明大禹所治之“水”为黄河的洪水。但这场洪水的爆发与二里头文化的巧合还是非常有趣，为何它能够帮助二里头的统治者建立起一个更高水平的复杂社会和政治组织？洪水的爆发地积石峡属于具有最早青铜铸造文化的齐家文化区域。如果黄河上游爆发的大洪水导致齐家文化区的人们迁徙到黄河中游地区，则这些具有青铜器冶金技术的移民能够激发二里头当地固有的青铜铸造工艺。在这种方式下，黄河上游暴发的洪水则能与发展到国家社会的二里头间接地联系起来。

包伟民在本期发表《说“坊”——唐宋城市制度演变与地方志书的“书写”》。文章指出，以地方志书为主的历史文献，大多以“坊巷”为核心概念来描述宋代城市的城区形制，存在将不同性质、不同层次的内容混同记载与概念混淆的现象。遵循由表及里、从解构历史文本入手的路径来作分析，梳理其所记载的坊区、坊额等内容的差异，可以发现：其一，从城市管理制度的层面看，虽然不同地区的城市中出现了坊、界、隅等各种别称，但不必每见一别称就另行归纳出一种“制度”。从制度的内涵看，可以将当时的城市管理归纳为在厢司与坊区两级之下，慢慢出现一个以巷为中心的更低的职役层级，最终形成了两级三层之制。其二，在坊额与街巷的关系上，前人或者强调坊只是“增加街路的美观的东西”，或者断言“坊其实是街巷的雅称”，都有失片面。究其原因，是因为受历史文本所传递的关于“坊”的失真景象误导之故。宋元地方志书的编纂者们出于其“名者，教之所自出也”的立场，在详尽记载某些城市的街首巷口所建立的、上面书写有“美名”之坊额的同时，鄙视出于俚俗、多非雅驯的街巷地名，以为“本不足录”，极少记载，从而给后人留下了坊主巷从的假象。因此，我们应该摆脱以“坊”为中心来构建两宋时期城区布局的传统思路，回归以巷陌构成的长条街区的历史现实。同时，这种讨论也可以视作历史文本与史实之间复杂关系的一个典型案例。

本期杂志还发表了郑春的《再读胡适：他们的“中国与世界”》。文章写道：重读胡适，最为感怀的是那一代学人对“中国与世界”的崭新理解，以及竭尽全力沟通两者的不懈努力。求学海外，胡适等人强烈意识到人文科学对提升一个民族的素质和境界，对输入新思想再造新文明的决定性意义，努力完成了“为什么学、学什么、怎样学”的留学答卷；重回祖国，他有效运用在国外学到的现代思想和理论，大力倡导文学改良，并在创作上率先尝试和实践，建构具有崭新形态的现代文体系统；他大胆提出“充分世界化”的主张，热切期待新一代中国人在中西结合的基础上，创造出一种适合新世界和新时代的新文化。这一切使后人深深感念这位 20 世纪新文化的播种者。他的思想和实践，对我们应对今天的诸多问题，建设现代国家、现代社会和现代文化，有着重要的引领作用和借鉴意义。

3 月 5 日，何中华在《文史哲》第 2 期发表《马克思主义与儒学的会通何以可能》。

文章指出，从总体上说，马克思主义与儒学在自觉的意识层面更多地表征为冲突，在不自觉的无意识层面则更多地表征为会通。人们意识到的往往是表层关系，而未曾意识到的则是深层关系。这种深层的会通无疑是多维度的，其实现不仅有赖于特定的历史一文化条件和机缘，更有赖于马克思主义和儒学内在地提供的学理上的可能性。在时代性维度上，儒学的前现代性与马克思主义的后现代性，使两者在否定之否定意义上有其会通的机缘；在民族性维度上，中国文化与欧洲大陆文化之间的亲和性，为马克思主义与儒学的会通提供了条件。晚清以来中国传统文化在与西方文化相遇后的严重受挫，第一次世界大战的爆发所显露的西方近代文化的弊病，使国人对东西方文化产生双重失望。这是马克思主义作为第三种可能性被中国人选择的重要历史契机。马克思主义的中国化和中国实际的马克思主义化，在实有层面上表明了马克思主义与儒学之间会通的实现。儒家的“诚”与历史本真性的开显、“天人合一”与马克思的自然界的人化和人的自然化、儒家与马克思主义对人性的超越性的指认、“生生之谓易”与实践辩证法、强调“践履”功夫与实践唯物主义、“大同”理想与共产主义，都在文化原型的层面上显示出马克思主义与儒学会通的学理上的可能性。

宁稼雨在本期发表《从〈世说新语〉看魏晋名士饮酒文化的内涵嬗变》。文章认为，从先秦两汉到魏晋时期，饮酒活动的基本走向是社会和群体意志的色彩逐渐淡化，个人和个体意愿的色彩不断强化。具体来说，魏晋时期文人饮酒的变化轨迹是：其一，从祭祀天神宗教性目的，变而为文人进入自己理想的自由精神境界的导引性媒体；其二，从周代礼制统治强调社会的尊卑秩序和伦理精神，变而为部分文人宣扬反礼教思想的重要行动；其三，从养生（包括养老和养病）的初衷，变而为文人及时行乐的手段和内容；其四，从西周时期的政治领袖人物对其社会政治作用的担忧，变而为名士回避政治的有效借口。这不仅使魏晋文人的社会生活增加了极大的个体色彩和人文精神，而且也对整个中国古代饮酒文化的走向和发展起到了重要的导引作用。

姜生的《汉代老子化胡及地狱图考》指出，新见考古资料证明，东汉时期以浮屠等同黄老因而黄老浮屠同祀的现象，应是老子化胡说流行的结果；新发现的山东费县潘家疃东汉墓门上鸟喙老子与胡人浮屠及卒堵坡组合画像、山东兰陵九女墩汉墓辟邪石兽立柱画像所呈现的“黄老”信仰与胡人浮屠组合皆堪与证。史乘所述黄老浮屠同祀现象，不为后人所解，个中原因除了儒生史家语焉不详，更多的是由于时人所信老子化胡说，以老子浮屠为同一人在不同时空之“化形”，因而将老子浮屠等同且一同祭祀。某些汉墓中黄老浮屠画像一同出现，正是中国思想史和宗教史上这种奇特信仰的图像呈现。新发现的山东微山县东汉画像石椁残石和陕北汉墓画像石则表明，东汉已有佛教地狱信仰在华传播。此类有关东汉佛教传播的墓葬画像资料之发现与认知，亦有助于早期汉译佛经译介时间之断代和汉文化生态变迁问题研究。

王承略的《〈孝经〉论证逻辑辨析》指出，《孝经》是先秦儒家在孝道问题上建构的最终理论体系，其内部论证是一个有机的辨证体，具有系统性、严密性、完整性等特点。《孝经》进行了“天人”“君父”“义利”三大关系的思考与阐述，完成了孝的本体论论证、孝核心内容的认定、孝道践行准则等基本问题。《孝经》定型了中华民族的孝道观，所建构的三大内在逻辑论证，对传统中国文化产生了至为深刻的影响。厘清此间的内在逻辑与相互作用，不仅有助于理解古人关于《孝经》实乃六艺之总汇的论断，更能为当今社会在个体、家庭、国家三者之间关系的思考提供有益的帮助。

4 月 21～23 日，“《文史哲》杂志人文高端论坛”之七“个体与社群孰先孰后：儒学与自由主义的对话”在曲阜举行，论坛期间举行了 2017 年度“中国人文学术十大热点”发布仪式。

来自北京大学、清华大学、复旦大学、中山大学、南开大学、厦门大学、四川大学、华东师大、东北大学、山东大学等高校的近 40 位专家学者，围绕个体与社群之间关系调适的逻辑基础、现代社会个体与集体之间关系建构的基本准则、现代政治共同体建构的德性伦理与制度基础等话题展开了热烈研讨，不时碰撞出思想的火花。尤其是“以儒学为代表的中国古典人性预设在现代社会制度安排中的价值”“自由主义‘理性人’假设的抽象性在现实社会生活中所遭遇的矛盾与困境”“个体自由能否开出‘社会’”等尖锐话题的提出与激烈论争，更是将论坛的气氛推向了高潮。

基于以儒学为代表的优秀传统文化的现代性转换的时代命题，自 2015 年以来，《文史哲》编辑部连续举办以“儒学与自由主义对话”为主题的系列高端论坛，引发人文学术界的持续性关注与积极参与。

2017 年度“中国人文学术十大热点”是：

1. 顺应文化气候变迁，建构中国气派和中国风格的学术话语正在成为学界的自觉诉求

受制于“西学东渐”这一基本语境，中国学术长期以来在总体上处于“失语”状态。随着启蒙现代性的内在悖论日益暴露，特别是非西方国家在现代化过程中的主体意识逐渐觉醒和增强，人类文明的历史进程出现重大转机，以西方化为表征的全球化进程，在许多国家和地区的思

想文化领域，正逐步让位于本土化追求。

这一进程在当代中国尤其明显。本土化已成为中国学术面对大国崛起这一历史性变化的逻辑选择，正视并尊重“中国案例”和“中国经验”已成为社会各界对中国学术的正当性要求。正是基于文化气候的这一重大变迁，2017 年度，越来越多的报章杂志、越来越多的学科和学者开始向“中国模型”聚焦，进而寻求有中国特色的哲学社会科学体系的建构。有学者更是强调：中国人文社会科学的总体性目标，就是构建中国话语体系，构筑与国家崛起大背景相适应的国家叙事。种种迹象表明，中国气派和中国风格的学术话语建构，正开始成为学界的自觉诉求。

2. 丝路研究向纵深发展，国族认同、天下秩序引发普遍关注

2017 年 5 月，随着第一届“一带一路”国际合作高峰论坛召开，重建丝绸之路的构想进入新的阶段，这标志着数百年来“内向”的中国加速了“外部转向”。这一历史性转折带动相关研究向纵深发展。重新检视传统中国的国家、族群、疆域观念，反省何谓“中国”、何谓“华夏”，进而从数千年文明积淀中提炼出一种超越民族国家的世界秩序的新范式，遂成为历史学界关注的热点议题。

学界新近涌现的诸多成果，如“从周边看中国”，反思“历史中国的内与外”，“走出族群看华夏”，强调古代王朝的“内亚性格”等等，都指向了在现代性冲击下曾一度被抛弃的传统“国族认同”和“天下秩序”观念。在民族主义思潮蔓延、地区冲突加剧之际，有学者认为，以互相伤害最小化为准则的“天下体系”，能够提供比追求自身利益最大化的“民族国家建构”更好的世界秩序。对中华文明“家国天下”观念的历史性追溯与创造性阐释，或可为化解文明冲突，打造国际关系新格局提供思想资源。

3. 学界呼吁重建中国政治哲学，古典人性预设的价值亟待全面重估

20 世纪世界主流政治哲学的书写，基本上以自由主义价值观为理论前提，然而近年来中国社会治理模式成效显著，西方自由主义主导下的政治实践却不断遭遇困境，这种单一书写模式也随之受到质疑与挑战。现实需要更为丰富的政治思想，儒家政治哲学由此进入人们的视野，学界呼吁“从中华文明的源头开始”，“重建中国政治哲学”。

鉴于儒学与自由主义的制度设计都以人性的预设为基础依据，人性论遂成为政治哲学再思考与重新构建的基点。有学者指出，自由主义将个体的人无差别地视为理性人，偏离了实际，致使其所主张的平等只能停留在抽象层面上，而儒家人性论有圣贤、君子、小人之分，尊重人的差异性并强调人的可塑性，以此为基础所构建的层级政治制度模式更适用于现实。以儒学为代表的中国古典人性预设之于人类社会的制度安排，究竟具有怎样的价值，亟待予以全面重估。

4. 社会科学原有路径受阻，历史学帝国主义渐成气候

近年来，作为社会科学普遍预设的自由主义，其合法性受到了根本性的质疑，有学者据此认为，新时期以来社会科学高速发展的局面告一段落。由于原有理论范式的受限，许多学者转而从事对本学科问题的历时性考察，如政治学研究更多地向政治制度史或政治思想史研究倾斜，法学研究中法制史和法律思想史研究的比重空前加大，经济学研究则更为关注经济思想史和经济史，等等。这使得学术史上屡次出现的“历史学帝国主义”在中国社会科学界重新抬头。

如今渐成气候的“历史学帝国主义”，是指社会科学诸学科更多地从历史领域选择研究课题，或对自身的学科史、学术史进行精细梳理。社会科学研究在某种程度上采用历史学的作业方式，原属题中应有之义，但此时所出现的大面积“历史学转向”，其实质则是在既有研究路径受阻的背景下作出的策略选择，它表明当下的社会科学在整体格局上正处于徘徊不前、方向不明的阶段。

5. 文献古籍“伪整理”现象愈演愈烈，正本清源已成当务之急

近年来，随着古籍数字化的进展和古籍数据库的流行，古典文献的整理出版一时呈现繁荣景象。这对推动学术发展、弘扬传统文化，意义重大。但伴随市场规模的扩大，部分整理者与出版单位利用数字化带来的便利，急功近利，盲目上马，推出了大量低水平重复之作，甚至出现无视学术规范，粗制滥造、简单拼凑和袭用他人成果不加说明的情况，致使“伪校点”“伪注释”“伪辑佚”出版物屡见不鲜。愈演愈烈的古籍文献“伪整理”现象，破坏了这一领域的学术生态，也给广大读者带来难辨菽麦的困扰。

2017 年，学界对于古籍整理正本清源、辨伪存真的呼声愈加强烈。有学者呼吁古籍整理者应将更多精力投入到原创性的工作中，撰写出更多读者“查不到”而又“用得上”的注释。加强学术自律与出版管理，提高准入门槛和评价标准，已成为当前古籍整理出版工作的当务之急。

6. 民国学术被神化的趋势得以遏制，20 世纪学术版图如何重绘广受关注

20 世纪 90 年代迄今，思想界学术界有一种颇具影响力的意见，即就家学渊源、国学根底等等而言，后人再也难以与民国时期的一批学者相比肩。在媒体、公众和文化界的推动和渲染下，这一事实描述被放大成了对民国时期的学术大师和学术成就的过度美化甚至神化。进入 21 世纪以来，此种倾向一直不乏批评的声音，2017 年间出现的质疑尤为尖锐与密集。不少学者指出，民国时期的学术研究融会中西、贯通古今，确立了中国现代学术的基本范式，但也有着初创阶段所不可避免的不成熟、不完备，其整体水准与今日实际存在较大差距。

对民国学术评价的歧义，导源于绘制中国现代学术版图时视角和尺度的不同：是以材料为重，还是将以问题为中心、运用一定理论工具的社会科学化取向视作现代学术发展之正途，则是其中的关键。更本质的问题在于，这股持续已久的所谓“民国学术热”，毋宁说是一股“民国文化热”或“民国热”，过分抬高民国学术的地位，归根结底折射出的是一种对于社会历史本身的看法。

7. 挑战个人主义意识形态，安乐哲《儒家角色伦理学》中译本出版

个人自由不受限制是现代西方政治正义的基础和最终根据，但近年来，世界范围内越来越多的学者将 21 世纪人类所面临的生存危机归因于这种正在走向极端的“原教旨”个人主义意识形态。美国学者安乐哲等人由此呼吁以“儒家角色伦理”作为思想资源，在当代世界进行“第二次启蒙”。

安乐哲《儒家角色伦理学—— 一套特色伦理学词汇》一书的中译本于 2017 年问世。该书通过开掘儒家传统所强调的“人际关系赋予当事人以具体的社会角色”这一基本事实，尝试发展一种“基于直接经验的具有整体性的伦理生活观”，并以此挑战西方个人主义意识形态。赞赏者认

为该书为解决全球性伦理困境提供了重要的思想资源，批评者则忧虑其过于强调具体角色会遮蔽儒学的普遍性与终极性。“儒家角色伦理”将如何参与重建世界文化秩序，是否足以为“二次启蒙”提供充分的学理支撑，尚有待于时间的检验。

8. 女性文学知识谱系建构稳步推进，性别分析成为相关研究的基石

20 世纪 80 年代，中国女性文学成为新时期文艺思潮的重要一翼。其后，女性经验、女性诉求、女性书写构成了世纪之交引人瞩目的文学现象。这些文本以更加细腻、敏感的方式刻画并反思了女性特有的身体、性、身份和生活状态，尝试对社会历史提出自身的理解和思考，一定程度上打破了父权文化的主导地位和绝对话语权，改变了女性被凝视、被消费乃至被建构的客体地位。

21 世纪以来，“性别”作为文学阐释的有效范畴之一得到了广泛运用。女性文学的研究视域进一步拓宽，女性文学与社会历史的深层关联成为文学研究的重要生长点。2017 年，女性文学知识谱系建构稳步推进，性别分析进一步成为解读具有性别内涵的文学现象的基本方法。立足于女性视角的性别分析，使以往被男性视角遮蔽的学术、文化、社会现象被重新阐释和呈现，展示出一个与男性立场迥异的话语空间。

9. 张献忠江口沉银得以证实，公众考古学势头强劲

2017 年 1 月 5 日至 4 月 12 日，四川彭山江口沉银遗址水下考古首期发掘取得重大成果，共出水明代中晚期文物 3 万余件，其中以张献忠得自明朝官府的大量银锭银器为大宗。这一内陆水下考古的重大突破，不仅使张献忠“江口沉银”的历史之谜得以证实，更是“明代中晚期社会生活、政治、军事等方面最直接的展示”，被誉为自明定陵发掘以来最重要的明清考古发现之一。

本次考古发掘进一步激发了公众的参与热情，推动公众考古学进入一个新阶段。与传统考古学相对隐秘的作业方式有所不同，公众考古学更多承担着与地方政府全面合作、提高地方知名度、打造地方文化与旅游项目等功能。“江口沉银”发掘一开始即注重向公众开放，在发掘的同时，组织者还举办彭山江口沉银遗址历史学者座谈会，并筹划将发掘现场列为旅游景点。彭山“江口沉银”水下考古，与持续取得进展的南昌

海昏侯墓地发掘一起，标志着近年公众考古学的迅猛发展。

10. 人工智能技术呈现跨越式发展，人类文明的智慧与伦理基础面临严峻挑战

缘于围棋大师与阿尔法狗人机大战的爆发，以及能够在无人类输入条件下迅速自学的终版围棋程序的横空出世，有一种意见认为，可将2017年定义为“人工智能元年”，它标志着以人工智能为代表的科学技术实现跨越式发展，人类既存智慧和伦理正面临前所未有的挑战，人的类本质遭遇被迫让渡的危境。有人甚至因此惊呼：“‘后人类时代’来临！”

数千年来，作为人类文明的伦理基础，智慧、自由、良知、仁爱共同表征着人的类本质，并为人类所独享。而今，这一认知的根基已然松动，人类文明之“智慧”和创造性，已经开始交由机器去开发与享有。未来，智能机器或将越来越多地自主进行关乎伦理的决策和行为，倘若不对其实施有效的监控与审查，使之符合公正、道义等伦理准则，不仅无法实现人工智能造福社会的初衷，人类的生存安全以及思考决策的主体地位也将受到威胁。而当机器成长为自我约束的“人工道德主体”，在智慧之外还具有了伦理属性，人类的本质将如何被重新界定，这无疑已成为迫在眉睫的时代性人文命题。

5月5日，刘京希在《文史哲》第3期发表《尚贤制抑或民主制？——“贤能政治”论争述评》。

文章指出，新近一个时期，因应传统文化的全面复兴与文化“走出去”的现实需要，原本被束之高阁的以儒学为代表的传统思想文化资源，得益于意识形态触媒的接引，而与当下时代发生了化合反应，重又走向思想文化论争的前沿，接受时代的检视、省察和创造性转换。恰值此时，国际思想文化市场的风向也发生了逆变，英美民粹主义思潮的意外涌起和政治自由主义的严重受挫，又为以儒学为代表的传统思想文化资源的开掘提供了全球性文化环境和难得际遇。也因此，相关学术讨论一时风生水起。贤能政治与民主政

治对话的异军突起，即得益于古今中西之思想资源在这一时代节点上的因缘际会。贝淡宁的贤能政治主张并非“在沙滩上起高楼”，而是有其历史与思想文化基础，它是西方社群主义、精英主义基因与东方儒家政治文化资源的奇妙杂糅。这一理论主张所存在的致命缺陷，是既不能周延地解决权力来源合法性也即政治（程序）合法性这一根本性问题，也不能自足自洽地解决权力的制度性监督与制约难题，更无力提供根本性制度安排，以保护“少数派”的权利甚至基本人权不受侵害。本质上隶于总体性权力架构的贤能政治，其未来命运究当如何，取决于儒家政治哲学、中国道路以及民主政治之间的互动及其前景。

美国学者安靖如的《儒家领袖与儒家民主》认为，儒家民主主义者认为，如同现代儒家政治体必须从君主制转变到民主制一样，必须对儒家政治领袖的角色进行反思，但是，这并不意味着现代儒家必须摈弃传统儒家视野下的领袖观。尽管在现代民主儒学的新背景下，一些关键的儒家见解在某种程度上呈现出新的意涵，但这些洞见的传统内涵依旧重要。陈祖为和陈永政在论证儒家强调领导力胜过制度这一观点上并无过错，但我们还应该重视那些儒家所依赖的用来培养和选拔贤德领袖的制度。儒家从未认为政治的运转可单独依赖于启发型的领袖，优秀领导力的运作依赖于一系列背景制度的支撑和推进。慈继伟认为儒家在深层次上是非民主的，但这一观点却恰恰能够帮助我们解释，为什么儒家必须向民主演进。儒家民主仍然需要政治领袖来扮演那些能够承继传统儒家领袖精神的角色，现代儒家需要通过拥抱人本民主，而不是民本威权主义，来解决传统儒学中的张力。

王加华的《教化与象征：中国古代耕织图意义探释》指出，耕织图就是有关“耕”与“织”的图像资料。从宋至清，我国至少问世了数十套系统化的耕织图像。对于这些耕织图，传统主流观点认为起到了传播先进农业生产技术的作用，但实际情况并非如此。事实上，耕织图的主要作用在于宣扬“农为天下之大本”的重农理念并教化劝农，并往往以皇帝或中央政令的形式而被提倡、刊刻与推广。因此，耕织图的创作与推广是中国传统道德化行政的一种重要体现。其根本目的，在于宣扬、创造并维持一种各安其业、各担其责的和平安定的稳定社会秩序，具有深远的象征与社会治理意义。

汤勤福、葛金芳的《中华传统礼制内在价值及其现代转换》认为，中华传统礼制虽存在着封建质核，但至今对中华民族的伟大复兴仍然有着不可替代的内在价值。礼的本质是人与人之间交往的规范或准则，进入文明社会后便具有道德这一内涵。就古代中国而言，伦理道德的体现便是遵循礼制，它早已融化在中国人的血液之中，内化为国人性格的重要组成部分。礼仪是中华先民尊崇的生活方式，礼义是中华先民追求的精神价值，礼中蕴含着中华先民的生命经验和生活智慧，概括起来便是一个“仁”字。中华传统礼制可以成为构建社会主义核心价值的资源，但必须经过现代性转换，即守望本土传统，又以现代性为标准审视、转换并汲取古典文化精义，使其在新的时代条件下重获新生。寻求中华传统礼制现代价值的基本态度，应当是立足于以多样性为根本特征的人类文化生态，从客观的历史事实和丰富的民间实践中，探寻其沉淀下来的伦理共识和道德品格，着眼现实，展望未来，用中华智慧来创建适合当今社会的礼仪价值的新体系。

6 月 15 日，《文史哲》编辑部在山东曲阜召开“如何构建中国特色哲学社会科学体系专题研讨会”。

为纪念习近平总书记在哲学社会科学工作座谈会上的重要讲话发表两周年，在全国哲学社会科学工作办公室支持指导下，《文史哲》编辑部召开此次会议。全国哲学社会科学工作办公室副主任操晓理、山东大学党委书记郭新立出席会议并致辞。山东大学常务副校长王琪珑主持会议开幕式。

会议主要围绕“领会‘5·17 讲话’精神，构建一流的哲学社会科学知识体系”“哲学研究的范式转换”“中国哲学社会科学体系构建中的法理学”“儒家人文与社会科学体系的构建”“重新定义中国政治”“国家话语与中国民族学人类学的学术取向的演变”等问题展开讨论。新加坡国立大学东亚研究所所长郑永年、北京大学国家发展研究院院长姚洋、国务院发展研究中心信息中心主任赵树凯、中国人民大学特聘教授谢地坤、北京大学法学院朱苏力教授、上海师范大学历史系萧功秦教授、中山大学社会学与人类学学院麻国庆教授、山东大学哲社学院何中华教授、山东大学儒学高等研究院姚中秋教授、华中师范大学中国农村研究院徐勇教授、华东政法大学陈金钊教授等来自全国各地的 30 余位专家学者应邀参会。《文史哲》主编王学典教授在会议总结中表示，中国特色哲学社会科学体系命题的提出基于一个大的历史背景，就是本土化与西方化、传统与现代之间的失衡。如何平衡、兼顾传统与现代、本土与西方，成为 20 世纪给我们留下的一个大问题。中国特色哲学社会科学体系命题的提出，就是希望能在传统与西方、传统与现代、本土与西方之间走出一条平衡之路，找到一个平衡点。是继续在西化的道路上搞所谓的学科建设，还是基于本土经验进行学科转型？如何回答这一严峻问题，关乎下一阶段中国特色哲学社会科学体系建构的方向和目标。

7 月 5 日，唐文明在《文史哲》第 4 期发表《摆脱秦政：走向共和的内在理由》。

文章指出，晚清士人对共和制的接受有着极其重要的内在理由，即基于传统思想中理想的政教典范而对秦以来君主制政治的批判。大同、小康与无君这三种传统政教理想，虽然旨趣各异，但在后世的继承者那里都被用来反对秦政，因而在晚清都能发挥批判现实政治的力量。尤其是经过宋儒特意阐发的大同、小康理想，在中国走向共和的现代历程中影响巨大，但随着历史进化论的强势流行，宋儒在阐发大同、小康理想时提出的以道观史的历史哲学和弘教行道的实践主张都被彻底放弃。

徐国琦的《第一次世界大战与亚洲“共有的历史”》认为，第一次世界大战对亚洲产生了巨大影响，亚洲对“一战”也作出了重要贡献。“一战”的发生及由此所导致的一系列国际秩序的变化，成为亚洲历史进程中一个不容忽视的里程碑和转折点。亚洲各国尽管历史各异，但“一战”无疑成为影响亚洲历史命运极其深远的一段共有的历史。通过“共有历史”角度透视亚洲与“一战”的关系，可以更为明晰地描述和分析亚洲与世界接轨及参与重建西方文明的精彩历史，让我们得以清楚地意识到亚洲与“一战”之间的密切关系是亚洲史乃至世界史上的重大事件。

陈来的《朱子〈太极解义〉的成书过程与文本修订》指出，朱子《太极解义》有三个本子：第一个本子是乾道庚寅（1170）朱子完成的初本，见于吕祖谦《太极图义质疑》，虽非全本，亦可窥见大概；第二个本子是乾道九年（1173）定本，淳熙末刊布，即淳熙本《晦庵先生文集》所载《太极解义》；第三个本子是今传通行本如《朱子全书》所载的《太极解义》，是朱子晚年最后改定本。在这三个本子中，最重要的是第二个本子的定稿。此本的定稿，曾广泛吸收了张栻、吕祖谦的意见，其中根本性的理论贡献来自朱子，但它既是朱子本人在这一时期的理论成果，一定程度上也代表了乾道后期道学的理论共识。朱子的太极论不仅有宇宙论意义，也有心性功夫论意义。其宇宙论意义是“明天理之根源，究万物之终始”；其心性功夫论意义是“要于常运中见太极，常发中见本性”。太极是天地运化的主宰，又是人心发动的本性，太极论就是要人在运动发见中认得太极。但是天地的主宰不能离开运化的过程，人心的本性也不能离开心的发动，这个关系应该即是“体用一源，显微无间”，故应当即动静求太极，即已发求未发，即其运化发动之中求见太极和本性。

丁为祥的《宇宙本体论与本体宇宙论——兼论朱子对〈太极图说〉的诠释》指出，在中国哲学中，宇宙论与本体论代表着人们对生存世界两种不同的把握方式。一般说来，宇宙论是以实然存在及其时空形式的角度指谓生存世界；本体论则以超越时空、超越聚散存亡的角度来概括这个生存世界。至于宇宙本体论与本体宇宙论，则指宇宙论与本体论两种不同的结合方式：所谓宇宙本体论是指沿宇宙论进路所形成的本体，但却必然包含着一定的由已知推及未知的弊端；而所谓本体宇宙论，则是通过先确立本体，从而形成在本体之观照、统摄下的宇宙论。在从汉唐到宋明的思想演变中，有无本体论视角构成了其中的一个关键环节；而朱子关于理气关系的规定，则既上承孔子对仁礼关系的思考，从而使其哲学成为一种标准的本体宇宙论；同时，他又通过对周敦颐《太极图说》之本体宇宙论的定性与诠释，从而又使其哲学带上了宇宙本体论的特色，朱子由此成为汉宋学术之集大成者。但朱子本体宇宙论与宇宙本体论的矛盾，又为人们提出了一个本体论究竟应当如何确立的重大问题。

9 月 5 日，杨国荣在《文史哲》第 5 期发表《何为儒学？——儒学的内核及其多重向度》。

文章指出，儒学以“仁”和“礼”为内在核心。作为儒学的思想内核，“仁”和“礼”构成了儒学之为儒学的根本，并使儒学区别于历史上的其他学派。在儒学之中，“仁”与“礼”的统一既体现于儒家自身的整个思想系统之中，又展现于人之存在的各个领域，后者包括精神世界、社会领域以及天人之际。精神世界体现的是人的精神的追求、精神的安顿以及精神的提升，其具体展开关乎宗教性、伦理性维度以及具有综合意义的精神境界。在哲学的层面上，儒学所由以展开的社会领域则关乎政治、伦理以及日常的生活世界。就人的存在而言，精神世界主要涉及人与自我的关系，社会领域则指向人与人之间的关系。从更广的视域看，人的存在同时关乎天人之际，而儒家对天人关系的理解，亦同样基于“仁”与“礼”的观念。要而言之，“仁”与“礼”的统一作为儒学的核心观念渗透在儒学的各个方面，儒学本身则由此展开为综合性的文化观念系统，儒学的具体性、真实性也体现于此。时下所谓心性儒学、政治儒学、制度儒学、生活儒学往往将儒学在某一方面的体现视为儒学的全部，这类进路难以避免对儒学的片面理解。

郑吉雄的《论先秦思想史中的语言方法——义理与训诂一体性新议》指出：“语言”作为一种方法而不只是载体形塑了先秦思想史。传统义理、训诂之争已属不必要，因为语言既然是思想展开的方法与艺术，那么义理和训诂就是一体相融而非对立相斥。近代学科整合为“语言作为方法”塑造了成熟的环境，汉字的多义性则表明语言的变异常常透显出意义的多层次性。镶嵌了蕴合浓厚政教训诲辞藻的神圣经典，为中国思想的语言方法启导了源头。孔子确立名教更奠定了语言的礼教伦理作用。战国诸子如墨、道之批判儒家，针对的正是名教、名学方法的逻辑与理论，名家更以激烈的立场解构名教。荀子遂提出新名学，全面回应各种反名教的“名”论，为这段绵延数百年的“语言陈述”论辩暂时画上了句号。

代国玺的《“赤九”谶与两汉政治》认为，“赤九”谶与“赤精子之谶”性质相近，皆为西汉成帝之时甘忠可、夏贺良等人所撰，目的在于劝说成帝封禅改制。此谶虽为成帝而造，但在成帝之时并未产生效果，其作用发挥于西汉哀帝以至东汉章帝期间。哀帝于建平二年六月的改元易号，是受其影响。莽汉之际，“起兵者皆称后汉”的局面与其颇有关系。更始帝与汉光武先后以移花接木的方式将“赤九世”坐实为自己，借以证明天命在己，获取士民归附。“赤九”谶还对东汉前期的政治有着重大影响。东汉的宗庙制度是围绕它建立起来的，东汉前期以“制礼乐”为政治目标，也是受其推动。“赤九”谶之所以能具有这种影响，是两汉之际的特殊历史背景造成的。

蔡祥元的《感通本体引论——兼与李泽厚、陈来等先生商榷》提出，儒家哲理的关键问题是：一种源自人心的仁爱情感如何能够成为贯通物我内外的天人之道。当前学界对此问题主要有实体论与情感论两种不同的回答。实体论凸显了仁道的形而上之维，但它在完成仁道形而上学建构的同时，使其脱离了仁者之仁的本意，沦为一种抽象的形而上学实体。情感论回归仁者的原本情感体验，避免了仁道的抽象实体化，同时却陷入了经验主义的困境。感通本体论以感通为视角，揭示仁道如何能够既立足仁者之仁，又能够超出仁者的主观性限制，成为贯通物我内外的枢机。

11月5日，澳大利亚学者海伦·安德鲁斯在《文史哲》第6期发表《贤能政治批判——新统治阶级》，对贝淡宁的贤能政治说提出批评。

文章指出，贤能政治批评家应该质疑贤能政治基本原则的可靠性，并指出在实践中贯彻“选贤使能”的不可行性。英国公务员制度的两位改革者于1854年撰写的《诺斯科特-特里维廉报告》引发公众的两极反应：自由派认为竞争性考试是最伟大的公共改革之一；保守派则担心计划在实践中行不通，以带有主观性的“根据功绩来晋升”取代根据资历晋升，为任人唯亲大开方便之门；将竞争推向社会的各个角落，可能对公务员系统的社会活力和弹性产生不良影响，而且违反民主问责原则。贤能政治会产生一种唯我独尊的中央集权，造成政府精神的转变，可能把英国社会变成由暴君和奴隶组成的两极世界。封建贵族试图阻止官僚阶级支配国家，却意外制造出了一个新贵族阶级，这无疑意味着社会之间相互监督制衡的脆弱系统的终结。

李治安在《秦汉以降编民耕战政策模式初探》一文中指出，自“商鞅变法”滥觞，基于授田和二十等爵的编民耕战，构成了秦汉以降近半帝制国家临民理政的主导性模式。它历经秦西汉的鼎盛、北朝隋唐赖“均田”“府兵”及“租庸调”的再造复兴和明代“配户当差”为特色的最后“辉煌”，在两千年的历史舞台上表演不同凡响。作为马克思所云“行政权力支配社会”典型体现的编民耕战模式，重在对百姓及地主经济实施全面管控，尤以徭役、兵役沉重，故特名“耕战”。其目标是举国动员和富国强兵。本质又在于摈弃贵族私人领属，与郡县官僚制配套，构建借授田、户籍、赋役直接控制役使全体百姓的国家农奴制秩序，进而为君主专制集权提供最大化的社会平台及经济资源。该模式以授田或均田暂时解决地主经济自身的“瓶颈”难题，充当着专制皇权与农民间直接统治、隶属的政治“链条”，对多民族统一国家的延续发展和古代重大工程营造等，厥功甚伟。该模式下“举百万井疆耕耨之丁壮为奴隶”及强制析产分户，往往带来“逃户”脱籍、人口与资源失衡等。藏富于国客观上也容易助长君主及官僚的权力膨胀或滥用徭役，进而酿成暴君祸害天下和官民极端冲突，增大帝制国家的风险系数。其“公权力”被滥用等缺陷，又需要兼容型的士农工商较自由发展模式为其寻求出路。

刘宗迪在《四海之内：〈大荒经〉地域考》中指出，《大荒经》描绘了一个四面环海的世界，前人基于“华夏一体观”和“中原中心观”看《大荒经》，因见其所记地理无法与华夏版图吻合，故多视之为无稽之谈。实际上，《大荒经》成书之时，华夏世界尚处于分疆裂土的状态，不可能出现华夏一统的世界观和地理学，《大荒经》所描绘的只能是华夏城内某个局部地区的地理。上古时期，华夏域内确实存在着一个“四面环海”之地，这就是山东地区。《大荒经》所反映的即上古山东的地理，根据《大荒经》的记载，可以勾勒出山东半岛的海岸线，莱州湾、长山岛、琅琊台、海州湾，在其中皆有反映，整个《大荒经》世界不出山东范围。《山海经》这部保存了大量上古地理和历史讯息的古书一直蒙受误解，准确理解《山海经》，将使我们对于山东地区上古史乃至整个中国上古史的看法为之彻底改观。

在《蒋介石与陈诚在台湾的土地改革》一文中，杨天石指出，孙中山早就提出“耕者有其田”的土改方案，主张“和平解决”，“让农民可以得益，地主也不吃亏”。国民党虽接受此方案，但长期空喊、议论。1949 年，蒋介石下野反思，认为在大陆失败的主因是未能按孙中山的主张办事。他重读孙中山的《民生主义》演讲，决心入台后首先实行土改，并将这一任务交给其亲信陈诚。台湾的土改兼顾地主和农民的利益，既使大量农民上升为自耕农，又以土地债券和公营公司的股票补偿地主。结果，台湾农业超越战前最高水平，土地资本向新兴工商业转化。台湾一度跻身亚洲“四小龙”，土改是其起步阶段。陈诚曾称，台湾土改是不流一滴血的革命，美国人视为典范，不少国家纷纷取经，但是这种土改不能改变社会的两极悬殊，只改变了财富的占有形式和占有者的社会身份，不少地主摇身变为资本家。近年来，台湾社会出现“外来者打压本地精英，损害了‘我们’地主的利益”的看法，这就不仅是在为台湾地主叫屈，而且是在为“台独”理论张目。

胡逢祥在《战后台湾“去殖民化”的中国文化回归战略及其实践平议》中认为，1945 年阔别 50 年的台湾重归祖国之后，国民政府随即在当地推出了一系列旨在“去殖民化”的社会文化与教育举措。这一过程本是现代民族国家在收复的故土上行使自己主权必须完成的历史使命，事实上也受到了当时大多数民众的拥护和理解。虽然在具体操作上不免存在一些可议处，但在消除日本殖民统治的后遗症，恢复民族自尊和文化自信等方面，其积极作用不可否认。唯近 30 年来，缘时移势迁，对此历史事件特别是其中涉及的一些重要环节，诸如日据时期的殖民文化、台湾光复初期的“国语运动”及两蒋主政时期官方极力提倡传统文化的认识或评价，歧见日出。因此，征诸史迹，进一步梳理和澄清其过程，并在新的历史条件下再作反思，仍十分必要。

2019 年

1 月，《文史哲》组织“如何构建中国特色哲学社会科学体系”笔谈。

5 月 4 日，《文史哲》举办“儒学价值及其现代命运：五四运动百年纪念”人文高端论坛。

11 月 6 日，教育部副部长翁铁慧莅临《文史哲》编辑部考察指导。

1 月 5 日，《文史哲》第 1 期组织“如何构建中国特色哲学社会科学体系”笔谈。

这组笔谈包括郑永年、杨丽君的《中国文明的复兴和知识重建》，徐勇的《学术创新的基点：概念的解构与建构》，姚洋的《中国经济学的本土话语构建》，麻国庆的《儒家传统与中国人类学的学术自觉》。郑、杨的文章指出：“当改革开放以来的中国已经成为世界社会科学界最大实验场的时候，中国知识界并没有承担起解释中国的变革，为世界社会科学发展贡献知识的责任。社会科学领域发展滞后的现状不仅影响到了中国的知识重建，更累及中国文明的复兴。任何一种文明，其内核都是代表这个文明的知识体系，或者说，知识体系是一种文明的最高表达。从知识构建的角度讲，正是伟大的知识造就了文明，任何文明都需要一套完善的知识体系来支撑。但今天中国所面临的局面并非如此，一方面是改革的作为和文明的复兴，另一方面是能够解释改革实践的知识的缺失。近年来，中国政府提倡媒体和智库走出去，讲好‘中国故事’，但是由于缺乏一套知识体系支撑，结果总是事与愿违。我们所讲的‘中国故事’，外界听不懂，用一位西方外交官的话来说，讲好‘中国故事’的最终结果却是‘唤醒了中国在西方的敌人’。诸如此类现象的产生，最根本的症结在于改革开放乃至近代以来，中国一直没有发展出自己的知识体系，而是在用西方的知识体系来解释中国问题，结果不仅外在世界不感兴趣，而且在很大程度上‘曲解’了自己，这种现象必须得到改变。”徐文认为：“中国特色的哲学社会科学体系是一座大厦，要构建这样一座大厦，需要从概念着手。人类在认识事物的过程中，从感性认识上升到理性认识，把所感知的事物的共同本质抽象出来，加以概括，作为自我认知意识的一种表达，由此形成一定的概念——它通常用单词或者短语加以表达。通过概念对事物进行定义，形成其内涵与外延，就使得杂乱无章的事物清晰化、条理化。概念是人类知识体系的基本单位，构建人类知识大厦的基石，构建中国特色的哲学社会科学体系，进行学术创新，当从概念入手，包括解构与建构，双管齐下。”姚文指出：“在发表繁荣的背后，中国经济学也存在诸多隐忧，尤其是没有建立起本土话语体系。什么是本土话语体系？它不是自说自话，也不是脱离国际学术界另起炉灶，而是扎根中国的现代化进程，目标是对经济学理论作出贡献，它应包括三方面的内容：（1）以中国问题为导向设定研究议题，研究当下亟待解决的问题；（2）具有理论抱负，从中国的特殊性中发现普遍性，对现代经济学理论的发展作出贡献；（3）构建学术共同体，促进学术批评和学术进步，在精神层面，构建本土话语体系，就是回归 20 世纪 80 年代中国经济学研究的价值取向；但是，这不是简单地回归，而是在更高层次上发扬光大 80 年代‘问题导向’的学术研究精神，即用现代经济学的手段研究中国问题。”麻文指出：“近百年中国人类学的发展特色之一，就是以自身社会为对象的本文化的研究与多民族国家框架下的多元文化及国家建设的研究，在这个过程中，传统文化中的儒家思想与家族结构成为讨论人类学中国研究特别是人类学的学术自觉的重要切入点。”

编辑部为该组笔谈加了“编者按”，云：近 40 年来，中国以独特的道路和方式实现了大国崛起，制度安排、社会结构、发展路径在很大程度上溢出乃至颠覆了基于西方历史经验得出的社会科学结论。伴随着这一历史性的变化，一方面是西学范式和框架对于中国经验与现实的解释效能愈见式微，中国人文社会科学各领域渐次转向尊重自身的事实和特点，提出了从学理上发现并阐述“真实的中国”、锻造尊重本土经验的理论模型的新时代课题；另一方面，中国也亟须在世界范围内形成与其经济实力和地位相匹配的思想、学术、文化领域的话语权与软实力。正是在此时代背景之下，2016 年 5 月 17 日，习近平同志在哲学社会科学工作座谈会上发表重要讲话，强调哲学社会科学工作要着力构建中国特色哲学社会科学体系，提炼出带有中国标志的概念范畴。“讲话”发表之后，经过人文社会科学界的新努力，构建中国特色哲学社会科学体系的工作已经初见成效，优秀传统文化的弘扬和创造性转化，马克思主义理论研究和建设工程的全面推动，新时代中国特色社会主义理论体系的建构，无不标示着哲学社会科学研究本土化的新进展。从话语体系构建的视角来看，上述探索只不过意味着破题立论，一系列涉及中国特色哲学社会科学体系建构的重大话题亟待展开。有鉴于此，在国家哲学社会科学办公室的指导下，山东大学《文史哲》编辑部于 2018 年夏初主办了以“如何构建中国特色哲学社会科学体系”为题的专题研讨会，以期推动相关探讨向纵深发展。本期推出的这组笔谈，即属此次专题研讨会的部分成果。

李治安的《中近古“士农工商”较自由发展政策模式探研》一文指出，“士农工商”较自由发展，作为帝制国家临民理政及管辖地主经济的政策模式之一，肇始于齐国四民“通货积财”，中经两汉的起落浮沉，又定型于晚唐两宋。它主要在晚唐到清的多数时段施行，又以晚唐两宋最为典型。“两税法”为其开辟道路，不抑兼并充任基本导向，实乃“唐宋变革”在临民理政及社会结构层面的成果表征与最终胜利。该模式的内涵精髓在于：兼容行政和经济手段，将身丁管控改为财税为主的调节掌控，不搞授田，不抑兼并，徭役及兵役基本消失，鼓励农商并重和藏富于民，四民较自由地致力本业，自前而后的贵贱等级排序及相应管制不复存在，士人、富民又构成政治、经济二支配势力。该模式较多祛除借重役滥税将“井疆耕耨之丁壮”抑为“国家农奴”之弊，较多祛除过度管制经济和妨害民营“造血”原动力之弊，这就为编民耕战模式寻找到了更为合理的发展出路，基本顺应百姓依附关系改善和地主经济及手工业商业发展趋势，较有利于生产力进步及新经济因素孕育，同时在皇权最高所有、土地兼并周期性危机、官僚“权力商品化”和官商権卖勾结等四方面基本沿用编民耕战旧制，只能算是前者在新历史条件下的变通。

俞可平的《“死人的政治”还是“活人的政治”——传统谥法的政治学意义》一文认为，谥法是给予逝者某种名誉称号的制度，这是中国历史上流传最悠久的典制之一，也是中国传统官本主义的基本制度设计之一。制定谥法的直接目的是“劝善惩恶”，激励人们忠君爱国，名垂青史，然而，从政治学的角度看，谥法制度的主要功能是强化等级特权、制造政治合法性和引导政治评价，从根本上说，则是服务于以皇帝为代表的特权阶级的专制统治。谥法是对死者的盖棺定论，但这种关于“死人的政治”的每一环节，无不体现着现实政治需要和生者的权力争斗，它实质上是一种“活人的政治”。作为源远流长的中国传统文化的重要内容，谥法对今天的现实社会生活仍然有着某种潜在的影响，努力消除谥法制度强化等级特权的消极影响，在新的历史条件下光大其惩恶扬善的积极作用，仍然是我们的一项重要任务。

3月5日，《文史哲》第2期开设“纪念五四运动100周年”专栏，发表汪荣祖《启蒙还是浪漫？——重评胡适在新文化运动中的功与过》一文。

文章指出，五四新文化运动的思想背景不是理性的启蒙精神，而是一场推动革命与救亡的浪漫主义风潮。因救亡而对传统文化的批判不遗余力，此一强烈的反传统文化批判，并不基于理性，而是出于激情。胡适在新文化运动中主张全盘西化，后来改为充分西化，全面抨击传统，高唱文学革命，宣称文言为“死文字”，以白话取代文言，类此议题莫不见到浪漫情调。文艺复兴在欧洲的实质内容是经过中古黑暗时期的学术复苏，是欧洲文化自身的复兴，而胡适所谓“中国文艺复兴”，则是现代化（实即西化）进程的结果，从引进西方的物质文明如船舰、器械等，到采用西方政治制度，以及最后精神上的全面西化。而以文学革命为先导，胡适高唱充分西化，其有心于国家的进步与繁荣，固无可疑，然其无心之过，在于只见当前西方的科技文明，对整个西方文化的认识有所不足，昧于自然科学与人文学科的差异。百年后的今天，不宜一味表扬胡适参与五四新文化运动的功绩，也应论其过失，始足以吸取教训，以历史的后见之明鉴往知来。

本期“如何构建中国特色哲学社会科学体系”笔谈发表了谢地坤的

《“何谓哲学”与“哲学何为”》、苏力的《努力创造有更多中国经验的法学》、江林昌的《建构古代文史学科体系须立足于民族文化基因》。谢文认为，要实现哲学的进步或转型，关键是需要一种真正的思想范式的转换，一种在认识论、方法论和整个思想观念上的创新，然后才能做到学术上的重构。做到这一步，首先是要克服我们自身的思想僵化，在学科发展和建设中树立创造性的精神和勇气。中国古老的《诗经》曾说，“周虽旧邦，其命维新”，中国哲学的发展面临很多困难，受到各方面的冲击，但我们相信，只要人类还在，人的精神追求就不会停歇。中国哲学不仅拥有存在的价值，而且一定会为建设中国特色社会主义事业、为丰富人类的精神生活作出贡献。其次，是要正确对待当下哲学存在的问题，不能把人民大众和国家的期待与哲学学科的内在学术要求割裂甚至对立起来，而是要看到这是一个问题的两面，只有让哲学与鲜活的社会实践结合起来，使建言献策与述学立论达到内在统一，我们的哲学才会有生命力。再次，要勇于承担历史赋予我们的责任。当代的哲学家只有不断努力创造，推动哲学事业不断前行和发展，才能使哲学真正配得上“时代精神”这个称号。苏文指出，对于认真、务实且有所追求的中国学人来说，打造中国特色同时具有普遍意义的学科体系这个说法，或许就如同张载当年说的“为天地立心，为生民立命，为往圣继绝学，为万世开太平”一样，只因为这是某些学人内心深处自发的一种使命感，一种志存高远的追求，即便它无法实现，即便它无力操作，学人只能在其所承继的学术传统中务实地研究那些实在的问题，尽可能做能做的事，而不是做想做的事，至少这也会是个提醒，要求中国人文社科学人更多自省和自觉，坚持中国本位，关心中国问题，对问题的所有相关语境条件始终保持敏感，具体地理解和总结中国的经验。当然要做到这一点，其实不可能只关注中国；相反，它一定要求有足够开阔的国际视野，包括社会的、历史的和文明的，没有比较就没有鉴别，当代中国的独特性一定是在国际比较、在历史比较、在不同社会和不同文明的比较中呈现出来。就此而言，中国问题在理解、认知和表达上不会是自身独立而心无旁及的，基于中国经验的解说必须具有一般意义，即在不同文化的学人之间，在不同学科之间，是可以经验感受和理性理解的，这就要求并规定了这种解说总体上应当是经验导向和因果导向的。论说方式应当或终将走向社会科学，走向多学科的交叉研究，它一定要讲道理，这是打造有普遍意义的学科体系的一个关键。江文指出，中华文明最根本的特征，是血缘管理方式被一直延续下来，而不是像西方文明那样，由血缘管理转向地缘管理。在整个中华文明5000多年的历史长河中，这一特征从五帝时代一直到夏商周三代，长达3000多年，如此久远的积累，必然夯实了中华民族最根本的文化基因，并深刻影响到当时及其后的社会形态、宗教习俗、语言思维、文学艺术及至民族精神。

叶小文在该期发表《建设马克思主义宗教学探析》。文章提出，西方宗教学的最大贡献是力图摆脱神学的羁绊，提倡对宗教进行理性研究，但也往往带有唯心主义哲学的局限性。与一切唯心主义的宗教理论不同，马克思主义宗教观确认了宗教的现实基础，为如何进行宗教研究确立了正确方向。具有中国特色的马克思主义宗教学，正是在马克思主义宗教观的指导下，努力吸收中外宗教学的研究成果，结合世界各种宗教尤其是中国宗教发展演变的历史与现实，按照马克思主义认识论的科学逻辑，提炼与形塑富有自身独特性的宗教学基本理论和学科体系。

夏含夷在本期发表《〈竹书纪年〉和夏代编年：我对历史方法的反思》。文章指出，倪德卫通过重构《竹书纪年》的原始文本，重建了一整套夏代编年。他的重构包括对夏代君主之间的间隔和末代君主桀的真实性等问题的异常复杂的论证，但没有任何文献支持此说，倪德卫在这一重构上是师心自用。倪德卫关于夏代纪年的假说仍然是假说，不管其如何“前后一致”，这种连贯性无法达到证实它的高度。新的《竹书纪年》简文出土的可能性，或许都大于依据现有文本令人信服地重建《竹书纪年》原始文本的可能性。

杨念群在本期发表《“经世”观念史三题》，指出“经世”思想近些年颇受关注，但学界研究也出现了如下问题：一是把“经世”仅仅理解成狭义的日常治国理政行为，而忽略其深层文化根基一面的阐释；二是把“经世”视为明清危机时期改革家推行激进政策的工具，而没有看到趋于保守的政治官僚同样具有经理世事的情怀和能力；三是把“经世”仅仅看作古代王朝遭逢鼎革易代之际发生的思潮，而没有看到处于常态过渡时期的历史同样存在着经世思想并持续发挥着作用。

5 月 4 日，“《文史哲》杂志人文高端论坛”之八“儒学价值及其现代命运：五四运动百年纪念”在山东大学召开，2018 年度“中国人文学术十大热点”同时发布。

1919 年爆发的五四运动，一直被视为中国现代史的发端性事件，自其发生之时起，人们对于此次运动所具有的多重面相及意义的讨论便从未止歇；五四时期所面临的核心问题之一，即如何估量和处置以儒学为代表的传统文化及其与西方文明的关系，至今仍具有巨大的现实意义。有鉴于此，《文史哲》编辑部以“儒学价值及其现代命运：五四运动百年纪念”为主题举行了第八次人文高端论坛。来自北京大学、清华大学、南京大学、复旦大学、南开大学、四川大学、厦门大学、华东师范大学、中国社会科学院、同济大学、首都师范大学、河北大学、河南大学、中国海洋大学、山东师范大学、广州大学、山东大学等学术单位的近 40 名学者出席论坛。

本次论坛主要围绕五四时期“伦理的觉悟”与中国文化的现代转型、五四时期儒学的价值重估与转进契机、“文学革命”与现代以来中国文学的历程及范式、“五四”诠释史的回顾与展望等话题展开系统研讨。与会学者认为，站在“五四”百年纪念的时间节点，学界需要在新的时代条件下，重新思考“五四”与新文化运动所提出来的“古今中西”关系问题，这对于当代中国人更加准确地认识现实、看清来路、筹划未来，无疑具有极其重要的意义。

2018 年度“中国人文学术十大热点”是：

1. 人文社会科学界隆重纪念改革开放 40 周年，以“中国主体意识”为中心的学术转型成为学界自觉诉求

人文社会科学界以多种形式隆重纪念改革开放 40 周年，并借此对 40 年来中国人文社会科学的历程与成果进行回顾和总结：各高校及政治学、经济学、法学、文学、哲学、历史学等学科纷纷召开相关主题的会议，多家学术期刊开设专栏，众多学者撰写专文，另有北京大学与商务印书馆联合推出《改革开放四十年与中国社会科学》丛书，等等。

学界普遍认为，近 40 年是中国学术开启现代历程以来最为辉煌的一个阶段，经过数十年的努力，完备的知识体系、学术体系和学科体系逐步得以重建，中国学界以开放的姿态重新融入国际学界并逐渐与之并驾

同行。随着研究的深入，西方话语解释中国经验和中国问题的局限性也日渐凸显，以本土理论阐述本土事实的探索遂成为学界的自觉追求，此一以“中国主体意识”为中心的学术转型，是中国学术屹立于世界学术之林的必然选择，更可为中华文明的复兴提供坚实的学理支撑。

2. 以纪念马克思200周年诞辰和《共产党宣言》发表170周年为契机，学界重新思考马克思对当代中国和世界的意义

2018年是马克思200周年诞辰和《共产党宣言》发表170周年，以此为契机，国内学界发表大量研究成果。这些从新的维度和新的视野出发的研究表明：马克思对资本主义所做的病理学诊断，预言了人类历史解放的现实道路和前景，为我们自觉把握“世界历史”，超越民族国家的狭隘视域开辟了可能性。

世界范围内的环境恶化带来的生态问题，贫富悬殊造成的严重不平等，给人类的生存与发展提出了亘古未有的严峻挑战，如何看待并处理“资本权力”的二重性及其吊诡所带来的上述后果，仍然是我们无法回避的尖锐而紧迫的时代问题。与此同时，当代科学技术的不断突破，深刻地重塑了人的生存方式，并有可能引发历史上任何一次科技进步都无可比拟的空前深刻的变革，促使我们必须在一种全新的文明样态的基础上思考人类的未来命运。面对空前严峻的考验，学界认识到马克思的学说依然具有指导性意义：在不断中国化的过程中，马克思学说极大地介入了现当代世界历史进程，改变了中华民族的历史命运，形成了具有中国特色的社会主义思想；对于中华民族来说，这无疑是一笔巨大的精神财富，既构成我们反思历史的锐利思想武器，也成为我们筹划未来的思想指南。

3. 中华文明起源研究争议再起，夏代有无成为焦点问题

2018年5月，国家新闻办公室发布了“中华文明探源工程”研究结论，提出早在夏王朝建立之前，黄河、长江、西辽河等地区即陆续进入可称为“古国时代”的文明时期。与此同时，安徽凌家滩、浙江良渚、山西陶寺和陕西石峁等早期遗址的重要发现，也让考古和历史学界重新思考中华文明起源研究中的一些既有看法，夏代的有无，遂再度成为学界讨论的焦点。

孙庆伟以“夏代信史的考古学重建”为题出版专著，明确提出夏文化不是有没有发现的问题，而是用什么方法去识别的问题，认为通过考古学文化的比较，我们无须出土文字材料亦能判断夏代的真实存在。此论一出，旋即在学界引起广泛争议。反对者依然认定，文字考古材料的阙如，只能让夏代的存在既不能证实也无法证伪。甚至有学者提出，夏代信史说背后有太多的民族主义情结和强烈的古为今用理念，不是立场中立的科学研究。与此同时，也有学者认为，西方学术界常用的文明起源的判断标准——文字和冶金技术，并不符合中国历史的实际，对夏文化的探索是中国考古学当仁不让的职责，考古学家要做的是在“信古”的基础上结合中华远古文明的特质去“释古”，这一问题能否尽早取得共识，令人期待。

4. 科技发展的伦理共识遭遇冲击，“基因编辑婴儿”引发人类命运忧思

2018 年，世界首例“基因编辑婴儿”在深圳诞生，这则消息甫一披露，122 位科学家随即联合发表声明，强烈谴责此项工作的生物医学伦理审查形同虚设，指出基因编辑的人体实验存在“脱靶”风险，甚至会对人类社会造成深远的负面影响，呼吁相关部门及研究单位迅速完善立法并严格实施监管，科技部、中国科学院、中国科协等单位和组织也先后作出回应，表示明令禁止、坚决反对，将按照中国有关法律和条例进行处理。

该实验之所以广受质疑，是因为在技术存在缺陷的现状之下，任何针对人类遗传基因进行的所谓“改良”，都是极度危险和不负责任的。基因编辑具有不可撤销的特性，一旦出现“脱靶”等失误，将会在实验对象乃至整个人类基因池中埋下不可预知的隐患，严重威胁整个人类的存在。当飞速发展的新兴技术具有了改造人类自身、重塑人类文明的可能性时，只有强化和维护人文约束，保持对自然演化的足够敬畏，才能最大限度地实现科技造福人类的终极目的。

5. 饶宗颐、谢和耐等汉学大家相继离世，欧陆汉学传统渐成绝响

2018 年，著名汉学家饶宗颐、谢和耐相继离世。他们一位是中国古典学术硕果仅存的耆宿，与法国汉学界有着志趣相投的密切联系；另一

位是当代法国最具权威的汉学家，曾长期主持整个法国汉学界的工作。从某种意义上说，两位汉学大师的去世，代表了以法国为中心的欧陆汉学传统走向终点。

自1814年法兰西学院首开“汉学讲座”算起，200年间法国汉学界群星璀璨，薪火相传，他们以语文学、文献学为基本工具，在内亚史、宗教史、敦煌学等诸多领域，取得了辉煌的成就。20世纪初期以沙畹、伯希和为代表的法国汉学家，在中国现代学术史上也留下了浓墨重彩的一笔，饶宗颐和谢和耐都上承沙畹弟子戴密微，继续将法国汉学研究广而大之。但自二战以后，尤其是20世纪七八十年代以来，欧洲汉学研究路数日渐式微，社会科学化的美国中国学逐渐成为国际汉学研究的引领者，饶宗颐、谢和耐已成为博大精深的欧陆汉学的最后余晖，他们的离去，不仅是国际汉学界的重大损失，更意味着一度辉煌的欧陆汉学传统已渐行渐远。

6. 第二十四届世界哲学大会在北京召开，世界哲学研究或将进入“无问西东”的新境界

西方哲学可谓世界哲学舞台上的领舞者。17世纪，出于寻求精神同盟与榜样激励的需要，启蒙时代的欧洲思想家曾一度热捧中国文化；但此景不长，启蒙精神落地生根之后，康德、黑格尔转眼皆认为“东方无哲学”。19世纪中叶以来，在强劲的西学引介潮流中，汉语学界仿照西方哲学所草创的“中国哲学”学科，迅速覆盖了传统经学与子学，但质疑之声始终不绝于耳。21世纪首年迄今，汉语学界在中国本土文化之主体性意识抬头的大背景下，围绕“中国哲学的合法性”兴起了一场惹人注目的反思与争鸣。为了维护中国传统思想的“特质”，一些论者甚至主张应该抛弃中国哲学学科建制。哲学与“中学”之间的联姻究竟何去何从，一时间成为国际学界的重要关切。

2018年8月13～20日，第二十四届世界哲学大会在中国北京召开，哲学与“中学”迎来了难得的关系协调时机。本届大会尤其“强调哲学研究的全球化，囊括古往今来不同文化中各类思想家进行哲学思考的多重形式”。大会特别以具有中国传统特色的“学以成人”主题设置，融摄包括英美分析哲学和欧洲大陆哲学在内的哲学各主要板块。而在研讨过

程中，这一主题亦不断被“多元文化和各类传统”注入新的内涵，这预示着世界哲学研究或将进入“无问西东”的新境界。

7.“墨子号”卫星量子试验引发墨学热，中国古代科技传统得以重新发掘

随着“墨子号”卫星圆满完成洲际量子密钥分发试验引发世界性关注，2000 多年前在光学、声学、力学、几何学等方面作出卓越贡献的科圣墨子，成为人们所热议的焦点。以国家图书馆出版社《墨子》新注本为代表，各家出版社年内推出墨学著述多达数十种，“墨子沙龙”的系列科普讲座广受好评。

墨学是中国古代科技传统的杰出展现，是中华文明所内蕴的科学基因的有力证明，然而，20 世纪英国学者李约瑟曾提出这样的疑问：为什么近代科技革命没有出现在中国？一直以来，“李约瑟之问”不断拷问着中国学人，由此引发了对中国传统知识体系和科学文化之间关系的深刻反思和尖锐批判。近 40 年来中国科技发展的突飞猛进，见证了一个创新型国家的崛起，这同时也是中华文化血脉中固有力量的迸发，以墨家思想为代表的科学精神及工匠精神因此得以重光，中国古代科技传统再度引起整个社会的普遍关注。

8.《狂人日记》发表百年，鲁迅研究再成热点

1918 年 5 月，《新青年》发表鲁迅小说《狂人日记》，此文被认为深刻揭露了家族制度和礼教的“吃人”本质。2018 年，在《狂人日记》发表 100 周年之际，学界举办多场学术活动，从多学科的不同视角，对鲁迅所开创的具有鲜明批判色彩的“文学政治”传统，进行了全新的解读，鲁迅的政治与思想价值遂得到重新认识和评价。

进入 21 世纪以来，中国人文学术开始发生方向性转折，以儒学为代表的中国传统文化强势回归。在更新文化还是保守传统之争的大背景下，鲁迅研究不再只是现当代文学研究的对象，在“人间鲁迅”之外，学界又对鲁迅思想与现实社会的关系等多个面向构成的“政治鲁迅”，给予了强烈关注。这既是鲁迅研究自身内在逻辑发展的结果，也是学界对当下社会转型中的问题的一种思想回应。“人间鲁迅”和“政治鲁迅”的这一对话，是在更为审慎与成熟的基础上对我们文学传统和政治传统的双

重反思，为在新时代重新激活鲁迅思想遗产提供了一种可能。

9. 侯旭东新著《宠》挑战既有范式，“新政治史”研究蔚然兴起

政治史和制度史研究，是近40年来国内古代史研究的中流砥柱。传统政治制度史研究着重于政治事件的解释和制度架构的复原，在取得巨大创获的同时，也带来了一系列刻板印象。时移势易，近年来随着新的史学热点的不断出现，传统政治制度史的研究取向不断遭遇批评和质疑，甚至出现了“政治史还有未来吗?”的讨论。

2018年，侯旭东新著《宠：信—任型君臣关系与西汉历史的展开》出版。该书秉承作者倡导的“日常统治”研究思路，借鉴文化人类学的方法，尝试用“关系过程”的视角来重新解读西汉政治史。在序言中，作者明言要“告别线性史观”，指出此前的研究取向其实是历史目的论和线性历史观的改头换面，主张以研究人与制度的复杂互动来超越旧范式中的“规律”和“必然”，并借此跳出传统政治制度史研究框架。本书的出版，呼应了近年来蔚为风行的“活的制度史”“政治文化”“史料批判”等古代政治史研究新取向，为政治史研究对旧范式的突破提供了又一典型示范，预示着在新文化史研究的弥漫之下，“新政治史”研究的时代或将来临。

10.“乡村振兴战略”全面开局，梁漱溟“邹平实验”再受关注

2018年为“乡村振兴战略”的开局之年，如何构建新型乡村治理体系，完善乡村社会组织，改良乡村习俗，成为各界关注的问题。本年适逢梁漱溟逝世30周年，以其“邹平实验”为代表的乡村建设运动及相关理论构想，成为学界讨论的热点。人们希冀从梁漱溟的实践和理想中，为当代乡村振兴寻找到有益的思想资源。

梁漱溟认为，乡村社会的崩溃是中国文化衰败的缩影，乡村建设的终极目标实为振兴中国文化，而振兴中国文化、重建中国社会必须“从乡村作工夫”，恢复乡村教化、礼俗。邹平实验虽因全面抗战的爆发而告终，其实践与思路却给后世学者带来了启发，有学者提出，梁漱溟乡建实验是传统社会濒临崩溃背景下的文化自救，当代乡村振兴则是大力弘扬优秀传统文化背景下的文化传承与创新，二者在对传统文化的认可、乡村建设的实质、乡村振兴的方式方法等方面有诸多共通之处。当然，

梁漱溟的邹平实验距今已有 80 余年的时间跨度，社会结构已经发生巨变，其理论构想及实践对于今天究竟在多大程度上具有借鉴价值，也还有待更多的探究。

5 月 5 日，葛兆光在《文史哲》第 3 期发表《从“帝国疆域”到“国家领土”——“五四”之前有关“主权”问题的日本刺激与中国反应》。

文章指出，从晚清到民初，正是中国从传统帝国之宗主权向现代国家之主权、传统帝国之疆域向现代国家之领土转化的关键时期，所以政学两界的舆论也从晚清的“寻求自强”转向民初的“保全国土”。“五四”之前中国边疆意识之觉醒，与日本政界的步步进逼难以分开；对四裔历史认识之资源，也和日本学界的满蒙回藏研究息息相关。中日关系的这种复杂纠葛，正是“五四”前夕“救亡”思想的一个重要来源。以浮田和民《中国之将来》一文的发表为标志，“五四”之前日本有关中国保全和割裂的言论，对中国社会上下造成强烈刺激。以往学界用“启蒙”和“救亡”双重主题描述“五四”并无不妥，只是“启蒙”和“救亡”的次序宜调整为“救亡性的反帝政治运动过程，碰上了启蒙性的新文化思潮，二者结合促成了这场五四运动”。“救亡”始终是现代中国的中心话题和巨大力量，“启蒙”则是局限于精英世界的话题，远远没有成为民众世界的共识。因此，“启蒙”至今仍是国人未竟的使命。

汪荣祖的《从文化与政治角度解读“五四”前后的李大钊》指出，李大钊是五四新文化运动的一员主将，是中国最早的马克思主义者，但在迎接马克思主义之前，托尔斯泰的人道主义思想对李大钊的影响不可小觑。李大钊于 1916 年发表的《青春》一文，可以说是对托尔斯泰“复活”微旨的诠释，其意无非要让垂死的中国复活，问如何以理性自觉创造新文明，破旧立新的方案何在。他终于在 1917 年俄国的十月革命中找到答案。李大钊因十月革命的成功而重视马克思主义，认为是“庶民胜利”的秘方。他自迎接十月革命后，一直在中国领导以俄为师的革命运动，成为创立中国共产党的奠基人、促成国共合作的要角、华北工运的主导者。李大钊对于马克思主义在中国传播的重要意义，不在于其对学理的创发，而在于其革命行动，最终他虽然牺牲，却为下一阶段的革命活动开启了契机。

马来平的《格物致知：儒学内部生长出来的科学因子》认为，从格物致知与科学关系的角度看，历史上格物致知的含义曾经发生过两次重大转向：一次是程朱理学格物致知说的形成，另一次是明末清初实学思想家格物致知观的形成。两次转向均对科学起到了显著的促进作用。通过这两次重大转向，格物致知经历了一个认知含义不断扩大、最终由一个道德概念转变为兼具道德和认知双重性质的概念并用来表征科学的过程。该过程表明，格物致知与科学不是无关，而是大有关联，格物致知乃是儒学内部生长出来的科学因子。这一点既决定了儒学与科学具有根本上的相容性，也为证明儒学具有自己的认识传统、具有与现代科学相接榫的可能性，提供了内在依据。

6 月，“《文史哲》丛刊”第二辑开始由商务印书馆文津公司出版。

该辑共 16 种，包括《情·味·境：本土视野下的中国古代文论》《文史交融：中国古代文学创作论》《风雅流韵：中国辞赋艺术发微》《结构与道路：秦至清社会形态研究》《制度、文化与地方社会：中国古代史新探》《农耕社会与市场：中国古代经济史研究》《近代的曙光：明清时代的社会经济》《步履维艰：中国近代化的起步》《现状、走向与大势：当代学术纵览》《文府索隐：中国古代文学新考》《史海钩沉：中国古史新考》《轴心时代的中国思想：先秦诸子研究》《道玄佛：历史、思想与信仰（续编）》《传统与现代：重估儒学价值》《权力的限度：西方宪制史研究》《公平与正义：永恒的伦理秩序》。

6 月 12 日，《中华读书报》发表邹晓东撰写的“儒学价值及其现代命运：五四运动百年纪念”人文高端论坛侧记《儒学与“五四”能和解吗?》

文章写道：

竟然用“儒学价值”纪念“五四”百年——许多人初闻本届《文史

哲》杂志人文高端论坛的主题，很自然地都会满脸诧异。“五四”，向来作为醒目的标志，与“新文化运动”一体相连——而“五四新文化运动”（以下均在此意义上简称“五四”）的文化斗争口号，则正是“打倒孔家店”。当年，面对老大之帝国积弱难返的惨痛现实，经过了由器物而制度、由制度而文化层层递进的诊断之后，“五四”先贤最终毫不留情地将以儒学为代表的本国“旧学”判定为症结所在，进而无所不用其极地按自己所理解的现代西方“德先生（民主）”“赛先生（科学）”揭露之，质疑之，取代之，认为只有这样才能启传统民智之“蒙”而再造国族自强的文化根基。这，构成了那一时期中国知识界的主流姿态。既然如此，怎好用“儒学价值”，来纪念一百年前的“五四”？

正是基于这些考虑，王学典主编在致辞中说：“五四运动提出了两大命题：一个是如何对待传统？再一个是如何对待西方？我们迄今并未走出这两大命题的笼罩。尽管21世纪已经过去20年了，但20世纪留下的深刻教训，迄今为止远未得到应有的总结。”

如果说长程的历史总是遵循“正—反—合”的辩证逻辑的话，那么，在整整一百周年之后，世变时移，是不是也该轮到一度被置于“新文化”对立面的“儒学”，在更高的层次上与“五四”握手言和了呢？在山东，用“儒学价值及其现代命运”的再研判来纪念“五四”百年，此其时也！

7月5日，孙向晨在《文史哲》第4期发表《重建“家”在现代世界的意义》。

文章认为，现代世界对于“家”的理解存在若干重误区：一是将“个体”与“家庭”理解为势不两立的价值主体；二是将“亲亲”的生存论经验与“家”在历史上的机制化表现混为一谈；三是错误地把“家”的非对称性结构理解为权力主从关系的起源；四是误认为家庭的角色责任与现代社会的个人自由不相兼容；五是只看到“家”作为社会组织的一面，没有看到“家”也是一种精神性的文化存在。由此，现代社会忽视了“家”自身固有的价值意义。重新建立一种饱含“个体自觉”的“家”观念，可以在现代语境下，重新澄清“家”的积极价值，使“家”成为成就“个体”的有力保障，并对“个体本位”的消极后果给予制衡；与此同时，现代世界还需重建“修齐”与“治平”的关系，发挥“家”所具有的更普遍的意义。总之，“家”需要被重新理解为人类生存的基本方式，为此，现代世界需要重新厘定“家”在“关系性”存在方式、“情感”境遇、“伦理性”原则、“理解世界的方式”以及“精神性超越的方式”等方面的本体论意义。

任剑涛的《超越经学，回归子学：现代儒学的思想形态选择》指出，儒学现代发展落定在经学形态的两个理由：一是儒家经典的政治权威性，二是经学曾经发挥的政治整合作用。这两个理由既有事实依据，又有内在限制：它符合经学的历史真实，但它与儒学的现实处境相左。子学更有利于儒家的现代发展。从儒学的创制与传承上看，正是相与诘难的诸子学，给予原始儒学以巨大的思想活力；从儒学渐趋衰颓的史实看，正是儒学耽于权力的利用，而明显丧失了思想活力与理论创造力。处于多元的现代社会，儒学必须与权力相疏离，与经学偏好保持距离，坚持子学进路，激发思想创造。这样才能在激烈竞争的思想市场中占据前沿位置，具备融会各家理念的超级思想能力，并且为中国的现代转轨提供精神动力，引导现代中国人的健康生活。

倪培民的《知“道”——中国哲学中的功夫认识论》提出，从西方哲学的视角来看，中国哲学似乎拙于认识论。这是因为西方哲学的核心关注是真理认知，而中国哲学传统则更关注知“道”。从后者的角度来看，认识论需要突破其真理认知的狭隘框架，形成一个包括技能之知、默会之知、熟识之知、程序之知等知识种类的广义的知识——“功夫之知”，或生活的艺术——的学问。所谓“命题之知”和“技能之知”，是功夫认知中既互摄而又不能单纯归约为其中某一方的两种形态，而这两个形态也并非功夫认知的全部。功夫认知远比真理认知丰富得多。功夫认知要求体身化，即身体的参与和把所知变为身体的内容，它还要求知道“不知”甚至“弃知”的价值。功夫认知需要对语言的语用功能有足够的认识。从描述功能而言，语言的清晰性和明确性使人倾向于个体化的思路，它具有重要认知价值，但也不利于把握事物的关联和变化。就非描述性功能而言，语言更是丰富的行为方式。描述性的理论体系要求线性的逻辑关联，而功夫体系则遵循功法开展的要求。功夫认知要求功夫主体的全面修炼，即人的内在转化和面向万物的扩展，而不仅仅是理智的培养和资讯的获得。这种修炼的主要方法不是靠接受语言信息，而是通过对楷模的模仿（不同于简单的重复）进行。

杨际平的《走出“唐宋变革论”的误区》提出，魏晋南北朝隋唐时期的“士族”不是“贵族”。中国古代确实经历过贵族政治与君主独裁两个阶段，但不是从六朝至隋唐五代以前是贵族政治，宋以后是君主独裁；而是春秋战国以前是贵族政治，秦始皇统一中国以后的秦汉至宋元明清都是君主独裁。唐律令非常明确地承认唐代百姓田的私有性质。《唐令・田令》设计的那种田制，表面上虽有一些土地国有色彩，实际上不改秦汉以来土地私有的现实。隋唐五代敦煌、吐鲁番发现的大量租佃契约和唐代西州堰别青苗簿等都充分证明在两税法成立、《唐令・田令》设计的那种田制名实俱亡以前，租佃制已在除农民自耕外的各种农业生产方式中占主导地位，契约租佃制十分发达。这证明我国隋唐时期农业劳动者既不是“奴隶佃农”，也不是“部曲农奴”，而是法律身份自由的“良人”。内藤湖南等笔下的隋唐五代，不是我国历史上真实存在过的隋唐五代。其所论率多削我国隋唐五代历史之足，以适欧洲中世纪之履。其基本结论、主要观点乃至其所持的所谓论据都是错误的。现在亟应走出内藤湖南等“唐宋变革论”误区，还历史真面目。

8 月 23～25 日，《文史哲》杂志举办首届青年学者工作坊暨第十二届中国中古史青年学者联谊会。

本次会议由山东大学《文史哲》编辑部主办，山东大学历史文化学院、北京大学中国古代史研究中心协办，来自中国大陆和台湾、日本、美国等 20 余所高校和科研机构的 38 位青年学者，围绕中国中古史研究的成就、趋势和困境等话题展开讨论，会议主要议程包括以“重绘中古史的可能性”为主题的座谈会以及“中古制度的渊源与展开”“中古中国的边区与基层”“北族王朝的内亚性与华夏性”“律令制下的东亚世界”等四场研讨会，“《文史哲》青年学者工作坊”是山东大学《文史哲》编辑部在年度“人文高端论坛”之外，专门面向青年学者策划和主办的系列学术会议，致力于发掘与团结新生代学者，追踪研究动态，促进“编”“作”交流，孕育学术更新。

9月5日，《文史哲》第5期推出“反思‘五四’：中西古今关系再平衡”笔谈。

参加笔谈的包括杨国荣《“五四”思想与传统儒学》、罗志田《为己或为人：五四期间关于个人的认知与传统的无意中改写》、温儒敏《“五四”辩证：传统的颠覆与赓续》、何中华《革命的吊诡：文化是结果还是原因?》。

“编者按”云：百年前的五四运动是中国现代史的发端性事件，如何估量和处置以儒学为代表的传统文化及其与西方文明的关系，是五四时期所面临的重要问题之一，至今仍有巨大的现实意义。2019年5月，山东大学《文史哲》编辑部主办“儒学价值及其现代命运：‘五四’百年纪念”高端论坛，本期所推出的这组笔谈，即属此次学术研讨会的部分成果。其中，杨国荣先生由“五四”核心概念（科学和民主）与儒学核心观念（仁和礼）之间的相分相融，提出“五四”思想家尽管趋向于传统与现代之间的划界和对峙，但深层观念依然与传统相涉。罗志田先生提出，“五四”对个人的一度看重虽更多是受外来影响，但我们不宜忽视中国传统中本有一个顶天立地的个人，而“五四”使个人脉络化的“近代中国特色”，却疏离于近代西方和中国古代的个人观念。温儒敏先生认为，以“五四”为“全盘性反传统主义”的观点是浅薄的，真实的历史是“五四”既颠覆传统，又赓续和再造传统，“五四”先驱者批判礼教，是儒学的转机而非灾难。何中华先生从唯物史观的视角，指出“五四”未曾正视和深究“民主”与“科学”背后的历史根源和社会基础，“文化决定论”试图从观念层面出发倒逼出政治制度安排和现代经济体制，存在着因果关系的某种倒置。相信此组笔谈，对于相关研究将有一定的启发和推动作用。

赵冬梅的《和解的破灭：司马光最后18个月的宋朝政治》指出，在推翻新法的政策诉求之外，司马光在政治上追求协调新旧关系，实现政治和解，重返多元政治。然而，他以做谏官的姿态做宰相，追求个人道德的完美，既乏手段，又乏资源。相对年轻的台谏官群体主张清算，反对和解。新晋宰执推动太皇太后发布“务全大体诏”，对熙丰官僚实行政治赦免，力求和解。在台谏官强烈反对下，诏虽出而和解之义亡。元祐之政因而失去了大部分普通官僚的支持，进一步陷入“人才实难”的境地，而司马光对于变神宗法度的核心理论解释“干父之蛊说”被“以母改子说”掩盖，既不能达到统一思想的目的，又为未来的分裂、恶斗埋下了引子。和解的破灭，司马光难辞其咎，然亦无法独担其责。

姚洋、秦子忠的《中国务实主义及其儒家哲学基础》认为，中国文化的核心之一是务实主义。在认识论层面，中国务实主义相信真理的性质是历史和具体的，而认知思维是情理交融的，认知系统是开放、现实和融合的；在实践论层面，中国务实主义从目的出发，相信如果目的是合意的，则手段就可以随情境而变。中国务实主义可以还原为儒家的人性论。不同于西方单一和不变的人性假设，儒家的人性是世俗的，因而也是流变和可塑的。人性的世俗性否定绝对真理，人性的流变和可塑性为手段的多样性提供哲学基础。然而，儒家并不提倡为达到目的而不择手段，而是强调个人修养以及礼仪对个人机会主义的约束作用。儒家人性论无法推导出法治，这不能不说是儒家的一个缺憾；如同民主政治一样，儒家政治必须佐以法治才可能保证良政。

盛洪的《道统指导政统原则及其在传统中国的制度安排——关于知识分子制度化参政机制的讨论》指出，道统指导政统是中国自春秋时期就形成并主导之后历史的基本政治原则。落实这一原则，就需要以接近天道的儒家价值为标准，对探究和实践道的士人进行判别和选拔。历经察举、九品中正制和科举制度，传统中国选拔士人的制度不断完善，并最终通过科举将考试前置，排除了任何“初选”制度，使所有士人都能平等地进入公职的选拔过程，并在担任公职后对政绩进行考察，使道统指导政统的原则得以基本实现。这一原则及其制度在今天仍有其意义。

本期杂志还刊登了“近四十年中国古史断代研究的回顾与反思”笔谈，包括沈长云的《改革开放四十年中国先秦史研究的回顾与反思》、楼劲的《四十年来魏晋南北朝等断代史研究的几点思考》、包伟民的《走向深化：辽宋夏金史研究展望》、赵轶峰的《谈谈明清史研究的再发展》、黄爱平的《改革开放四十年清史研究的回顾与反思》、刘志伟的《改革开放四十年明清社会经济史研究的路径与方向》。

11月5日，钟焓在《文史哲》第6期发表《重写以“中央欧亚”为中心的“世界史”——对日本内亚史学界新近动向的剖析》。

文章指出，自20世纪90年代以来，不少日本内亚史学者改用“中央欧亚”一名来概括其研究的地域对象，构建起以“中央欧亚”为中心的全新“世界史”体系，逐渐取代了原来的研究模式。这一动向具体反映在杉山正明、冈田英弘等人推出的一系列著述中。然而通过对它的剖析可知，这种看似充满新意的历史构建其实在基本史实方面存在重大的缺陷与误区，远不能被视作具有充分实证性和说服力的知识体系。

本期杂志继续推出“反思‘五四’：中西古今关系再平衡”笔谈，包括任剑涛的《“五四”与拯救共和》、陈卫平的《“五四”：在多元阐释中重建知识叙事》、谭好哲的《“文学革命”与中国现代“人生论”文艺观的确立》、方朝晖的《从文化心理结构反思“五四”》、魏建的《“五四”文学研究的几个历史教训》、刘悦笛的《作为“大启蒙”的“五四”：走向“启蒙就是救亡”的历史大势》等文章。“编者按”云：自五四新文化运动以来，如何把握中西古今关系这一命题贯穿了百年中国现代史，直到今天仍是人们所关注的重大理论问题。本期推出的这组笔谈，从政治学、哲学、文学、历史等不同角度，对这一问题进行了新的探索。任剑涛先生认为，风雷激荡的“五四”彻底终结了帝制复辟图谋，从根本上拯救了现代共和，并宣告了共和才是中国现代建国的政治理想与现实路径。陈卫平先生辨析了“五四”与全盘反传统、建设中国文化新形态、马克思主义中国化、新民主主义革命四个方面的关系，以期在社会科学知识体系中重建“五四”叙事。谭好哲先生提出：五四文学革命确立了具有现代意识的“人生论”文学观，奠定了中国现代性新文学直面现实人生，注重人生改造、人性解放、精神启蒙的优秀传统；反思和总结中国文学的百年历程，必须重视“人生论”文学观及其人道主义思想内核的精神启蒙价值和文学范式意义。方朝晖先生将中国文化心理特征概括为此岸取向、关系本位、团体主义，认为中国的现代性迄今仍没找到自己的恰当定位，根本原因在于我们对这一深层心理结构了解不够深刻。魏建先生以《女神》为例，通过这部最能体现“五四”抒情文学创作实绩之代表作的研究，总结了“五四”文学研究的历史教训。刘悦笛先生从世界文明的大脉络当中重新审视“五四”，认为 20 世纪以来的“中国启蒙”，在结合本土传统后，可以为世界文明提供一种新的发展范式。六篇笔谈从各自不同的视角，为肯定“五四”的价值提供了新的向度与新的思考，对于相关研究有很大的启发和推动作用。

马新的《试论中国古代农民的群体性特质》指出，中国古代农民并非一盘散沙，亦非“口袋中的马铃薯”，而是具有较强合作意识与集体精神的社会群体，具有明显的群体性特质。村落中公共活动与公共事务的最大特点是村民参与的普遍性。村民们累世聚居，彼此间的联系与往来十分密切，自发的劳动合作一直相沿不息。在以地缘和血缘为纽带、以农耕文化为基础的村落共同体中，形成了守望相助的邻里关系，这既是农民日常生活的需要，也是其精神与生存的相互依托。中国古代农民的这种群体性特质是由特定历史条件与社会结构所造就的，它一方面使古代农民可以形成共同关系，甚至可以保护自己的群体利益；另一方面也使农民成为中国古代社会存续和变革的基本力量。唐太宗所言“水能载舟，亦能覆舟”是对这一社会规律的高度总结。

谢文郁的《选举制与推举制——现代西方与儒家仁政的政治领袖产生机制之比较》认为，国内学界对于现代西方通过民主选举产生政治领袖的机制有很多讨论，但对儒家仁政的政治领袖产生机制则几乎没有涉及。这两种机制可以分别被称为选举制和推举制，它们基于两条不同的正义原则，即通过选票表达公意的正义原则，和在君子之道中呈现民心的正义原则。选举制以选票为决定因素，忽略选票背后的责任意识，从而无视“公意”可能为恶的情况。推举制强调民心为政权之基，要求执政者必须保持君子身份，敬畏天命而体察民心，行君子之道。但是，民心的不确定性使得推举制下的权力运作，可能走向结构性腐败。对选举制和推举制进行平行考察，有助于更清晰地认识二者的基本思路、运作逻辑及与之分别相应的社会发展模式的特征。

几位学者就“责任心和美德问题”在该期杂志上展开讨论。安靖如《责任心是美德吗？——美德伦理学视域下重思孔孟荀的主张》认为，“责任心”和“美德”都是先秦儒学的重要概念，但二者之间存在微妙而本质的差别。“责任心”意味着一个人有意识地确保自己履行职责。孔子、孟子和荀子都讨论了“责任心”的问题，尽管他们并没有使用一个统一的概念来概括它。细读《论语》《孟子》《荀子》三种文本可以发现，他们也都认识到了责任心的两面性：一方面，责任心具有重要的正面意义，能够帮助道德学习者提升道德境界；但另一方面，责任心也隐藏着深层的问题，因为它缺乏可靠性、灵活性以及（在某些情况下）发自美德的礼节，因而也会阻碍一个人变得更有道德。从责任心出发还是从美德出发是有着本质区别的。孔子所谓的“从心所欲不逾矩”，意味着最高的德性无须强迫自己尽责，而是发自内心的行动。

何中华则以《美德与责任心是二分的吗？——与安靖如先生商榷》提出不同意见。他认为在儒家的语境中，是不能把美德同责任心撅为两截的。即使从纯粹逻辑推演上说，道德也是离不开对善与不善的抉择的，而选择即意味着责任。儒家意义上的责任，无法摆脱道德而获得意义。李义天则在《“责任心”及其美德论限度——评安靖如〈责任心是美德吗？〉》一文中指出，一方面，人们完全可以接受康德主义的美德概念，将“责任心”从一开始就理解为最基本的美德；另一方面，即便依然坚持美德伦理学的立场，也应该意识到，“责任心”与“美德”之间的心理状态差异只是浅层的表象，真正深刻的问题在于，“责任心”意味着行为者只需对行为的规则及其普遍必然性负责，而“美德”却还需要行为者继续追问规则之善，追问善的总体性，追问这些善与他本人之间的内在关联。因此，在道德心理层面上，“美德”虽与“责任心”明显不同，但“美德”并非与“责任心”格格不入。如果一位行为者既能洞察总体的善又能理解规则之善，从而在遵从规则时虽然因为敬重规则而依然保有明确的“责任心”，但却并未因此感到这份“责任”所施加的巨大强迫或压力，那么，这个时候我们还能说他缺乏“美德”而仅仅出于“责任心”吗？

安靖如对何中华与李义天两位学者进行了回应。

12月下旬，《文史哲》国际版通过专家审核，被收入 ERIH PLUS 索引（欧洲人文社会科学研究索引）。

这是继2018年《文史哲》国际版被 Scopus 数据库收录之后的又一突破。ERIH PLUS 索引于2008年由欧洲科学基金会创办，是欧洲学界体量较大、颇具影响力的研究参考索引，目前由挪威教育科研部下的挪威研究指数中心管理，收入 ERIH PLUS 索引有助于大幅提高《文史哲》国际版在欧洲学界的知名度。

2020 年

1 月，“新冠肺炎”疫情席卷全球。

1 月，《文史哲》发起公德私德学术论战。

1 月 5 日，《文史哲》第 1 期发表陈来《中国近代以来重公德轻私德的偏向与流弊》，发起公德私德问题论战。

陈文指出，按照近代西方学者的定义，个人道德为只与自身有关而不涉及他人的行为或品质，但其实中国古代德行大部分不是纯粹个人的私德，多数是联系着对他人的态度。关于公德，中国古代社会不是没有，而是没有近代性的社会公共生活所要求的公德和礼规。梁启超虽受日本近代重视公德的影响，但与日本的公德建设主要指向公共道德不同，他呼吁的公德集中在公民道德即政治性公德上。虽然公民道德和公共道德可以合称为公德，但事实上，一个稳定成熟的近代国家与社会，内部秩序更需要的为公共道德。中国近代以来的特殊进程，使得政治公民道德大受重视，而相对来说，公共道德的概念及其推广则遭受忽视。近代以来最大的问题是政治公德取代个人道德、压抑个人道德、取消个人道德，并相应地忽视社会公德，使得政治公德、社会公德和个人道德之间失去应有的平衡。因此，恢复个人道德的独立性和重要性，并大力倡导社会公德，是反思当代中国道德生活的关键。

此文发表后，引发激烈争论，蔡祥元、任剑涛等撰文反驳，肖群忠、唐文明、陈乔见、赵炎等学者则表示赞同并进行延伸性阐发。论战引起学术界普遍关注。

本期还发表多篇重头文章。

比利时学者戴卡琳在《名还是未名：这是问题》中指出，早期中国文献极为关注命名及称谓的问题。例如，诸子对于“忠”这样的重要概念应如何被“谓”有各自的论述，他们透过这样的命名行为来影响其他人对此概念的理解。然而，在近现代的西方翻译之中，命名性的“谓”常被“是什么”的“是”取代。以先秦诸子如何界定“忠”“孝”为例，研究者从中可以发现中国重“名”思想的诠释工具通常有三：一是孔子、儒家或中国哲学中的“正名”学说；二是西方修辞学中的“转谓”（paradiastole）；三是分析哲学中的说服型定义（persuasive definition）。在解读诸子典籍时，虽然上述三种工具皆有削足适履的危险，但对于诠释文本却不无启发。重新检视这三种诠释工具，除了辨认出这些工具的危险性之外，亦可透过反思来发现它们的价值。

黎虎在《中国古史分期暨社会性质论纲——兼论中国传统社会的主要矛盾问题》中指出，权力的掌控与人力（人口）的掌控是中国古代历史发展演变的两个关键，故破解中国古史分期之谜和正确认识古代社会性质，必须由此切入。权力作为中国古代社会的主导者，高居于社会任何群体、阶级、集团之上，直接决定历史发展的走向和社会的性质，因此掌控了权力就掌控了全社会的政治、经济、文化等一切；而权力之所以能够发生上述作用而显得法力无边，其关键和首要条件又在于掌控了人力，人力掌控实为权力之源之本。据此剖析中国古代历史，则先后经历了“无君群聚”社会（太古至夏以前）、“王权众庶”社会（夏商西周至战国时期）和“皇权吏民”社会（秦至清）三个时代。第一时代经历了“兽群”“姓群”“氏群”三个阶段，既为历史文献、文字学所说明，亦为近代考古成果所证明。王权与“众庶”构成的有机统一体，为第二时代社会结构的主体和主要矛盾关系；皇权与“吏民”构成的有机统一体是第三时代社会结构的主体和主要矛盾关系，尽管地主（由“皇权地主”与“吏民地主”构成）与农民关系也是这一时代的重要矛盾之一，但不可能超越“吏民”与皇权矛盾关系而成为主要矛盾。从第二时代到第三时代，权力掌控从专制集权多元性、层级性、分散性的相对掌控，到专制集权一元性、全面性的绝对掌控，并从专制走向独裁；人力掌控则由血缘性、群体性的相对掌控，到地域性、个体性的绝对掌控，表现为由“众庶”转变为“吏民”。

3 月 5 日，美国汉学家夏含夷在《文史哲》第 2 期发表《出土文献与〈诗经〉口头和书写性质问题的争议》。

文章指出，西方学者多有论证《诗经》产生于口述文化环境中，认为在《诗》的创作和传授过程中，书写没有起到多少作用。最近出土的几种《诗经》及与《诗经》有关的早期写本对这种说法提出了质疑。根据一些写本以及其他出土文字数据，夏含夷在这篇文章中论证了书写在《诗经》早期历史的每一阶段都曾起到重要作用。

闫小波在该期发表《何以安民：现代国家“根本性议程”的赓续与创制》，认为在由王朝体制向现代国家转型的过程中，中国始终面临普遍主义与特殊主义的张力。若从现代国家成长的道路来看，既不是普遍主义的凯旋，亦非特殊主义的再生，而是用普遍性的眼光去审视特殊性，立足于特殊性的立场以汇通普遍性。考察王韬、李大钊、毛泽东对建构现代国家“根本性议程”的探讨，不难发现，“何以安民”始终是他们的注意力所在，“民惟邦本”是历史给定的思考国家根本性议程的约束性条件。历史最终选择了人民代表大会制度作为国家的根本政治制度，这与先儒习惯内视“三代以上之遗意”的乌托邦式臆想相比，实现了历史性的跃升；与西方专注于控制权力的宪制思维相比，形成了明显的区隔。从“民惟邦本”到“以人民为中心”，既有历史的赓续，更有后世的创制。

林安梧在《从“五四后”到“后五四”——基于“存有三态论”思考中华文明在 21 世纪的角色》中指出，“五四”以来，“传统”与“反传统”交相震荡，中国文化从“花果飘零”到“灵根自植”，终于迎来了今日的复兴。从牟宗三的“两层存有论”哲学转折缔构出“存有三态论”，有助于深度检讨“新儒学之后”的中国文化演进路向，从而更有效地面对以全球化与文化多元为特征的 21 世纪新局。“存有三态论”融摄儒、道、佛三教及西方宗教哲学，而以“存有的根源”“存有的开显”与“存有的执定”三者为体系建构的支柱，重视在现代化（外王）的历程中重新调适实现公民正义与心性修养（内圣）的方法途径。放眼世界，它一方面通过恰当的调适而上遂于“道”，另一方面则通过具体地落实于“生活世界”之中，在“多元”中调理出“一统”。进一步，传统儒、道、佛三教思想所隐含的意义治疗学思维还有助于克服“全球化”所可能带来的普同性危机，揭示这一点将有助于开启诸多现代化之后的思想对话与融通的可能空间，从而使中华文明在21世纪扮演好交谈者、对话者的重要角色。

本期《文史哲》还发表了“孟荀之争与统合”笔谈，包括郭沂的《受之以荀 纠之以孟——现代化背景下的儒学重建》、刘悦笛的《孟荀“天—性—情—心”统合论——从“心统情性”新视角兼祧孟荀》、梁涛的《超越尊孟抑荀，回归同尊孟荀》。“编者按”云：孟荀二分，可谓传统儒学的基本格局，相分自然相争。作为当代儒学学术之近源，宋明儒学之主流一方面奉孟学（性善论、自律、内在论）为正统，另一方面斥荀学（性恶论、他律、外在论）为异端，极力强调孟、荀在人性论等方面的重大分歧。流波所及，以牟宗三为代表的“当代新儒家”继续坚持上述判分，甚而在宋明儒学内部进一步严判正宗与别子，以至朱熹等宋明主流儒者思想中的“他律”因素无处遁形。但跳出宋明传统及其当代余绪，现当代的学术史研究者们则越来越倾向于将孟、荀等量齐观，并进而触及一个极具理论雄心与学术史抱负的重大课题：能否找到坚实的学理根基统合孟、荀？进入21世纪以来，直接或间接涉及“孟荀之争与统合孟荀”的学术探讨，在汉语儒学研究界持续激荡。其中，李泽厚先生于2017年提出的“举孟旗，行荀学”宏论，再度挑动了学界敏感的神经，引发了关于孟荀关系的新一轮研讨热潮。大而言之，“孟荀之争与统合孟荀”事关“四书与五经关系之重估”“儒家道统再定义”“天人关系重思考”“政治与道德关系再厘定”“古今中西关系再协调”等等一系列重大议题，其重要意义不言而喻。有鉴于此，本刊特推出郭沂、刘悦笛、梁涛三位先生的一组笔谈，冀望推动学界进一步聚焦并深化对“孟荀之争与统合孟荀”课题的探讨。

5月5日，蔡祥元在《文史哲》第3期发表《儒家“家天下”的思想困境与现代出路——与陈来先生商榷公私德之辨》。

该文认为，梁启超等中国近代启蒙学者从公私德的区分出发，批评儒家道德长于私德，缺少公德，而后者对于现代文明社会的建构乃是不可或缺的。

陈来通过澄清相关概念，对此批评进行了纠偏，并提出近现代以来道德建设的问题在于过度强调公德，压抑私德，因此需要通过提升私德来达到公德与私德间的平衡。私德固然重要，但是陈来没有看到，公私德之辨切中了儒学“家天下”思想构架的内在困境，这一困境并不能简单地通过提升私德来加以解决。在现代文明的社会中，儒家道德建设的第一要义就是要区分私领域和公领域，明确家与国的界限，如此才可能在保护公领域的同时，成全私领域。

本期还发表了两篇论中国现代性的文章，分别是张振波、金太军的《复合现代性：中国现代性范式及其政治秩序图景》以及王海滨的《现代性反思视角下的中国道路》。前文认为，对本质主义思考方式的超越，要求我们在建构现代性知识话语时应实现由向外模仿到向内寻求的自觉转化。儒家与马克思主义的视界融合形塑了近代中国集体主义精神和社会主义价值的文化根基与本质内涵，从而也孕生了中国以复合性为取向的现代性范式。复合现代性指涉不同时空和主体之现代性要素在不同维度上的有机组合与互融互构，它承认当代中国乃至世界现代性的复杂性，同时又试图超越这些纷繁多元的呈现形式，而强调在价值、结构和实践维度上的指向性。在中国复合现代性范式下寻求恰适性政治秩序的系统建构，应以“集体正义”的政治价值观念、多维积聚的政治合法性、制度化的政治生活形态以及人类命运共同体视域下的全球治理体系为取向。后文指出，现代性道路的多线论，是我们从学理上谈论中国道路的逻辑前提。西方现代化历程在文化理念、生存方式、经济逻辑和政治路径等层面均溢出了其负效应。西方现代性实践的负效应不是现代性本身必然带来的。中国道路应自觉反思西方现代性实践中可以避免的发展代价，走既充分借鉴现代性文明因素又最大限度地避免现代性负效应的道路。从理论上展望中国道路的前景，应自觉建构传统与现代相综合，物质与精神并重，党的领导下动力机制、平衡机制和优化机制相结合的新型文明形态。

李剑锋的《陶诗阐释的经学化、经典化与意境化》认为，宋代之后，陶渊明诗歌的诗史地位逐渐牢固树立起来，这固然得力于其自身的魅力，但在接受中日益走向经学化、经典化和意境化则是它被普遍褒扬的三大基本原因。陶渊明人品经历了一个由高尚化而儒学化的过程，作品经历了一个由支流化而主流化的过程，这两个过程大致在宋代之后不约而同地走向了崇高化和经学化。苏轼之前，陶渊明被看作二流作家，苏轼评价陶渊明“李（白）杜

（甫）莫及”的惊天言论对于重新定位陶渊明一向不算很高的诗史一流经典地位起到了关键作用。陶诗意境美的发现与宋代苏轼、范温、元代方回、清代钟秀和近人王国维等关键读者的揭示密不可分。陶诗的经典化和经学化几乎是同步和交融的，它们虽然抬高了陶诗地位，但其弊端是难免造成对陶诗非儒家特点和艺术特点的遮蔽，而意境化则披文入情，由情寻理，是对陶诗本质艺术特点的澄明。

鱼宏亮的《跨越地理环境之路——明清时期北方地区的游牧社会与农商社会》指出，受“内亚”理论、“族群”理论等西方史学理论的影响，一些古史研究将地理环境差异当作不同民族间生活与交流的鸿沟，中国东北、蒙古、新疆、青海、西藏等地区被视为与中原地区截然不同的地理单元，进而将这些地区的人民与内地人民分割成互相隔离的族群，从而构建了一个内地与边疆、本部与边缘的历史叙事模式。这种模式在中西方都产生了巨大影响，甚至变成中国古代史研究不可绕开的前提与背景。本文利用明清以来中央和地方档案、土地契约、地名志、中外考察记等史料，还原了明清时期内地与蒙古地区人民跨越长城、河套等地理界限，在农业与贸易等方面进行的历史悠久与规模宏大的双向交流，以及移民、技术与文化传播的历史画面。指出在一个环境与民族多样性的国度中，地理环境等自然差异从来没有成为人群交流与融合的阻断因素。相反，人类社会的发展正是一部突破环境局限的历史。“内陆亚洲”“长城带”等西方史学理论的提出受到近代民族主义的影响，在应用到中国史的研究中存在着明显的错误和缺陷。

7月5日，任剑涛在《文史哲》第4期发表《古今之变与公私德行的现代理解》，与陈来商榷。

任文指出，中国近代以来重公德轻私德的偏向，是一个需要辨析的问题。循内部解释脉络，公私德行的关联与偏重需要一个平衡摆；以外部解释的理路，公私德行的功能与效用需要确定兼综性。如何平衡与兼综，需要一个社会坐标。古今之变，是分析公私德行状态的前提条件。从古代视角看，私德的决定性显而易见；从现代视角看，公德的优先明确无误。在现代处境中，不存在从私德直接贯通到公德的可能性。古代儒家以私人德性理解德行“公共性”的进路，需要转进到公私德行分流的现代结构，但私德的社会伦理效用与公德的政治伦理功能必须分别确认。这不是一个在中西差异角度审度的问题，而是一个在古今变局的角度才能够深切理解的问题；公私德行分流，是一个人类的普遍处境，而不是一个地域的特殊遭遇。

本期还发表肖群忠的《现代中国应并重公共道德和个体美德——对陈来、蔡祥元两位先生的回应》。文章指出，在古代中国或者传统道德中，主要强调公德与私德的联系而不是区别，这是由古代社会家国同构的社会基础、儒家合内外之道的思维方法以及私人领域与公共领域尚未区隔所决定的。对公德与私德进行区隔并在当时历史背景下强调国家团体意识的公德内涵，这种思想最早是由梁启超《新民说》提出，之后一百多年来对这个问题仍有持续的讨论与实践。陈来先生认为要强化社会公德之“公共伦理”建设和个人品德修养，不仅在学术认知上是准确科学的，而且也有重要的实践意义。蔡祥元先生认为建立在家国同构基础上的“家天下”思维在现代遇到了困境，因此，现代道德建设要着力于规则而不是依靠私德或者个人的良知，这也具有一定的真理性，但又不尽然，儒家强调修身、内圣或者私德为道德基础的道德主体精神，在复杂化、世俗化、普世化的当代社会仍然有其独特而重要的价值。

韦森的《观念的转变与中国经济改革的历程——从〈中国经济改革进程〉与〈改变中国〉两书说起》指出，中国经济的市场化改革，是人类社会历史上一场伟大的革命性的制度变革，已经孕育了过去 40 年经济的高速增长。过去 40 年的中国经济改革是如何一步一步走过来的？现在又是一种什么样的经济运行体制？当下这种经济体制的实质、优长和问题是什么？在现行经济体制安排下的经济高速增长能否持续？未来中国经济与社会将向何处去？所有这些都是整个社会没有深刻反思的问题。回顾当代中国经济改革的历史过程，无论是国有企业的改革、农业经营制度的变迁和民营经济的成长，还是现代金融体系、现代政府宏观管理体系、现代公司制度的生成与变迁，抑或对外开放在中国现代市场经济体系生成与发展中的作用，无不一再证明，在经济改革的试错过程中不断转变观念和提高理论认识，才是经济改革的原动力；建立法治化的市场经济秩序，才是未来中国当走之路。

王煜的《昆仑、天门、西王母与天帝——试论汉代的“西方信仰”》认为，汉代形成了一个较有系统的关于西方的神仙信仰体系，昆仑、天门和西王母的结合成为这一信仰的主体，其核心为升天成仙。西北的昆仑为天地之中柱，其上有西王母和天门，升天之人应在西王母处取得不死之药或获得升天成仙的资格，登上天门，进入天帝统治的天界。随着西域的开辟，西域的许多奇闻逸事和文化因素便附会到这一“西方信仰”中，但其观念仍是本土的升天成仙的信仰，由此汉墓中出现的许多西方文化因素可以得到较为圆满的解释。这也是西方的佛教传入中国，尤其是其能迅速被广大民众接受的一个十分值得注意的背景。早期道教也继承并发展了这种神仙信仰，将其主神置换为道教的主神。

丁四新的《“贵生”“重己”与“形神”——论〈吕氏春秋〉的生命哲学》提出，《吕氏春秋》以“性命”和“精气”为“生”（生命）的本原。此“性”为“生质”之义，不同于道德性的定义。精气说很好地解释了“精神”的来源问题。《吕氏春秋》以兼收并蓄的态度吸纳了性命说和精气说。《吕氏春秋》的生命哲学集中在本生论、贵生论、重己论、形神论和养生论上，集先秦生命哲学之大成。其目的首先是为了全生、身心健康和长寿；其次是为了满足政治的需要，确保统治主体（“人主”）的身体健康和延年益寿。《吕氏春秋》特别注重对情欲（声色滋味和富贵权势）的控制和调适。它提倡贵生、重己的生命哲学，与政治有一定的关系。儒家也讲本生、贵生、重己和养生等观念，但与子华子、《吕氏春秋》的解释不同。儒家肯定“义”高于“生”，而不是相反。可以说，《吕氏春秋》是秦汉生命哲学的前导。

朱汉民的《宋代儒家经典与民间教化——从〈四书〉学到家训家规的生成》一文指出，《四书》学是两宋时期建构起来的经典学术，也是宋元明清时期的官学教材与科举内容，是宋代以来精英思想的体现。同时，儒家士大夫努力将精英的《四书》学整合为全社会的思想，所以《四书》学又从精英阶层走向民间社会，士绅、俚儒将《四书》学大量引入到家训家规之中，使之成为家庭教育、社会教育的共同思想基础。大量家谱所记载的家训、家范、家规，体现了士大夫、乡绅对理学化的《四书》思想的应用，其中包含了崇正学、穷性命、明道德、端心术等一系列向善性引导规范，以及倡导道德教育、自我修身的齐家治国理念，它们其实均源于宋儒的《四书》学。

陈峰的《错位的“新史学”：何炳松学术路向辨析》认为，民国史家何炳松虽以译介鲁滨孙的《新史学》闻名，但与美国“新史学派”却存在相当程度的疏离。何氏对“新史学”的译述以偏概全，不得要领，有负“新史学代言人”之名。更重要的是，其本人的学术立场倾向于兰克派实证史学，继承伯伦汉、朗格诺瓦和瑟诺博司的衣钵，强调史料工作的重要。就本质而言，何炳松归属于以胡适、傅斯年为代表的史料学派。与“新史学”貌合神离的何氏在“新史学”的传播者中竟能独占鳌头，既反衬出 20 世纪二三十年代实证学风在中国史学界的强劲势头，又折射出“新史学”进入中国时所遭遇的尴尬与无奈。

王震的《〈汉书·艺文志〉兵形势考》指出，《汉书·艺文志》将兵书划分为四种，其中的兵形势，有学者认为是讲求军事行动运动性、灵活性的一个流派，有学者认为就是战术，但从先秦典籍来看，形势之“形”，主要是指编制实力的组织管理，并兼及作战部署，而“势”则是潜在的预期效能，即编制实力经“形”的有效组织管理而转化成的战斗力。从《汉书·艺文志》看，《兵书略》对“形势”的定义与列入兵形势家的《尉缭子》《蚩尤》等书都与军队组织管理有关。从学科体系结构看，兵形势是类似于近现代“军务”职能的专守之事和专精之学，是传统兵学的四大分支之一，故兵权谋作为总的战略方针与战术方法，在整个兵学体系中发挥统摄作用，而形势、阴阳、技巧分别在治军众、通鬼神、管器械三个不同向度上支撑着权谋的实施。

9 月 5 日，曾繁仁在《文史哲》第 5 期发表《〈聊斋志异〉的“美生”论自然写作》。

文章认为，“自然写作”在西方是一种后现代时期对于工业革命进行反思与超越的写作，是 20 世纪中期的产物，但在中国却是具有原生性的文化形式。蒲松龄《聊斋志异》在传统儒家“爱生”论基础上，由其特定的语境决定选择了“自然比人类更美”的“美生”论自然写作，并以一系列无比动人的动植物寓言形象地呈现了这一写作形态，这是一种中国式的生态美学实践。中国 17 世纪的“美生”论自然写作的观念与 20 世纪加拿大卡尔松的“自然全美”有其类似之处。“自然全美”，从相对的意义上，可能是片面的，但从总体上，却是一种最终的哲学指归。自然的永恒美丽与神秘魅力是无法抹杀的，这恰是生态哲学与生态美学所包含的自然的部分“复魅”。蒲松龄《聊斋志异》通过艺术形象所倡导的“美生”论具有这种部分“复魅”的意义与价值，需要我们通过回顾展望人类历史并以自己的人生经历去慢慢地体悟与咀嚼。《聊斋志异》这样的“自然写作”是中国文化对于世界生态美学与自然文学的杰出贡献。

唐文明的《美德伦理学、儒家传统与现代社会的普遍困境——以陈来“儒学美德论”为中心的讨论》指出，儒家伦理思想是一种美德伦理学，尽管在很多方面不同于亚里士多德的美德伦理学，而现代以来对公德与私德的区分必然导致公德压倒乃至摧毁私德的局面，这正是现代社会在美德问题上面临的普遍困境所在。公德与私德的问题，实际上就是古今之争在伦理学上的直接反映。顺着陈来的思路，对现代社会公德压倒私德的批判还有进一步推进的不小的余地，既然公德概念的提出和提倡是为现代社会张目，那么公德与私德的关系就不可能只是一个失衡的问题，质言之，公德根本上来说会摧毁私德，被划入私德的传统美德在这个被理性化地认知与构想的现代社会中其实毫无容身之地。现代共和主义在美德问题上存在着一个巨大的悖论，恰恰表现于公民美德的教育困境：现代社会结构使美德传统失去了其存在和生长的土壤，从而也断绝了公民美德的真正来源。这或许正是现代政治越来越激进、从美德的关切来看每况愈下的重要原因之一。

陈乔见的《清末民初的“公德私德”之辩及其当代启示——从“美德统一性”的视域看》认为，梁启超开启了以“公德”“私德”讨论中国社会问题与儒家伦理的先河，其后马君武、章太炎、刘师培、蔡元培等思想家对此问题都有所讨论或回应，尽管他们的立场各不相同，解决方案言人人殊，但他们都相信个人的道德品格具有某种统一性，都强调个人品格意义上的私德是一切公私道德的根本和源泉。梁启超后期更为强调“道德本原”与“节目事变”的区分，旨在说明道德本原与儒家道德的普遍性（超时代性）。当代中国公民道德的建设，应该走出梁启超前期《论公德》中所谓“儒家重私德轻公德”的误区，接续其后期的思考，以儒学为公民道德建设的主要思想资源。

李纪祥在《再现“大九州”——“〈春秋〉邹氏学”与“中国居中”之经学前景图像建构》中指出，以魏源为代表的《海国图志》之世界五大洲新图像，反映了晚清以降中国“居东”图式的主流与接受倾向。廖平面对魏源及其晚明源头利玛窦的西洋新图模式，自儒家典籍旧章中，以重读“大九州”的进路而“再现邹衍”，企图收编其学为“《春秋》邹氏学”。廖平一生经历的清末民初，皆在追索“孔子之学”在五大洲新世界意义再生的可能，如何将孔子之学置入世界，并且再度“居中”，正是廖平萦绕一生的课题。近代视域中曾被遗忘的廖平学，重读其图像模式的经学论述，是东西方遭遇下的“五大洲与大九州”之当代课题。

高华平的《墨家对先秦诸子的学术批评》提出，墨家是先秦诸子中最早公开进行学术批评的学派之一。尽管墨子思想与儒家思想有密切的渊源关系，但墨子仍然对“儒之道足丧天下者四政焉”提出了批评；而墨子后学甚至还有对孔子本人的攻击。墨家的“兼爱”“尚贤”“右鬼”“非命”诸论，则主要是针对道家杨朱学派“为我”“不尚贤”“无鬼”及“安于性命之情”之说的批评。在墨子时代，尽管阴阳、纵横、法、名、农、杂等其他诸子学派尚未正式形成，但它们的某些思想观点却已经存在，故《墨子》中也不乏对阴阳、纵横、法、名、农、杂及小说家等诸子学派观点的批评。

11 月 5 日，陈来在《文史哲》第 6 期发表《论古典儒学中“义”的观念——以朱子论“义”为中心》。

本文认为，“义”的哲学意义，先秦时代有以下几点：道德、道义、正义、端正。汉代以来，对“义”的道德要义的把握，其要点在坚守对道德原则的承诺，明辨是非善恶，果断裁非去恶，其根源是对先秦的“以正为义”作了转进。受此影响，朱子很强调义是面对恶的德性。朱子在《四书集注》中主要以“义者宜也”的故训，作为义字的训诂义，但他对义字作哲学思想的界定、把握时，则主要不是用宜来说明义字之义，而是用汉儒裁制、断决之说来阐发义之思想义。朱子思想对义的哲学理解，一是继承了汉以来经学论义的裁断训义，二是把义纳入以仁德为首的四德论体系，三是扩展了义在仁体宇宙论中的意义。朱子对义的理解使用受到汉以后词义训释的影响较大，这一方面使得义的价值意义没有得到明确化的发展，另一方面，义的裁断训义又使朱子将之引向宇宙论成为可能，发展了义在朱子宇宙论中的意义，充实了朱子宇宙论的结构图景。

方朝晖的《试论“三纲”的两种含义及其历史演变》认为，中国历史上的“三纲”，本义并不是所谓“君为臣纲，父为子纲，夫为妻纲”，而是指君臣、父子、夫妇这三大伦。因为这三伦被视为一切人伦中最重要的，为人之大伦或人伦之纲，故称“三纲”。这一“三纲”本义承《尚书》《诗经》的纲纪传统以及先秦的“大伦”思想而来，经董仲舒阐发、《白虎通》界定，在汉代以来1000多年里占统治地位。宋代以来，狭义“三纲”概念，即“君为臣纲，父为子纲，夫为妻纲”，由于朱子等人影响而日益流行，但严格说来，很难说后起的狭义代替了本义，而最多只能说狭义合并了本义。正因如此，一直到清末，仍有大量学者从本义而不是狭义使用“三纲”一词；即便朱熹、吕祖谦、真德秀、吴澄、宋濂、丘濬、湛若水等许多认同狭义“三纲”概念的人，也同时把本义作为狭义的宗旨，经常自觉或不自觉地从本义使用“三纲”一词。因此，忽略本义，将“三纲”不加分辨地等同于“君为臣纲，父为子纲，夫为妻纲”，就无法理解古人“三纲”的真实含义和思想，进一步导致其被现代人歪曲甚至妖魔化。

罗志田的《学问的单位：傅斯年和钱穆对中西学术分类异同的思考》指出：在近代西潮冲击下，西方分科模式以现代学术之名而在中国成正统。由于牵涉到中国学术在世界的地位，很多新旧学人都致力于辨析中西学术分类的异同。傅斯年和钱穆都曾指出中西学术有别，西方以学为主，中国则以人为主。且两人都有某种超学术的心绪在（傅斯年想尽快赶超西方，而钱穆则欲为中国传统正名），所论不尽严谨；但他们的思考揭示了中西之间一个具有根本性的差异，即什么是学术的单位，这样的单位何以成立。通过近代学人以西学为参照系诠释自身学术特色的努力，可以看到中国学术从传统到现代的发展演变之复杂性。

刘宗迪的《三星在天：夏墟地理与传说考辨》指出，傅斯年的《夷夏东西说》将上古华夏世界分为东、西两个集团，以夏为西方集团，主要活动于河南、山西、陕西地区，这一学说对古史重建和夏商考古的影响有目共睹，由于豫西、晋南、陕北等地多处大型龙山文化聚落遗址的发现，夏居西方几成学界共识。夏居西方说的一个重要根据，是《左传》叔虞封于夏墟的记载，周成王灭唐，封晋祖叔虞于夏墟，因晋居河东，故可推定叔虞所封的夏墟必在河东，汉魏以来，学者皆承此说。实际上，这一推定并不成立。详考古书所载周成王时期封国格局、唐杜氏及其后裔晋国范氏的世系、迁徙和祭祀传统，可知周成王灭以封叔虞的唐国，不在河东，而在鲁西。叔虞始封的夏墟，实在鲁西河、济之间，其子燮始迁于河东。既然夏墟在鲁西而不在河东，则“夷夏东西说”以及基于这一学说的夏墟考古和古史重建，都有重新审视的必要。

12 月 9 日，《中华读书报》发表郭萍撰写的长篇述评《现代公民道德如何可能——评〈文史哲〉公德私德问题的思想论战》，详细盘点一年来《文史哲》杂志发起的这场论战双方交锋之所在及其价值和意义。

文章指出，以《文史哲》为阵地的这场思想论战，其理论价值和现实意义已经远远超过了论辩双方的观点本身，直接激发着当今学界对于古今与中西、道德与政治、制度与行为以及传统学术的现代转型等一系列相关问题的更广泛而深入的思考。

2021 年

4 月 24 日，《文史哲》杂志隆重举行创刊 70 周年纪念大会。

5 月 9 日，习近平总书记给《文史哲》编辑部全体编辑人员回信，对办好哲学社会科学期刊提出殷切期望，全国哲学社会科学界掀起学习“回信”精神热潮。

1 月 5 日，刘梦溪在《文史哲》第 1 期发表《原忠恕》。

文章指出，“忠恕”是贯穿孔子学说的一条思想主线。“忠”与“诚”可互训，忠者必诚，诚者必忠；“恕”即“己所不欲，勿施于人”，就是设身处地，将心比心，换位思考，自己不喜欢不希望的东西不要强加于人。“恕”和“忠”一样，都是“从心”，即发自于内心的道德理念。心诚则忠，恕也必须基于心诚，但心有诚却不一定就能“恕”，与“恕”最接近的是“仁”。如果没有推己及人，“己所不欲，勿施于人”的“恕”的精神，礼乐相融的和乐美境不可能出现。适合于今人和尔后之人的恕道，也可推及古人，章学诚称“恕”为圣门之大道，而“文德之恕”是学者论古所必需者也。陈寅恪先生在为冯友兰的《中国哲学史》上册所写的审查报告中提出的“了解之同情”，是任何学人欲阐释古人之著述和学说，均无法避开的基本学术立场。

干春松的《王国维对中国哲学核心范畴的解释尝试》认为，由于文学和历史等方面所取得的巨大成就，王国维在哲学上的努力经常被忽略，但从解释学的角度，王国维所提倡的非“功利”“纯学术”的路径，则是他想要使中国现代学术进入主动创造的基础。因此，他通过借鉴自己所吸收的康德、叔本华的哲学范式，对中国思想的三个核心概念“性”“理”“命”作了截断众流式的新理解。虽然方法和问题的结合略显生疏，但其开创性局面已成为后来中国哲学问题的重要来源。

汪荣祖的《西方马克思主义史学的过去、现在与未来》指出，马克思主义在西方资本主义国家受到敌视，但在学界一直是不容忽视的学说，论著汗牛充栋，多有关经济、哲学与政治，史学方面的研究虽相对较少，但马克思史学仍是西方，尤其是欧洲史学界的一大宗派，出了不少名家与名著。本文聚焦于西方马克思主义史学，略论其今昔代表性著作，先简略介绍马恩唯物史观，继则论述马恩史学的后继者——以普列汉诺夫与托洛茨基为代表的俄国史家，以及两位东欧马克思学者葛兰西与卢卡奇。西方马派史家在冷战期间受到极大的压力，同时马派史家也有一场有关马克思主义激烈的论辩，辩论没有结果，多少造成裂痕，有些马派学者走向虚无的后现代主义。不过，马克思史学在西方经过风雨与挫折，并未式微，唯物史观仍然是历史研究难以忽略的理论。史学与时俱进，马恩史学自有其未竟之业，展望未来，西方马派势必会顺应时代而踵事增华。马克思自谓其学说背景原是近代西方社会，如何以东方经验完善唯物史观，则有赖于中国马克思主义学者的努力。

3 月 5 日，黄宗智在《文史哲》第 2 期发表《民主主义与群众主义之间：中国民众与国家关系的历史回顾与前瞻愿想》。

黄文指出，当前的学术理论话语，多数要么扎根于西方经典自由民主主义意识形态，要么选择其对立面的经典马克思主义—社会主义，包括中国革命的“群众路线”意识形态。本文试图探索综合与超越两者的道路，从历史回顾和前瞻愿想的双维来论析，介于上述二元之间的、或许可以称作“民众参与”，不简单是“民主”或“群众”，乃是最符合中国历史实际和当今需要的理念、最能够代表中国自身在宪法和党章中设定的“最大多数人民的根本利益”的崇高治理目标。近 40 多年来，国家已经大规模让权于人民，先是赋予农民“联产承包责任制”的耕地经营权，而后是通过市场经济赋予（城乡）人民在市场化了的经济中的私有创业、营业权，更是非常广泛地在治理实践中，采纳发包与承包的互动运作模式和激励机制，包括在中央与地方政府，以及国家与社会人民之间的关系。今后国家应该更进一步朝着如此的方向来激发更强大的政府领导+民众积极参与的能量，并借此来更有效地抑制长期以来的官僚主义问题，据此来建立一个独特的政治经济体制方式。

李向平、杨洋的《公私反转：当代中国社会的道德实践机制》指出，道德及其公私界限的辨析，一直是学术界讨论中国公私问题的重要切入点。在古今之变的思想维度中，传统公德始终是国家政治道德，而近现代知识分子曾经将公德建设与民族独立、国家振兴紧密联系，并影响至今。在“立公火私”“以公并私”的行动逻辑中，中国大众之私德始终被视为权力神圣的治理对象，在私产不义、私利不保的现实境遇之中，私德依旧缺乏独立存在的基础与界限，进而在被公德继续强力整合的同时，不断呈现公私混淆的困境。特别是传统总体神圣格局一直未能实现现代的转型，进而促使公私道德转换呈现出彼此反转的社会学特征，给当代中国的文明治理提供了不少重大论题。

白奚的《帛书〈黄帝四经〉的阴阳思想及其思想史地位》指出，马王堆帛书《黄帝四经》将春秋以来的阴阳观念运用于指导社会活动，提出了“四时教令”“阴阳刑德”“阴阳灾异”和“阳尊阴卑”的重要思想，奠定了黄老道家阴阳思想的理论基础，这四项内容在《管子》和《吕氏春秋》中逐步得到了细化和丰富。从帛书《黄帝四经》经《管子》到《吕氏春秋》，黄老道家的阴阳思想呈现出一条连续的、清晰的、不断推进的发展线索。研究者不能因为其中有浓厚的阴阳思想就简单地把它们看成是只属于阴阳家的思想，因为在邹衍创立阴阳家学派之前，这些思想就作为黄老道家的理论一直在流传和发展。邹衍吸取了黄老道家的阴阳思想，使之成为自己思想体系的有机组成部分，因此说邹衍创立阴阳家学派离不开黄老道家阴阳思想的理论贡献。

张金龙的《忻州九原岗北朝壁画墓墓主人蠡测》指出，忻州九原岗壁画墓是近年发现的最重要的北朝墓葬。因该墓曾经严重被盗，显示墓主人身份的墓志难觅踪迹，成为无头公案，严重影响了对该墓历史文化价值的认识。通过对已知北朝大墓规格及墓主人身份的比较分析，结合文献记载及北朝后期政治军事形势，可以确定该墓墓主人属于东魏北齐统治集团中的最高层级，其生前官位和死后赠官当介于已出土墓志的亲王高润（冯翊王）与外戚娄叡（东安王）之间。通过对可能人选生平事迹及史志所载墓所的排比分析，可以排除葬于忻州九原岗的东魏勋贵刘懿（刘贵）与北魏末年一度控制朝政的大军阀秀容人尒朱荣及其从子尒朱兆，北齐外戚段韶和斛律金、斛律光父子，地位接近段韶和斛律父子的贺拔仁和侯莫陈相，以及地位略低于此诸人的可朱浑元（道元）、韩轨、潘乐。而最有可能的人选便是东魏政权的实际控制者高欢（神武帝）的妹夫厍狄干。厍狄干是高欢最主要的创业亲信之一，是仅次于高欢及其子高澄和高洋的第二号军政人物，为东魏北齐政权的建立和巩固作出了巨大贡献，完全有资格拥有像忻州九原岗壁画墓那样的大墓为其安魂之所。壁画墓所在位置也与清代方志中厍狄干墓在忻州西门外的记载吻合，而其出身于厍狄部落及曾在秀容尒朱荣部下为将、后追随高欢南征北战的经历，均与墓葬壁画特别是狩猎图所描绘的场面若合符节。几乎可以断定，该墓墓主人即为厍狄干。若此，则该墓下葬应在北齐文宣帝天保四年（553 年）秋，墓葬壁画得以精美保存亦与绘制时间有关。

蒋晓光的《〈广成颂〉与东汉礼制及赋体文学的变迁》指出，马融作《广成颂》以献，是希望东汉朝廷能够借助恢复荒废已久的蒐狩之礼来加强战备，以应对羌人的猛烈进攻。由于马融曾经有过被羌人围困的遭遇及其出身将门的身份，于是将自己的忧愤与武略融入其中，使作品附着上雄张横厉之气，一改东汉殿苑题材仁厚含蓄之风。正因为马融直指时弊，纵情使才，且蕴含东西地域之争，由此得罪御敌无力的实际统治者邓后及其家族，同时也触及东汉以文教立国的国策，此为马融献颂得罪的现实原因。然而更深层次的原因却在于东汉宗庙之礼衰落而上陵之礼兴起的社会背景，以庶人之礼行于皇室，试图与世家大族共治天下，反而造成君权衰而家族势大的局面。马融提倡武功而首以“宗庙”为辞，铺写“宗庙之事”，实则暗刺以邓氏为代表的家族势力凌驾于皇族之上的僭越与非礼，希望尊君以强国。然而礼制的变迁不仅使马融深为邓氏所忌，也标志着汉赋京殿苑猎题材的写作逐渐失去了存在的土壤。

4 月 24 日，由中共山东省委宣传部、山东大学主办的《文史哲》杂志创刊 70 周年纪念会在山东济南隆重举行。

山东省委书记、省人大常委会主任刘家义，中宣部理论局副局长何成，教育部社会科学司司长徐青森，山东大学校长樊丽明等出席开幕式并致辞。山东省委常委、宣传部部长于杰主持开幕式。山东省委常委、秘书长刘强，副省长王心富，山东大学党委书记郭新立出席开幕式。

刘家义代表省委、省政府，向《文史哲》创刊70周年表示热烈祝贺。刘家义表示，《文史哲》是一份沐浴着新中国光辉成长起来的重要学术期刊，开辟了新中国哲学社会科学研究的新天地，走出了一条特色鲜明的办刊之路，成为传承弘扬中华优秀传统文化的重要平台。习近平总书记高度重视发展哲学社会科学，高度重视传承弘扬中华优秀传统文化，作出一系列重要论述，为新时代哲学社会科学繁荣发展指明了方向。我们要坚定不移地落实好总书记重要指示要求，秉持对中华文明传承发展的责任感、使命感，努力推动中华优秀传统文化创造性转化、创新性发展，让中华优秀传统文化在新时代绽放出更加璀璨的光芒。要传承弘扬中华优秀传统文化的深厚底蕴，结合新的时代条件进行创新性发展，切实转化为坚定的民族自信。要传承弘扬中华优秀传统文化的精神力量，结合推进中华民族伟大复兴进行创新性发展，切实转化为强大的奋进动力。要传承弘扬中华优秀传统文化蕴含的发展观念，结合现代化建设实践进行创新性发展，切实转化为坚实的物质基础。要传承弘扬中华优秀传统文化的变革创新特质，结合破解新的时代课题进行创新性发展，切实转化为生动的创新实践。要传承弘扬中华优秀传统文化的传统美德，结合培育社会主义核心价值观进行创新性发展，切实转化为良好的文明风尚。要传承弘扬中华优秀传统文化的开放包容品格，结合推动世界文明交流互鉴进行创新性发展，切实转化为开放合作的丰硕成果。希望《文史哲》杂志始终坚持以习近平新时代中国特色社会主义思想为指导，始终坚持高质量办刊，始终坚持既出成果又出人才，始终坚持开放办刊、包容创新，努力成为国内国际一流的重要学术交流平台、引领学术潮流的大刊名刊，成为展现文化思想价值的重要窗口、全球文明交流互鉴的重要园地。

何成代表中宣部理论局对创刊纪念会暨学术研讨会的召开表示热烈祝贺。何成充分肯定了《文史哲》创刊70年来为传播马克思主义、弘扬优秀传统文化、创新人文学术研究范式作出的重要贡献。何成表示，进一步从时代和学术的相互映照、现实和理论的交织互动、逻辑和历史的辩证统一中，深化对习近平新时代中国特色社会主义思想的学习宣传贯彻，深化对时代和实践发展提出的重大理论和现实问题的研究，推动新时代党的创新理论进学校、进教材、进学生头脑，是理论界、学术界义不容辞的重要责任和使命。期待以《文史哲》为代表的优秀学术期刊，坚持以唯物史观为指导，坚持正确办刊方向，坚持问题意识和导向，勇担重任、矢志创新，培育学派、鼓励争鸣，为大力推进新时代党的思想理论建设、繁荣发展新时代哲学社会科学作出更大贡献。

徐青森在致辞中表示，《文史哲》创刊伊始，即倡导马克思主义研究范式，致力于繁荣学术研究、推动学术争鸣、发现和培植学术新人，在推动人文学术本土化、中国化，推动中华优秀传统文化创造性转化、创新性发展等方面发挥了重要作用，作出了独特贡献，成为引领高校人文社科繁荣发展的重要平台、构建中国特色哲学社会科学的重要阵地、国际观察中国学术的重要窗口。社科学术期刊是增强文化自信、推进文化强国建设的重要力量，在开启全面建设社会主义现代化国家新征程的今天，要以为社会主义现代化建设提供强大精神动力为己任。期待《文史哲》在繁荣发展中国特色哲学社会科学、增强文化自信、建设社会主义文化强国等方面作出重要贡献。教育部社科司将一如既往支持《文史哲》的创新发展，推动其在文史哲领域再创新辉煌，绽放新的时代光芒。

樊丽明指出，70 年来，《文史哲》始终紧扣时代脉搏、聚焦中国问题、展现国际视野，逐渐走出了一条独具特色的办刊之路，生动诠释了百廿山大崇实求新的精神品格和为国图强的家国担当。站在百廿山大开启新甲子辉煌、《文史哲》创刊70 周年的历史起点上，希望《文史哲》不忘初心、牢记使命，继往开来、守正创新，坚定政治方向，弘扬优良传统，深化改革创新，再接再厉、持续奋斗，以追求卓越、只争朝夕的奋进姿态，努力交出一份让时代满意、让人民满意、让学界满意的“文史哲”答卷，铸就《文史哲》繁荣发展新辉煌，为加快构建中国特色哲学社会科学学科体系、学术体系、话语体系，为坚定文化自信、建设文化强国作出新的更大贡献。

清华大学国学研究院陈来教授作为学术界代表发言，向《文史哲》杂志社和山东大学表示祝贺。他指出，多年来，《文史哲》一直冲在新时期中国人文社会科学发展的最前线，展示了中国最杰出人文学者的最新研究成果，也推出了一批批青年学术新秀，其话题与思想代表了新时代中国特色哲学社会科学最新发展的亮丽风景线，在人类命运共同体、全球化与世界大变局中探索中国特色社会科学发展的方向与未来之路，有力推动了中华优秀传统文化的创造性转化与创新性发展。当前，中国人文学术迎来最好的发展机遇，《文史哲》必将不负使命，继续书写新的历史辉煌，创造新的学术传奇，一定能够成为中华文明走向世界征途的重要领跑者和火炬手。

全国高校文科学报研究会前理事长、北京大学龙协涛教授作为期刊界代表发言，对《文史哲》创刊70年来的成就予以总结和肯定，用“一张学术名片”“一个文化符号”“一面旗帜”“一个学术品牌”四个关键词，描述了《文史哲》在学术界的地位影响和期望。龙协涛教授提出，《文史哲》是山东大学的一张学术名片，是弘扬中华优秀传统文化的一个文化符号，是学术界的一面旗帜，是期刊界的一个学术品牌，祝愿《文史哲》百尺竿头更进一步，为传承与弘扬中华学术文脉续写灿烂华章。

《文史哲》杂志主编王学典教授代表编辑部对与会来宾表示感谢，并作了题为“《文史哲》与建国70年来人文学术的三次大转型”的汇报发言。王学典教授指出，眼下我们正在经历人文社会科学的第三次巨大转型，人文社会科学正处在再出发、再启航的关键时刻。这一次，《文史哲》自觉走在了时代前列，主动承担起学术本土化的使命，致力于构建中国特色哲学社会科学话语体系，刊发在解读中国实践、构建中国理论上具有创新性和标识性的研究成果。王学典教授指出，“不入主流，难成一流”是杂志始终如一的办刊理念；质量立刊，专家办刊，视学术为生命，是杂志坚定不移的办刊原则；倡导百家争鸣，锻造公共学术话题，是杂志一直以来的办刊追求；发掘新生力量，扶植“小人物”，是杂志未曾动摇的办刊传统。70年的《文史哲》是这样走过来的，还会这样坚定地走下去，绝不会辜负历史、辜负新时代、辜负学术界，将力争在锻造哲学社会科学的中国范式探索上勇往直前，再立新功。

会议同时举办了《文史哲》人文高端论坛之九“共和国人文学术历程的回顾与展望”学术研讨会。复旦大学历史地理研究中心葛剑雄教授、四川大学历史文化学院罗志田教授、复旦大学文史研究院葛兆光教授、华东师范大学哲学系杨国荣教授、北京大学国家发展研究院姚洋教授等近20位著名学者，分别以“人文学科的科学与人文”“理论与史料的紧张及其互补”“东亚海域能否作为一个历史世界?”“中国哲学与世界性百家争鸣”“如何吸收第二次文化冲击?”等为题，作了精彩的主旨发言。在为期一天半的议程中，与会专家学者分为文学、历史、哲学、期刊四个组别，共同围绕共和国人文学术历程的时段划分及其特征、共和国人文学术的范式转换、共和国人文学术成就与话语体系建构、全球视野下的中国人文学术等话题畅所欲言，展开了热烈讨论。25 日上午，各分论坛代表总结了讨论情况，常务副校长王琪珑致闭幕词。

来自国内 20 余所著名高校、科研院所的知名学者及国内 30 余家重要人文学术期刊的编辑代表近 200 人参加大会。

开幕式同时发布了 2019～2020 年度“中国人文学术十大热点”。

十大热点为：

1. 探寻民族文化基因，论证中华文明独特性成为时代课题

近两年，历史学和考古学走出“象牙塔”，受到了异乎寻常的推重。考古学界对于中华文明早期遗存和历史遗迹的揭示，历史学界对于中国古代国家起源和国家治理模式的论述，不仅成为近年研究的重中之重，也成为社会各界瞩目的焦点。在诸多研究中，中华五千年不断裂文明的独特性以及“中国道路”出场的历史必然性，成为聚焦的关键问题。

“没有中华 5000 年文明，哪有我们今天的成功道路?”历史热和考古热的出现，呼应了向历史寻找答案的时代需求。通过追寻 5000 年历史，展示中华文明起源发展的历史脉络，论述中华民族长盛不衰的文化传统，让世界了解中国的文明轨迹，理解中国的道路选择，不仅是当前历史学和考古学必须面对的学术问题，更是必将承担的文化使命。在可预见的一段时期内，借助人文学科尤其是中国历史、世界历史、考古学等研究力量，去探寻民族文化基因，论证中华文明独特性，或将揭开古史研究新时代的序幕。

2. 纪念恩格斯 200 周年诞辰，“第二提琴手”的独特贡献得到新阐释

2020 年 11 月 28 日是伟大思想家恩格斯 200 周年诞辰纪念日，对于恩格斯思想的研究遂成焦点。针对西方马克思主义和“马克思学”贬低恩格斯的倾向，国内研究更注重恩格斯在马克思主义创立、发展和传播中的独特贡献和重要作用。恩格斯不仅在生活上接济马克思，使其获得

科学探索的基本保障，更重要的是他还扮演着“第二提琴手”的角色，在马克思主义的建立、捍卫和发展方面作出了无可替代的原创性贡献。

恩格斯提出的马克思主义在各个国家的传播和应用，必须以了解和把握各国的具体国情为条件的思想，为中国马克思主义的历史建构提供了方法论指导；恩格斯关于“社会主义将是一个不断变革的社会”之论断，为中国特色社会主义思想和改革实践提供了深刻启示；恩格斯关于“我们不要过分陶醉于对自然界的胜利”的提醒，以及人与自然、人与人之间矛盾“和解”的思想，对于当代人类应对现代性带来的生存危机和挑战也提供了睿智与洞见。

3. 纪念“五四”100周年，古今中西关系平衡问题再度凸显

20世纪以来，在中国大地上交相激荡的马克思主义、全盘西化、回归传统三大思潮，都与五四运动有着直接的关联，其间的曲折、起伏和矛盾，也导致了百年来对“五四”的评价一直呈现众说纷纭甚至冲突对立的状况。是“五四”失之激进的反传统路向造成了中国意识的危机，还是根深蒂固的本土传统遗存导致中国现代化之路坎坷重重？上述分歧之根源，实在于观察者的视角究竟是基于“中西之别”还是“古今之变”。

2019年，各界隆重纪念五四运动100周年。在对五四运动之广义、狭义进行辨析等知识探讨之外，学界更看到，21世纪“中华民族伟大复兴”命题显学化、中国人文学术日趋“本土化”，以及中美贸易争端加剧等背景下，五四时代所提出的“如何对待传统”“如何对待西方”问题，反而愈加显示出其尖锐性与根本性。在中国社会和文化艰难迈向现代化的历程中，如何对待“五四”的历史遗产，必然攸关当下及未来的思想动向乃至道路选择。

4. 反思70年学术变迁，人文研究第三次转型已然启动

20世纪新中国人文学术史的书写决定于两次范式转型：一是从民国学术到共和国学术的丕变，二是从“以阶级论为纲”到“以现代化为纲”的变迁。伴随改革开放的第二次转型为学术研究带来了繁荣发展，新世纪的相关研究莫不奠基于此次转型后的学术积累。但是为纠正以往对政治的片面强调，学界还出现了“去现实化”“碎片化”现象，也有

研究在面向世界、学习西方时堕入了西方化的陷阱，而中国学术对世界学术的贡献，还有待拓展。

在中华人民共和国成立70周年之际，文、史、哲各学科纷纷反思历史，展望未来，认为学术只有扎根于中国社会和现实土壤，直面并回应时代问题，才会有可持续发展，而这有赖于人文研究正在经历的第三次转型，即从“以西方化的现代化为纲”向“以中国化的现代化为纲”的方向性转变。第三次转型以构建中国特色哲学社会科学体系为主旨，要求西方社会科学的中国化和儒家思想的社会科学化以及二者的有机结合。这一转型将为中国人文学术带来新的机遇和考验。

5. 西方社会价值共识严重撕裂，人类文明前景引发学界忧思

在人类文明史上，2020年也许会成为标志性节点而载入史册。以迷雾重重的美国第59届总统选举为标志，以“美国开始反对美国”为肇端，西方文明进程似乎走到了必须作出抉择的非常时刻。由此促发的人文学术观察，虽然对于“特朗普现象”和“拜登主义”的认知有所歧见，但无论是将前者定性于右翼民粹主义，还是将后者认定为左翼激进主义，二者在观念领域所呈现的尖锐对立和撕扯却暴露无遗，已然引发现实生活世界的社会共识大撕裂，其震波已在全球不同角落盘旋回响。

不乏共识的是，由于美利坚在西方世界所处之“灯塔”地位，经由此次总统大选所透射出的价值观念大分崩，必然给西方文明的未来前景蒙上一层厚厚的阴影。经由此次影响空前广泛的价值观大纷争，西方文明乃至人类文明向何处去，已经蹿升为一个无以回避的现实而深远的重大人文学术话题。

6. 顺应儒学研究中心回归中国大陆之势，尼山世界儒学中心在孔子诞生地揭牌成立

“十八大”以来，国内儒学研究势头愈发强劲，在三十余年民间儒学复兴基础上，儒学被明确接纳为治国理政的重要思想资源，传承发展中华优秀传统文化上升为国家文化战略。与20世纪八九十年代人们蜂拥海外研究儒学的情形相反，近年来，杜维明、安乐哲、成中英、林安梧、贝淡宁等原本活跃在海外的知名儒学研究者纷纷应聘来中国大陆工作。这表明儒学在中国大陆而儒学研究中心长期在海外的局面行将结束，此

一“中心”究竟花落何处，倍受各方瞩目。

为承接世界儒学中心向中国大陆回归之大势，2019 年 8 月 25 日，由教育部、山东省共同建设的尼山世界儒学中心正式成立。作为由国家教育最高主管部门指导建设的全球儒学研究传播实体平台，尼山世界儒学中心的成立，堪称自 1984 年中共中央批准设立中国孔子基金会以来最具雄心与标志意义的传统文化复兴举措。它必将成为实现“使我国在东亚儒家文化圈中居于主动，在世界儒学传播和研究中始终保持充分话语权”期待的有力依托。

7. 教学改革抑或学科体系转向？“新文科”概念引发热议

2020 年 11 月，《新文科建设宣言》发布，新文科建设进入全面推行阶段。主流意见认为，基于“科技+人文”的交叉融合，创新人才培养模式，是“新文科”建设的重点所在。观察者则指出，“新文科”建设首先是一个文科研究范式的转变问题，学科融合不应湮没学科的主体性，不能为“学科融合”而“融合学科”，应以问题为导向对学科进行有机统合。究竟何为“新文科”，“新文科”究竟“新”在何处，成为尚待进一步厘定的问题。

实际上，“新文科”的概念，统指文、史、哲、政、经、法诸科，占据学科版图的半壁江山，不应与“新工科”“新医科”“新农科”相提并论。“新文科”建设如何定位，直接关系中国文科学术的未来发展大局。在中国人文学术本土化转向日趋明显的大背景下，直面中国传统、中国经验、中国材料、中国数据，打造中国气派的哲学社会科学话语体系，是“新文科”建设责无旁贷的历史责任。

8.“内卷化”概念引发学界共鸣，学术研究的低水平重复亟待破局

2020 年下半年，社会学名词“内卷化”（involution）意外走红，在网络空间流行开来，成为社会大众尤其是年轻人用来描述日常生活困境的高频词。“内卷化”概念最初由美国人类学家吉尔茨提出，此后，杜赞奇、黄宗智等历史学家将这一概念运用于明清经济史研究，用来指称一种“没有发展的增长”。中文网络则赋予“内卷”以新的内涵，用来形容社会生活中高内耗、低创新的竞争局面。

“内卷化”概念的流行，也让学界再次注目于当前学术研究中普遍存

在的类似现象，尤其是随着科研投入的日益增加，学术水平反而呈现日渐平庸的态势。“数量化考核”“项目化生存”“非升即走”的聘任方式等高强度刺激，使得“灌水”文章大量炮制，“洗稿”乃至抄袭事件层出不穷，给学术生态环境造成了不良影响。如何端正学风，破解学术“内卷化”困境，不仅需要建立科学的学术评价和考核机制等制度层面的支持，也有赖于学者的自我定位和自我反思。

9.“新冠”疫情加速“百年未有之大变局”，中西抗疫模式差异激发文化深思

面对“新冠”疫情这一1918年大流感以来最严重的突发性公共卫生事件，中国与西方展示了完全异质的防控模式。中国政府和社会迅速动员，凭借强大的调度能力与严密的管控机制，率先控制住了疫情；而西方国家迟迟无法实施有效的非医学防控，致使疫情持续蔓延。中西疫情治理模式的差异，促使学界从制度主义视角对比中国模式与西方体制，并进一步追溯其背后的深层文化根源。

论者认为，中国对疫情迅速成功的处置，凸显了中国治理体系的优势。这一优势离不开以儒家观念为代表的文化心理基础。“四海之内皆兄弟”“先集体后个人”的中国文化固然有很多弊端，但在应对重大突发公共危机事件时，却有不容抹杀的意义。相反，西方疫情失控的本质是以个人权利至上为核心理念的自由主义的必然结果。就这一意义而言，这次“新冠”疫情极大地凸现了“文化”的差异及后果。如何从建设性角度展开中西方文化的深度对话，以共同应对世界“百年未有之大变局”，亟须中外学界深思。

10. 电视剧《大秦赋》热播引发争议，秦始皇及秦制评价再起波澜

2020年12月，央视播出历史剧《大秦赋》，随着剧情推进，评分高开低走，网络评价两极分化。除了细节硬伤、改编失实外，最受争议的是该剧试图颠覆关于“苛政猛于虎”“天下苦秦久矣”的普遍认知，尤其是对秦始皇嬴政的过度包装和美化，点燃了部分观众的不满情绪，并再次引发了对秦朝及秦始皇功过是非的思考和讨论。

秦朝作为中国历史上第一个“大一统”王朝，由其奠定的郡县制和皇帝制度，是中国古代国家构造的基本形态。如何认识和评价“秦制”

及其背后的法家思想的历史意义，几千年来一直是敏感的话题。近年随着简牍等新材料带动的细密研究，学界对秦朝的政治制度、日常政务和基层社会等诸多层面的认识日趋深入，但对秦制的评价，仍然存在分歧。有论者认为秦制不能简单地理解为皇权专制国家，其实际运作过程颇为复杂；也有论者着眼于秦代的基层控制，延续对“暴秦”的苛评。可以想见，对于秦制的关注与评价，在未来仍将是富有争议性的话题。

5月5日，《文史哲》第3期出版庆祝创刊70周年专号。

为庆祝创刊70周年，该期杂志发表多篇重头文章。

葛兆光的《传统中国史学中的世界认识》指出，中国传统史学中有关世界的认识变化非常值得注意。从公元前2世纪的《史记》问世以来，中国就形成了“以中央王朝为中心，以周边四裔为附庸”的世界观念。在此后的2000多年中，曾有过三次虽然可能却终未实现的改变契机，但是一直到19世纪中叶西潮东渐之后，这一观念才出现根本动摇，新的世界观念终于成为常识并进入教科书，取代了传统的世界观念。

罗志田的《蓄势骤发的五四学生运动》认为，五四学生运动是一个蓄势待发而被瞬间点燃的运动，其所蓄之势是多方面的，且有远因有近因，有理性的也有感性的。最直接的近因就是民初尝试共和期间种种希望和失望的轮回更替，使不少学生处于一种山雨欲来的态势，而以新思潮为代表的新文化运动则推促了青年的失意和烦恼。这些蓄积虽非一日之功，但最后的“引爆”仍是突然的。而此后新的政党组织和运作方式等新因素的掺入，使学生运动是否“有组织”成为一个有争议的问题。原本有社会基础的“自在”组织模式逐渐被有“主义”有领导的“自为”组织标准所取代，使学生运动的本事在历史叙述中变得模糊，也使五四运动的偶然与不偶然成为需要斟酌的问题。

任剑涛的《“推己及人”与“中华民族”建构的情感进路》指出，作为民族国家，中国建构国族与国家是一个过程的两个结构面。在国族建构中，历史文化传统的因素发挥了需加重视的作用。“推己及人”，既促成了国族建构的思维模式，也造就了国族建构的情感进路。在中华民族建构中发挥支配性影响的“五十六个民族是一家”的格式化陈述，便是一个明证。其间对血缘亲情与人际亲近关系的打通，对社会认同与国家建构的直接同构，呈现出中国的国族建构特征。从古至今，中国的社会政治建构基本因循这一条情感进路。无疑，这是一条在相当程度上可以促进国族认同的进路。但这一进路也遮蔽了情感逻辑之外的理性设计所当发挥的重要作用。在建构现代国族时，情感与理性、社会与政治是不可偏废的两类动力。

池田知久的《马王堆〈易传·系辞〉篇的形成与抄写——基于同今本〈周易·系辞传〉的比较》指出，马王堆《系辞》篇的内容及其成书年代、马王堆《系辞》篇和今本《系辞传》之间的异同、马王堆《系辞》篇的主要思想，是马王堆《系辞》研究的三大问题。中日先贤已经指出今本《系辞传》与《礼记·中庸》篇有着深厚关系，由此不难推测马王堆《系辞》篇同样和《中庸》有着深厚关系，这些文献最早原型的形成当在秦始皇统一天下之后，马王堆《系辞》篇就是今本《系辞传》的蓝本。马王堆《系辞》篇古朴的、未成熟的原型经儒家之手成书于秦始皇统一天下之后，又经秦代至汉初的整理、增笔，于西汉文帝时期初年形成了《系辞》篇。该篇此后经进一步的整理、雕琢，最终形成了《系辞》的上传、下传。虽然三才之道是《系辞》篇的重要思想，但马王堆《系辞》篇的特征在于，更强调人作为与天、地并立的第三种根本性存在所具有的独特主体性，可以认定这是只有儒家才有的积极的思想。孔子对鬼神、祭祀等宗教予以批判的原始儒家合理主义，成为后来儒家的传统。相反，马王堆《系辞》篇认为《易》的本质在于占筮，对鬼神与占筮予以积极的肯定，认为是有意义的，从而改变了过去的合理主义传统。马王堆《系辞》篇是一种为了适应《易》而调整出来的哲学思想。道器论和万物生成论本来是道家开发出来的思想，《系辞》篇对道器论的、万物生成论的形式加以了吸收和采纳，在中国古代哲学史上这是一件重要的事情。

姚洋、秦子忠的《儒家自由主义辨析》提出，在与自由主义的批判性对话中，儒家自由主义的基本内涵可以归结为三个方面：一是儒家的个人乃关系性而非原子化的，强调个人努力的重要性和角色的多样性，其相应的个人价值以相互责任或角色来规定；二是在行为层面，儒家强调个体对“礼”的服从，儒家自由主义的个人自决以维护社会秩序为前提；在制度层面，儒家

“己所不欲、勿施于人”的原则给予个人自决以充分的空间；三是儒家不承认由同一性规定的抽象平等，但坚持由对称性规定的关系平等。由此在尊重个人的价值和自主空间上，儒家与自由主义是相通的；但儒家将个人置于社会秩序之中且尊重资质，从而能够避免自由主义的三个原则即个人价值、个人自决和抽象平等之间存在的不可调和的矛盾。

黄玉顺的《天吏：孟子的超越观念及其政治关切——孟子思想的系统还原》认为，孟子的超越观念并非“内在超越”，而是继承了孔子“外在超越”的神圣之“天”。这根源于孟子的问题意识，即对人民水深火热处境的关怀所引出的对政治权力的批判，由此导出“规训权力”的根本宗旨。而这在逻辑上必须满足以下三个条件：一是规训者的确立，他必须具有对于权力的价值优越性，于是孟子树立了拥有“天爵”的“天吏”即“王者师”形象。而这又需满足以下两个条件。二是规训者的先天资质，即必须具有与权力者同等的天然禀赋，于是孟子创立了“天民”心性论（这是诱发后儒内在超越转向的根由），在人性层面上破除社会等级观念。三是规训者的后天资质，即必须是同类中的优异者，以保证其规训资格，于是孟子建构了“劳心劳力”论与“先觉后觉”论及境界功夫论。而以上三个条件的共同的支撑条件，则是必须坚持超越之“天”的外在性与神圣性。但上述这一切却与孟子的君臣伦理和臣属意识相矛盾，使其“得志行道”的理想沦为幻象。

曾繁仁的《宋词的境界之美——生命情感的“要眇宜修”》指出，宋词在唐末宋初悄然兴起，蔚然成风，成为与唐诗比肩的艺术形式。王国维与叶嘉莹对其研究多有建树。宋词具有区别于唐诗“言志”的抒发“幽隐之情”的美学特质，即生命情感“要眇宜修”的境界之美，是一种特有的“弱德之美”。宋词的境界之美呈现为婉约与豪放两者基本形态。

高全喜的《亚当·弗格森的文明演进论》指出，身处18世纪古今之变的时代背景，面对关涉文明重新定位的“苏格兰时刻”，苏格兰思想家们从各自的理论视角出发，创造性地回应了这一时代性难题。亚当·弗格森的迂回式文明进步论主张，即属其中的独特一脉。作为与休谟、斯密同时期的苏格兰启蒙思想家，他的思想观点同样影响巨大。该理论从文明史的高度，通过区分文化与文明之异同，提出制度文明的属性问题，创造性地构建了一套旨在回归古典政治文明的有限度的历史进步论。尽管弗格森的理论包含着内在的吊诡，但其深邃之处在于凸显文明之于社会发展的地位、作用和意义，这无疑补充了休谟、斯密等人的某些理论缺失。20 世纪以来，随着西方多元文化和文化认同理论的兴起，弗格森的文明演进论开始受到英美思想界的广泛重视，他提出的文明与历史、民族与文化、演进与衰落等等不乏普遍性的话题，得到了更加深入的讨论。

何中华的《从中国传统社会特质看公德私德问题》认为，从文化比较的角度说，公德私德问题本质上是一个现代性的和西方的问题。作为“亚细亚现象”的中国传统社会，不存在市民社会与政治国家的分野，也就无所谓“公共领域”与“私人领域”的划界，从而没有公德私德赖以附丽其上的基础。西方社会的历史发展，有一条相当清晰的因果链条：商品经济→市民社会→资本主义。在此基础上孕育出来的个人主义的意识形态修辞，意味着人的个体与类的分离和对立。与此不同，中国传统社会不存在这种发生学基础，而是表征为“家”“国”同构，由此决定着由“内圣”而“外王”的展开及其连续性。在中国古典文化中，固然也有公私之别，而且也是在道德的意义上成立；但它仅仅关乎道德与非道德的甄别，与我们今天所谈论的公德私德问题不可同日而语。今天所谓的“公德”“私德”，只是意味着道德的类型或归属领域之不同。因此，以公德私德及其关系去“格义”中国原有概念，就难免走向把中国传统社会所特有的现象“现代化”和“西方化”的陷阱之虞。

夏含夷的《高亨与〈文史哲〉：漫谈训诂学的基本原则》写道：高亨先生 1953 年到山东大学工作后，很快便与《文史哲》建立起密切关系，在上面发表了一系列文史训诂考据之作。其中《给〈文史哲〉编委会的信》（《高亨先生来信》，1956 年）、《谈〈诗经・月出〉篇答王季星先生》（1957 年）、《谈〈周易〉“亢龙有悔”》（1980 年）这三篇文章，较突出地反映了高亨的学术态度和训诂手法。高亨在前两文中所主张的具体观点在今天看来大概已经无法成立，但他在文中所表达的“传统说法，还不能看作唯一的正确解释；我的说法，当然也不能看作唯一的正确解释”的学术态度则具有很强的超前性，很像是 20 世纪 70 年代巴黎后现代主义的哲学和文学批评家的话。在学术手法上，高亨先生惯用训诂学的“通假”之道，提出全新的诠释。问题在于，“以古字通假的条贯”几乎可以将任何一个字读作任何另一个字，貌似严格的、缜密的学术方法滋生的却是层出不穷的误解。就此而言，能在读古书（特别是读出土文献）的时候提出最新、最多的假借设想，并非衡量优秀训诂学家的恰当标准，因为随之而来的“A 利用古字通假条贯来把某一个字读作甲，B 利用另一组通假条贯把它读作乙（甚至读作丙、丁、戊等等不同的假借字）”局面，甚至会使训诂学本身名誉扫地。放弃训诂学的“严格、缜密”假象，对每一番训诂操作自觉保持“局限性”意识，将高亨先生终身持守的上述学术态度纳入训诂学的方法论构成，发展出一种开放度更大、批评讨论机制更突出的新训诂学生态，盖应成为训诂学与时俱进的基本原则。

陈来《诠释学中的“前见”——以〈真理与方法〉为中心的分析》指出，启蒙运动的前见概念强调书写物的前见，海德格尔的前理解注重的是理解者的前理解，而伽达默尔既强调理解者的前见，也关注历史文本作为传承物的意义。伽达默尔反对启蒙运动完全否定前见，但不是完全肯定前见的内容，而是把前见分为合理的前见和非合理的前见，主张理解者和传承物的相互作用构成理解。他的视域说重视把自身视域带入作者视域，共同形成大视域，强调理解者的视域与文本视域的融合。他认为自己的前见构成现在的视域，自己的前见中既有当下处境，也有传统的影响，故解释者的处境既有当下处境，也有传统的影响。

5 月 9 日，中共中央总书记、国家主席、中央军委主席习近平给《文史哲》编辑部全体编辑人员回信，对办好哲学社会科学期刊提出殷切期望。全国哲学社会科学界掀起学习“回信”的热潮。

“回信”全文如下：

《文史哲》编辑部的同志们：

你们好！来信收悉。《文史哲》创刊 70 年来，在党的领导下，几代编辑人员守正创新、薪火相传，在弘扬中华文明、繁荣学术研究等方面做了大量工作，在国内外赢得一定声誉，你们付出的努力值得肯定。

增强做中国人的骨气和底气，让世界更好认识中国、了解中国，需要深入理解中华文明，从历史和现实、理论和实践相结合的角度深入阐释如何更好坚持中国道路、弘扬中国精神、凝聚中国力量。回答好这一重大课题，需要广大哲学社会科学工作者共同努力，在新的时代条件下推动中华优秀传统文化创造性转化、创新性发展。高品质的学术期刊就是要坚守初心、引领创新，展示高水平研究成果，支持优秀学术人才成长，促进中外学术交流。希望你们再接再厉，把刊物办得更好。

习近平

2021 年 5 月 9 日

5 月 25 日，中央电视台“中国文艺报道”播出《〈文史哲〉编辑部的故事》专题片，引发社会强烈反响。